本书为国家社科基金一般项目“近世安徽的文化、社会与地方认同研究”（项目编号：17BZS120）成果，山东大学人文社会科学创新团队“中华文明传承、转型与新形态构建”团队项目的阶段性成果。

近世安徽文化社会与地方认同研究

JINSHI ANHUI
WENHUA SHEHUI YU DIFANG RENTONG YANJIU

朱修春　崔馨文　何建华
武钰杰　李宁馨　◎著

人民出版社

责任编辑：詹　夺
封面设计：姚　菲

图书在版编目（CIP）数据

近世安徽文化、社会与地方认同研究 / 朱修春等 著 . — 北京：
　人民出版社，2024.4
ISBN 978－7－01－026526－1

Ⅰ. ①近…　Ⅱ. ①朱…　Ⅲ. ①文化史－研究－安徽　Ⅳ. ① K295.4

中国国家版本馆 CIP 数据核字（2024）第 087448 号

近世安徽文化、社会与地方认同研究

JINSHI ANHUI WENHUA SHEHUI YU DIFANG RENTONG YANJIU

朱修春　崔馨文　何建华　武钰杰　李宁馨　著

人民出版社 出版发行
（100706　北京市东城区隆福寺街 99 号）

中煤（北京）印务有限公司印刷　新华书店经销

2024 年 4 月第 1 版　2024 年 4 月北京第 1 次印刷
开本：710 毫米 ×1000 毫米 1/16　印张：25.25
字数：375 千字

ISBN 978－7－01－026526－1　定价：98.00 元

邮购地址 100706　北京市东城区隆福寺街 99 号
人民东方图书销售中心　电话（010）65250042　65289539

目　录

绪　论

一、地方的近世史研究

本书从近世安徽士庶的思想和生活世界出发，聚焦文化传统的层累与作为文化力量工具的宗族、宗教、礼俗、生活世界、景观等面相，讨论近世安徽广泛的历史进程与地方认同。

20世纪上半叶，受阶级史观的影响，中国地方的近世史研究在理论与方法上多持经济分析的立场和阶级分析视角。70年代开始，中外史学界开始了新的理论探索。美国学者比较关注宏观理论架构和观点创新。

伴随芝加哥社会城市学派人文生态理论和社区理论的发展，施坚雅从功能主义视角提出了市场等级体系和区域体系理论，他划分区域的方式不是注重各地域的差异而是着眼于系统的统合性和自立性，实有将区域与国家整合的意味。[①] 杨庆堃《中国社会中的宗教》研究宗教及其历史因素的社会功能，提出"制度性宗教"和"弥散性宗教"的研究范式，探讨宗教功能的实现的结构形式。[②] 杜赞奇提出"权力的文化网络"这一分析工具，宗族、宗教、礼俗、市场等制度性结构都在这个网络中发挥作用，认为文化网络是地方社会中获取权威和利益的来源。[③] 卜正民亦提出地方家族文化霸权理论，[④] 还有

---

① ［美］施坚雅：《中国农村的市场和社会结构》，史建云、徐秀丽译，中国社会科学出版社1998年版；［美］施坚雅：《中华帝国晚期的城市》，叶光庭等译，中华书局2000年版。

② ［美］杨庆堃：《中国社会中的宗教》，范丽珠译，上海人民出版社2007年版。

③ ［美］杜赞奇：《文化、权力与国家》，王福明译，江苏人民出版社2003年版。

④ ［加］卜正民、孙竞昊：《家族传承与文化霸权：1368年至1911年的宁波士绅》，《中国社会经济史研究》2003年第4期。

黄宗智的内卷化理论,[①] 孔飞力关于地方控制和自治理论的探讨等。[②] 日本学者则在具体问题上的研究更为深入，上田信、臼井佐知子、井上徹等人对乡绅及宗族在乡村权力结构中的地位有比较深刻的认识。[③]

20 世纪 80 年代，日本学界森正夫等人受年鉴学派影响开始提倡“地域社会论”。《“地域社会”视野下的明清史研究》一书中主张将“地域社会”作为一种方法论观念，试图用其来超越或整合理解近世中国社会的几种模式，如宗族论、士绅论、国家论等。[④] 岸本美绪《明清交替与江南社会——17 世纪中国的秩序问题》一书提出了“社会秩序论”，开始探讨在阶级关系以外起作用的秩序原理，思考和回答“秩序的稀缺性”以及“秩序是如何形成的”等问题。[⑤] 还有滨岛敦俊的“江南无宗族”理论等。[⑥]

同时，西方历史学家开始提倡研究普通人的新文化史，其研究方法转向讲究叙事和细节的人文历史学方法。一大批新文化史学家就庶民社会进行了诸多研究，典型如英国汤普逊《英国工人阶级的形成》认为英国工人阶级源于具有庶民文化传统的手工工匠，[⑦] 以澳大利亚人古哈为代表的研究南亚下层的庶民研究学派写成了《庶民研究》系列丛书，[⑧] 法国亨特《法国革命中的家庭罗曼史》以家庭秩序来对法国革命的政治文化进行解读。[⑨] 与此同时，更加关注社会底层小人物的微观史学也兴起。金兹伯格的《奶酪与蛆虫》是微观史最早和最有影响的著作之一，通过建构一个小磨坊主的心灵史，解读

---

① ［美］黄宗智：《华北的小农经济与社会变迁》，中华书局 2000 年版。

② ［美］孔飞力：《中华帝国晚期的叛乱及其敌人：1796—1864 年的军事化与社会结构》，谢亮生等译，中国社会科学出版社 1990 年版。

③ ［日］上田信：《危机状况下的同族团体——以浙江省同姓村中的细菌战受难者为例》，《史林》2003 年第 3 期；［日］臼井佐知子：《徽州商人の研究》，汲古书院 2005 年版；［日］井上徹：《中国的宗族与国家礼制》，上海书店出版社 2008 年版。

④ ［日］森正夫：《“地域社会”视野下的明清史研究》，江苏人民出版社 2017 年版。

⑤ ［日］岸本美绪：《明清交替与江南社会——17 世纪中国的秩序问题》，东京大学出版社 1999 年版。

⑥ 邹振环、黄敬斌主编：《明清以来江南城市发展与文化交流》，复旦大学出版社 2011 年版，第 281—292 页。

⑦ ［英］汤普逊：《英国工人阶级的形成》，钱乘旦译，译林出版社 2013 年版。

⑧ 刘健芝、许兆麟选编：《庶民研究》，林德山等译，中央编译出版社 2005 年版。

⑨ ［法］亨特：《法国革命中的家庭罗曼史》，郑明萱、陈瑛译，商务印书馆 2023 年版。

当时的宗教、社会与文化；[①] 鲁格埃罗从微观史学角度，以老妇人之死探讨了 17 世纪初意大利宗教、大众文化与日常生活间的复杂关系。[②] 大卫·约翰逊等所编论文集《晚期中华帝国的大众文化》为西方学者中国大众文化史领域的标志成果。[③] 这种研究旨趣也影响到了日本汉学界，如岸本美绪《风俗与历史观》提出把“风俗”纳入中国历史叙述框架的可能性，认为“风俗”是社会秩序与历史变迁的关键，主张历史研究应从个人感受出发，关注日常生活的意义，而不是从高处的“结构”说起。[④]

就国内而言，傅衣凌在 20 世纪上半叶开始进行社会经济史研究，发展了社会史和经济史相结合的治学风格，建立了从研究新、旧两种因素的矛盾变化来把握社会经济的实质和把社会经济构成与阶级构成、阶级斗争联系起来考察的基本构架，提出中国封建社会弹性论、乡族论和中国资本主义萌芽论等独到见解。傅衣凌的研究注重利用新史料和新方法：除正史、官书之外，注重民间记录的搜集，以民间文献证史；广泛利用其他学科的理论、知识和方法，进行社会调查，把活材料与死文字结合起来，以民俗乡例证史，以实物碑刻证史。

近年近世史的研究视角也发生了转变。罗志田提出“从地方看历史”的视角，近世史研究要侧重“地方”，重视“民间”，并提倡“碎片化”研究；[⑤] 王汎森对近世凸显的地方社会的“儒家文化的不安定层”问题进行了探究，提出要透过日常民众生活中的象征行动和一系列的寓意 / 比喻系统来探究其自我形象的塑造和集体心态的变化。[⑥]《权力的毛细管作用：清代的思想、学

---

① ［意］金兹伯格：《奶酪与蛆虫》，鲁伊译，广西师范大学出版社 2021 年版。

② ［美］吉多·鲁格埃罗：《离奇之死——前现代医学中的病痛、症状与日常世界》，载王笛主编：《时间·空间·书写》，浙江人民出版社 2006 年版。

③ ［美］大卫·约翰逊等主编：《晚期中华帝国的大众文化》，赵世玲译，北京师范大学出版社 2002 年版。

④ ［日］岸本美绪：《风俗与历史观》，梁敏玲、毛亦可译，广西师范大学出版社 2022 年版。

⑤ 罗志田：《地方的近世史：“郡县空虚”时代的礼下庶人与乡里社会》，《近代史研究》2015 年第 5 期。

⑥ 王汎森：《“儒家文化的不安定层”——对“地方的近代史”的若干思考》，《近代史研究》2015 年第 6 期。

术与心态》一书展示了在清代的政治压力下，权力如何像水分子般在毛细管作用的驱动下渗入日常生活的每一个角落，造成文化领域中无所不在的自我压抑和自我删节。① 杨念群、行龙、赵世瑜等学者还提出“中层理论”“大传统”和“小传统”等理论，要求摆脱宏大叙事模式，改变史学界“只拉车不看路式”的工匠型治史方式。② 在傅衣凌治学理念的直接影响下，科大卫、刘志伟、陈春生、郑振满等“华南派”学者，以历史人类学为研究方法，提倡“回到历史现场”，历史研究要做田野调查，要挖掘和利用新史料，通过记录地方礼仪传统的表达，重建地方社会如何获取认同自身特性的历史以及地方社会如何接受并整合到一个大一统的文化的历史。③

具体研究成果方面，田浩《朱熹的思维世界》将政治史与文化史相结合，探究集政治与文化于一体的士大夫的历史和精神世界，蔚为典范。④ 包弼德《斯文：唐宋思想的转型》和包弼德、吴松弟《地方史的兴起：宋元婺州的历史、地理和文化》等以思想史与地方史结合的视角，通过地方精英、学术思想、方志书写反映政治和社会变迁。⑤ 姜士彬的《中古中国的寡头政治》和伊沛霞的《早期中华帝国的贵族家庭——博陵崔氏个案研究》是汉学界关于中国士族研究的奠基之作。⑥ 伊沛霞《内闱：中国宋代妇女的婚姻与生活》是中国妇女史开山之作，开启了透视中国传统社会的另一个视角。⑦ 柏文莉《权力关系：宋代中国的家族、地位与国家》讨论宋代

① 王汎森：《权力的毛细管作用：清代的思想、学术与心态》，北京大学出版社 2015 年版。

② 杨念群：《中层理论》，北京师范大学出版 2016 年版；赵世瑜：《小历史与大历史：区域社会史的理念、方法与实践》，生活·读书·新知三联书店 2006 年版。

③ 陈春声：《走向历史现场》，《读书》2006 年第 9 期。

④ [美] 田浩：《朱熹的思维世界》，江苏人民出版社 2009 年版。

⑤ [美] 包弼德：《斯文：唐宋思想的转型》，刘宁译，江苏人民出版社 2017 年版；[美] 包弼德、吴松弟：《地方史的兴起：宋元婺州的历史、地理和文化》，《历史地理》2006 年第 21 辑，上海人民出版社 2006 年版。

⑥ [美] 姜士彬：《中古中国的寡头政治》，范兆飞、秦伊译，中西书局 2016 年版；[美] 伊沛霞：《早期中华帝国的贵族家庭——博陵崔氏个案研究》，范兆飞译，上海古籍出版社 2011 年版。

⑦ [美] 伊沛霞：《内闱：中国宋代妇女的婚姻与生活》，胡志宏译，江苏人民出版社 2004 年版。

人物之社会地位与政治权力之间的关系，修正了郝若贝、韩明士宋代士大夫从北宋的“政治精英”向南宋“地方精英”转变的论断，形成了“姻亲模式”的社会变迁研究范式。① 黄宽重《宋代的家族与社会》等著作从家族组织、人际网络、社会文化活动等角度切入探讨宋代国家和社会变迁。② 何炳棣《明清社会史论》探究了明、清五百多年间中国社会组成及阶层流动。③ 艾尔曼《从理学到朴学》《经学、政治和宗族：中华帝国晚期常州今文学派研究》将政治史、文化史和社会史相结合研究近世学派历史，探究了明清学术思想与宗族文化。④《帝制中国晚期的科举文化史》揭示了科举考试的社会、政治和文化维度，大众文化、占卜、宗教的交织使科举的影响遍及整个社会并影响到帝国的各个层次。⑤ 卜正民《为权利祈祷：佛教与晚明中国士绅社会的形成》通过士绅的捐助行为探究其谋求权利和昭示精英地位的努力。⑥《家族传承与文化霸权：1368 年至 1911 年的宁波士绅》描述了宁波士绅阶层通过长期维持科举上的成功掌握地方文化霸权的过程，认为垄断文化是保证其政治和社会地位的基础。士绅家族的发展不是孤立进行的，往往结成壁垒森严的圈子，外力很难渗透。⑦ 刘志伟《在国家与社会之间：明清广东地区里甲赋役制度与乡村社会》从经济制度视角对地方纳入国家进程有所探讨。⑧ 科大卫《明清社会和礼仪》《皇帝和祖宗：

---

① ［美］柏文莉：《权力关系：宋代中国的家族、地位与国家》，刘云军译，江苏人民出版社 2015 年版。

② 黄宽重：《宋代的家族与社会》，国家图书馆出版社 2009 年版。

③ ［美］何炳棣：《明清社会史论》，中华书局 2019 年版。

④ ［美］艾尔曼：《从理学到朴学》，赵刚译，江苏人民出版社 2018 年版；［美］艾尔曼：《经学、政治和宗族：中华帝国晚期常州今文学派研究》，赵刚译，江苏人民出版社 1998 年版。

⑤ ［美］艾尔曼：《帝制中国晚期的科举文化史》，高远致、夏丽丽译，社会科学文献出版社 2022 年版。

⑥ ［加］卜正民：《为权利祈祷：佛教与晚明中国士绅社会的形成》，张华译，江苏人民出版社 2005 年版。

⑦ ［加］卜正民、孙竞昊：《家族传承与文化霸权：1368 年至 1911 年的宁波士绅》，《中国社会经济史研究》2003 年第 4 期。

⑧ 刘志伟：《在国家与社会之间：明清广东地区里甲赋役制度与乡村社会》，北京师范大学出版社 2021 年版。

华南的国家与社会》通过记录地方礼仪传统的表达，重建了地方社会如何获取认同自身特性的历史，以及地方社会如何接受并整合到一个大一统文化的历史。① 郑振满《明清福建家族组织与社会变迁》将家族组织置于传统社会背景之下，探讨家族组织与中国传统社会结构的内在联系，并提出分析中国传统家族组织的动态理论模型。② 赵世瑜《猛将还乡：洞庭东山的新江南史》从太湖东山的信仰刘猛将入手，尝试对该地区水上人上岸以及江南农业、商业、宗族等问题进行解释。③ 韩书瑞《北京：寺庙与城市生活（1400—1900）》以寺庙和宗教为中心讨论北京城市认同的形成及其相关历史进程。④ 梅尔清《清初扬州文化》以地景与历史记忆为主题，重建清初扬州"地方"国家和地方认同。⑤ 加拿大汉学家宋怡明运用田野调查方法对福建地区宗族的研究也值得借鉴。⑥

另外，随着讲究叙事和细节的新文化史、新社会史的兴起，国内外出现了一批区域社会史研究成果，本课题均可借鉴。罗威廉从功能主义市场模式、行政空间理论认识中国社会中的地域认同和建构问题，关于汉口的研究形成了以中国城市体系和社区情感模式为内核的"汉口模式"。⑦ 王笛关于成都的两本著作把下层民众作为主要研究对象，通过对社会生活和社会文化的重点考察探究国家权力怎样改造和打击地方文化。⑧ 杨念群采用知识社会论研究取向，将粤湘浙三地学人或知识分子视作具有独立形态的知识群体，

---

① ［美］科大卫：《明清社会和礼仪》，曾宪冠译，北京师范大学出版社 2016 年版；［美］科大卫：《皇帝和祖宗：华南的国家与社会》，卜永坚译，江苏人民出版社 2009 年版。

② 郑振满：《明清福建家族组织与社会变迁》，中国人民大学出版社 2009 年版。

③ 赵世瑜：《猛将还乡：洞庭东山的新江南史》，社会科学文献出版社 2022 年版。

④ ［美］韩书瑞：《北京：寺庙与城市生活（1400—1900）》，朱修春译，稻乡出版社 2014 年版。

⑤ ［美］梅尔清：《清初扬州文化》，朱修春译，复旦大学出版社 2005 年版。

⑥ ［加］宋怡明：《实践中的宗族：明清福州宗族研究》，王果译，北京师范大学出版社 2021 年版。

⑦ ［美］罗威廉：《汉口：一个中国城市的商业与社会（1796—1889）》，江溶、鲁西奇译，中国人民大学出版社 2016 年版；［美］罗威廉：《汉口：一个中国城市的冲突和社区（1796—1895）》，鲁西奇、罗杜芳译，中国人民大学出版社 2008 年版。

⑧ 王笛：《茶馆：成都的公共生活和微观世界》，社会科学文献出版社 2010 年版；王笛：《街头文化：成都公共空间、下层民众与地方政治》，北京大学出版社 2023 年版。

审视在中国近现代化的过程中，不同地域的知识分子所发挥的不同作用。[①] 裴士锋探究了近代湖南草根民族主义的诞生及其对近代革命的影响。[②] 王东杰通过“乡神”的建构、地方学术认同和教育机构的建立展现了近代四川地方认同形成的过程。[③] 程美宝以广东文化为例，运用文化人类学与历史社会学的方法重构了所谓“广东文化”这一表象的叙述是如何被历史地建构起来的过程。[④] 这些研究涉及国家认同、国家与地方的关系、历史记忆与书写、神明信仰、宗教仪式等诸多主题。

综上所述，在新理论新史料和新方法研究及典范性著作的引领下，地方近世史领域巨大的挖掘空间得以被学者感触到。前述注重理论建构的美国学者、注重具体研究的日本学者以及受新文化史影响的中国学者所形成的国家与地方互动、地方认同、阶层流动、区域文化建构、历史书写等主题的研究范式可资借鉴，对新史料、新方法、新视角的运用也为地方近世史研究作了较好示范。

传统中国社会历来讲究“礼不下庶人，刑不上大夫”，代表精英文化的士人阶层与代表草根文化的庶民阶层长期悬隔，不仅造成了地方统治的空虚，同时也造成了地方思想、文化和信仰的茫然和混乱，这使得地方在思想和生活层面逐渐形成了一个“儒家文化的不安定层”，各种民间学说、组织、信仰、宗教乘虚而入并形成机制，潜在危及朝廷大一统。宋代以降，中国“郡县空虚”，国家如何回应“儒家文化的不安定层”问题，如何规训和塑造地方的思想与生活，沟通地方文化与国家认同，如何将广土众民真正全方位纳入国家的“版图”和编户齐民一直是近世王朝最重要的历史进程。

---

① 杨念群：《儒学地域化的近代形态：三大知识群体互动的比较研究》，生活·读书·新知三联书店 2011 年版。

② ［美］裴士锋：《湖南人与现代中国》，黄中宪译，社会科学文献出版社 2011 年版。

③ 王东杰：《国中的“异乡”：近代四川的文化、社会与地方认同》，北京师范大学出版社 2016 年版。

④ 程美宝：《地域文化与国家认同：晚清以来“广东文化”观的形成》，生活·读书·新知三联书店 2006 年版。

本书正是拟从区域史“一隅通全国”和思想观念史视角切入，从礼俗、宗教、宗族等社会结构和历史横切面对上述相关历史进程加以探讨，以期对极具学术前沿视野的综合性地方近世史研究成果有所丰富。在对学术前沿准确把握的基础上，在已有理论观点指导下，充分利用墓志碑刻、文书契约、宗谱家传以及正史、方志、文集等新旧史料，采用历史人类学、知识社会学、心态史学、表象史学等多种方法，采取从下往上看的视角，探究地方整合到国家进程的过程和方式，探究对“儒家文化的不安定层”的在地回应，从而有利于拓宽该领域研究的深度和广度。对于当前国家面对诸如重大文化战略选择等复杂现实问题亦可提供历史选项资源。

二、地方和省域认同

认同（Identity）是一个心理学名词，指体认与模仿他人或团体之态度行为，使其成为个人人格一个部分的心理历程。肯尼斯·伯克（Kenneth Burke）的“认同理论”认为，认同有物质性认同、形式认同与理想化认同三种方式。其中形式上的认同来源于传播双方共同参与的事件的组织、安排和形式；理想化认同来源于共享的主张、态度、感觉和价值观。这种耐人寻味的社会心理现象也激起了历史学者的兴趣。

相关前沿代表性论著包括：英国霍布斯鲍姆的《1780年以来的国家与民族主义：规划、神话与现实》《传统的创造》、本尼迪克特·安德森的《想象的共同体：民族主义的源流与散播》，法国彼得·伯格的《文化史的风景》《现实的社会构建：论知识社会学》《法国史学革命：年鉴学派（1929—1989）》、吕西安·费弗尔的《十六世纪的无信仰问题——拉伯雷的宗教》、胡塞尔的《现象学的心理学》，美国舒茨的《社会世界的意义建构》《生活世界的结构》、西霍斯金斯的《英格兰景观的形成》、温迪·J.达比的《风景与认同：英国民族和阶级地理》、W. J. T. 米切尔的《风景与权力》、伊恩·D.怀特的《16世纪以来的景观和历史》等著作采取生活世界、景观与意识形态、建构主义、表象史学和知识社会学方法取向研究认同。

就本书的省域认同而言，学界早在近代时期就对此有过研究，而且由于历史背景影响，甚至一度成为研究热点。当时的学者们认为省域认同会带来派系观念、地域包庇行为等负面影响，提倡打破省籍观念。新时期的省域认同研究主要集中在晚清民国时期，其中既包括对庶民心理的研究，也包括对社会精英意识的研究，涉及经济、政治、文化、社会等各个方面。如刘伟认为，“省”意识的形成是 19 世纪末 20 世纪初各省经济结构的变化和地方性新政事业开展的结果，并造就了 20 世纪初的收回路矿利权运动。① 吴铭能则透过清人王湘绮的《督抚歌》研究了省域认同在满汉冲突中的作用和对清朝吏治的影响。② 杨妍将省籍意识视为清末被称为地域主义的一种“政治亚文化”，并详细描述了其在晚清复杂的政治环境下产生和发展的过程。③ 杨念群《儒学地域化的近代形态》采用知识社会论研究取向，将粤湘浙三地学人或知识分子视作三个具有独立知识形态的知识群体，审视在中国近现代化过程中，不同地域知识分子所发挥的不同作用。美国汉学家裴士锋以湖南省为中心，连贯地展现了近代以来湖南人挖掘屈原、王夫之等乡贤的精神遗产催生湖南地方民族主义并深刻影响近现代中国革命的过程。④ 程美宝从历史叙述、种族血统、学术传承、方言写作、地方民俗等方面讨论了“广东文化”这一地域观念形成的过程。⑤ 王东杰从乡神崇祀、地方学术、高等教育以及旅外川人的认知等方面展现了近代四川地方认同的建构。⑥ 张晶萍等以叶德辉这一充满矛盾的学术人物为例探讨了省籍意识与地方学术文化的关系，认为省籍意识不仅是对桑梓之地的归属感和自豪感，也是对本省学术文化的认

① 刘伟：《晚清“省”意识的变化与社会变迁》，《史学月刊》1999 年第 5 期。

② 吴铭能：《晚清满汉冲突与省籍情结——以试释王湘绮〈督抚歌〉为中心的观察》，《儒藏论坛》2007 年辑刊。

③ 杨妍：《地域主义与国家认同——民国初期省籍意识的政治文化分析》，天津出版社 2007 年版。

④ [美] 裴士锋：《湖南人与现代中国》，黄中宪译，社会科学文献出版社 2011 年版。

⑤ 程美宝：《地域文化与国家认同：晚清以来“广东文化”观的形成》，生活·读书·新知三联书店 2006 年版。

⑥ 王东杰：《国中的“异乡”：近代四川的文化、社会与地方认同》，北京师范大学出版社 2016 年版。

同及对他省学术文化的区分。①

传统中国社会的主要特征之一，是具有高度的血缘性和地缘性。以近代观点看来，这种高度的血缘性和地缘性在传统中国社会造就了零散分割的局面，加强了小群的观念，削弱了大群的意识，因而延展了我国社会的“近代化”。② 所谓“小群的观念”，在清代的行政结构中，便是以“省”为单位的群体观念。何炳棣认为中国传统籍贯观念的产生与儒家“孝”的礼俗和法律、管理籍贯的行政法以及科举制度因素有关。其中，后面两点又都是以“省”为单位的。这种“省”的意识对于地方政治、经济和文化的发展影响深远。地方主义就是省域认同和省籍意识整合与深化的结果。作为地方长期稳定的最高行政区划，清代的省在政治、经济和文化发展过程中逐渐变成一个典型的建构认同的空间。以省为大小的区域成为研究认同的合适单位之一。

省域认同是一个人或一个群体对于该省的地理空间、语言风俗、文化信仰等各方面的认同感与归属感，即我来自哪个地区的主观感受。不管对于哪个地区，地域认同作为一种主观情感是可以解构的，亦是可以重构的。这是因为地域认同是建立在对地域的历史经验上。如果一个人从来没有了解或经历过一个区域的历史文化经验，也就无从谈起所谓的地域认同了。也正因此，对一个地域的历史经验越多就有可能有更多的认同。

王东杰在《国中的“异乡”》一书中认为，我们可以把一个人（或一群人）的认同视为一个“认同库”，“在通常情况下，这些认同大多处于潜伏状态，只有遇到特殊情况，它们中的一种或几种才得以激活；但具体哪一库存被提取出来，却要视情况而定”。③ 也就是说认同并不是随时随地都有，而

① 张晶萍、陈先初：《省籍意识与文化认同：叶德辉湖湘汉学的努力》，王智等编：“知识分子与近现代中国社会”学术讨论会论文集，2007 年 11 月 15 日，第 567—581 页；张晶萍：《省籍意识与文化认同：叶德辉重建湘学知识谱系的努力》，《湖南师范大学学报》（社会科学版）2008 年第 2 期。

② ［美］何炳棣：《中国会馆史论》，台湾学生书局 1966 年版，第 1 页。

③ 王东杰：《国中的“异乡”：近代四川的文化、社会与地方认同》，北京师范大学出版社 2016 年版，第 12 页。

是来自于外界的情景。就如安徽而言，安徽民众在祭祀朱子的庄重仪式中，对以朱子为符号的安徽文化引以为荣，地域认同便在此时得以激活。当安徽人旅外之时，建立同乡组织以联络情感，地域认同也会在陌生环境中得以强化。正因如此，华南学派将“礼仪标识”[①] 用以考察宗族作为一种文化形式在发展过程中的变化，源于各种礼仪标识可以视为理解各类群体及其文化的工具。比如不同文化会有不同的神灵崇拜，他们用对神灵的认同来表达文化认同，并通过这一礼仪加强文化认同，使我们能够轻易地发现他们分属不同的文化，区域的界限便自然而然地出现了。

基于此，区域的哪些人是通过何种方式不断强化人们对该地域的认同的呢，即区域是如何建构的呢？程美宝在分析广东这一区域时认为，区域史的目的在于明白过去人是如何划分区域的，在于明白这段“划分”的历史。在这里，历史至少有两个含义：

一是人们对自己所认同的地域文化所制造或熟悉的历史叙述，这样的叙述表现了叙述者的主观信念，是事实和传说的择取与结合，掺杂着叙述者个人的好恶和偏见。

第二层不可忽略的历史，是这类历史叙述构造的历史。我们在理解国家观念和地域认同的建构过程时，必须把它置于一个更宽阔的框架中理解。要研究这段制造历史叙述的历史过程，我们要问的问题是：为什么人们在为自己寻找和定义地域身份时，要建构这样一段历史？他们选取了什么内容？如何建构？更重要的是，谁建构？当问到“谁”的问题时，实际上也就是在问，谁有这样的文化和经济资源，去写作和刊行这些历史，使之得以流传

---

① 科大卫认为“礼仪标识”是“地方社会的成员认为是重要的客观且可见的礼仪传统标识”（objectively observable indications of ritual traditions considered to be significant by members of local society），并罗列了一些“重要的礼仪标识”，包括“称谓、祭拜核心（神、祖先等）、建筑模式（比如家庙）、宗教传统、控产合股、非宗教性的社会组织”，这个定义的范围较宽，赵世瑜认为还包括“具有神圣性的自然物（比如榕树、社坛里的石头）、口述传统、壁画、雕塑等画像、仪式行为（如打醮）以及碑刻、科仪书等文本，不一而足”。[参见赵世瑜：《结构过程·礼仪标识·逆推顺述——中国历史人类学研究的三个概念》，《清华大学学报》（哲学社会科学版）2018 年第 1 期。]

后世。①

也就是说，把区域文化视为一个实体，它无疑有一段发展的历史。当我们把区域文化视为一个表述的建立，即是一个构建的过程，这就成为另一段历史。区域是一个构建的过程，问谁构建即区域构建的话语权问题。以留存的地方志、文集、族谱等历史史料来看，地方士绅阶层显然掌握了区域构建的话语权。但不可否认的是，普通民众对上层产生或多或少的影响，地方构建显然是各方势力彼此斗争和妥协的结果。区域史构建的内容是该区域地理环境、文化、风俗、语言等所有资源。更重要的是，区域构建的过程是一个连续不断的过程，受当时的时代因素的影响，而不断变化。

三、研究目的与意义

在封建王朝时期，应该如何理解“国家”？“国家”不仅存在于紫禁城，而且更广泛而深入地存在于地方社会。研究地方，最终目的是为了理解国家。本书的目的，一是将安徽视为华南那样的特色区域社会，分析“国家”究竟以何种形式、何种程度存在于地方社会并产生影响；二是将安徽省视为一个独立的自然—文化空间，探究地方认同感如何被地方士庶建构和形塑，从而提供一种不同于偏居南疆的广东、“国中之异乡”的四川以及激进与保守并存的湖南等省份的认同建构模式；三是从地方社会和底层群体的视角，探究近世中国整体文化、社会、政治转型过程中的动力和阻碍。

安徽省以朱子、“奇侠”、“国士”、“忠孝节烈”、“革命”为特色的文化传统，以及丰富的学术成就、多样化的地理景观和特色的礼俗生活及“乡神”建构，为研究区域建构的丰富历史资源。本书通过对近世安徽区域社会的系统性研究，回应学界诸多既有研究，不仅可以从知识层面丰富人们对于传统中国社会的理解和认知，而且能够从学术层面与区域社会史、历史人类学、历史地理学、民俗学、心态史、景观史等多领域研究进行对话，拓展相关研

① 程美宝：《地域文化与国家认同：晚清以来“广东文化”观的形成》，生活·读书·新知三联书店2006年版，第31页。

究的深度与广度。

四、成果价值

其一，关于学术特色。从思想和社会心理循迹地方认同。思想史的目的是在远去的人和事之间建立可靠的联系，这种联系也许是固有的，也许是建构的，但不论是发现还是重构，都是为了现世文化有迹可循，重拾历史记忆。本质上，地方认同是一种心理，产生于人物的社会活动，反过来又影响人的社会行为。以地方和国家双重视角看地方的近世史。地方认同反映了叙述者的主观意念，掺杂着叙述者的感情和好恶，其定义和宣示经过了不断的建构，是各方势力讨价还价的结果，因而需要尝试从地方、底层、局部角度来观察整体历史框架，但地方的局限性又要求在以地方视角为主的前提下辅之以域外和国家视角，理解“小历史”和“大历史”互相塑造的过程。将近世安徽广泛的历史进程当作整体来对待。作为重要的社会结构性因素，语言、民族、传统、礼俗、政制、宗教、教育、学术、士庶生活、地景等横切历史面相无不折射出国家与地方社会的关联互动，无不与国家及地方广泛的历史进程息息相关，因而需将近世安徽广泛的历史进程当作整体对待；士绅和庶民作为处于同一地理空间网络中的不同群体，在教育、财富、声望等方面有云泥之别，但共享地方资源，共同遵循一套文化规范，又不能截然分开。因而要兼顾士庶的思想与生活，尽力挖掘庶民思想。

其二，关于研究方法。本书综合运用前沿的表象史学、心态史学、建构主义史学、知识社会学等方法理论。以“集体表象”为视角的地方认同研究，目的是建构区域文化的空间和传统，努力回到研究对象所处的时空环境才能体会其精神世界。从“集体表象”和社会心态角度出发，因此重点在于观察人类行为背后潜藏的社会心理、审视社会环境孕育的社会心态，并在可见的事实与不可见的地方认同感之间建立稳固的联系，发现和建构历史表象背后的动机与运作机制。将思想摆在人的时空环境，将近世安徽社会、文化及历史进程当作整体来对待，从士庶思想与生活、内在与外在领域的交界面，即从集体表象理解历史场景的意义，建构被誉为“四千年文化产生之中原”的安徽的近世文化、社会与地方认同。

其三，关于学术价值。本书探究清季以降安徽社会文化及其蕴含的地方认同和思想，破除民族—国家的研究范式，以更微观和具体的“地方”为单位，着眼于地方和底层视角，将安徽历史进程当作一个整体进行研究，试图从“集体表象”和社会心态角度出发观察人类行为背后潜藏的社会心理、审视社会环境孕育的社会心态，并在可见的事实与不可见的地方认同感之间建立稳固的联系，发现和建构历史表象背后的动机与运作机制，能够提供区域史研究领域的新思路，拓展区域史与地方史研究领域的视野。

其四，关于现实应用价值。从国家角度，中国目前的国家认同仍处于进行时而非完成时，了解“地方”思想究竟影响国家认同的因素有哪些，它们是如何塑造地方的历史并建构人们的国家观念的，对于国家管理具有重要意义；从地方角度，安徽历来与周边江苏等省存在文化归属上的纠葛，厘清皖省文化的独特性及皖文化认同感，对于化解文化纠葛，厘清区域归属具有实际意义；从人的角度，发掘安徽的思想文化，能为当今中国人构建人生意义和重构社会生活提供可供选择的资源和更多可能；为人们提供一个更贴近生活实际的思考空间，满足人们对自身历史的自我认知需求；帮助人们了解自己生存的空间，重拾那些构建和丰富其人生意义的资源；追溯和反思地方认同，使在地之人对外界的激荡有更多从容的反应，缓解焦虑和自我怀疑，更好地重构社会生活。

五、研究方法

本书借鉴前贤研究，将实证与叙事史相结合，将许多有形无形、直接间接的线索勾连起来的语言、民族、礼俗、政制、宗教、教育、学术、士庶生活、地景等横切历史面相，组成彼此交错的叙事脉络，以实证虚，在广泛的国家和地方进程中讨论“地方”思想的变动与延续，理解安徽的“地方”传统和建构地方认同，并进而从地方视角具体讨论国家在地方的投影诸问题。

拾取表象史学、心态史学、建构主义史学和知识社会学的方法论工具。以“集体表象”为视角的地方认同研究，目的是建构区域文化的空间和传统，努力回到研究对象所处的时空环境才能体会其精神世界。从“集体表象”和社会心态角度出发，因此重点在于观察人类行为背后潜藏的社会心理、审视社会环境孕育的社会心态，并在可见的事实与不可见的地方认同感之间建立稳固的联系，发现和建构历史表象背后的动机与运作机制。将思想摆在人的时空环境，将近世安徽社会、文化及历史进程当作整体来对待，从士庶思想与生活、内在与外在领域的交界面，即从集体表象理解历史场景的意义，建构被誉为“四千年文化产生之中原”的安徽的近世文化、社会与地方认同。

六、主要内容

“近世安徽”所指的时间范围大概是从16世纪开始，一直到新文化运动；地理范围则大概以清初形成的安徽省为界，但不严格限于行政地理空间。本书涉及近世安徽地区语言、民族、政制、礼俗、宗教、教育、学术、地景、省籍意识、士庶生活等重要的社会结构因素，尝试讨论从清初至民国“地方认同”如何形成和建构的过程。从国家和地方两个视角出发，撷取近世安徽地方社会的若干片段，讨论它们在不同的人群和时空背景下形成的共通的主题——地域认同。在广泛的国家和地方进程中讨论“地方”思想的变动与延续，理解安徽的“地方”传统和建构地方认同，并进而从地方视角具体讨论国家在地方的投影诸问题。桥接历史表象与社会心理，发现人类行为、历史事件、地理景观等客观领域与文化观念、地域认同等精神领域的联系，探讨这些联系的生成和地域认同的出现是在怎样的国家和地方发展过程中。具体内容，分为六章。

第一、二章是文化传统。“奇侠”与国士作为一种文化传统，不仅对安徽地方社会产生过实际的影响与改变，更重要的是对士庶思想的影响与改变而形成地方认同。皖省的战争、生态环境和社会风气相互交融，形成一个相对封闭的恶性循环，将教化和皇权排除在外，形成以侠为核心的地域文化特色。长期的侠风濡染使得皖北地方往往效仿“奇侠”的行事方式，从而产生暴力崇拜，形成尚武传统。“奇侠”是近世皖北地方与国家互动的主导力量之一，“奇侠”通过重建（包括破坏和维持）地方秩序和参与国家权力的再分配影响皖北地方社会。到清末，皖人对于皖北在历史上的武功成就已有强烈文化自觉，并且产生构建自己革命传统的意识。这对皖北的历史记忆和学术风气产生了重要影响。对国士的追求作为一种主观意愿，影响着皖人在为人处世、出将入相、行贾经商等各方面的国士践行。宋代士大夫强烈的政治主体意识配合重建国家秩序的诉求，开始使“国士”往抽象化的方向发展，重新塑造国士内涵，将忠孝节烈作为思想内核填入其中。在皖省地域文化的影响下，皖人在恪守家风家训的同时不断为其注入节义、经世、传道以及正德厚生等内涵并躬身践行。“忠孝节烈”成为凝聚宗族力量、促进地方教化、加强地方控制的重要手段之一，而且呈现出体系化和家族化的倾向。新的现代知识分子群体崛起，带有传统色彩的“忠孝节烈”开始变异与重塑。

第三章是省籍意识。受山川形势等地理环境和政治博弈等人文因素的影响，安徽的皖北、皖中、皖南三个区域在历史上具有相当不同的发展过程，形成了各擅文武的区域特色。清代中期以来，它们虽保持着各自的文化特色，但得以在政治权力的影响下形成一定的政治认同。安徽省籍意识除了一般性的本省利益维护（比如婺源归属问题）、文脉流长的自信等内涵之外，还包括对土地防御价值的认识等特殊观念。在清末地方自治运动的背景下，安徽的爱国爱乡意识也空前高涨，建构起本省之于国家的种种责任。安徽人通过谋求内部的团结，推进地方自治，以期改进乡土福利和地方建设发展。这种地方中心意识并没有超越国家，关注地方的最终目的在于实现国家的进步。

第四章是礼俗生活。传统中国要怎么维持以庶民为主的地方社会是一个值得深入思考的问题，由此傅斯年曾提出“儒家文化的不安定层”一语。然而，从南宋开始，以朱熹为代表的士人阶层开始了“礼下庶人”的努力，通过这一种方式构建下层的民间社会。家礼家规的制定、乡约的推行、书院制度的建立、神灵祭祀礼仪的演变，这些面向似乎都反映出政府和士人对地方社会控制的努力，并促进了民众德性和社会稳定。“国家”与“民间”、体制与乡俗调和于其间，士庶共享的礼仪风俗、共用的礼俗符号和话语，构成地方社会与国家权力的传讯机制，体现官民士庶文化彼此共享的包容性。国家试图加强对地方社会各个层面的管控，而地方社会也并非被动接受，二者之间尚且存在一种良性的互动，地方也通过各种途径强化国家意识给予回应。在这一民间与国家的互动中，士人作为中间阶层无疑发挥了巨大的作用。士人在地方的努力在于构建知善恶、促教化的地方秩序，逐步形成一种“藉士大夫之势以立国”的取向，而使地方具有更多自足自治的意义。清末民初，随着国家进程的推进，以传统社会为基础的礼俗开始发生变化，并出现崇尚西学、出国留学、阅读报纸、移风易俗、破除迷信等新风尚。

第五章是景观与历史记忆。祭祀、庙会等仪式景观，名山等自然地理景观和建筑等人文景观，是官民士庶共谋共享的空间，亦是国家与地方互动的重要场所。景观是一个可以被选择和构建的对象，通过“人”这一主体，景观的含义被不断塑造。本章选取黄山这一景观，以区域社会史和日常生活史的视角，探究黄山山中生活世界的形成过程，以及黄山山中世界与山外世界的交流与联系。明清以来，相当数量的群体来到黄山居住。这些山居群体大约分为三类，一是宗教修士，二是文人，三是当地的山民。这些山居者或为佛教禅修，或为著书避世，构成了黄山山中生活世界的丰富面向。与城市和乡村每时每刻处于权力和关系交织网络不同的是，山岳独特的地形和风貌成为逃离世俗的重要场所，山岳的山中生活世界成为区别于城市和乡村的另一个空间。

第六章是“乡神”建构。“乡神”崇拜不仅是关乎国家治理的政治问题，也是与民众生活高度融合的地方问题。安徽“乡神”不仅包括地藏、真武等释道神祇，还有诸如皖伯、汪华、张巡、许远、祠山大帝等与地方社会密切相关的民间神祇。地方的“乡神”信仰是区域社会的文化特色、经济生活乃至行政归属的生动体现，作为一种精神层面的“集体表象”，蕴含了民众对于地域认同的表达。“乡神”的建构是窥视近世安徽国家与地方互动的重要角度，极具代表的蟂矶夫人及其信仰传说表现出民间信仰正统化的倾向。集体性质的游神赛会诸如城隍会、观音会、上九会、祈神活动等，使不同群体参与神祇祭祀和庙会活动，因共同的宗教体验而往往对神灵有着相同或相似的历史记忆，构成地域认同的基础。

第一章　斯文在兹：宗族、道学、士子塑“国士”传统

第一节　国士释义及相关背景

“国士”一词追根溯源可至战国时期，为“士”一阶层中有治国才能和知识的士人[①]，又或指负有国家义务的国人[②]。顾颉刚先生在《武士与文士之蜕化》一文中将国士描述为：“吾国古代之士，皆武士也。士为低级之贵族，居于国中，有统驭平民之权利，亦有执干戈以卫社稷之义务，故谓之‘国士’以示其地位之高……后世无此一阶级，乃以‘国士’一名移称最勇敢之将士。”[③]可见，国士的含义与国家在最初就是无法分割的，或可概括为国家的武士。

国士的具体词义随着国家形态和社会结构的变化逐渐发生转移，拆分为独字，无论是“国”和“士”的定义都发生了变化。和先秦宗法制下的单纯的义务履行行为相比，二者概念的范围都在不断扩大。宋元以来，国士内涵出现的新解成为共识，和“理学”或者说“道学”的兴起密不可分。

宋代是怎样重新塑造国士内涵，并将忠孝节烈作为思想内核填入其中，是理解近世国士概念变更和新的价值评判标准的关键问题。有关这一问题的研究数量众多，中外兼丰。田浩的《朱熹的思维世界》[④]以时间为序，人物

① 晁福林：《春秋战国的社会变迁》下，商务印书馆 2011 年版，第 652 页。
② 阎步克：《士大夫政治演生史稿》，北京大学出版社 1996 年版，第 34 页。
③ 顾颉刚：《史林杂识初编》，中华书局 1963 年版，第 85 页。
④ ［美］田浩：《朱熹的思维世界》，江苏人民出版社 2009 年版。

为纲，勾勒出南宋道学群体是如何从民间学术团体发展为塑造国家正统的历史轨迹。此书中，朱熹一摆往日超然的形象地位，以一个在道学群体中不断发展的身份出现，展示其在历史变革中承上启下不断精进的经历。包弼德的《斯文：唐宋思想的转型》①以文学兴衰为重要线索，叙述精英阶层的转型，道学有着主动向各种阶层传播的天性，从而推动道学群体独立于传统的政府权威之外，将原有的名词创造出被广泛认可的新的内涵。

“唐朝灭亡结束了始于魏晋的中世社会。五代在为创建新的社会、国家秩序打开大门的同时，也使中国不再可能回归中世社会。”② 短暂的割据混乱后，宋统一了中国的大部分土地，随之而来的就是整个社会的大变革。

晚唐及五代的混乱局势，多半和君主专制的弱势相关联。割据军阀控制兵权，推翻皇帝，不久再被新的强大军阀取而代之，如此反复。“朱李石刘郭，梁唐晋汉周；都来十五帝，播乱五十秋”，政权更迭频繁，百姓不堪其苦，统治者也希望能有有效的方式可以稳固自身权位。依靠武力登上皇位的宋太祖赵匡胤担忧武将夺权的戏码再次上演，因而在他亲自主持的“杯酒释兵权”后，宋“以文治国”的独特政治环境开始发展：“尝观自三代而后，本朝有超越古今者五事：……百年未尝诛杀大臣……此皆大抵以忠厚廉耻为之纲纪，故能如此。”③ 这样的宽松环境，给思想的发展提供了优裕的空间。

统治阶层的文治取向和一定程度上对武官力量的打压，给士大夫阶层的发展提供了宽裕的空间。尤其是科举在宋代的进一步发展——包括流程和机制的完善以及录取人数的大幅增加——已然成为国家选拔官员的主流途径。科举地位的提升使得以文化为晋身之路的士大夫们在不知不觉之中，对统治者和国家产生责任感。“朝为田舍郎，暮登天子堂；将相本无种，男儿当自强”，大部分出身于平民的士子们前所未有地自信于自己将改变国家和一个时代。

现在的安徽地区在此时，正处于一个发展和变革并存的时期。虽然有宋

① ［美］包弼德：《斯文：唐宋思想的转型》，刘宁译，江苏人民出版社 2017 年版。

② ［美］包弼德：《斯文：唐宋思想的转型》，刘宁译，江苏人民出版社 2017 年版，第 51 页。

③ （宋）程颢、程颐：《河南程氏遗书》卷 15，王孝鱼点校，中华书局 2012 年版，第 159 页。

一朝并未形成和今天较为一致的区域形态，却在一定程度上借助共同的文化认同感凝聚起来，熔铸出得以不断传承的国土传统。

一、地理变革——安徽南北的基础环境

北宋时期安徽地区主要隶属于江南东路、淮南东西路和京西北路；南宋时期则淮河以北分属于金朝的南京路、河南路，淮河以南属于淮南东西路和江南东路。皖南地区在两宋基本处于一个较为和平稳定的环境中，依靠发达的水运优势，出现很多商业较为发达的城镇。长江沿岸水土丰沃，物产丰富，以农业为主要支柱产业，兼营手工业。丘陵山区人多地少，粮食不能自足，主要发展外向型商业贸易。因地形较为封闭，易守难攻，具有独特的风土人情和社会形态，文风昌盛。

而皖北则出现两极分化的特点，历史时段不同，其基本环境也随之发生变化。在北宋，皖北靠近都城开封，在进京必经之路上发展出一批新兴城镇，如宿州依靠汴河航运，发展成为“承平百余年，人户安堵”的重要商业城市。淮南更是“土壤膏沃，有茶、盐、丝、帛之利，（人）善商贾，乡里饶富，多高货之家”①。不过，北宋靖康之变后，淮河两岸成为宋金对峙前线，作为边防要地，虽然能够发展互市贸易，城市兴旺大不如前，很多大族举家南迁。各城镇治理混乱，较北宋相对衰败。

在文化发展上，南北也呈现出较大的差异性。以基础教育为例，北宋时期安徽共有五所书院，均位于皖南地区，徽州四所，宣州一所；南宋时期江淮地区增至四所，淮河以北地区数量仍然为零，而皖南地区仅徽州一地就有十四所。基础教育的不平衡也导致南北科举人才的差距较大。南宋皖北划归金之后，与仍属宋的皖南地区也产生了政治、经济和文化上的割裂。

二、社会变革——崇文与慕学风气

安徽，尤其是南部的徽州地区，在宋代能够发生从“尚武”到“尚文”

① （元）脱脱等：《宋史》卷88，中华书局1985年版，第949页。

的改变，离不开三个基础要素：经济、科举和移民。

以徽商为代表的商旅群体在宋代萌芽，并得到迅速发展。经营的范围远至陕西、两广，近至本县，主要以茶、酒等本地出产货物为主要商品。这和宋代对民间商业管理较前为松，乡镇经济发展有关，贸易的发展推动地区经济水平的上升，这为其后文化的繁荣提供了物质上的基础。北宋定都开封，与之相连的安徽北部地区也在政治地位上大大上升，成为入京的必经之路，从而带动北部地区的经济快速发展。

和普通商人团体不同，徽商和宗族关系密切。其原始资本多来自宗族助力，且在选择商旅伙伴和雇用伙计时也多只考虑本乡和本族人士，很少会选择让外地人进入行商组织之中。徽商所赚取的钱财，也大多流回家乡，用来购置土地，囤积房产和建设本族文化。徽州汪氏是当地名门望族，“子姓济济，咸在朝列，由是可币生芒氏苗裔，日益繁衍，辟款郡矢”[①]。为了获得政治上更好的保障，徽州商人及其家族都希望子孙能够入朝为官，助力本族繁荣发展。也希望走入政坛的本族子弟可以光耀门楣，造福桑梓。因此，在文官政治成为主流的宋代，“崇文”取代“尚武”是十分自然的风向转变。

唐末和五代时期北方的长期战乱，迫使北方大族南移。而安徽，特别是安徽南部地区，具有易守难攻的地形优势，又有山清水秀的宜居环境，吸引了数量众多的北方移民。

> 邑中各姓以程、汪为最古，族亦最繁，忠壮越国公之遗泽长矣。其余各大族，半皆由北迁南，略举其时，则晋、宋两南渡及唐末避黄巢之乱，此三朝为最盛。[②]

大的移民潮约有三次，第一次发生于魏晋南北朝时期，第二次发生于唐末五代时期，第三次发生于靖康之乱后。“半皆官于此土，爱其山水清淑，遂久居之”。仅徽州一地有名姓之宗族就有 52 个之多[③]。这些北方移民多是

① 陈去病：《五石脂》，见《丹午笔记 · 吴城日记 · 五石脂》，江苏古籍出版社 1999 年版，第 322 页。

② 许承尧：民国《歙县志》卷 1《舆地志 · 风土》，民国二十五年铅印本。

③ 张宪华：《唐末五代徽州的北方移民与经济开发》，《安徽师范大学学报》2006 年第 6 期。

有着深厚底蕴的大族，不仅给南方带来了大量的劳动力，还带来了先进的生产方式和文化资源。

而这些移民家族作为战争后原有家族体系破碎的外来者，血缘延续所形成的天然家族认同已经不能满足他们对维持延续内部统一的需要。在慌乱的移民过程中，各家族也出现了不同程度的人员分散，原有的宗族秩序大多被破坏。南方新的地理环境也使他们不得不改造自身以适应新的生活。

因此，各大家族为了使自己重新凝聚，恢复以往的地位，十分重视建立共同的道德榜样或者地方信仰，培养对新的整合宗族以及新的“故乡”的认同感。为了达到这一目的，他们不仅不厌其烦地考证家族和历史名人的联系，还热衷在家族内部打造符合封建宗法和儒家伦理的道德榜样，如义士、忠臣、节妇等。这些道德榜样可以说是“国士”在地方层面的缩小化，是安徽国士传统在家族单位上的体现。

崇文风气的流行，也为士大夫群体发展和深入传播自身思想学术提供了较为宽松、接受度高的社会环境。在这种环境中，普通民众不自觉地对品德高尚、富有才华的君子之士产生向慕之心。基层社会的这种倾向，成为国士传统繁育生长的土壤。

而从上层统治者角度来看，宋代重视科举，将科举作为极为重要的选官途径。宋代的统治者常常亲临科举现场，并亲自阅卷以展示自己对科举考试的重视。诸多平民通过科举考试，能够进入政治的中心，左右国家发展。

> 天圣初，宋兴六十有二载，天下乂安。时取才唯进士、诸科为最广，名卿钜公，皆繇此选，而仁宗亦向用之，登上第者不数年，辄赫然显贵矣。①

“天子重英豪，文章教尔曹。万般皆下品，惟有读书高。少小须勤学，文章可立身。满朝朱紫贵，尽是读书人。”宋代士子相信，通过科举，他们可以开启阶层上升的通道，成为被天子所重的“英豪”。

更重要的是，通过科举，文人可以大大增强自身的影响力，借助本乡

① （元）脱脱等：《宋史》卷155，中华书局1985年版，第3611页。

本里的亲眷关系，形成文化上的地域流派。而得益于移民带来的文化资源，宋代安徽地区在科举上的成就不断涌现，从而形成一个具有凝聚力的文化群体。

宋代士大夫强烈的政治主体意识配合重建国家秩序的诉求，开始使“国士”往抽象化的方向发展。“天下兴亡，匹夫有责”，个人的行为满足价值标准后，被升华至国家乃至“天下”的高度，从而完成精神层面上的身份认定。

而作为程朱故里的安徽地区，也在宋代新的儒学重建中，获得了前所未有的地域认同感，出现一批具有强烈地方区域特征的文人志士。这些人以儒家伦理为内在标准，生长于独特的地方社会之中，成为具有强烈地域特色的“国士”群体，身体力行地传扬着别具一格的“国士之风”。

通过科举进入官场的安徽籍士人间存在默契的乡谊关系，在思想文化上，他们往往形成较为统一的取向，而面对政治争端，也总是站在相似的立场上，追求同样的理想。其中志同道合者相互唱和，品格高尚之人同而不党，涌现出许多风骨卓绝之人，同样也成为安徽国士传统的培养基。

三、思想变革——道学在宋代的发展

“道学”，即为宋代儒学进一步发展呈现出的新的形态，最早使用“道学”一词的是北宋学者王开祖，他将道学理解为一种儒家道统，一种对孔孟以来儒学的通称。“由孟子以来，道学不明，我欲述尧、舜之道，论文、武之治，杜淫邪之路，辟皇极之门。”① 在宋初，道学是“孔孟以来之通名”，一般包含尧舜和孔孟的孝悌仁义，与“儒学”这一名词的内涵相类似。

但是道学的内涵显然在之后发生了变化，成为独树一帜的存在。后来被誉为理学奠基者的周敦颐、张载、程颢、程颐、朱熹等人，将本用来描述仁礼之“道”的“道学”转向了研究形而上的宇宙本体之“道”的学说。

儒家本以道德为重的传统发生了改变，在宋代完成了本体上的建构。道

① （明）黄宗羲：《黄宗羲全集》，沈善洪、吴光编校，浙江古籍出版社2005年版，第318页。

学不断追问宇宙万物的本源，并在南宋因本源取向的不一致分为以朱熹为代表的“理学”和以陆九渊为代表的“心学”两派。“道”在宋代学者的理论里，又是“性道”又是“天道”，又是“道统”又是“道体”，但不离一个本质，就是宇宙发展的本源和本体，道学则为正统儒学传承的主脉学说。

道学继承并发展了唐代韩愈的“道统说”，将“上三代”作为政治的最高理想，力求重明和继承自孟子之后中断千年的“道统”。程颐为其兄程颢墓所序之文中就着重表达出道学家对异端侵蚀主流的悲痛，以及复兴道统的历史责任感。

> 周公没，圣人之道不行；孟轲死，圣人之学不传。道不行，百世无善治；学不传，千载无真儒。无善治，士犹得以明夫善治之道，以淑诸人，以传诸后；无真儒，则贸贸焉莫知所之，人欲肆而天理灭矣。先生生于千四百年之后，得不传之学于遗经，以兴起斯文为己任，辨异端，辟邪说，使圣人之道焕然复明于世，盖自孟子之后，一人而已。然学者于道不知所向，则孰知斯人之为功；不知所至，则孰知斯名之称情也哉。①

程颢自己也曾说过：

> 道之不明，异端害之也。昔之害近而易知，今之害深而难辨。昔之惑人也乘其迷暗，今之惑人也因其高明。自谓之穷神知化，而不足以开物成务，言为无不周遍，实则外于伦理，穷深极微，而不可以入尧、舜之道。天下之学，非浅陋固滞，则必入于此。自道之不明也，邪诞妖妄之说竞起，涂生民之耳目，溺天下于污浊，虽高才明智，胶于见闻，醉生梦死，不自觉也。是皆正路之蓁芜，圣门之蔽塞，辟之而后可以入道。②

天下被异端邪说所害，纵聪慧之人也不能明辨是非，道学家的重任就在于明确正道，去除人们眼前的蒙蔽，将人们引入圣门。因此，道学重视教

① （元）脱脱等：《宋史》卷186，中华书局1985年版，第12720页。

② （元）脱脱等：《宋史》卷186，中华书局1985年版，第12720页。

化，传扬自身的“正统学说”，“习与智长，化与心成。今夫人民善教其子弟者，亦必延名德之士，使与之处，以薰陶成性。”[①] 他们相信通过这一途径，可以使百姓熏陶成性，最终社会风气为之一新，错误思想得以纠正，新的天下秩序重新建立。

自宋理宗之后，程朱的理学学说逐渐被确定为官方的统治思想，道学试图重新唤起人们心中“家国天下”的责任感的努力，重视思想教化宣传的手段，使得人们再度产生了对“国士”群体的钦慕之心。这种钦慕之心，被统治者有意强化，成为人们普遍认知中，对一个普通人价值判断的最高标准。

四、道学和理学在安徽的发展

安徽自己的理学流派，即“新安理学”，主要流行于徽州一带，崛起于南宋，茁壮于元代，明初达到全盛后因心学崛起而迅速衰落，最后于清代中期终结。新安理学又被人视为是“朱子学”的重要分支，对朱熹有一种几近狂热的崇拜，具有鲜明的学派特色，其宗旨在从南宋到清中期的近七百年内一脉相承，极少动摇。

新安理学在继承北宋义理学的基础上受到朱熹的极大影响，可以说是以朱熹为核心构建的学派。“唐宋以来，卓行炳文，固不乏人，然未有以理学鸣于世者。至朱子得河洛之心传，以居敬穷理启迪乡人，由是学士各自濯磨以冀闻道。”[②] 将朱熹抬到了极高的地位上。南宋时期新安理学的主要代表人物，要么是直接受业于朱熹，如程洵、程先，要么是和朱熹私交甚密、互相唱和的好友，如程大昌、吴儆。

起初，南渡至徽州新安一带的学者并非全然是正统的道学者或者说程学者。他们很大一部分还继承了苏轼的学说。朱熹对此感到忧虑，为此他在返乡时对同乡学者进行说理，试图将他们引回“正轨”。他又亲自在家乡招收学生，注重对学生涵养功夫的培养。

---

① （元）脱脱等：《宋史》卷 186，中华书局 1985 年版，第 12720 页。

② （清）董钟琪、汪廷璋：《婺源县志》卷 3，光绪三十四年刻本。

这些学生多出身当地名门大族，相互之间关系紧密，一定程度上掌握着新安地域的学术话语权。程洵是朱熹的主要弟子，也是朱熹的内弟。他初次见到朱熹，就“欲近弃举业，一意学问，以求进于圣贤之域”①。而朱熹也与程洵一见如故，为了鼓励程洵读书，他特意将程氏的“道问学斋”改为“尊德性斋”。程洵讲学时，“士友云集，登其门者，如入文公之门”，影响甚广。另一位弟子程端蒙被称为是“新安朱子学第一人”：“新安为朱子之学者不乏人，而以程蒙斋为首。蒙斋之后，山屋以节著，双湖以经术显，其后文献蒸蒸矣。”

当这些年轻学者逐渐成长为拥有独立思想的儒者，他们将少年时受到的朱熹的教诲外化于行，从而稳固了朱熹思想在新安学术界的主导地位。

朱熹死后，本将其斥为“伪学首端”的统治者突然做出改变，开始褒扬朱熹的学说，并一次次提高朱熹的地位，将其捧为一代圣贤，并将朱熹的著书作为科举考试的官方用书和准则。

> 是编以朱子《本义》为宗，取《文集》《语录》之及于《易》者附之，谓之“附录”。取诸儒《易》说之合于《本义》者纂之，谓之“纂疏”。其去取别裁，惟以朱子为断。②

这使得朱熹的乡人们更加信服他的学说，新安理学的“崇朱”心理不断加深，“朱子之学，上入于经筵，下遍于村塾，国家以之取士，以之治国平天下。”③“崇朱”之外，新安理学对陆氏兄弟所代表的心学，吕祖谦、陈亮所代表的浙学都加以贬斥，以突出朱熹的正统地位，如明代程曈在其辑撰的《闲辟录》中写道：

> 昔我新安夫子倡明圣学于天下，时则有若陆氏兄弟，浙之吕、陈，亦各以其学并驰争骛而号于世，陆则过高而沦于空虚，浙则外驰而溺于卑陋。夫子惧其诬民而充塞仁义也，乃斥空虚者为异端、

① （明）程曈：《新安学系录》，《程克庵》卷7，王国良、张健点校，黄山书社2006年版。

② （清）永瑢等：《四库全书总目》卷28，中华书局1965年版，第22页。

③ （明）程曈：《新安学系录》卷首《莪山先生〈新安学系录〉跋》，王国良、张健点校，黄山书社2006年版，第6页。

为禅学、为佛老，卑陋者为俗学、为功利、为管商，辞而辟之，以闲圣道而正人心焉，而其忧之深、辨之严、任之重，涣然见诸遗书，与自以承三圣者，夫岂有所异哉！①

总的来说，新安理学是一个具有鲜明地方特色，以家传为主的学术流派，对安徽国士传统的塑造起着重要的思想作用，将分散的、原始的自发行为，转变为有一定系统性和组织性的实践。

第二节　道学群体、宗族社会与国士

一、道学群体的理论建构：国士内涵的转变

“五代，干戈贼乱之世，礼乐崩毁，三纲五常之道绝，而先王之制度文章扫地而尽于是矣。”② 宋初，士大夫们面对的局势显然不容乐观。他们所继承的是一片思想上的废墟，一部断代的文典。不过，这也可能是塞翁失马，原有的文明秩序崩坏，意味着他们将不是给已经完成的宫殿添砖加瓦，而是能亲手组建出符合自身理想追求的新的高厦。

士大夫们也正是抱持这样的思想追求。无论是文坛，还是思想界，抑或政治舞台，都开始前所未有地要求“重建”新的规范以摆脱残破五代的阴影。

宋与前代不同，士农工商，虽然士位在第一，实际上却并没有和其他三种身份有着不可逾越的等级界限。宋代的士在成为士之前，可以是农工商中的任意一种；实际上很大一部分士大夫都出身平民，士不再是贵族的最低一等，而是成为平民晋身的一个阶层。和此前的历史阶段不一样，源远流长的世家大族在战争中失去了他们垄断式的地位，门第不再是评判士大夫们执政

① （明）程瞳：《闲辟录》卷首《闲辟录序》，明嘉靖四十三年刻本。

② （宋）欧阳修：《新五代史》，中华书局 2015 年版，第 188 页。

能力的标准，士从社会底层一举踏入政治中心也非绝无可能之事。

富家不用买良田，书中自有千钟粟。
安房不用架高梁，书中自有黄金屋。
娶妻莫恨无良媒，书中有女颜如玉。
出门莫恨无随人，书中车马多如簇。
男儿欲遂平生志，六经勤向窗前读！①

阶级上升的最好通道，就是读书，“学而优则仕”成为宋代从上到下一致认可的至理名言，人们相信，读圣贤书可以改变自己乃至家族的命运，鲤鱼一跃进龙门。

而阶级流动性扩大，以及整个社会对上升通道的共同认可，是宋代放开科举制带来的影响。较之唐朝，宋的科举录取人数扩大了三倍有余，且对试子的要求大大放宽，二级考试也变为更加严谨的三级考试，增加了由皇帝亲自参与的殿试环节。宋代统治者希望通过科举选拔大量文官人才，以代替官员系统中过多的武人。由科举制晋身的士大夫们被期望拥有治理国家的能力，因此，宋人“以天下为己任”的心理普遍存在，成为一种集体意识。他们认为，需要自己的不是别人，恰恰就是国家，统治者不能不兑现“与士大夫同治天下”的允诺，以使士人们不至抛弃他们。凡社会中的有能力之人，无论身处“江湖之远”还是“庙堂之高”都应该积极地参与着天下秩序的建设，北宋道学群体尤其持有此种观念，他们积极向士大夫以及平民传扬“天下兴亡，匹夫有责”的类似道理，以激发他们的责任感。

“昔三代之人，自非大顽顿，尽可以为君子。何者？仁义礼乐之教，浸淫于下，自乡徂国则皆有学；师必贤，友必善，所以养耳目鼻口百体之具，莫非至正也。”②

虽非道学一派，李觏对“前三代”的描述和向往却大致可以描述宋代道

① 徐雁、王余光主编：《中国读书大辞典·读书之乐》前言，南京大学出版社 1993 年版，第 3 页。

② （宋）李觏：《盱江集》卷 27《典章秘校书》，转引自《朱熹的历史世界：宋代士大夫政治文化的研究》，生活·读书·新知三联书店 2004 年版。

学家的一种理想。“为政不法三代者，终苟道”①，“三代之治，顺理者也；两汉以下，皆把持天下者也”②，儒家追求的上三代理想世界，天下并非一家一姓之天下，而是顺理行之。道学家的观念也是如此，他们渴望探索宇宙间唯一的道理，因此格外强调“天下”的格局观。《礼记·大学》有云：

> 古之欲明明德于天下者，先治其国；欲治其国者，先齐其家；欲齐其家者，先修其身；欲修其身者，先正其心；欲正其心者，先诚其意；欲诚其意者，先致其知，致知在格物。物格而后知至，知至而后意诚，意诚而后心正，心正而后身修，身修而后家齐，家齐而后国治，国治而后天下平。③

“齐家治国平天下”，士的思想境界被要求立于天下之大，古来有之，而在宋代特殊的政治环境下这一点被道学家们重点标注出来，不仅用来要求普通士子，还被用来教化百姓和规劝君主。

因此，可以说，“国士”在宋代道学发展的影响之下，其内涵有不断被扩大的趋向。“士”的概念被扩大到包括社会基层；“国”的概念又广泛至天下。因此，“国士”和“国士群体”都变成了被普遍应用的形容性名词。

二、深化的宗族观念：国士与榜样力量

安徽地区自北宋开始，不断建设一种和此前大有不同的宗族制度。陶希圣先生称之为“宋以后渐变为家长制的家族制度”④；常建华先生称之为“科举制下的祠堂族长宗族制”⑤。这一新的宗族制度以祠堂建设、家谱纂修和礼教伦理为中心，不断加强着宗族间的血缘控制。在这种控制下，一个普通人的一生都必须严格遵守族内规定，否则有身败名裂、遭人唾弃的危险。同样，只有先获得宗族内部的认可，才能进一步走向外界，得到社会的肯定。

---

① （元）脱脱等：《宋史》卷186，中华书局1985年版，第12720页。

② （宋）程颢、程颐：《河南程氏遗书》，《二程集》，王孝鱼点校，中华书局1981年版，第127页。

③ 杨天宇：《礼记译注》，上海古籍出版社2004年版，第800页。

④ 陶希圣：《婚姻与家族》，上海书店出版社1992年版，第87页。

⑤ 常建华：《中华文化通志——制度文化典·宗族志》，上海人民出版社1998年版。

“夫所谓天下之士者，不出乎一乡一国也。以一乡一国之士而以天下名，则其所立必有大异于常人者矣”[①]是也。

皖北是老庄故里，皖南则自诩“东南邹鲁”。近世以前，皖北宗族多由庄园经济下的豪强地主转型而来；而皖南宗族多是外来士族地主同化本地族群。而随着经济发展、封建土地制度关系的松懈、北民南迁以及科举制的扩大，南北宗族的差异性开始不断缩小，向平民化转变，呈现出政治功能减弱、社会功能凸显的特点。宋之后的南北宗族多以血缘为组织形式，不具备典型的特权特征，融入平民日常生活之中，并一直完备和固化，直至近代。

“宗法不立，既死遂族散，其家不传。”[②]宋代道学群体以及他们所倡导宗法伦理推动了宗族体制扩大化、网络化和稳定化。以皖南最为突出，形成了自有的特殊模式。

> 甚矣，谱之不可不作也，谱不作则支派无自而明，孝敬无自而崇，族无自而睦，谱其可以无作乎？古之君子所以甚重也，若宋欧阳公、苏老泉咸作谱以稽先世，以贻将来，良可尚也。[③]

> 有谱犹国有史也，国有史而后是非明，得失定。家有谱而后支系叙，昭穆分，若四肢之联而不乱，气脉之贯而相能也。[④]

“三世不修谱，以不孝论”，在一次又一次反复的过程中，各宗族之间的集体记忆得到强化，构建起血脉相连基础上的地域和身份认同。

如前一小节所述，国士的范围在宋代进一步扩大到社会底层，“士”的身份已经失去固定性，和平民没有法律性质上的差别，阶层之间的流动大大加强。宋代诸多望族、大族，都并非贵族出身，而是依托科举发展成为当地名门；士大夫的后代很有可能阶级下坠到平民，平民的后代又有着通过科举成为士大夫的可能。因而，以传道授业为己任，以图重建整个天下秩序的道

① （元）赵汸：《对江右六君子策》，《新安文献志》卷38，四库全书本。
② （宋）张载：《张载集》，中华书局1978年版，第259页。
③ （清）汪菊如：《义成朱氏宗谱》，清宣统二年存仁堂木刻活字印本。
④ （宋）程士培：《新安程氏统宗补正图纂》，清康熙二十四年刻本。

学家们只能将授业的对象从“士”扩大到“民”。同时，道学家们又相信，家庭是宇宙的缩小化，宇宙万理可于家庭中“格物”而知，“乾父坤母。皆以天地之大，喻一家之小。”①“君君，臣臣，父父，子子”，忠孝节烈，三纲五常，家庭是社会乃至天下的缩影。

> 乾称父而坤母，予兹藐焉，乃混然中处。故天地之塞吾其体，天地之帅吾其性，民吾同胞，物吾与也。
>
> 大君者，吾父母宗子；其大臣，宗子之家相也。尊高年所以长其长，慈孤幼所以幼其幼，圣其合德，贤其秀也。凡天下疲癃残疾、惸独鳏寡，皆吾兄弟之颠连而无告者也。“于时保之”，子之翼也。“乐且不忧”，纯乎孝者也。违曰悖德，害仁曰贼，济恶者不才，其践形惟肖者也。②

张载《西铭》一文折射出道学理想的宗法制度，程颐誉之曰：“《西铭》明理一而分殊，扩前圣所未发，与孟子性善养气之论同功，自孟子后盖未之见。”③

据此，道学家们希望从最靠近自己也是平民自身的宗族入手，“纵不能行之天下，犹可验之一乡”，将自己的理论化为实践，从而外化至天下。“宗子之法坏，则人不知来处。以致流转四方，往往亲未绝，不相识。”④程颢曾担忧宗法制度失传不仅影响统治也造成社会混乱。而因朱熹则制定出完整的一套可被执行的宗法祭祀流程，详细描述自己理想中的宗法制度，强调“支子不祭”。因朱熹学说后世的官方哲学地位以及和安徽的特殊关系，他有关宗族内部礼制的《文公家礼》等书，成为各宗族内部婚丧嫁娶以及道德判断的原则和标准。

“我新安为朱子桑梓之邦，则宜读朱子之书，服朱子之教，秉朱子

---

① （宋）黎靖德编：《朱子语类》，中华书局1985年版，第2523页。
② （元）脱脱等：《宋史》卷186，中华书局1985年版，第12718页。
③ （元）脱脱等：《宋史》卷186，中华书局1985年版，第12719页。
④ （宋）程颢、程颐：《二程集》，《河南程子遗书》卷15，王孝鱼注解，中华书局2004年版，第162页。

之礼。”[①] 朱子故里的身份使得道学观念对安徽的影响更加深远。依靠自身的道德修养，一位普通平民，无论男女，都可以获得宗族内部的认可，从而有机会被上报中央，获得国家层面的肯定和表彰。

从某种意义上来说，这是成为最低标准的“国士”的有效途径——为国家和社会作出“贡献”被国家所尊重，被子孙后代所崇拜。“夫所谓天下之士者，不出乎一乡一国也”，国士既是“天下”之士，也是“乡土”之士。落在基层的乡土社会中，他们“乡土之士”的身份甚至更加重要。将本乡本土的“国士”“君子”立为地域形态的“榜样”，既有助于加强整个社会秩序的稳定，又有助于建立起整体的地方认同，增加地方的影响力。这也是国士传统形成的内在推动力之一。

三、文化认同的构建——以徽州程朱阙里为例

道学、宗族和“国士”共同推动安徽地域文化认同的构建，三种要素相互推动发展，最终作用于安徽内部对于自身价值的认识和判断。这种相互作用，在皖南徽州是如何构建起“程朱阙里”这一广泛文化认同的过程中得以展现。

宋代儒学人物中，有三个举足轻重的人物都和徽州有着血缘上的联系——程颢、程颐兄弟和朱熹。不过三位被后世尊崇的理学大师和徽州的关系并不是直接的血缘关系，而是来自祖辈。这使得徽州怎样将自身与三位大儒相联系的过程显得尤为重要，在探寻、考证的途中，向着同一目标努力成为增强徽州文化认同的重要推动力。

对于福建人朱熹来说，徽州仍是被他认可的故乡：“顾其心未尝一日而忘父母之邦。”[②] 他的父母从安徽迁往福建，按照通俗的祖籍判断标准，他确实还算得上是一位安徽人。在多部著作中，朱熹都署名为“新安朱熹”，和朱熹同时代的学者陈亮和吕祖谦等人都曾用“新安之学”指代朱熹的学说。

① （清）吴翟：《茗州吴氏家典》，刘梦芙点校，黄山书社2006年版，第3页。
② （宋）朱熹：《晦庵集》卷46，文渊阁《四库全书》集部，第1143册。

他曾多次回到徽州也就是新安进行祭祖，并且吸引了当地众多有着向学之心的文士。以朱熹为核心，徽州的学士们学习他所提倡的新的儒学，组建成为“新安理学”这一新的理学地方学派。

朱熹逝世后，统治者有意抬高其地位以借助理学巩固统治，因此，在官方的支持下，新安理学在南宋后期及元代拥有一个积极的政治环境，能够不断传播学说，得以充分发展，在明初达到全盛。

新安理学以朱熹为尊，是这一学派的一个重要特征，也可以说是一以贯之的宗旨。南宋末，徽州就已经得到了国家所认可的“文公（朱熹）阙里”的称呼，这代表徽州已经成为被官方承认的朱熹的故乡，事实确凿无疑。

不过，想要将徽州与道学的关系彻底确立，仅依靠朱熹的血统溯源并不足够，还需要解决另一个问题：程颢程颐兄弟与徽州的血缘关系。这是一个关键点，因为只有论证程朱三人均来自徽州，才能构成一个有代际传承的道学或者理学之乡形象，将新安理学—民间学说和程朱理学—官方学说合理地联系起来。道统一直是道学争论的焦点，新安理学试图证明一个众人似乎还没有意识到的“真理”：道统系于徽州论证二程和徽州的关系要比朱熹复杂得多，程颢程颐兄弟祖源徽州，并无太明确的记载。程家在徽州是历史悠远的大家族，南朝时期有名的武将程灵洗即出身徽州程氏。但是程颢程颐和徽州的联系却模糊不清，没有文字史料记录他们的祖先是什么时候迁出安徽到达河南的。很长一段时间内，安徽的学者们都无法举出一个较为清晰的血缘世系表。程氏兄弟本人在生前也并未留下任何和新安也就是徽州有关的记录，他们对徽州没有什么血缘上的认同感。

较为权威的资料只有北宋时期欧阳修为程琳父亲程元白撰写的《袁州宜春县令赠太师令兼尚书令冀国公程公神道碑铭并序》。其中提到二程兄弟所属的中山程氏和新安程氏的关系：“中山之程，出自灵洗，实昱裔孙，仕于陈季。陈灭散亡，播而北迁。”[①] 即认为中山程氏出自程灵洗一脉，又和三国

① （宋）欧阳修：《欧阳文忠公全集》卷21，《四部备要》第74册，中华书局1989年版，第121页。

时期名臣程昱有着血缘传承关系，在陈朝灭亡之后迁往北方。

后经元代新安理学学者胡炳文考证，以欧阳修的说法为源本，将二程的具体世代关系较为明晰地呈现。胡炳文的二程世系仍有出现中断模糊的情况，明代徽州学者程敏政于是在胡炳文考证之上纂修《新安程氏统宗世谱》，考订程祁《程氏世谱》，将二程和徽州程氏的世系关系确定为：

元谭→长民→韶→元政→道惠→天祚→超→邕之→修→次茂→詧→宝惠→灵洗→文季→向→育→皆→大辨→文英→皓→日华→怀直→权→士庸→岩→秀→俶→羽→希振→遹→珦→颢、颐

程敏政的《世谱》面世后，得到了时任休宁县令欧阳旦的认同，欧阳旦以此为依据上奏礼部称“二程先生系本府应祀梁将军忠壮公程灵洗子孙，后迁博野，再迁河南伊川，子孙复业休宁，俱有可考”①，请求在休宁县学供奉二程牌位，获得了礼部批准，他要求休宁县再立二程祠，“看得二程先生乃程沄族属之孙，不当僭先世之上，合就类行该县，另选空地建二程祠。”②至此，二程祖源徽州休宁篁墩受到了来自统治者的官方认定。此后，学者在编修新安理学谱表时，必将二程列入其中，以程敏政确定的世系表为纲。与二程关系更近的故乡河南程氏也对徽州程氏与二程的关系表示认可。

> 二程夫子实忠壮公之后裔见于印章；朱子以迁闽未久，新安自表。而吾郡继起诸贤，笃守其学，代不乏人，其与金谿之顿悟、新会之静虚、姚江之良知，不啻薰莸判也。是以道统归于程朱三夫子，而学系之正，莫如新安。故独标之，以见上自唐虞，下迨鲁邹，其所以相授受者，皆由此可溯其源、探其本也。③

“程朱阙里”的认定使徽州学者产生一致的自我身份认知，与不断加强的宗族礼教一起构建成徽州的地域文化认同。

---

① （明）程敏政：《新安文献志》卷14《记·徽州乡贤祠记》，何庆善、于石点校，黄山书社2004年版，第376页。

② （明）程敏政：《新安文献志》卷14《记·徽州乡贤祠记》，何庆善、于石点校，黄山书社2004年版，第377页。

③ （清）吴曰慎：《新安学系录序》，见（明）程曈：《新安学系录》，黄山书社2006年版，第45页。

第三节　安徽“国士”传统的演变

一、侠士的时代

安徽横跨淮河长江，南北差异较大。皖北位于政治中心外围的低压地带，具有游侠传统，每逢乱世又多动荡，武将辈出；而皖南多山，受到山越文化的影响，民风彪悍，尚武传统由来已久。宋代以前，安徽地区所诞生的具有国士气质的人物，多身兼文武两性，并且充满着独特的冒险精神和英雄气概，更多接近于“游侠”的身份。“关羽张飞皆称万人之敌，为世虎臣。羽报效曹公，飞义释严颜，并有国士之风。”[①] 士为知己者死，英勇的武士成为国士的典范。

“追世祖功臣国士或有断绝封爵遗苗以奉其祀高兰，诸国胤子以绍三王之后事不稽古不以为政。”[②] 显然，国士的概念与开疆拓土的关系密切，是汉晋时期共同的认知。这种开拓进取的对力量的追求，使得国士依旧传承着古风，尚带有原始时代遗留下的传说色彩。

程灵洗是宋代及以后被安徽地区广泛崇拜的一位英雄人物，他被百姓尊为神祇，称“忠壮公”或“世忠公”，拥有诸多祠庙和信徒。[③] 他的家乡徽州在唐以前就已经流传着有关他的神异事迹：“灵铣宅湖东二里，宅南有楮树，其大数十围，树有灵。今村人数有祈祷，其祝辞号为千年树。其墓在湖西北黄牢山下。”[④] 南宋初期，程灵洗虽然已经得到诸多家族的尊祭，但是其神祇的身份并不高贵，只是一个乡民自行祭祀崇拜的灶神。但是在当地士大夫的推动下，程灵洗逐渐得到官方的认可，绍定时期被正式册封。明朝时程灵洗被列入祀典当中，成为被国家认可的地方信仰。

① （晋）陈寿：《三国志》卷 36《蜀书六》，百衲本景宋绍熙刊本。
② （汉）蔡邕：《蔡中郎文集》卷 7，《四部丛刊初编》，上海书店出版社 1989 年版。
③ 参考章毅：《宋明时代徽州的程灵洗崇拜》，《安徽史学》2009 年第 4 期。
④ （宋）李昉等：《太平广记》卷 118《程灵铣》，中华书局 1980 年版，第 827 页。

程灵洗更是安徽程氏的共同祖先，如上一节所述确立二程的世系传承那样，程氏家族热衷于将自己的血统追溯到程灵洗身上。历史上真正的程灵洗，起初只是一名地方豪强。《陈书》记载他说：

灵洗，字玄涤，新安海宁人也。少以勇力闻。步行日二百余里，便骑善游。梁末，海宁、黟、歙等县及鄱阳、宣城郡界多盗贼，近县苦之。灵洗素为乡里所畏伏，前后守长恒使召募少年逐捕劫盗。侯景之乱，灵洗聚徒据黟、歙以拒景。……（梁）元帝授……都督新安郡诸军事……资领新安太守。①

不过当程灵洗在侯景之乱中崛起，成为陈朝的开国功臣后，他成了被后世歌颂的英雄，一位忠于国家的“国士”。

汪华与程灵洗的经历相似，他出生于隋初，据最早记载汪华事迹的《唐越国公行状》所说，汪华出生时有异象，香雾满室，三日方散。但是汪华出生后不久，父母便双双离世，由舅舅抚养长大，并成为一名武艺高强的军人，加入隋军。隋末战乱之时，汪华率领官兵起义，占据皖南一带，拥兵自重，割据为王。其管理的徽州一带，由于广施德政，百姓休养生息，安居乐业。唐朝建立之后，他有感于唐的强大，主动向唐朝投降，使皖南百姓免受战乱之苦，促成国家统一。汪华后来辅佐唐之朝政，死后得谥“忠烈”。

起初，在宋以前，汪华的形象并非是完全正面的，唐代文献记载中往往称呼汪华为“贼”，如李吉甫在《元和郡县志》中记载说：“隋氏丧乱陷于寇贼，武德四年讨平汪华，改为州。”②《旧唐书》也记录说：

歙州首领汪华，隋末据本郡称王十余年，雄诞回军击之。华出新安洞口以拒雄诞，甲兵甚锐。雄诞伏精兵于山谷间，率羸弱数千人当之，战才合，伪退归本营。华攻之不能克，会日暮欲还，雄诞伏兵已据其洞口，华不得入，窘急面缚而降。③

但是，正史的视角立于北方统治者和征服者之上，以他们的角度看来，

---

① （唐）姚思廉：《陈书》卷10《程灵洗传》，中华书局1972年版，第171—175页。

② （唐）李吉甫：《元和郡县志》卷26，清武英殿聚珍版丛书本。

③ （晋）刘昫：《旧唐书》卷40，清乾隆武英殿刻本。

汪华是正统之外的野寇，威胁到了自身利益。但对于安徽本地民众来说，他们并不认可官方对汪华的评价，并极力为之反正，在群众和精英分子的不懈努力下，北宋初年，汪华的形象被成功扭转。宋真宗大中祥符二年，在知州方演的奏请下，汪华被追封为“灵惠公”，这是统治者首次承认汪华作为地方信仰的一员神祇。方演在奏书中写道：

……及其卒也，郡人思其德，大启庙貌，以时祭享。自此郡有水旱则祀之，民有疾沴则祀之，鲜有不获其灵应焉。所以自武宁迄今圣朝历数三百年，民到于今称之，岂不盛哉！臣因念唐高祖太宗功臣良将可谓多矣，至于享庙食煊赫者罕见，其比加以本庙收藏武德贞观中诰敕二道，至今犹存，岂非素有令德福及生民所致也欤？[①]

可见，徽州人们对汪华的祭祀由来已久，并盼望能够得到来自国家的册封。他们认为汪华不仅有助国家统一，还造福百姓，保佑一方，不应该遭受恶意的评论，得不到应有的待遇。

除了化身地方保护神之外，与程灵洗一样，汪华也是安徽汪氏的一位共同祖先，一位得到官方认可的国士。“显祖越国公生为忠臣，死为名神，庙祀之典如乌聊擅富山之胜，登源孕华阳之秀，云岗揽飞布之雄，神安灵妥，气机相感，未必于千百世之子孙不相流通也，是故图之。”[②] 汪氏宗族将汪华列为显祖，画像祭拜。

汪华在宋代得以反正的原因除了宋代乡绅群体发展，地方影响力增大之外，还和宋代的政治状况分不开。

由于汪华生前就有着可以请来“阴兵助阵”的传说，官方统治者利用这一传说，对汪华进行表彰时对百姓进行教化，加强自身得天之正统的权威，尤其是面临外族威胁的宋代。宣和四年，宋徽宗首次以“威灵之德，能警群迷。比昭风马之祥，卒弭干戈之悖”[③] 褒奖汪华，试图借助神灵之力震慑叛

① 汪大铭：《坦川越国汪氏族谱》卷 3，1925 年木活字本。

② （明）汪世贤：《汪氏宗谱纂要》卷 2，万历八年钞本。

③ （元）郑弘祖辑：《新安忠烈庙神纪实》卷 3 上《三封王告》，国家图书馆出版社 2016 年版，第 4 页。

军；宋孝宗以“去凶残而就有道，昔屡著于灵威”[①]祭祀汪华，希望能够帮助平叛；宋恭帝以“边尘未清，内寇俶扰”[②]的理由请求汪华“降于云中，驱厉山左”，降下阴兵来抵御外敌。统治者需要借助来自汪华的信仰之力巩固统治，因此扭转他在正史中并非全然正面的记载，转而更加重视塑造他“为国之士”的形象。

二、走向大众的转型期

“侠士”以武犯禁，乱世枭雄，据守一方，成就事业，“不求流芳百世但求青史留名”。然而一旦国家统一，中央集权稳定，统治者必然不可能提倡这种扰乱社会秩序、有损统治基础的行为。初唐时期，“国士”一词的概念已然开始脱离早期那种游侠武士的状态，转而成为一种文史书信中常用的尊称，用以称赞标榜某人的才华和品德。“国士遇我，我以国士报之”成为唐代盛行一时的士人观念。他们强调国士中人格魅力和潜在能力的重要性，从而取得与王侯将相相对平等的文化身份，这也与统治者弱化侠风的理念不谋而合。国士一词逐渐和开疆拓土功勋身份相脱离，不再以一个高标准的姿态出现，未入仕之士子也可自比为国士。

安徽地区同样如此，盛行于魏晋时期的武侠义士之风开始衰落，取而代之的则是文艺风流人物。方志中记载这一风气的变迁说：

> 武劲之风，盛于梁陈隋间，如程忠壮、汪越国，皆以捍卫乡里显。若文艺则振兴于唐宋，如吴少征、舒雅诸前哲，悉著望一时。而宋明以来，英贤辈出，则彬彬然称东南邹鲁矣。[③]

宋元时期，伴随着理学的发展，以及宋重视文教的影响，主流英雄人物的出身由武将转变为文士已成为固定的趋势，社会也转为崇尚文人雅士和

① 汪承兴、汪如红、汪根发：《大唐越国公汪华文献》，新华出版社 2014 年版，第 13 页。

② 汪承兴、汪如红、汪根发：《大唐越国公汪华文献》，新华出版社 2014 年版，第 13 页。

③ 《歙事闲谈》卷 18《歙风俗礼教考》，见张健编：《明清徽州妇女贞洁资料选编》，安徽师范大学出版社 2019 年版，第 7 页。

风流故事。“善叙事，铨理文体，洪雅得国士之风”[①]，史家文士，词人诗者，在宋人眼里也可为国士。国士也不再受到“统一”“开国”这样一般人难以企及的功业标准限制，忧国忧民之士、造福一方之官或者忠孝节烈之平民，都可能受到国家的认可，满足“国士”的内涵。

和程灵洗、汪华一样，包拯在生前获得了来自国家和社会的荣誉，同时“声烈表爆天下人之耳目，虽外夷亦服其名”[②]。身后成为被百姓供奉的神祇。只是与前两者相反的是，包拯以一个和平年代的文官形象出现，而非乱世之中的豪强侠客。正史上也少见包拯的负面形象。

作为当时就已经享有盛名的清官、好官，包拯身上具有高尚的情操和优良的品格。他为民请命，仁心爱人，“常急吏宽民，凡横敛无名之人，多所蠲除”[③]；廉洁奉公，不徇私情，“为人刚严，不可干以私”[④]；正直刚强，忠于职守，“人或曲随，我直其为”[⑤]；直言敢谏，不畏强权，“拯立朝刚毅，贵戚宦官为之敛手，闻者皆惮之。”[⑥]“待制祠堂大宋臣，偶从萍水挹青尘。一生骨梗无情面，百练金刚不坏身。孝肃合加当日谥，阎罗幻结后来因。分明冠玉惊人貌，巴里堪嗤成未真。”包拯忠君爱民，受到百姓的爱戴，也获得了以宋仁宗为代表的官方的肯定，名字被镌刻在《开封府题名记》石碑之上。

人们在包拯身上寄托了淳朴的美好企盼——“善有善报，恶有恶报”，他们渴望像包拯一样的清官为他们除暴安良，创造一方清平世界。出于这样的愿望，包拯在身后被塑造成半仙半人的人物，出现在戏曲、小说中，如元杂剧《陈州粜米》、清小说《三侠五义》。尽管真实历史中，审理案情只占包拯政治生活的一小部分，但是在百姓津津乐道的那些“包青天”故事里，包拯更像一位侦探和法官，孜孜不倦地处理着各式各样的冤假错案，并作出公正的裁决。包拯在艺术作品中被神化，是宋代兴起的大众娱乐盛

① （宋）陈应行辑：《吟窗杂录》卷2，明嘉靖二十七年崇文书堂刻本。
② 孔繁敏：《包拯年谱》，黄山书社1986年版，第134页。
③ 孔繁敏：《包拯年谱》，黄山书社1986年版，第137页。
④ （宋）朱熹辑：《五朝名臣言行录》卷2，商务印书馆1936年版。
⑤ 孔繁敏：《包拯年谱》，黄山书社1986年版，第139页。
⑥ （元）脱脱等：《宋史》卷316，中华书局1985年版，第8310页。

行的结果。和程灵洗、汪华不同的是，包拯获得的来自百姓的认可和他获得的官方荣誉并没有直接的关系，他不因是地方文化中成功的典范而得到后人的崇拜。

一笑解行箧，沧波信手投。臣心真似火，天意忽成洲。

沙月淡相映，秋江澄不流。当年杜万石，曾此泛归舟。①

正如此诗所绘，百姓心中的包拯精神如秋江一般融润万物，不留痕迹。当现实生活中遇到强权和不公时，人们就会想起包拯，由衷地希望自己也能遇到一位真正的“青天大老爷”。

和包拯又有所不同，虽然也曾任官造福一方百姓，“兴利除害，值岁不雨，讲求荒政，多所全活”，在朝堂上直言谏君，但朱熹更多还是作为一位思想家被世人铭记。朱熹曾多次返回安徽老家进行祭祖，每一次都受到当地读书人和百姓的热烈欢迎。朱熹的学说在生前虽然影响甚广，却没有获得官方和主流的认可，晚年还遭遇庆元党禁的祸事，被扣上“伪学首端”的帽子，十分凄惨。

朱熹总结了此前儒学，尤其是宋代新发展的道学的思想，建立了一个较为完整的学术体系。其哲学主要以二程的“理本论”为基础，吸收周敦颐的“太极说”、张载的“气本论”和佛教、道教等思想而形成，一般称之为“理气论”。朱熹还完善了二程的格物穷理论，提出了认识事物本质的根本途径——格物致知。朱熹认为格物致知可入圣贤之境，也是实现人格升华的唯一方法，“《大学》格物致知处，便是凡圣之关。物未格，知未至，如何煞也是凡人。须是物格知至，方能循循不已，而入圣贤之域。”②

道之正统待人而后传，自周以来，任传道之责者不过数人，而能使斯道章章较著者，一二人而止耳。由孔子而后，曾子、子思继其微，至孟子而始著。由孟子而后，周、程、张子继其绝，至熹而始著。③

① （清）莫元伯：《柏香斋诗钞》卷5，清嘉庆二十三年刻本。

② （宋）黎靖德编：《朱子语类》，中华书局2007年版，第298页。

③ （元）脱脱等：《宋史》卷429《朱熹传》，中华书局1985年版，第12768页。

正如朱熹弟子黄榦所说的那样，朱熹继承了先儒的思想，并将之落于实地，发扬光大。而除了哲学思想外，朱熹还借助自身的思想影响力，在担任地方官时建设基础教育，传播自身的教育理念。“间诣郡学，引进士子与之讲论。访白鹿洞书院遗址，奏复其旧，为《学规》俾守之。”[①]

他亲手创办了同安县学、考亭书院等学校，又重建了白鹿洞书院和岳麓书院，制定学规，编撰“小学”与“大学”教材。对待学生，朱熹“穷日之力，治郡事甚劳，夜则与诸生讲论，随问而答，略无倦色，多训以切己务实，毋厌卑近而慕高远，恳恻至到，闻者感动。”[②]得到了广大基层学子的尊重和信任，使地方文教环境得到大的提升，讲学之余，开启民智。

但是朱熹去世后，统治者才开始重视他的理论，将朱熹思想确立为国家的官方意识形态，尊其为“朱子”，以“圣贤”而非“神祇”的形象被民众尊奉。朱熹本人被追溯为安徽和福建多个家族的祖先，他的一言一行，片言只语都成为国家和民众行为的准则，被奉为圭臬。“某有捐百身起九原之心，有倾长河注东海之泪，路修齿髦，神往形留，公没不亡，尚其来飨。”[③]百姓怀朱熹之心，与陆游此祭文同。

南北宋之交的战乱中，抗金卫国是鲜明的爱国主义精神体现。生活在北宋末年的魏矼，是唐代丞相魏知古的后代，在面临金军入侵的危险时，他上书主动请求随皇帝亲征，并反对议和，和秦桧针锋相对，“相公固以诚待敌，第恐敌人不以诚待相公尔。”[④]力图依靠广大军民恢复中原。面对求和的宋徽宗，魏矼同样直言以对，不为皇权所屈：

> 诏金使入境，欲屈己就和，令侍从、台谏条奏来上。矼言：……贼豫为金人所立，为之北面，陛下承祖宗基业，天命所归，何藉于金国乎？传闻奉使之归，谓金人悉从我所欲，必无难行之

① （元）脱脱等：《宋史》卷429《朱熹传》，中华书局1985年版，第12768页。

② （清）王懋竑：《朱熹年谱》，中华书局1998年版，第192页。

③ 朱东润编：《陆游选集》，上海古籍出版社1979年版，第277页。

④ （宋）李心传：《建炎以来系年要录》卷119，绍兴八年五月辛亥条，中华书局1956年版，第1931页。

礼，以重困我，陛下何过自取侮乎？如或不可从之事，傥轻许之，他时反为所制，号令废置将出其手，一有不从，便生兵隙。予夺在彼，失信在我，非计之得也。虽使还我空地，如之何而可保？虽欲寝兵，如之何而可寝？虽欲息民，如之何而可息？非计之得也。陛下既欲为亲少屈，更愿审思天下治乱之机，酌之群情，择其经久可行者行之，其不可从者，以国人之意拒之，庶无后悔。所谓国人者，不过万民、三军尔。搢绅与万民一体，大将与三军一体，今陛下询于搢绅，民情大可见矣。①

铁骨铮铮的不仅只有魏矼，他的母亲也同样有着坚贞不屈的爱国之心。当家乡和州受到金兵围城时，魏母以私金换取食物支持城内士兵杀敌报国。和州百姓在母子二人逝世多年后，依旧为他们举行纪念仪式。

三、继承、发展与革新

经过儒家文化的长期熏陶，以及宋代文人群体留下的思想濡染，明清时期的安徽社会无论南北，都呈现出前所未有的尚文之风。即使是明朝开国之初武将辈出的皖北，也“其俗好风雅而多文人”②。而明人清人的观念中，伦理道德的比重大大上升。忠君爱国，执义不苟，高风亮节，成为人们理想中国士的标准。并且，“国士”与官方评价的关系减弱了，许多草野文人，或许终身未能入仕，但是著书立说，行善积德，抱有拳拳爱国之心，也能得到广泛的群众认可，成为乡贤，进而在特殊时机获得“国士”的荣誉身份。一些文臣武将，因政治斗争落寞而终，未获得统治者的赞誉，却被广大百姓所爱戴，成为民众心中的伟大英雄。

戚继光祖籍安徽定远，是明中后期著名的爱国将领，出身将门，历任参将、总兵等职，以战功加封太子少保。他是武将，也是儒将，“封侯非我意，但愿海波平”，战功赫赫之外，留下许多诗文痕迹。他写成的《纪效新

① （元）脱脱等：《宋史》卷376，中华书局1985年版，第11630—11632页。
② （清）王敛福修：《颍州府志》卷9《艺文志》，乾隆十七年本。

书》和《练兵实纪》极大丰富了中国古代军事理论的内容，多次重版刊刻，影响深远。嘉靖时，戚继光在福建浙江一带抗击倭寇，治军有方，成功平定海乱，获得了当地百姓的感激爱戴。

桓桓卫霍万夫雄，籍籍偏碑国士风。

蹈海斩关争效死，当场脱剑耻论功。①

戚继光正是一位不惧牺牲、身先士卒的爱国英雄，比之汉代名将卫青与霍去病也毫不逊色。

然而，晚年受政治党争影响，戚继光暮景惨淡，于万历十五年失意病死。《明史·戚继光传》记载说：

居正及半岁，给事中张鼎思言继光不宜于北，当国者遵改之广东。继光悒悒不得志，强一赴，逾年即谢病。给事中张希皋等复劾之，竟罢归。居三年，御史得光宅疏存，反夺体。继光亦遂卒。②

朝廷甚至没有主动为戚继光赠谥，几十年后在天启年间，方才补给戚继光“武庄”的谥号。闽南百姓有感于其英雄事迹，多次在民间为戚继光举行祭祀活动，戚继光成为神祇“大众爷公”③ 的化身，被百姓立祠崇拜。传说民国初年闽南水灾，村民齐聚请求大众爷公帮助，傍晚天有异光，即有一壮汉现身，挥动铁锹开渠，洪水立刻退去，这壮汉被视为是下凡显灵的戚继光。戚继光虽然在死后并未立即得到来自官方的认可，却被广大群众视为保佑乡土的英雄，为国而死的志士。

左光斗也是一名被统治者在很长一段时间刻意忽略的死国之士，和戚继光相比，他所遭受的痛苦更非常人能够想象。因反对阉党，弹劾魏忠贤，力图使政治重返清明，他被下狱严刑处置。在遭受各种非人的酷刑后，左光斗死在狱中，据说死前其弟子史可法探监时，左光斗膝盖骨尽露，惨况令人不忍观之。他死后，魏忠贤仍没有放过他的亲眷，害死诸多无辜人士。

光斗坐赃二万。忠贤乃矫旨，仍令显纯五日一追比，不下法

① （明）汪道昆：《太函集》卷120，胡益民、余国庆点校，黄山书社2004年版，第2754页。

② （清）张廷玉等：《明史》卷212《戚继光传》，中华书局1974年版，第5616页。

③ 参考郑镛：《戚继光闽南“化神”考》，《泉州师范学院学报》（社会科学版）2007年第3期。

司，诸人始悔失计。容城孙奇逢者，节侠士也，与定兴鹿正以光斗有德于畿辅，倡议醵金，诸生争应之。得金数千，谋代输，缓其狱，而光斗与涟已同日为狱卒所毙，时五年七月二十有六日也，年五十一。

光斗既死，赃犹未竟。忠贤令抚按严追，系其群从十四人。长兄光霁坐累死，母以哭子死。都御史周应秋犹以所司承追不力，疏趣之，由是诸人家族尽破。①

在编定《三朝会典》时，魏忠贤将左光斗列为罪人，并试图开棺戮尸。直到崇祯皇帝即位惩办阉党时，左光斗才得以平反，约二十年后，他最终获得了流亡中的南明朝廷所追谥的“忠毅”二字。左光斗和杨涟等人被誉为“东林六君子”，在阉党高压之下，百姓虽不敢直接反抗，却在私下传颂六君子的忠勇事迹。左光斗的弟子史可法继承先师忠贞之心，“吾上恐负朝廷，下恐愧吾师也”②，守城而死，可谓铁骨铮铮，代际相承。

桐城派是清代文坛最大的散文流派，形成了一股新的“经世致用”治学潮流。晚清“桐城四杰”姚莹、方东树、管同、梅曾亮面对外洋入侵，中西思想碰撞的时局，依托经世致用思想，提出一些切合实际的治国之策，主动迎接挑战。

鸦片战争时期，姚莹任官台湾，面对英军入侵，他指挥得当，使“夷五犯台湾，不得一利”，获得了台湾保卫战的胜利，振奋人心。然而之后他身陷朝堂斗争，被诬为“贪杀冒功”贬官至川藏。姚莹并没有因此失去对家国的热爱，他在沮丧茫然之余，仍怀治世之念，“生平多历崎岖，惟气未衰耳”③。

因为亲身经历过外来侵略的惨烈，姚莹深以为必须开阔视野，主动了解世界变化。他告诫那些以“天朝上国”自居，不肯面对现实的守旧人士，“古今异势，非可拘谈。……彼外夷者，方孜孜勤求世务，而中华反茫昧自安，

① （清）张廷玉等：《明史》卷244《左光斗传》，中华书局1974年版，第6329页。
② （清）方苞：《方望溪先生全集》卷9《左忠毅公逸事》，上海古籍出版社2009年版。
③ 严云绥、施立业、江小角编：《桐城派名家文集》，安徽教育出版社2014年版，第267页。

无怪为彼所讪笑轻玩，致启戎心也。”[①] 被贬后，姚莹参考长期被人所忽略的边疆史料，结合实地考察，以桐城派特有的文献编撰传统写出了著名的《康辅纪行》，提出主动了解西洋诸国，学习他国长处，“余于外夷之事，不敢惮烦，今老矣，愿有志君子，为中国一雪此仇也。”[②]

姚莹身后既未成神，获得民间大规模祭祀，也未得到官方的肯定和支持。咸丰皇帝即位后，为了镇压愈演愈烈的农民起义，重新起用姚莹。姚莹在历经失败后病死军中，并无盛大的葬礼和隆重的名号。然而，纵观姚莹一生，谁能否认他身具国士风骨。“苟利国家生死以，岂因祸福趋避之”，时局危亡之时，方显士人忠魂，和挚友林则徐一样，姚莹是一位忠臣、一位义士，更是一位英雄。

明清是一个对今人而言并不遥远的时段，观古知今，以史为鉴，封建社会从顶峰走向衰亡的过程，常使人幻想第二种可能。但时间是只向前滚落的线轴，丢开假设，依旧可以看到，在真实发生的过去里，中国跌跌撞撞地走来，走到了今天。支撑中国千疮百孔而不至支离破碎的，正是这些继承国士之风，或有名或无名的爱国者。

“我们自古以来，就有埋头苦干的人，有为民请命的人，有舍身求法的人，这就是中国的脊梁。”此情古今同矣。

第四节　国士践行与地方认同

新安理学传世七百余年，数百名文人学士除思想领域汲汲于躬耕深作，力图传扬“涵养致知之理”外，也身体力行地践行着“修身、齐家、治国、平天下”的内在追求。世代相传之下，形成了以理学思想为核心，以天下为己任的独特国士传统。

① （清）姚莹：《康辅纪行》卷 12，施培毅、徐寿凯点校，黄山书社 1990 年版，第 368 页。
② （清）姚莹：《康辅纪行》卷 12，施培毅、徐寿凯点校，黄山书社 1990 年版，第 358 页。

> 孟子没而圣人之学不传，千有余岁，至我两夫子始得之于遗经，倡以示人，辟异端之非，振俗学之陋，而孔孟之道复明。又四传至我紫阳夫子，复溯其流，躬其源，折衷群言，集厥大成。①

《新安学系录》序文开头这段总说，表现出新安理学一派对于自身传承“道统”的自信与跃然纸上的使命感。“士生天地间，当以济人利物为心”②，“济人利物”可谓是新安理学国士传统一以贯之的内在标准；而“处君臣则尽君臣之义，处父子则尽父子之仁，处兄弟则尽兄弟之礼，处夫妇则全夫妇之别，处朋友则全朋友之信，以至处天下之事亦莫不各有以当其当然之则”③，则是地方文化影响之下的外在行为准则。

这种国士传统既深植于底蕴丰厚的思想基础之中，又受到理学学者传承道统的强烈责任感以及安徽地域认同和家族文化的影响，在实践中体现出形式多样、内核统一的特色。可以将之大致分为三个不同方面：作为文人学者的思辨传道；作为地方精英的社会治理；作为士子官宦的为国为民。

新安理学作为思想流派消逝后，国士传统在学术领域的传承并未与之共同息亡，而是开枝散叶，被诸多的新起地域文化所继承。桐城派即为其中特殊一例，以家学兴起的这一清中后期思想流派，自康乾盛世横跨入近代中华亡国灭种之危机，面对非同以往的全新危局，桐城派学子展现出坚守的国士之心。

一、知行合一：文人学者的思辨传道

“任重而道远，仁以为己任”，自先秦以来，无论具体内涵如何变化，“国士”的最为重要的核心，依旧是肩负起自身为“国”之“责任”。如前文所述，“士为低级之贵族，居于国中，有统驭平民之权利，亦有执干戈以卫社稷之义务，故谓之‘国士’”，尽管身份等级在时代变迁中消失原有的定义，但“义务”和“责任”的承担者，却从宗法制下小宗对大宗的服从，转变成

① （明）程曈：《新安学系录·序》，黄山书社 2006 年版。
② （明）程曈：《新安学系录》卷 13，黄山书社 2006 年版。
③ （明）程曈：《新安学系录》卷 9，黄山书社 2006 年版。

了社会各个阶层。他们所尽责的对象也不再是精确的“大宗”，而是一个概念化的复杂的“国家”或者“天下”概念。

作为宋代道学的集大成者，也是新安理学的开拓与领导者，朱熹将“士”所应当承担起的“己任”从道学的角度进行了阐释与总结：谓孟子没而圣学不传，以兴起斯文为己任。这既是道学家们所共有的政治理想，也是他们所自认的时代使命。为了完成这一任务，使自己无愧于“士”的身份，除了在思想学术上构建出重振道统的理论体系，朱熹还充满热情地投入政治与社会实践之中。

> 今日之事，非大更改，不足以悦天意、服人心。必有恶衣服、菲饮食、卑宫室之志，而不敢以天子之位为乐，然后庶几积诚尽孝，默通潜格，天人和同，方可有为。其事大，其体重，以言乎辅赞之功，则非吾之所任；以言乎启沃之道，则非吾之敢当。然天下无不可为之时，人主无不可进之善。以天子之命召藩臣，当不俟驾而往。吾知竭吾诚，尽吾力耳。外此非吾所能预料也。①

发生在应召觐见皇帝之前的这段对话中，朱熹对学生解释了自己对于自身的一种义务和责任的理解。“大更改”国家的政治目标，朱熹自认是非自己一人所能承担的义务，然而面对皇帝代表官方的请求，他作为“士”，必须尽自己所能，是否能够影响政治的走向并非他所能决定的，“无愧于心”是也。朱熹所说的自己，实际上是他对天下所有士人的期许，“竭吾诚，尽吾力”，士对国家的使命与自身担当不因世异时移而变。

晚年被卷入政治斗争，诬为伪学之首时，朱熹依旧不屈服于时局，主动致仕，以讲学为乐。“方是时，士之绳趋尺步、稍以儒名者，无所容其身。从游之士，特立不顾者，屏伏丘壑；依阿巽懦者，更名他师，过门不入，甚至变易衣冠，狎游市肆，以自别其非党。而熹日与诸生讲学不休，或劝以谢遣生徒者，笑而不答。”② 怡然自得，清者自清，可谓君子之风。

---

① （清）王懋竑：《朱子年谱》卷4，何忠礼点校，中华书局1998年版，第230—231页。

② （元）脱脱等：《宋史》卷429《朱熹传》，中华书局1985年版，第12768页。

朱熹的身体力行，显然对向来崇慕朱学思想的新安理学的实践产生了直接影响，诸弟子纷纷以其为榜样，以“不辱师门”为志。“台章有吉州知录程洵亦是伪学之流等语，先生与文公书曰：‘滥得美名，恐为师门之辱。’文公答曰：‘今日方见吾弟行止分明。’”[①] 朱熹的亲传弟子、新安理学的代表人物程洵，在面对庆元党禁的政治危局时被牵连入内，被诬为伪学，但他始终保有自己的价值判断，坚守内心的道德准则，不被时局左右，一笑了之。

后宋元交战，南宋将亡之际，相当数量的新安理学传人以行动表明自身坚守道统的立场，不愿仕元。《宋元学案》中记载南宋末年新安学人许月卿不仕元的事迹说：

> 未几，复召，而元军已下钱塘。先生深居一室，但书“范粲寝所乘车”数字，五年不言而卒，盖至元二十三年也，年七十。谢迭山尝书其门云：要看今日谢枋得，便是当年许月卿。先生在朝，当事有戒以和平勿过刚者，先生曰：“大臣宰相以此取士，特未之思耳。夫和平以从我，岂不能和平以从人；勿过刚以顺我，岂不能勿过刚以顺人。靖康士大夫率由此道，许某只是一许某，决不能枉道以事人也。”时人称之曰山屋先生。[②]

许月卿“夫和平以从我，岂不能和平以从人；勿过刚以顺我，岂不能勿过刚以顺人。靖康士大夫率由此道，许某只是一许某，决不能枉道以事人也”[③] 一言充分表现出其但求无愧于心，而不在乎世俗流行，不为求全改变人生准则的气概。

又有余济、余仲敬父子同样被元朝累征不去，恪守宋臣之份：

> 余济，字心渊，息斋子也。少承家学。元初，累辟不就。
>
> 余仲敬，号静学，息斋孙也。世传朱子之学，绝意仕进，以道

---

① （明）程曈：《新安学系录》卷 7，黄山书社 2006 年版。

② （明）黄宗羲著，（清）全祖望补修：《宋元学案》卷 89，陈金生、梁运华点校，中华书局 1982 年版，第 2974 页。

③ （明）黄宗羲著，（清）全祖望补修：《宋元学案》卷 89，陈金生、梁运华点校，中华书局 1982 年版，第 2974 页。

自任。江、淮兵起，里中豪杰亦欲举事，共谘之，以为不可，乃止。避乱深山，流离颠沛，讲学不辍。尝遇山贼，亦知为贤者而舍之。其于理学经济之道，靡不究竟，而以主静为本。尝曰：“未有憧憧往来，而其中能存者也。”太守陶安重之，入荐于朝，累征不起。[①]

有感于新安理学学子的风骨气节，黄宗羲曾感叹道：

新安之学，自山屋一变而为风节，盖朱子平日刚毅之气凛不可犯，则知斯之为嫡传也。彼以为风节者，意气之未融，而以屈曲随俗为得，真邪说之诬民者也！先师尝言，东汉之风节，一变至道，其有见于此乎！[②]

朱熹所建设和传承下来的家国情怀和使命感，深深影响其身后一千余年的时光，以其为代表的新安理学学子，身体力行地践行着他们所信仰的“道”，从单纯的思辨中走出，塑造着“载道之文”以外的国士传统。

二、双重角色：地方精英的社会治理

除了理学学者这一身份之外，新安理学的思想家们往往还身兼地方精英的角色，有意或无意地参与进乡村社会的治理之中来。这和朱熹理学提倡社会教化，宣讲传道有关，也和他们的家庭出身、天然的社会身份有关。

朱熹继承发展了孔子“道之以政，齐之以刑，民免而无耻；道之以德，齐之以礼，有耻且格”[③]的思想，将之阐发为“愚谓政者，为治之具。刑者，辅治之法。德礼则所以出治之本，而德又礼之本也。此其相为终始，虽不可以偏废，然政刑能使民远罪而已，德礼之效，则有以使民日迁善而不自知”[④]。十分重视民众的教化和基层社会的秩序稳定。其《朱子家礼》，是

① （明）黄宗羲著，（清）全祖望补修：《宋元学案》卷89，陈金生、梁运华点校，中华书局1982年版，第2976页。

② （明）黄宗羲著，（清）全祖望补修：《宋元学案》卷89，陈金生、梁运华点校，中华书局1982年版，第2974页。

③ （宋）朱熹：《论语集注·为政二》，商务印书馆2015年版，第112页。

④ （宋）朱熹：《论语集注·为政二》，商务印书馆2015年版，第113页。

主动参与乡村社会治理的集大成之作，成为理学继承人们奉为圭臬的乡村治理理论源本。

《朱子家礼》因时因地制宜地对当时乡村社会的家庭、宗族等基础构成部分在伦理礼教上作了全面而详细的规定。“古之庙制，不见于经。且今士庶人之贱亦有所不得为者，故特以祠堂名之，而其制度亦多俗礼”[①]，朱熹将祠堂视为平民的宗庙，决定使“礼下庶民”，为平民编织一套切实可行的礼法。知漳州时，朱熹曾“奏除属县无名之赋七百万，减经总制钱四百万。以习俗未知礼，采古丧葬嫁娶之仪，揭以示之，命父老解说，以教子弟。土俗崇信释氏，男女聚僧庐为傅经会，女不嫁者为庵舍以居，熹悉禁之”，将自己的伦理思想投入实践之中，改良一地风气：

> 自唐宋以来，卓行炳文固不乏人，然未有以理学鸣于世者。至朱子得河洛之心传，以居敬穷理启迪乡人，由是学士争自灌磨，以冀闻道风之所渐，田野小民亦皆知耻畏义。[②]

理学家们介入地方治理，途径多样，主要凭借学术影响力，自身家族地位和乡贤身份，来达到影响乡村社会运行的效果。来自中央的官方统治机构停留在县的层面，基层的乡村社会管理具有一定的自治性质。富有土地的地主、财力雄厚的商人和身具学识的士子，凭借其突出于普通平民的特长，获得了这一自治社会的主要管理权力。而在学术上卓有成就、能够名留青史的理学学士们，往往身兼多重身份，既出身资产雄厚大家族，又学识丰富，并且品行优越，富有“传道授业”的社会责任感，因此，无论自觉或不自觉，他们总是参与乡村治理之中。

理学学者出于传道的一贯宗旨，重视地方教育建设，多愿在设立私学或书院以培养家乡文教，潜移默化中达到净化乡风、提高乡民整体素养的目的。翻阅相关传记，凡稍有追求之文人学士，几乎都有着创办或从教于地方书院的记载。建私学而有名望者如胡一芳，“试礼部不第，退而讲学，得朱

① （宋）朱熹：《家礼》，《朱子全书》第7册，上海古籍出版社2010年版，第875页。

② （清）董仲琪修，（清）汪廷璋纂：《婺源县志》卷3《风俗》，清光绪九年刊本。

氏原委之正。……归而著书，远近师之，号双湖先生”①，在乡讲学远近闻名。从教者如曹泾，“博学知名，马端临尝师事之。入元，为紫阳书院山长”②，曾任紫阳书院山长，为元代史学家马端临之师。创办者如元代理学家胡炳文，“至大间，其族子淀为建明经书院，以处四方来学者，儒风之盛甲东南”③，曾和族子共建明经书院，使儒风大盛于东南。教育对于颇有抱负的理学家们来说，不仅是传扬理学的主要方法，也是他们用以影响和改造社会，潜移默化地实现自身理想的重要途径。“桃李满天下”既为他们带来了名望，也让他们的学术理论拥有了被诸多弟子们践行的可能。

朱熹的道德教化思想也被新安理学家们所继承，他们借助理学思想和社会影响力，以文劝民从善，制定诫约，以正乡风。如明代学者汪循，曾立《止淫祀戒约》，以净化乡民迷信之风：

> 古者君子之居乡，事有无害于义者，从俗可也。有害于义而迹涉于邪，则君子所当辟之，断乎不可从也。此者迎奉娘娘之说，事出不经，邑大夫明喻其非，而市民效尤者，已加显罚矣。为之民者，岂可犯良有司之训，而复踵袭愚妇之为邪？……奉之，又何益乎？吾里之人，宜勿迎，如神能作祸福，宜加某身，众人其毋怖。④

而面对威胁乡村社会正常运行的危机时，理学家们也会尽自己所能，承担作为学者儒士所应当背负的社会责任，救助无辜百姓，践行“穷则独善其身，达则兼济天下”。如元末明初的孙天佑与朱升讲明义理之学，每逢歉岁，“慨然减价出粟，以赈饥民”⑤，而且经常建桥辟道，为孤寒无依者营造房屋，

① （明）黄宗羲著，（清）全祖望补修：《宋元学案》卷89，陈金生、梁运华点校，中华书局1982年版，第2977页。

② （明）黄宗羲著，（清）全祖望补修：《宋元学案》卷89，陈金生、梁运华点校，中华书局1982年版，第2974页。

③ （明）黄宗羲著，（清）全祖望补修：《宋元学案》卷89，陈金生、梁运华点校，中华书局1982年版，第2977页。

④ （明）汪循：《汪仁峰先生文集》卷17《止淫祀戒约》，《四库全书存目丛书》，齐鲁书社1997年版。

⑤ （明）程曈：《新安学系录》卷3，黄山书社2006年版。

“凡可以利益于人者，于膏腴金谷，一弗之靳，是又其天性仁厚如此。”[①]

三、责无旁贷：士子官宦的为国为民

国计民生，是士大夫们日常生活中所关注的重中之重。其研究经史，并非单纯的学术思想探析，而是带有儒学自古流传下来的浓重政治色彩，“经世致用”，以待某日可以“学而优则仕”。跻身仕途，将自身的理论架构投入实际社会建设之中的学子不在少数。朱熹曾多次担任地方父母官，也曾屡次面见皇帝，进言劝慰，不卑不亢，而又心系百姓，忧国忧民。

宋孝宗淳熙年间，浙东大旱，朱熹上奏陈说“灾异之由与夫修德任人之说”。灾异与统治者修德之间的关系，自董仲舒“天人感应”以来就成为儒家学说中的重点思想。朱熹将之与朝廷现状相连，劝言宋孝宗“循天理、公圣心，以正朝廷之大体”，远离近侍小人，而尊重信任士大夫：

> 士大夫之礼貌既庄而难亲，其议论又苦而难入，近习便辟侧媚之态既足以蛊心志，其胥史狡狯之术又足以眩聪明。是以虽欲微抑此辈，而此辈之势日重，虽欲兼采公论，而士大夫之势日轻。重者既挟其重，以窃陛下之权，轻者又借力于所重，以为窃位固宠之计。日往月来，浸淫耗蚀，使陛下之德业日隳，纲纪日坏，邪佞充塞，货赂公行，兵愁民怨，盗贼间作，灾异数见，饥馑荐臻。群小相挺，人人皆得满其所欲，惟有陛下了无所得，而顾乃独受其弊。[②]

“以理服人”之后，朱熹陈说了自己的赈灾观点，即“救荒利害，如州县旱伤，早行检放，从实蠲减。劝谕人户赈粜，务得其平，纳粟之人早行推赏，所纳米数，乃减其半”[③]。之后，朱熹被改派至浙东一带负责救济赈灾，将自己的理论切实施行。史料记载朱熹处理旱情十分得当，“移书他郡，募米商，蠲其征，及至，则客舟之米已辐凑。熹日钩访民隐，按行境内，单车

---

① （明）程曈：《新安学系录》卷 3，黄山书社 2006 年版。

② （元）脱脱等：《宋史》卷 429《朱熹传》，中华书局 1985 年版，第 12767 页。

③ （元）脱脱等：《宋史》卷 429《朱熹传》，中华书局 1985 年版，第 12767 页。

屏徒从，所至人不及知。郡县官吏惮其风采，至自引去，所部肃然。凡丁钱、和买、役法、榷酤之政，有不便于民者，悉厘而革之。”① 获得了宋孝宗“朱熹政事却有可观”② 的称赞。

朱熹的弟子黄榦，虽非安徽籍人，但知皖南安庆府时，面对金人的威胁，为民请命，请求建城于安庆以备抗金防卫。建城期间，黄榦“治府事，理民讼，接宾客，阅士卒，会僚佐讲究边防利病，次则巡城视役，晚入书院讲论经史”③，兢兢业业，监督管理建城工事，调配得当。新城完毕之后，百岁老妇代表安庆府人向黄榦表示谢意，黄榦“礼之，命具酒炙，且劳以金帛”④，老妇不受而去。

黄榦所建的安庆城，坚固非常，不仅有效对抗了金人的袭扰，并且在洪灾中毫发无损，当地居民称赞黄榦说：“不残于寇，不滔于水，生汝者黄父也。”⑤ 地方官虽称父母官，但能真正得到百姓誉之为父母的，凤毛麟角。黄榦继承了朱熹忧国忧民的情怀，不但在任地方官时尽职尽责，深受百姓爱戴，面对南宋积病，也始终直言敢谏。然而此时南宋官场世风日下，“其它言皆激切，同幕忌之尤甚，共诋排之”⑥，因在安庆屡建功绩，深得民心，黄榦受到同僚的诋毁和统治者的猜疑，最终无奈自请致仕，不忘朱子先师，教书传道为业：

> 诸豪又深知榦倜傥有谋，及来安庆，且兼制幕，长淮军民之心，翕然相向。此声既出，在位者益忌，且虑榦入见必直言边事，以悟上意，至是群起挤之。……榦遂归里，弟子日盛，巴蜀、江、湖之士皆来，编礼著书，日不暇给，夜与之讲论经理，亹亹不倦，借邻寺以处之，朝夕往来，质疑请益如熹时。⑦

① （元）脱脱等：《宋史》卷 429《朱熹传》，中华书局 1985 年版，第 12767 页。
② （元）脱脱等：《宋史》卷 429《朱熹传》，中华书局 1985 年版，第 12767 页。
③ （元）脱脱等：《宋史》卷 430《黄榦传》，中华书局 1985 年版，第 12779 页。
④ （元）脱脱等：《宋史》卷 430《黄榦传》，中华书局 1985 年版，第 12779 页。
⑤ （元）脱脱等：《宋史》卷 430《黄榦传》，中华书局 1985 年版，第 12780 页。
⑥ （元）脱脱等：《宋史》卷 430《黄榦传》，中华书局 1985 年版，第 12780 页。
⑦ （元）脱脱等：《宋史》卷 430《黄榦传》，中华书局 1985 年版，第 12780 页。

继承朱熹思想的理学学者们，尤其注重对普通民众的教化，表现在政治理念上，则体现为试图在地方建立起一套可以和中央相接，以乡绅为主体，官吏为辅助者的道德自治体系。明中叶休宁学者汪循就属于这一类型的学士。他出生于儒商之家，父亲汪竹山“勤学问，平居间，默不妄言笑，如不惠者，至与人评论古今则谈锋莫敌”①。家学影响之下，汪循“五能文词，既冠游邑庠，锐志求道，不以举业自局”② 的同时，“观史则法其善行”，具有强烈的济世为民热情，欲将所学圣贤之书转化为现实功用。汪循身处的明中期，新安理学面临新兴阳明心学的极大冲击，而自身又处在逐步僵化的危机之中。针对新安理学盲目奉朱、恪守教条、忽视现实的学术弊病，汪循做出批判，认为：

> 朱子著书立言，皆欲使人明其理，反求于心，未尝教人弄故纸糟粕，以资一己功利。后之习其学者，徒知排比章句，而扩充变化之无功；辨析词理，而持守涵养之不力；专训诂者，附会穿凿，叠床架屋，汩心思、乱耳目；工文词者，饰筌蹄，取青紫，龙断罔利，中立为奸。③

汪循的学术理念，可以“以涵养践履为实，立身行道，生死不移”概括，他对学风时弊的指摘，体现出他重视朱子学的实践。

在登科之后，汪循历任永嘉县令、玉田县令和顺天通判，担任地方官期间，他得到了践行自身学术理念的充分机会，拒绝空谈，亲自实践，整治乡风，贯彻乡约。尤其重视将乡村社会的“老人”纳入管理体制之中，利用已经存在、自然形成、约定成俗的自治模式，通过道德力量推动乡民自我审视和管理：

> 在营操执役军余不编外，其余与民杂处避役在家者，随所管辖

① （明）汪循：《仁峰文集》外集卷 2《谢迁：赠承德郎顺天府通判竹山汪公墓表》，《四库全书存目丛书》，齐鲁书社 1997 年版。

② （明）汪循：《仁峰文集》外集卷 1《汪戬：先公顺天府通判仁峰先生行实》，《四库全书存目丛书》，齐鲁书社 1997 年版。

③ （明）汪循：《仁峰文集》卷 1《与程曈书》，《四库全书存目丛书》，齐鲁书社 1997 年版。

地方。……要（与民）互相察觉，共相劝勉，各守本分，各安生理，共成礼俗。如有似前无赖不悛之人，许该管里老、总小甲，执送有司惩治。卫所不得占恡，抢夺其户婚、田土、斗殴等事，亦如北方屯军事例，听于该管老人旗甲处，会问归结。如有不服，呈县判理。如此庶几军民归一军，不为非民不受害。①

而汪循不仅恪守职责，关注基层治理，也时刻关注统治阶层内部的问题。正德初年，新皇登基，宠信宦官，不乐政事，内忧外患的局面使汪循忧心忡忡。为此，他上《陈言外攘内修疏》和《论裁革中官疏》两疏，提出了安邦定国、抚平外患的十条建议。然而，权宦刘瑾掌权，汪循多次请求皇帝裁决，都未能得到答复。冷遇之下，汪循辞官回乡，专心学术和从教，得到后学之人“天民才伟，气雄学粹，行醇道无，深而不探，理无微而不穷，怀仁负义，践孝履忠……崇正学表忠节作士气、厚民生、弭盗贼、挽浇俗，而使之淳”②的高度评价。

四、既变非变：桐城学子的家国情怀

桐城派之立派始于姚鼐，姚鼐汲汲讲学四十余载，不仅于外培养诸多可造之才，也推动其家族麻溪姚氏成为与桐城派相伴相随、兴衰相始终的核心家族之一。姚氏家学也成为桐城家法的底本与桐城学子家国情怀的思想源头。

“耕读之家，谨朴者能延五六代；孝友之家，则可以绵延十代八代。”③姚氏绵延二十代近六百年，靠的就是耕读传家，孝悌友人。前四代虽为布衣，但均敦厚正直，乐善好施，从而形成了忠孝友善的家风。“数世隐于耕，及明正统间始显。……历元至明正统之代，务农者一百五十余年，其所食之人，

① （明）汪循：《仁峰文集》卷1《拟上兴利除害疏》，《四库全书存目丛书》，齐鲁书社1997年版。

② （明）汪循：《仁峰文集》外集卷2《黄湘：祭仁峰先生文》，《四库全书存目丛书》，齐鲁书社1997年版。

③ （清）曾国藩：《曾国藩家书》第1册，中国华侨出版社2011年版，第206页。

则既多矣，而家法所传，惟以忠厚为本。”

其后，姚氏族人逐渐入仕发迹，姚氏成为当地望族。“明德之后必有达人，或显中朝，忠荩翼翼；或仕外吏，遗爱在民。匪惟君子之泽，亦邦国之光也”，君子之泽、邦国之光成为姚氏士子践行国士传统的最高理想。以宦迹留名的姚氏族人甚多，经世务实的家学和忠义为本的家风是姚氏子孙名宦辈出、匡扶社稷的文化根源。

经历清中期桐城学派的发展和壮大，至 19 世纪中叶，姚氏学子已成为一股不可忽略的政治力量。以姚莹、姚永朴为首的姚氏桐城派学子，在西方列强的侵犯和中华道统的再一次危机前，体现出不卑不亢而能积极进取的治学态度。

姚永朴和其弟姚永概，“崛起于斯文绝续之交，毅然以提倡宗风为己任”，与马其昶、林纾等人一起发扬桐城古文法，继承文统；科举制废除以后，他们则与吴汝纶、严复、王先谦等有识之士一道睁眼看世界，接受和学习西式教育，完成了传统书院—新式学堂—现代大学的转变，成为近代教育体制变迁的亲历者和见证者。姚鼐曾说：“为文章者，有所法而后能，有所变而后大。”文章如此，行事也是如此。在剧变面前，姚氏兄弟既“有所法”，又“有所变”，既是文化传统的最后捍卫者也是新时代的领路人。

> 夫国之所藉以立，岂有过于文学者？匪惟吾国，凡在五大洲诸国，谁弗然？盖文字之于国，上可以溯诸古昔而知建立所由来，中可以合大群而激发其爱国之念，下可以贻万世而宣其德化政治于无穷。……夫武卫者，保国之形式也；文教者，保国之精神也。

姚氏兄弟对古文的继承与发扬确有泥古之嫌，但是这种坚守透露出“为往圣继绝学”的使命感，这就是汪军所说的“儒家形态的最后复活”①，也是美国汉学家芮玛丽所说的“中国保守主义的最后抵抗”② 的延续。正如王树

① 汪军：《儒家形态的最后复活》，载《皖江文化与近世中国》，合肥工业大学出版社 2004 年版。

② ［美］芮玛丽：《同治中兴：中国保守主义的最后抵抗》，房德邻译，中国社会科学出版社 2002 年版。

枏之语，二姚“举一世所不知所不容之会，独抱其绝学孤诣，倏然自适于广漠之野，扶摇之天”既是孤独的，也是自得的。

19 世纪末 20 世纪初的短短几十年，中国的教育体制就从传统书院经由新式学堂变为现代大学，姚氏兄弟却能因时而变。面对社会危机，他们像维新派和新知识分子一样欢迎社会变革。姚永朴对罢科举、开学堂等革新措施颇为推崇：“甲午后国势渐替，德宗景皇帝慨然罢科举，开学堂，其牖民智之心，即文王之心；报国耻之心，即卫文公、越王勾践之心。”姚永朴曾为民间建学建言献策说：

> 为今之计，莫若高等小学堂以下，听民间自为，勿拘人数多寡，以济其穷。第令开塾初将办法报明提学使立案，及毕业由提学使派员试验，果年限、程度与部章合，即给予文凭，岁终造册送部，应得奖励与公立者无殊。诚如是也，民之庐舍，即学堂也，何须建筑？民之父兄，即管理员也，何须延聘？

这种民间办学方法解放了本已不堪重负的政府财政压力，使得新制可以继续推行下去。不久之后，姚永概任安徽师范学堂监督时曾赴日本考察学制，回国后积极倡导教育革新。

姚氏兄弟的践行，以新时代的立场观之，自然是带有陈腐印记的“旧儒”之说。但他们卫道之余，依旧恪守着百年桐城派固有的君子之泽与邦国之光，在新旧交替的历史齿轮转动之际，闪耀出独有的理想光辉。

五、理想与现实

“臣事范、中行氏，范、中行氏以众人遇臣，臣故众人报之；知伯以国士遇臣，臣故国士报之。”深受儒家思想文化影响的新安理学学士们，几乎无一不有“君以国士遇我，我以国士报之”的理想和情操。他们愿以身许国，为君为国而奉献。然而，他们对国士的向往和追求，和真正国士践行的实现，所隔距离是相当遥远的。诸多文人学士，报国之心受限于现实条件，空空“心有余力不足”，维系一人、一家已不易，何谈“兼济天下”。即使登上仕途，也多半如黄榦、汪循，在权臣威逼之下被迫放弃政治理想，隐居故里。

但是，尽管内心深处他们已经察觉到这一残酷的差距，却并未放弃过内心的价值标准。从某种意义上来说，这些士子们虽然未能取得国士的身份，却始终以国士的标准要求着自己，不忘家国情怀。可以看到，无论是被迫还是自请回到故里，他们依旧没有忘记自己的使命，将一方视作一国、视作天下，践行着理想和追求。

“衣人以其寒也，食人以其饥也，饥寒人之大害也，救之义也。人之困穷甚如饥寒，故贤主必怜人之困也，必哀人之穷也，如此则名号显矣，国士得矣。”① 安徽地处南北之交，江淮腹地。复杂的地貌形态，丰富的风土人情，造就了安徽文化的百花齐放。皖北老庄文化的耀辉千古，皖南理学思想的传承不息，使得国士之风在安徽的土地上得到延续和发扬，塑造了属于安徽的国士传统。

“国士”虽以国家为名，但是从历史事实中分析，我们可以看出，“国士”不一定在当时就能获得官方的认可，“国士”也不一定能够和国家统治阶层直接接触，甚至“国士”不一定具有“士”的身份，不一定已经建立功业或有所成就。评价一个人是否是国士，往往以精神品质判断，若已经功成名就，受到社会尊重最好，若无，也可依靠优良的个人品德，跻身国士之列。“公荣乃自诣陔兄弟，与共言语，观其举动出。语周曰：‘君三子皆国士也，元夏器量最优，有辅佐之风，展力仕宦可为亚公。叔夏季夏不减常伯。’”② 三位尚没有进入社会的少年，已经可以得到“国士”的评价，可见，国士不是一个以功业多少来界定的身份。

“士为知己者死，王当以国士待我，我当以国士报之。”或许可以将国士理解为这样一种最为质朴的情感的表现，“虽百死其犹未悔”，以一颗赤子之心追求着从未改变的理想。“书剑一身俱浪迹，庭闱千里总关愁”，安徽的国

① 《吕氏春秋》卷15《慎大览第三报更》，四部丛刊景明刊本。
② （晋）陈寿：《三国志》卷27《胡质传》，百衲本景宋绍熙刊本。

士传统就在于无论身在何处，为官为商，为民为士，都始终恪守内心准则，不断上下求索。国士作为“士”的一种，已然在思想内涵上超越了“士”的身份束缚，成为大众的一部分，寄托着人们对最崇高人格的向往和敬仰。

国士并非生而为国士，如果细数他们的人生历程，或多或少都有着缺憾和不足。朱熹、戚继光晚年不顺，郁郁而终；左光斗、姚莹遭小人迫害，未能亲眼见证理想实现；魏矼坚贞不屈，却遭遇国破家亡……但是他们都用自己的一生去实现自身的理想，去追求一个属于天下的圆满时刻。不断奔赴的他们将超越时空的国士精神留在了安徽的大地上。直至今天，安徽依旧歌颂着他们，追赶着他们的光芒。

第二章 “豪侠”传统与皖北地方社会

崇祯十五年（1642），大明王朝气数将尽，各地狼烟四起，满目疮痍。值此混乱之际，庄祖谊从江西德兴补任南直隶凤阳府怀远知县，接手前任知县刘樾翁留下的烂摊子。彼时的怀远县，地瘠民贫，盗贼蜂起，对一个官场新人来说，显然不是理想的去处。当时，怀远有两个不服管教的地方头目，一个姓崔，一个姓钱。他们纠集一众人马，势力强大，横暴乡里，烧杀抢掠，官府拿他们毫无办法。刚上任的庄祖谊，面临的第一个难题就是擒拿崔、钱二贼，以安靖地方。他听说，在怀远县北的涡水南岸，住着一个名叫杨赞宇的侠士。此人相貌奇特，善使火枪，胆气过人，不但武功高强而且急公好义，远近惯常杀人放火的匪徒也都惧他。庄祖谊特意前往拜会杨侠士，求教擒贼之策。杨赞宇欣然允诺，先用离间之计使钱斩崔，又设鸿门宴，亲手杀死钱贼。庄祖谊因擒贼有功升任江防同知，杨赞宇则在后来的一次捕杀猛虎行动中，死于虎爪之下。①

类似的故事，在皖北经常发生。这个故事中的三方势力——庄祖谊、杨赞宇、崔钱二贼——构成了皖北地方社会结构的主体，即地方政府、民间侠士和地方叛乱者。在这些故事里，官府往往软弱无力，对地方社会秩序缺乏应有的掌控力，地方豪侠和盗贼更能决定地方的治乱与否。

侠是春秋战国时代兴起的一个特殊社会群体，在旧的分封制度逐渐瓦解、新的郡县制度尚未建立的“大分裂”时代，具有很强的社会和政治影响力。②《史记》《汉书》皆有专门的游侠传记。游侠大多出身寒微，却有纵

① （清）孙让：《怀远县志》卷21《耆旧传》、卷27《良吏传》，江苏古籍出版社1998年影印本，第285、342页。

② 陈宁：《游侠及其产生的背景》，《思想战线》1993年第1期。

横天下之志，亦不乏出将入相之人。司马迁对“其言必信，其行必果，已诺必诚，不爱其躯”① 的游侠风范颇为赞赏。但对游侠的警惕和批判却由来已久，韩非曾曰：“儒以文乱法，侠以武犯禁，而人主兼礼之，此所以乱也。”②在法家韩非眼里，游侠是违禁构乱的主要因素之一，因此王公贵族不应礼遇之。从司马迁到班固的几百年间，对游侠的评价发生了很大转变。司马迁称战国四公子“皆因王者亲属，藉于有土卿相之富厚，招天下贤者，显名诸侯，不可谓不贤者矣”③。班固则对他们“皆藉王公之执，竞为游侠，鸡鸣狗盗，无不宾礼”的做法不满，认为信陵君窃符救赵的义举使“背公死党之议成，守职奉上之义废”④，这与传统士大夫忠君爱国的志向背道而驰。班固对游侠的评价虽然远较太史公低，但《汉书》仍列《游侠传》，至少说明就班固的时代而言，游侠仍是一个值得注意和书写的社会群体。然而，后世史书则不再有专门的游侠传记，皆因游侠人物形象的转变和现实存在的黯然所致。

汉代以后，随着社会结构的变化和政治体制的稳固，游侠失去了存在的社会基础，真正具有侠士行为的游侠渐趋没落。河内郡的郭解可谓史载最后一位纯粹的游侠，他因“布衣为任侠行权，以睚眦杀人”而被族灭，成为游侠时代落幕的标志，“自是之后，侠者极众，而无足数者”。⑤ 全祖望《经史问答》曰：“游侠至宣、元以后，日衰日陋，及巨君时，楼护、原涉之徒无足称也。”⑥郭解之后的众多游侠，如关中长安樊中子，槐里赵王孙，长陵高公子，西河郭翁中，太原鲁翁孺，临淮倪长卿，东阳陈君孺等，“虽为侠而恂恂有退让君子之风”，已经不具备郭解那样的游侠行为了。《汉书·游侠传》又曰：“至若北道姚氏，西道诸杜，南道仇景，东道佗羽公子，南阳赵调之徒，盗跖而居民间者耳，曷足道哉！此乃乡者朱家所羞也。”⑦可见，早在班

① （汉）司马迁：《史记》卷124《游侠列传》，中华书局1959年版，第3181页。
② （战国）韩非：《韩非子》，中华书局2016年版，第375页。
③ （汉）司马迁：《史记》卷124《游侠列传》，中华书局1959年版，第3183页。
④ （汉）班固：《汉书》卷92《游侠传》，中华书局1962年版，第3697页。
⑤ （汉）司马迁：《史记》卷124《游侠列传》，中华书局1959年版，第3188页。
⑥ （清）全祖望：《经史问答》卷10《诸史（四十九条）》，江苏广陵古籍刻印社1990年版，第359页。
⑦ （汉）班固：《汉书》卷92《游侠传》，中华书局1962年版，第3705页。

固所处的东汉初年，真正意义上的游侠群体已经消亡，取而代之的是各种具有游侠气质的变体。

游侠时代虽已远去，但游侠精神并未随之消亡。汉代以来，“游侠”更多地作为一种言出必行、冒死轻生、勇于追求的精神象征而存在。早在汉代，皖北就形成了尚武的社会风气，并一直延续下来，成为一种奇侠[①]传统。《寿州图经》云：“其俗尚武，稍习文辞。”[②]这种传统潜藏于皖北社会的文化基因之中，在特定历史条件下，迸发出强大力量。民间力量之所以在皖北社会扮演如此重要的角色，皆有赖于其尚武的文化传统。并非没有能够遏制或者扭转这种传统的社会机制，正如孙竞昊所观察到的，晚明济宁士绅充分利用自己的文化、教育、道德和财富优势，塑造当地特有的文化景观、人文氛围和地方认同，并建立主导地方社会关系的文化和政治霸权，从而与国家发生既冲突又合作的错综复杂关系。[③]美国学者裴宜理对近代淮北地区农民造反传统的杰出研究，揭示出淮北具有培育“革命者”与“叛乱者”的社会土壤。[④]失控的社会秩序和薄弱的政治统治是游侠赖以产生和发展的社会基础，正所谓“世治则重孝义，世乱则尚游侠”[⑤]。皖北之地历来兵燹不断、灾害频发，“自三国鼎立，南北瓜分之际，常为天下战场。南北交争，旋得旋失；侨立郡县，更改不常”[⑥]，因而历朝历代鲜能于此建立长期清明而稳固的统治。动荡的社会环境和尚武好斗的社会风俗构成游侠产生的绝佳社会土壤，因此皖北的游侠传统一直被保留了下来，每逢乱世则起，转化为奇侠、盗贼、叛乱者和革命者等多种角色。在崇尚儒家文化的中国古代，侠文化只

---

① 中国历史上存在过很多种“侠”，包括游侠、剑侠、义侠、豪侠、女侠、轻侠儿、任侠、盗侠、布衣之侠、卿相之侠、乡曲之侠、闾阎之侠等。本书中的“奇侠”是对各种侠客的总称，上至王公贵族，下至平民百姓，不以其正邪为辨，只关注其行为和精神是否符合“侠”的行事标准和价值追求。

② 成化《中都志》卷1《风俗》，《天一阁藏明代方志选刊续编》第33册，上海书店出版社1990年影印本，第80页。

③ 孙竞昊：《经营地方：明清时期济宁的士绅与社会》，广西师范大学出版社2023年版。

④ ［美］裴宜理：《华北的革命者与叛乱者：1845—1945》，刘平译，商务印书馆2007年版。

⑤ （清）陆陇其：《灵寿县志》卷7《人物志》，清康熙二十五年刻本。

⑥ 成化《中都志》卷1《建制沿革》，《天一阁藏明代方志选刊续编》第33册，上海书店出版社1990年影印本，第13页。

是传统文化的注脚。但对皖北而言，“奇侠”却是其文化的主要源流之一。中国历史上，很少有其他地方像皖北一样，既享受着诸多荣光又遭受着诸多不幸。这些荣光和不幸都与盛行其地的豪侠传统有关。这种以尚武好斗为核心的奇侠传统为何会在皖北形成？这种文化传统有何表现，又有何影响呢？

第一节 “虽欲文治得乎”：皖北的历史地理

一、皖北的地理位置

安徽省域南北狭长，地跨淮河、长江，南北自然地理环境和社会文化差异甚大，是以有将安徽省域进行南北划分的传统做法，如从地域文化差异角度将安徽划分为淮河、皖江、徽州三大文化区，也有人将合肥盆地单独分出来作为庐州文化区，由此形成淮河、庐州、皖江、徽州四大文化区，还有人结合行政区划和地形地势因素，将安徽划分成皖北、皖中、皖南三个大区。这几种划分方法都有其特定目的，与本书所讨论的空间范围略有出入，因此仅可作为本书“皖北”区域界定的参考而不能直接套用。本书旨在探究历史时期的地理环境与社会控制，因此应当参照历史时期的区域划分标准。康熙六年（1667），分江南省为江苏和安徽二省，安徽专领七府三州（安庆府、徽州府、宁国府、池州府、太平府、庐州府、凤阳府和滁州、和州、广德州），开始作为一个独立省份出现。雍正二年（1724）升凤阳府的颍州、亳州、泗州和庐州府的六安州为直隶州，十三年（1735）升颍州为府、改亳州为属州，由此形成安徽北部由颍州府、凤阳府和泗州组成的局面。二府一州之地横跨淮河南北，将淮河中游地区囊括为一个整体，大致符合淮河流域的整体性。这种区划与明代南直隶之凤阳府辖区完全重合，也是清代最稳定的政区，共存在五百多年，因此以二府一州之地为基础来界定“皖北”区域。与现代政区相比，不同在于清代的泗州包括现在洪泽湖西部盱眙、泗洪两县，而现属淮北市的萧县、砀县在清代却是徐州府的辖地。出于研究方便的考虑，本书研究的“皖北”取其最大地域，即在清代二府一州的基础上加上萧县、砀县以及庐州府。本书中的皖北，包括清代嘉庆时期的凤阳府（领宿州、寿州、凤阳、怀远、灵璧、凤台、定远等二州五县）、颍州府（领亳州、阜阳、太和、颍上、霍邱、蒙城等一州五县）、庐州府（领合肥、庐江、舒城、巢县、无为等一州四县）、六安直隶州（领英山、霍山二县）、泗州直隶州（领盱眙、天长、五河三县）以及萧县、砀县。皖北位于黄河与长江两大流域之间，是我国东部地区的南北分界地带，地形平坦开阔，是南北交流的孔道。更兼有淮河中贯，在广阔的淮河平原上横亘出一道难以逾越的天堑。这样的地理位置导致淮河流域成为历代兵家必争之地。民国《涡阳县志》曰：

> 城父、蕲铚之间，东蔽濠寿，无名山大川醎戎马足，田畴沃衍足资耕屯。涡、肥舳舻尤便转运，上可以率三河豪杰北定中原，下可以据两淮富饶进窥江表。地处要吕，势属必争，而强悍之民其气焰又足以召之。①

每逢鼎革之际，皖北便沦为战场。长期战乱不仅破坏了当地的农业生产，更重要的是促使皖北人民不得不使用暴力手段以维持生存。

二、皖北的生态变迁

皖北以淮河为界，分成淮北和淮南，淮北是一望无际的平原，淮南则以丘陵地形为主。淮河从颍州府阜阳县西南之洪河口入境，由西向东途经颍上、霍邱、凤台、怀远、凤阳、五河，从泗州盱眙县东潴为洪泽湖。② 淮河从皖北中部穿过，是皖北最重要的自然地理要素。除淮河以外，还有颍河、睢河、汴河、涡河、东肥河、西肥河、北肥河、汝水等支流和二级支流，共同构成复杂的羽状水系。淮河本是一条安澜自流的河流，但是自南宋建炎二年（1128）至清代咸丰五年（1855）的七百多年间，黄河夺淮入海，带来大量泥沙，导致水系紊乱，湖泊湮塞，水旱灾害频繁，深刻改变了淮河流域的

---

① 民国《涡阳县志》卷15《兵事》，江苏古籍出版社1998年影印本，第570页下栏。

② 道光《阜阳县志》卷2《舆地二·水》，《中国地方志集成·安徽府县志辑》第23册，江苏古籍出版社1998年影印本，第37页。

生态环境。作为皖北最重要的地理因子，皖北的政治、经济和社会秩序都与黄、淮两河是否安流有关。皖北流传的不少歌谣都能反映当地治乱情况与河流水文情况的关系。西汉时，颍川地区有儿歌曰：“颍水清，灌氏宁；颍水浊，灌氏族。”①北宋刘敞诗云：“世乱颍水浊，世治颍水清。”②百姓以河水清浊来表征当地治乱，在自然现象与社会现象之间建立联系的做法正说明了淮水水系的重要意义。

在黄河夺淮入海之前，皖北的水系相对比较稳定，水旱灾害较少，自然环境较为优越。秦汉时期，“楚越之地，地广人稀，饭稻羹鱼，或火耕而水耨，果隋蠃蛤，不待贾而足。地势饶食，无饥馑之患，以故呰窳偷生，无积聚而多贫。是故江淮以南，无冻饿之人，亦无千金之家”③。可见司马迁时代以前，江淮之地风调雨顺，物产丰富，生存压力很小。武帝时期，山东地区发生水灾，皇帝令饥民“就食江淮间”④，可见当时的皖北一带应是物阜民丰。西晋时，“寿阳外有江湖之阻，内保淮肥之固、龙泉之陂，良畴万顷。舒、六之贡，利尽蛮越，金石皮革之具萃焉，苞木箭竹之族生焉。山湖薮泽之隈，水旱之所不害。土产草滋之食，荒年之所取给”⑤。唐诗中亦有不少吟诵淮水美景的篇章。如李益《莲塘驿》：

五月渡淮水，南行绕山陂。江村远鸡应，竹里闻缲丝。

楚女肌发美，莲塘烟露滋。菱花覆碧渚，黄鸟双飞时。⑥

北宋时，仍是“春风拂动，淮水清清；波光潋滟，帆船点点；鸥鹭云集，鱼儿阵阵；渔歌唱晚，笑语盈盈；把酒相对，和乐融融”的景象。⑦欧阳修

① （汉）司马迁：《史记》卷107《魏其武安侯列传》，中华书局1959年版，第2847页。

② 成化《中都志》卷3，《天一阁藏明代方志选刊续编》第33册，上海书店出版社1990年影印本，第284页。

③ （汉）司马迁：《史记》卷129《货殖列传》，中华书局1959年版，第3270页。

④ “是时山东被河灾，及岁不登数年，人或相食，方二三千里。天子怜之，令饥民得流就食江淮间。”（汉）班固：《汉书》卷24下《食货志》，中华书局1962年版，第1172页。

⑤ （唐）房玄龄：《晋书》卷92《文苑》，中华书局1996年版，第2400页。

⑥ 西北师范大学古籍整理研究所编：《李益诗歌集评》，甘肃人民出版社1997年版，第37页。

⑦ （宋）徐积：《节孝先生文集》卷2《淮之水示门人马存》，明嘉靖四十四年刻本。

任颍州知州仅三月，便对此地风物流连忘返，有终老此地之意。他的笔下有不少吟诵颍州山水的诗歌，如《再至汝阴三绝》曰："黄栗留鸣桑椹美，紫樱桃熟麦风凉。朱轮昔愧无遗爱，白首重来似故乡。"司马光亦有"颍水清可濯，箕山高可巢"之句。北宋士大夫们钟爱的淮河美景随着黄河南泛而荡然无存，自此以后，淮河便不再以美景著称。事实上，淮河流域的生态环境一直存在不断恶化的趋势，只是在南宋以前，恶化的过程比较缓慢，所以历代都有人称赞淮河美景。另外，皖北东西部环境恶化的程度不一样，东部的宿州、濠州、泗州、灵璧等地区由于地势更为低平，受灾较重；西部的颍州、霍邱、亳县等地则受灾较轻。这一点从唐宋文人笔下的"颍水"远多于"淮水"可以看出。

虽然南宋早期仍有人以"淮水无波似蔚蓝"①"长淮白浪摇春枕"②等诗句来称赞淮河美景，但"却思两日淮河浪，心悸魂惊尚未平"③"寄声故人加餐食，昨夜秋风淮水恶"④"淮风晨裂面，淮浪夜惊船"⑤等表达淮河两岸环境恶劣的篇章更为多数。直到明前期，黄河基本处于不治状态，动辄决口改道，泥沙俱下，倾覆沃野。清代以来，淮北地区被中央政府视为"局部地区"，成了人为转移而来的黄河洪灾的主要发生地，成为"被牺牲的'局部'"。⑥有清一代，黄淮两河极不稳定，经常发生洪涝灾害，并伴有蝗灾等其他自然灾害。皖北频繁灾害带来的恐惧、无助以及政府救济和治理的缺位带来的愤慨、哀怨、失望、边缘化等情绪。这些情绪经年累月，导致人们的意识、认

① （宋）汪元量：《水云集》之《湖州歌九十八首》，《文渊阁四库全书》第1188册，商务印书馆1986年影印本，第254页上栏。

② （宋）韩驹：《陵阳集》卷3《送黄若虚下第归湖南》，《文渊阁四库全书》第1133册，商务印书馆1986年影印本，第789页下栏。

③ （宋）杨万里：《诚斋集》卷30《过磨盘得风挂帆》，《文渊阁四库全书》第1160册，商务印书馆1986年影印本，第332页下栏。

④ （元）陆文圭：《墙东类稿》卷16《送黄子高如泰州谒朱南伯》，《文渊阁四库全书》第1194册，商务印书馆1986年影印本，第752页上栏。

⑤ （宋）刘克庄：《后村集》卷13《题江贯道山水十绝》，《文渊阁四库全书》第1180册，商务印书馆1986年影印本，第140页。

⑥ 参见马俊亚：《被牺牲的"局部"——淮北社会生态变迁研究（1680—1949）》（修订本），四川人民出版社2023年版。

知和行为都发生变化，由此引发民风的转变。乾隆朝县令贡震说灵璧“一值凶岁，（邑民）散至四方，无所顾惜，或因贫而乞食，遂因乞而为匪，鼠窃狗偷，所在多有。强梁者乃越境贩盐，公行市集，酗酒打架，习以为常，北乡与徐邳接壤，此风尤甚”[①]。风俗因生态环境的变化而变化，于此可见一斑。环境对于淮北集体暴力的形成具有双重影响：第一，恶化的生态条件影响了当地经济、社会和政治力量的相互作用，其结果又塑造出该地区群体冲突的模式。第二，在自然灾害发生的时候，依靠这类集体行动的情况会不断强化，因为越来越多的人发现，通过暴力手段来夺取资源或防止资源流失是必不可少的。[②]

三、皖北的政治环境

皖北独特的政治环境为游侠提供了广阔的生存空间。西汉实行郡国并行制，但就全国而言，存在较大地域差别。大体而言，边陲地带多设郡，内地则多立国。幽州、并州、凉州设置了很多边郡，以防范北部的鲜卑、乌桓以及匈奴等游牧部落，因此单从维持社会稳定的角度来看，中央控制相对严密。内地则分封了很多侯国，政治权力的分配跟春秋战国时期的诸侯国类似。燕、赵、关中等地的游侠群体在严格的郡县制度下已趋于消亡，但在诸侯国境内仍有游侠谋事的政治空间。

江淮之地具有悠久的封国历史，历代淮南王皆有游侠之风。汉高祖四年（前 203），刘邦封英布为淮南王。英布是庐江六县人，《史记·黥布列传》载：“布已论输丽山，丽山之徒数十万人，布皆与其徒长豪杰交通，乃率其曹偶，亡之江中为群盗。陈胜之起也，布乃见番君，与其众叛秦，聚兵数千人”[③]。英布为人桀骜不驯，先反秦，后叛楚，再谋反，一如先秦淮夷诸国屡叛故

---

① 乾隆《灵璧县志略》卷 4《杂志·艺文·禀复本府项公咨询利弊》，江苏古籍出版社 1998 年影印本，第 95—96 页。

② ［美］裴宜理：《华北的革命者与叛乱者：1845—1945》，刘平译，商务印书馆 2007 年版，第 58—59 页。

③ （汉）司马迁：《史记》卷 91《黥布列传》，中华书局 1959 年版，第 2597—2598 页。

事，司马迁也注意到了这种可能的叛乱传统："其先岂春秋所见楚灭英、六、皋、陶之后哉？身被刑法，何其拔兴之暴也。"① 从汉初至武帝时代，淮南国共历经四代王。英布之后的第二任淮南王刘长也并非奉公守法的诸侯。文帝继位以后，他"自以为最亲，骄蹇，数不奉法"②，"聚收汉诸侯人及有罪亡者，匿与居，为治家室，赐其财物爵禄田宅，爵或至关内侯，奉以二千石，所不当得，欲以有为"③。与春秋战国时代"卿相"之侠的做法类似。刘长最后被削去王位，并死于流放蜀郡途中。继任淮南王的刘安继承了乃父的骄纵性格，"阴结宾客，拊循百姓，为畔逆事"④。刘安府中有苏非、李尚、左吴、田由、雷被、毛被、伍被、晋昌等八大门客，都是江淮地区的游侠，《淮南子》就出自他们之手。司马迁就曾注意到江淮的尚武风俗和游侠群体对刘长父子政治生涯的影响："淮南、衡山亲为骨肉，疆千里，列为诸侯，不务遵蕃臣职以承辅天子，而专挟邪僻之计，谋为畔逆，仍父子再亡国，各不终其身，为天下笑。此非独王过也，亦其俗薄，臣下渐靡使然也。夫荆楚僄勇轻悍，好作乱，乃自古记之矣。"⑤ 包括皖北在内的江淮地区本身具备的"好作乱"传统是淮南国屡次叛变的文化根源之一，反过来，淮南国宽松而自由的政治社会环境构成了游侠生存的社会基础。换言之，淮南国的长期存在使江淮地区得以一直保持春秋战国时代诸侯养士的传统。皖北是淮南国的统治中心，因而也成为游侠的汇集之地。

随着刘安身死国除，皖北开始被分而治之。根据西汉元始二年的政区划分，皖北处于豫州、扬州和徐州三大刺史部的交界地带，分属豫州沛郡、汝南郡，扬州九江郡、六安国和徐州的临淮郡、楚国。三国时期，皖北全在魏境。淮河以南从东到西依次为淮南、庐江、安丰三郡，淮河以北则分治于汝南郡和谯郡，东部的下邳郡横跨淮河南北。三国时期，魏吴相争，"江淮为

① （汉）司马迁：《史记》卷91《黥布列传》，中华书局1959年版，第2607页。
② （汉）司马迁：《史记》卷118《淮南衡山列传》，中华书局1959年版，第3076页。
③ （汉）司马迁：《史记》卷118《淮南衡山列传》，中华书局1959年版，第3077页。
④ （汉）司马迁：《史记》卷118《淮南衡山列传》，中华书局1959年版，第3082页。
⑤ （汉）司马迁：《史记》卷118《淮南衡山列传》，中华书局1959年版，第3098页。

战冲，数百里无居人”[①]，这一时期的战乱奠定了皖北成为边缘地带的基调。从两晋到元代，皖北一直分属于不同的一级政区，难以形成有效的政治治理。东晋、南北朝以及南宋时期三度成为两国边界，也造成当地政治失序。弘治《宿州志》曰：“宿州土域自靖康之难，宋高宗走江表，完颜金据中夏，则宿为南北疆界。金亡，我朝传四世而八十年，宿又为边陲首尾，二百年日寻干戈，虽欲文治得乎？”[②]元代安丰路教授许士渊云：“安丰全楚东境，州来之郊，其土广衍，其物阜大，其民质实，力穑而勤。宋失国，南播江表，尝恃其人以扼兵冲，故百年间人俗犷悍。”[③]

元代皖北属河南江北行省，明代皖北隶属南直隶凤阳府。清代康熙六年（1667）分江南省为江苏和安徽两省，皖北仍归凤阳一府统辖。元明清政府有意通过行政合并手段加强皖北的治理，但是过于辽阔的幅员，反而不利于地方治理。雍正初年，两江总督查弼纳就曾上疏说明凤阳府辖区过大的弊端：

> 江南财赋甲于海内，款项既多，催科不易，州县挪移出纳，多致亏缺，全赖知府不时盘查。乃知府或因所属钱粮太多，款项太繁，而词讼刑名又复棼如；或因所属州县过多，路途隔远，而亲临往返致稽时日，盘查均未详悉，因循故套，照出无亏即结，迨至水落石出，虽定罪参追究难完补……凤阳一府管辖一十八属，地方辽阔，东西广一千二百里，南北袤一千里，界连齐豫，最属险要。知府鞭长不及，巡历难周。若以属县分隶各州，则地近易查，事简易治。[④]

雍正二年（1724），根据建议析置颍州府直隶安徽，情况才得以改变。后又析置泗州直隶州，形成二府一州的稳定局面。析置颍州府只是在第一级行政区划层面加强统治的尝试，深入到县级行政机构，并未见到中央试图加

① （明）栗永禄：《寿州志》卷1《沿革》，明嘉靖刻本。
② （明）曾显：《宿州志》卷下《新建宿州文庙记》，明弘治增补刻本。
③ （元）马祖常：《石田集》卷10《安丰路孔子庙碑》，元至元五年扬州路儒学刻本。
④ （清）吴坤修等修，何绍基等纂：《重修安徽通志》卷17《建制沿革》，清光绪四年刻本。

强地方治理的努力。

综上所述，皖北独特的地理位置、脆弱的生态环境以及政治统治的习惯性薄弱之间的三重缠绕[①]，共同导致皖北社会或多或少、或隐或显地保存了战国秦汉时期的游侠精神，形成尚武好斗、敢为人先的文化传统，遂使此地成为奇侠、国士、叛乱者以及革命者的渊薮。

第二节　隐匿的传统：皖北侠风的历史演变

每逢乱世，皖北都会涌现出一批足以影响天下大势的豪侠。光绪《凤阳府志·人物传·武功》曰：

> 淮南古来为四战之地，民风刚劲，尚材武。自孙伯符据有江东，蒋钦、周泰等为之爪牙。洎东晋则桓家兄弟再破苻坚，应“石打碎”之童谣。胜国之初，常遇春、沐英功最，英杰辈出。其末年戚继光破倭事迹，皆彰彰在人耳目。间至国朝咸同以来，淮军将士，勋名亦盛焉。[②]

独特的历史地理背景，使皖北社会保持一种轻易滑向无秩序社会的趋势。不过这种趋势可以通过自然和人文环境的改善加以矫正，从而维持一种平衡。纵观汉代以来的皖北历史，这种平衡状态不断被打破和重新建立，但尚武任侠气质始终是皖北社会的底色，形成隐匿的传统。

一、魏晋至隋唐时期的皖北豪侠

在汉代长期稳定的社会环境下，游侠失去了生存空间。他们不再铤而走

---

① 战争、环境恶化与政治治理之间存在复杂的因果关系。如战争会导致环境的恶化，众所周知的是，建炎二年杜充正是为了阻击金兵，才掘开黄河大堤。另外，战争带来政治空虚，进而地方治理能力降低，如阜阳时光烈所说：“自宋南徙，颍为南北战争地，戎马蹂躏，河之废迨自此始。”（参见乾隆《阜阳县志》卷2《疏浚清河记》）

② 光绪《凤阳府志》卷18《人物传·武功》，《中国地方志集成·安徽府县志辑》第33册，江苏古籍出版社1998年影印本，第240页上栏。

险、漂泊无定，而是通过积累财富成为地方豪侠。另外，那些本就出身名门的豪族，沾染游侠气质，也会变成豪侠。这个群体本身的稳定性很差，他们的思维方式和行动模式会随着社会治乱的变化而变化。他们在平时虽会进行射猎、训练等活动，但尽量避免“以武犯禁”，循着“士化”的主流路子走。而一到乱世，“以武犯禁”依旧成为地方豪侠的选择。

汉末三国时期，曹魏集团中有很多将领都是皖北豪侠出身。曹操是沛国谯（今亳州）人，乃汉相国曹参之后。曹操祖父曹腾是桓帝时期的中常侍大长秋，封费亭侯。曹操之父曹嵩也曾官至太尉，为官多年，因权导利，富甲一方。《三国志》载曹操“少机警，有权数，而任侠放荡，不治行业”，又“少好飞鹰走狗，游荡无度”，桥玄认为他有命世之才，可以安乱世。① 曹操族弟曹仁，“少好弓马弋猎”，后豪杰并起，“仁亦阴结少年得千余人，周旋淮泗之间”。② 曹氏兄弟具有典型地方豪侠气质与做派，后世多以曹操为豪侠典范。明代贝琼与友人马文璧在华亭登野王读书台，“酒酣慷慨，歌魏武帝短歌，旁若无人，观者疑古豪侠士也”③。曹操同郡的夏侯氏，乃汉朝开国元勋夏侯婴的后代，并与曹氏有姻亲关系，亦为地方豪族。夏侯惇“年十四就师学，人有辱其师者，惇杀之，由是以烈气闻”④。夏侯渊是夏侯惇族弟，其夫人为曹操的妻妹。“太祖居家，曾有县官事，渊代引重罪。”⑤ 替人报仇和代人受过等义行都是游侠的行为特征。曹操同乡许褚，“容貌雄毅，勇力绝人，汉末聚少年及宗族数千家，共坚壁以御寇”⑥。临近皖北的汝南袁氏虽四世三公，也多产豪侠。袁绍“又好游侠，与张孟卓、何伯求、吴子卿、许子远、伍德瑜等皆为奔走之友”⑦，范晔称其为“公族豪侠”⑧。袁术也“以侠

① （晋）陈寿：《三国志》卷1《魏书·武帝纪》，中华书局1971年版，第2页。
② （晋）陈寿：《三国志》卷9《魏书·曹仁传》，中华书局1971年版，第274页。
③ （明）贝琼：《清江文集》卷7《灌园集序》，《文渊阁四库全书》第1228册，商务印书馆1986年影印本，第334页。
④ （晋）陈寿：《三国志》卷9《魏书·夏侯惇传》，中华书局1971年版，第267页。
⑤ （晋）陈寿：《三国志》卷9《魏书·夏侯渊传》，中华书局1971年版，第270页。
⑥ （晋）陈寿：《三国志》卷18《魏书·许褚传》，中华书局1971年版，第542页。
⑦ （晋）陈寿：《三国志》卷6《魏书·袁绍传》，中华书局1971年版，第188页。
⑧ （南朝）范晔：《后汉书》卷56《郭符许传》，中华书局1965年版，第2234页。

气闻”①。

东吴集团中也有很多皖籍武将。鲁肃为临淮东城富户，体貌魁奇，少有壮节，好为奇计。天下将乱，“乃学击剑骑射，招聚少年，给其衣食，往来南山中射猎，阴相部勒，讲武习兵”，被父老称为“狂儿”。天下已乱，“乃携老幼将轻侠少年百余人，南到居巢就瑜”，与周瑜一起投靠东吴。②他不但自身具备高超的武力和智计，还经营自己的武装势力。以战国四公子为代表的上层游侠和以郭解为代表的下层游侠的行为特征在鲁肃身上都有体现。此外，还有庐江舒县周瑜、汝南富陂吕蒙、庐江安丰丁奉、庐江松滋陈武、九江下蔡周泰、九江寿春蒋钦等，构成了吴国武将核心班底。正如陈寿所评价的，“周瑜、鲁肃建独断之明，出众人之表，实奇才也”；吕蒙勇而有谋断，“初虽轻果妄杀，终于克己，有国士之量，岂徒武将而已乎！”③这群出身皖北的武将奋起于乱世之中，彰显豪侠的威名。

与崛起于行伍的猛将不同，还有一群驰骋于文坛的儒侠，从“豪侠”中别出一支歧流。他们本身是文弱书生，无法在战场上建功立业，但却不拘礼法，天马行空，具有豪侠气度。④竹林七贤中的嵇康和刘伶皆为皖北人。嵇康“文辞壮丽，好言老庄，而尚奇任侠”⑤，刘伶则“肆意放荡，以宇宙为狭”⑥。嵇康曾在其作品中多次表达了对古代刺客侠士的称颂，如《答二郭三首》：“豫子匿梁侧，聂政变其形。”⑦又《明胆论》曰：“及於期授首，陵母伏刺，明果之畤，若此万端，欲详而载之，不可胜言也。”⑧他们种种荒诞离奇的行为，是一种对时政的无声反抗。司马光评价竹林七贤曰：“皆崇尚

① （晋）陈寿：《三国志》卷6《魏书·袁术传》，中华书局1971年版，第207页。
② （晋）陈寿：《三国志》卷54《吴书·鲁肃传》，中华书局1971年版，第1267页。
③ （晋）陈寿：《三国志》卷54《吴书·吕蒙传》，中华书局1971年版，第1281页。
④ 孟永林：《论嵇康“尚奇任侠”之表现及其渊源》，《天水师范学院学报》2007年第3期。
⑤ （晋）陈寿：《三国志》卷21《魏书·王卫二刘傅传》，中华书局1971年版，第605页。
⑥ （南朝）刘义庆著，（南朝）刘孝标注：《世说新语译注》上卷《文学》，曲建文、陈桦译注，北京燕山出版社1996年版，第167页。
⑦ （三国）嵇康：《嵇康集校注》，戴明扬校注，中华书局2014年版，第104页。
⑧ （三国）嵇康：《嵇康集校注》，戴明扬校注，中华书局2014年版，第429页。

虚无，轻蔑礼法，纵酒昏酣，遗落世事。”[①]“侠”是他们的精神追求和历史记忆。

曹植“任性而行，不自雕励，饮酒不节”[②]，是魏晋时期游侠精神的集大成者。他多次在文学作品表达了自己对侠的追求与向往。在《七启》中，借其虚构的“镜机子”之口，表明了对“上古之俊公子”之“飞仁扬义，腾跃道艺，游心无方，抗志云际，凌轹诸侯，驱驰当世”风范的向往。[③]在侠文化渐趋衰落的时候，曹植以自己的吟咏继承并发展传统的侠义精神，将实存侠变成了精神之侠。[④]这种精神向往的文学表达在《白马篇》中达到极致：“白马饰金羁，连翩西北驰。借问谁家子，幽并游侠儿。……弃身锋刃端，性命安可怀！父母且不顾，何言子与妻？名在壮士籍，不得中顾私。捐躯赴国难，视死忽如归。”[⑤]曹植的游侠精神气质表现为对游侠手执利剑为世排难解纷，救人困厄，自掌命运，追求独立人格及自我价值等精神的肯定赞扬，并以此自期自许。[⑥]

曹植与周瑜、鲁肃的豪侠气度成为后世典范，清人李光地评价：“魏之人物，惟曹子建耳，仲达辈不足道也。江东人物，惟周公瑾，次鲁子敬，余不足道也。”[⑦]但他们的侠义践履与结局亦有所不同。周瑜、鲁肃是现实主义的豪侠，善于审时度势，因而能在乱世中建立功业。曹植以其儒侠风范对传统游侠的品格进行了改造，赋予其新的特质。[⑧]曹植所向往追求的游侠生活则是浪漫主义的，所以郁郁而终。曹植塑造的那种翩翩少侠形象，极大地

① （宋）司马光：《资治通鉴》卷 78《魏纪十》，中华书局 1976 年版，第 2463 页。
② （晋）陈寿：《三国志》卷 19《魏书・陈思王曹植传》，中华书局 1971 年版，第 557 页。
③ （三国）曹植：《曹植集校注》卷 1《七启》，赵幼文校注，中华书局 2016 年版，第 12—13 页。
④ 贾立国：《论游侠传统与曹植游侠精神气质的形成》，《扬州大学学报》（人文社会科学版）2007 年第 2 期。
⑤ （三国）曹植：《曹植集校注》卷 3《白马篇》，赵幼文校注，中华书局 2016 年版，第 613 页。
⑥ 贾立国：《论游侠传统与曹植游侠精神气质的形成》，《扬州大学学报》（人文社会科学版）2007 年第 2 期。
⑦ （清）李光地：《榕村语录》卷 22《历代》，陈祖武点校，中华书局 1995 年版，第 396 页。
⑧ 赵明：《论曹植诗中的“侠”》，《世界文学评论》2010 年第 1 期。

影响了后世对于豪侠的想象与践履。北齐魏收将曹植与陆机并称："曹植信魏世之英，陆机则晋朝之秀。"[①]自视甚高、同为游侠的李白也对曹植颇为钦慕："曹植为建安之雄才，惟堪捧驾。天下豪俊，翕然趋风。白之不敏，窃慕高论。"[②]

魏晋以来养成的任侠尚武之风，在现实军政局势的催化下，浸润于皖北地方社会，渐变成民众性格的一部分。龙亢桓氏为齐桓公后代，从山东迁居安徽龙亢（今安徽怀远县西北）。龙亢桓氏家族历东汉、曹魏、西晋、东晋数朝，经十几代人，绵延三百多年，累世官宦，为名副其实的世家大族。东晋初期，桓氏家族通过主动改变门风，由文转武，由儒入刑，重视军事成就，从而提高了家族地位，成为东晋四大执政高门之一。[③]桓温"豪爽有风概"，十八岁时即手刃仇人之子，为父报仇。温峤赞其"真英物也"，庾翼称"桓温少有雄略"。[④]尚武之风在民间体现得更明显，东晋伏滔《正淮论》曰："其俗尚气力而多勇悍，其人习战争而贵诈伪，豪右并兼之门，十室而七；藏甲挟剑之家，比屋而发。然而仁义之化不渐，刑法之令不及，所以屡多亡国也。"[⑤]南朝时期，社会动乱不已，江淮间频作战场。寿阳裴氏因军功崛起，并在侯景之乱中功勋卓著，裴邃、裴之礼、裴之高、裴之横分别获得"烈""壮""恭""忠壮"等美谥。[⑥]其中，裴之横"少好宾游，重气侠"，曾任贞威将军、吴兴太守、徐州刺史等职，死于蕲城守城战中。[⑦]还有汝阴任忠，亦崛起于讨伐侯景之际，《陈书》载其"诡谲多计略，膂力过人，尤善骑射，州里少年皆附之"。他在太建北伐中战功卓著，先于太建五年(573)

① （北齐）魏收：《魏书》卷85《文苑列传》，中华书局1974年版，第1869页。

② （唐）李白：《李太白文集》卷26《上安州李长史书》，《文渊阁四库全书》第1066册，商务印书馆1986年影印本，第400页下栏。

③ 熊星萍：《汉晋龙亢桓氏家族文化研究》，硕士学位论文，华中师范大学，2006年，第36—38页；吕君丽、陈凯：《皖籍文化世家及其家学传统的历史变迁》，《安庆师范大学学报》（社会科学版）2022年第4期。

④ （唐）房玄龄：《晋书》卷98《桓温传》，中华书局1974年版，第2568页。

⑤ （唐）房玄龄：《晋书》卷92《文苑传》，中华书局1974年版，第2400页。

⑥ （唐）姚思廉：《梁书》卷28《裴邃传》，中华书局1973年版，第413—418页。

⑦ （唐）姚思廉：《梁书》卷28《裴邃传》，中华书局1973年版，第417—418页。

在岘击败齐历阳王高景安，连克蕲城、谯州、合肥、霍州，又于太建十二年(580)生擒周将王延贵。①

隋代，“江淮间人素轻悍，又属盗贼群起，人多犯法”②。唐代承平日久，皖北奇侠无用武之处，隐伏不出。从唐末黄巢乱起到杨行密割据淮南，皖北再次涌现一批豪侠。唐末颍州汝阴人王敬荛，“魁杰沈勇，多力善战，所用枪矢，皆以纯铁锻就”，世为郡武吏，唐代乾符初年任颍州都知兵马使。又取代颍州刺史先后拒黄巢、秦宗权、刁君务于城外，“由是竟全郡垒，远近归附”。他后来投靠朱温，历任沿淮指挥使、武宁军节度使、左卫上将军等职。③五代至宋初颍州汝阴人李谷，“少勇力善射，以任侠为事”。后发愤从学，登进士，历晋、汉、周，为开府仪同三司，封赵国公。中年的李谷功成名就，仍不失豪侠气度，“人有难必救，有恩必报，好汲引寒士，多至显位”。④此外，还有亳州焦夷人徐怀玉，“少以雄杰自任”，跟随朱温南征北战，官至鄜坊节度使、检校太傅。薛居正称其“材气刚勇，临阵未尝折退，平生金疮被体，有战将之名焉”。⑤北宋初期大将高琼（亳州蒙城人），本为市井无赖之徒，却得宋太宗赏识，“知其材勇，召置帐下”。其子高继勋、高继宣皆以勇武名世，高继勋更是有“神将”之号。⑥又有符离人刘海宾，在黄巢之乱中，“聚乡中勇壮，为一方保卫，贼不敢犯。以义侠闻天下”⑦。唐末杨行密割据淮南，获得了袁袭、田頵、台濛等一大批当地豪强的追随。⑧

① （唐）姚思廉:《陈书》卷31《任忠传》，中华书局1973年版，第413—414页。

② （唐）魏征:《隋书》卷85《王充传》，中华书局1973年版，第1895页。

③ （宋）薛居正:《旧五代史》卷21《徐怀玉传》，中华书局1973年版，第285—286页。

④ （元）脱脱等:《宋史》卷262《李谷传》，中华书局1977年版，第9051—9055页。

⑤ （宋）薛居正:《旧五代史》卷21《徐怀玉传》，中华书局1976年版，第285—286页。

⑥ （元）脱脱等:《宋史》卷289《高琼传》，中华书局1977年版，第9691—9696页。

⑦ （清）何庆钊:《宿州志》卷18《人物志·武略》，江苏古籍出版社1998年影印本，第318页下栏。

⑧ （清）吴坤修等修，（清）何绍基等纂:《重修安徽通志》卷231《人物志·武功》，清光绪四年刻本。

二、宋代皖北的偃武修文及其终结

北宋建都开封，皖北一跃而成王畿之地。一则北宋府城开封与皖北很近，从开封出发顺汴河而下，可直达皖北腹地；二则随着全国经济文化中心的东移南迁，位于都城东南部的皖北恰处在漕运和科举的必经之路上，因此北宋政府加强了皖北的水利设施建设和环境治理，政治、经济、文化地位得到全面提升。

北宋皖北之地主要归淮南东路、淮南西路和京西北路统辖。不仅淮南东路跨越了淮河南北，而且下属的泗州也兼有淮河南北之地。淮南西路的寿州大部分辖区在淮河南岸。又将自古与寿州、蒙城为一体的颍州地区划归京西北路管辖。这种刻意打破传统的做法显示了中央政府加强皖北政治控制的意图。另外，宋真宗“以寿王建储，升寿州为寿春府”，宋神宗“以颍王升储，以汝阴为顺昌府”，[①] 皖北因其数为“龙飞之地”，行政级别大为提升。

经济方面，北宋政府非常重视经济秩序的恢复和生产关系的调整。至道元年（995），度支判官陈尧叟等奏言：“自汉、魏、晋、唐以来，于陈、许、邓、颍暨蔡、宿、亳至于寿春，用水利垦田，陈迹具在，望选稽古通方之士，分为诸州长吏，监管农事，大开公田。”[②] 太宗从之，并派皇甫选、何亮赴诸州巡视。政府在鼓励垦田方面做了很多努力，太平兴国七年二月下诏：“东畿近年以来蝗旱相继，流民甚众，旷土颇多，盖为吏者失于抚绥，使至于是。天灾所及，隐匿而不以闻，岁调既兴，循常而不得免，编户遂成于转徙，大田乃至于污莱，深用疚怀，不遑宁处。俾伸恻隐，别示招携，宜令本府设法招诱，并令复业，只计每岁所垦田亩桑枣输税，至五年复旧，旧所逋欠，悉从除免”[③]。经过三代的鼓励垦田政策，到仁宗时，皖北的经济水平已有显著提高：“初，天下废田尚多，民罕土著，或弃田流徙为闲民。自天圣

① （宋）不著撰人：《锦绣万花谷》前集卷 40，上海古籍出版社 1991 年影印本，第 505 页下栏。

② （宋）李焘：《续资治通鉴长编》卷 37，中华书局 2004 年版，第 806—807 页。

③ （清）徐松辑：《宋会要辑稿》之《食货六三》，上海古籍出版社 2014 年点校本。

初下赦书，即诏民流积十年者，其田听人耕，三年而后收赋，减旧额之半。又诏流民能自复者，赋亦如之。既而又与流民期百日复业，蠲赋役五年，减旧赋十之八，期尽不至，听他人得耕。自是每下赦令辄以招辑流亡募人耕垦为言。民被灾而流者，又优其蠲复，缓其期招之。又尝诏：州县长吏令佐，能劝民修起陂池沟洫之久废者，及垦辟荒田，增税及二十万已上，议赏。监司能督部吏经画，赏亦如之。久之，天下生齿益蕃，田野加辟。”[①] 庆历二年(1042)，寿州“籍户主客，九万有畸，生齿倍之。赋租以斛计者岁二十万，以缗者四之一。两计者三十万，匹端者八之一。沿赋杂订上千百计，故输入都内，寿为多”[②]。熙宁元年(1068)，颍州“风气之变，物产益佳，巨蟹鲜虾，肥鱼香稻，不异江湖之富”，令欧阳修留恋不已，“故亳虽名郡，而归思不可遏也”。[③]

经济的繁荣和政治的清明必然带来文化的发展。北宋政府经常委派名宦硕儒担任皖北地方官，对皖北的社会风气产生了重大影响。因此皖北一度获得了历代从未有过的重要地位，一扫前代颓圮之风，表现出明显的儒化倾向。北宋庆历五年（1045），欧阳修左迁滁州太守。他注意到，北宋中期的滁州与唐五代时期的社会图景已大为不同。

> 滁于五代干戈之际，用武之地也。昔太祖皇帝尝以周师破李景兵十五万于清流山下，生擒其将皇甫晖、姚凤于滁东门之外，遂以平滁。修尝考其山川，按其图记，升高以望清流之关，欲求晖、凤就擒之所，而故老皆无在者。盖天下之平久矣。自唐失其政，海内分裂，豪杰并起而争，所在为敌国者，何可胜数！及宋受天命，圣人出而四海一。向之凭恃险阻，划削消磨，百年之间，漠然徒见山高而水清，欲问其事，而遗老尽矣。

① （宋）李焘：《续资治通鉴长编》卷192，中华书局2004年版，第4636—4637页。

② （宋）宋祁：《宋景文集》卷46《寿州风俗记》，《文渊阁四库全书》第1088册，商务印书馆1986年版，第408页。

③ （宋）欧阳修：《欧阳修全集》卷145《又与吴正肃公书》，李逸安点校，中华书局2001年版，第2377页。

> 今滁介于江、淮之间，舟车商贾，四方宾客之所不至，民生不见外事，而安于畎亩衣食，以乐生送死。而孰知上之功德休养生息，涵煦百年之深也。修之来此，乐其地僻而事简，又爱其俗之安闲。既得斯泉于山水之间，乃日与滁人仰而望山，俯而听泉，掇幽芳而荫乔木，风霜冰雪，刻露清秀，四时之景，无不可爱。①

庆历八年（1048），欧阳修徙知扬州，张方平继任，为政清严。曾巩和苏轼曾到此游历并留下诗文。乾道八年（1172），辛弃疾以右宣教郎知滁州。滁州西南的琅琊山中有五贤祠，祭祀州守王禹偁、欧阳修、张方平及曾巩、苏轼等过宾。唐代的韦应物、李绅、李德裕等诗文名家亦曾任州守，宋初宰相赵普曾任滁州通判。这批文人在滁州的经营和题咏对滁州的名声和社会风气都有积极影响。明人张瑄说："地虽胜亦因人而显，使无欧阳文忠公《醉翁亭记》，但为江淮间一支郡，何以显名于天下后世哉？"②

相比滁州，北宋的颍州文风更盛。景祐四年（1037）正月仁宗下诏，凡非藩镇不立学。时任颍州太守蔡齐"以颍在畿内，为大郡，乞立学"，皇帝"从之"。③官学的建立是颍州文风兴起的关键，后任太守遵循蔡齐的路子做了很多工作。庆历新政失败后，改革派领袖或左迁或旅居于颍州。庆历四年（1044），晏殊任颍州知州，邵亢任颍州推官，"以政事闻于一时"。后韩琦继任颍州太守，与范仲淹、程颢泛舟颍州西湖。理学大家邵雍也曾任颍州团练推官。皇祐元年（1049）正月，欧阳修任颍州太守，"爱其民淳讼简而物产美，土厚水甘而风气和，于时慨然而有终焉之意也"④。在任期间，"筑陂堰以通西湖，引湖水以灌溉民田，建书院以教民之子弟。由是颍人始大

① （宋）欧阳修：《欧阳修全集》卷39《丰乐亭记》，李逸安点校，中华书局2001年版，第575页。

② （明）张瑄：《滁阳志·序》，滁州市地方志编纂委员会编：《滁州市志》，方志出版社2013年版，第2288页。

③ 正德《颍州志》卷4《名宦》，《天一阁藏明代方志选刊》第24册，上海古籍书店1961—1966年影印本，第3页a。

④ （宋）欧阳修：《欧阳文忠公集》第42《思颍诗后序》，中华书局2001年版，第600—601页。

兴于学”[1]。欧阳修虽只在颍州为官三月，但是筑陂堰、引湖水、建书院等措施对于此地文风的振兴影响深远。熙宁五年（1072），欧阳修在颍州去世。十九年后的元祐六年（1091），苏轼出任颍州知府，对颍州大加赞赏：“伏以汝颍为州，邦畿称首。土风备于南北，人物推于古今。宾主俱贤，盖宗资、范孟博之旧治。文献相续，有晏殊、欧阳修之遗风。”[2]在颍期间，苏轼多有德政，“凡可以利民者，推诚为之。修清波塘，开清沟以引汝水，溉民田六十余里”[3]，一如欧阳修故事。尽管皖北之前的社会风气以武功为主，但是要改变却也不难，正如吕元中所说：“滁俗虽醇厚而尚气，易以德化。”[4]在宋代大兴文治的背景下，北宋文人士大夫群体在皖北的经营和交游活动一改之前“文事落后，武功特盛”的风气，开创了文风昌盛的局面。

此外，这批文人士大夫还对皖北固有的奇侠、尚武的文化传统进行了挖掘与发扬。例如，中国古代神话传说中的大禹是草根阶层终成帝王的典范，而涂山（在今淮河岸边）会盟正是确立夏后氏统治的标志。柳宗元在《涂山铭（并序）》中说：“呜呼天地之道，尚德而右功；帝王之政，崇德而赏功。故尧舜至德而位不及嗣，汤武大功而祚延于世。有夏德配于二圣，而唐虞让功焉；功冠于三代，而商周让德焉。宜乎立极垂统，贻于后裔，当位作圣，著为世准。则涂山者功之所由定，德之所由济，政之所由立，有天下者宜取于此。”[5]柳宗元把“功”提升到与“德”对等的地位，认为功德相济是建功立业的准则，并“庶后代朝诸侯制天下者仰则于此”。中国传统士大夫崇尚的“三不朽”中，“立功”最符合游侠的价值取向。柳宗元借大禹的故事宣扬“立功”的重要性，实际上成为后世皖北游侠群体的思想引领。此外，王安石观察到，蒙城一带还保有庄周遗风。《蒙城清燕堂》诗曰：

---

① 正德《颍州志》卷4《名宦》，《天一阁藏明代方志选刊》第24册，上海古籍书店1961—1966年影印本，第4页a。

② （宋）苏轼：《苏诗文集》卷24《颍州谢到任表二首》，中华书局1986年版，第691页。

③ 正德《颍州志》卷4《名宦》，《天一阁藏明代方志选刊》第24册，上海古籍书店1961—1966年影印本，第4页a。

④ （明）戴瑞卿、（明）于永亨等：《滁阳志》卷5《风俗》，明万历四十二年刻本。

⑤ （唐）柳宗元：《柳宗元集》卷20《铭杂题·涂山铭（并序）》，中华书局1979年版，第546页。

清燕新碑得自蒙，行吟如到此堂中。
吏无田甲当时气，民有庄周后世风。[①]

庄子因其“逍遥游”的人生观、“一死生”的生死观、“平贵贱”的价值观而素称儒侠，这与游侠“赴士之阸困，既已存亡死生矣”的特质若合符契。游侠多起于草莽，“平贵贱”对于他们来说是很重要的思想武器，陈涉那句石破天惊的“王侯将相宁有种乎”，其实是乱世游侠的普遍心声。

以柳宗元、王安石、欧阳修、苏轼、苏洵、曾巩为代表的唐宋古文学家，以范仲淹、晏殊、韩琦为代表的新政改革派和以邵雍、程颢为代表的北宋理学家等唐宋时期的重要政治、文化人物都与皖北结缘，或游宦于此，或旅居于此。庆历新政对社会弊端的针砭改革体现了强烈的儒侠风范。欧阳修、苏轼、王安石等人皆是有名的国士。这批文人士大夫自身具有的奇侠国士风度及其在地的经营行为，为素来崇尚暴力的皖北文化注入了浑厚的儒学营养，形成一种“其体似儒，其用则侠”的儒侠风范。

这种社会风气转变是显而易见的。到北宋末年，皖北的颍、濠地区已成文化奥区，钱子文曾在《修学记》中称：“濠水之上，江淮之间，惠庄隐士昔所游处。淮南宾客集而著书，风流所被，文词并兴，非南北二边比。”[②]俨然一个身处文化荒漠中的绿岛。北宋皖北地区也涌现了一批在文化及政治上都很有作为的人物，载于《宋史》者多，颍州有著名循吏张纶、被称为“颍汝奇士”的王臻，在熙宁变法中担当重任的常秩等，寿州有著名政治家吕夷简、吕公弼、吕公著等，滁州有张昷之等。不过，尽管这一时期皖北的整体风俗偏向文雅，但尚武之风并没有彻底断绝，类似于“淮南之地，人多躁急慓悍，勇敢轻进”[③]的记载仍很常见。

南宋时期，皖北成为宋金对峙的前沿，而且黄河夺淮入海对此地生态环

① （宋）王安石：《临川先生文集》卷25《蒙城清燕堂》，中华书局1959年版，第293页。
② 成化《中都志》卷1《风俗》，《天一阁藏明代方志选刊续编》第33册，上海书店出版社1990年影印本，第77页。
③ （宋）乐史：《太平寰宇记》卷129《淮南道七》，王文楚等点校，中华书局2007年版，第2544页。

境造成了极大破坏。都城也从开封南迁临安，皖北不再是畿辅之地。皖北因之再次沦为政治和文化的边缘地带，好不容易建立起的文脉随之断绝，尚武好斗之风再次占据上风。舒城人詹世勋，为南宋皖北抗金义士之代表。史载：“（詹世勋）修伟沉毅，其勇莫敌，绍兴中为民兵正将，弟世勣副之。招募壮勇拒金人于柺栳原，身被重创死。”① 南宋时期，皖北边民的尚武之风令人印象深刻。黄榦曰：“夫南北之人气禀不同，以淮人而较之江南之人，则强弱勇怯大不侔矣。生长淮壖，与虏相谙，骑射剑戟，其所素习。”② 杨万里曾建议以沿淮边兵抗击金兵：“使缘淮郡县不禁土豪之聚众挟兵，而又阴察其才且强者，礼而厚之，时有以少蠲其征役，或因使之除盗，而捐一官以报其功。庶几边民之乐于战，一旦有急，敌人未易南下也。”③ 到元代，河北真定人苏天爵曰：“江淮俗尚武侠，儒学或未闻也。”④ 皖北的尚武之风很快再次占据上风。

三、“随王迹以俱熄”：明代皖北侠风的转变

元至正年间，朝廷纲纪废弛，威令不行，“水旱灾沴无虚岁，民往往相聚为盗，有司不能制。而帝日事淫乐，且发丁民开河，民益愁怨思乱，汝颍间妖言交煽”⑤。繁重的修河劳役和当地白莲教的谣言煽动使颍州成为民怨最沸腾的地区。至正十一年（1351），颍州白莲教首领刘福通与颍上人杜遵道、河北栾城人韩山童在颍州举兵，攻陷颍州，拉开了反元序幕，皖北成为反元斗争的策源地。至正十二年（1352）二月，定远人郭子兴在濠州起兵，成为

① （清）穆彰阿等纂修：《大清一统志》卷124《庐州府》，《续修四库全书》第615册，上海古籍出版社2002年影印本，第217页下栏。

② （宋）黄榦：《勉斋集》卷18《代胡緫领论保伍》，《文渊阁四库全书》第1168册，商务印书馆1986年影印本，第202页上栏。

③ （宋）杨万里：《诚斋集》卷88《千虑策·论兵下》，《文渊阁四库全书》第1161册，商务印书馆1986年影印本，第178页上栏。

④ （元）苏天爵：《滋溪文稿》卷5《曹南李时中文稿序》，《文渊阁四库全书》第1214册，商务印书馆1986年影印本，第59页上栏。

⑤ （清）万斯同：《明史》卷1，《续修四库全书》第324册，上海古籍出版社2002年影印本，第44页上栏。

反元早期的一股重要势力，并且为朱元璋的崛起奠定了基础。《明史·郭子兴传》载："及长，任侠，喜宾客。会元政乱，子兴散家资，椎牛酾酒，与壮士结纳。至正十二年春，集少年数千人袭据濠州。太祖往从之。"①朱元璋在斗争过程中逐渐聚集了大批皖北本籍谋臣和将领，明朝实际上就是由皖北籍士绅团体建立起来的。万斯同《明史》曰："明祖崛兴淮甸，一时从龙之彦，濠产居多。"②根据《明史》记载，仅跟随朱元璋征战过的皖北籍谋臣和武将列于列传者就有四十余人。其中濠州和定远籍的将领最多：徐达、汤和、耿炳文、陈桓、张龙、张赫、顾时、陈德、唐胜宗、陈仲亨、郑遇春、周德兴、谢成、李新、赵德胜是濠州人，李善长、沐英、蓝玉、华云龙、张铨、胡海、丁德兴、冯胜和冯国用兄弟、吴良和吴祯兄弟是定远人。其他还有怀远常遇春，砀山傅友德，临淮王志、张翼、王弼，蕲县康茂才，盱眙李文忠，虹县邓愈、胡大海，萧县薛显，五河费聚、耿再成等。这种豪侠集体出现的现象已在魏晋、唐末五代出现过多次。

陈宝良指出，明代侠客史的发展出现了三大转向：一是"儒侠"与"儒盗"的出现；二是侠、盗之儒者化，其具体的表现则是"侠盗"的出现；三是侠客与盗贼出现一种互动的症候，即在侠客与盗贼之间仅仅只有一线之隔。③这是就整体而言。具体到皖北，明初的皖北社会经过儒家文化的长期熏陶，尤其是北宋士大夫群体留下的文化资源的濡染，在保持一贯尚武风气的同时，也呈现出前所未有的修文之风。万历《滁阳志·艺文志》曰："矧入国朝，滁为首善，兼以二百四十余年涵濡德化之深，文益沉雄浓郁，往来鸿巨，后先向往。"④该志《风俗》卷引永乐年间滁州知州陈琏所修《永阳志》曰："民生敦厖，习尚勤俭，僇力农桑，各有恒业，乃其常俗也。然而乡里多勋贵之家，学校萃儒雅之士，衣冠文物于斯为盛。况乡饮以时，少长以齿，闾井之

① （清）张廷玉等：《明史》卷122《郭子兴传》，中华书局1974年版，第3679页。

② （清）万斯同：《明史》卷168，《续修四库全书》第327册，上海古籍出版社2002年影印本，第268页下栏。

③ 陈宝良：《明代知识人群体与侠盗关系考论——兼论儒、侠、盗之辨及其互动》，《西南大学学报》（社会科学版）2011年第2期。

④ （明）戴瑞卿、（明）于永亨等：《滁阳志》卷13《艺文》，明万历四十二年刻本。

内有礼让之风焉。”[①] 明中前期的凤阳“地居皖北之中，峰峦沓峙，崒嵂盘纡，淮水萦回，溯腾环绕，民多质直，俗尚节俭，荟然有朴厚风”[②]。明代中期，吏部右侍郎张鼐盛赞亳州风俗曰：“淮以西，河以南，丽于龙兴之都而为州者曰亳，古汤壬氏之所居也，其俗好风雅而多文人，其民淳厖而修君子长者之行。”[③]

北宋之后的几百年间，皖北地方士庶仍然经常缅怀欧阳修等人对当地的教化之功。明代正统八年（1443）重修颍州儒学时，仍把欧阳修当作颍州文化启蒙的先师，并借此勉励后学。

> 昔欧阳文忠公尝游其地，而祠宇在焉。仰其道德仁义，流风余韵，尤有存者学之。诸君子育于斯、学于斯，朝夕之间尚其精进磨砻，周旋揖让，敷英迈烈，效用于时，庶不负朝廷教育之恩，师友丽泽之益，而奉扬文教、重新学校者之盛心也。[④]

万历《滁阳志》也说：“唐宋以来诸君子之文若韦苏州、王元之、欧阳永叔、吴幼清辈，并有著述，彪炳山川，即里久犹能诵之。”[⑤] 由此可见北宋时期文风遗韵的影响。在这种儒化环境下成长起来的开国英雄们多了一些谦和文雅的文士风度，大多武功和文德兼备，与汉初的草莽英雄已有很大差别。万斯同在《明史·徐达传》后评论道：“达驭下严而有恩，士卒乐为之用。又所至不扰嗥，好泊如，即财贿一无所动，殆卓尔名将之风也。且勋伐冠百僚矣，而自视欿然，忠谨弥笃，胸志皎如白日，曹无纤芥之嫌，故太祖终托以肺腑，略无疑间，岂偶然哉？其德量诚有过人者矣。”[⑥] 李文忠“才气骏发，以功名大显于时而被服文雅，动中礼法，其古之儒将乎”，“愈（邓愈）之慎

① （明）戴瑞卿、（明）于永亨等：《滁阳志》卷5《风俗》，明万历四十二年刻本。

② 光绪《凤阳府志》，江苏古籍出版社1998年影印本，第1页上栏。

③ 张鼐：《王仁子墓表》，乾隆《亳州志》卷15《艺文志》，清乾隆五年刻本。

④ 正德《颍州志》卷5《文章·重修儒学记》，《天一阁藏明代方志选刊》第24册，上海古籍书店1961—1966年影印本，第5页。

⑤ （明）戴瑞卿、（明）于永亨等：《滁阳志》卷首《旧滁州志叙》，明万历四十二年刻本。

⑥ （清）万斯同：《明史》卷160，《续修四库全书》第327册，上海古籍出版社2002年影印本，第229页上栏。

密，和（汤和）之恭敬，亦皆有士夫之行，非徒以膂力结至知者”。[①] 这批人从山泽草莽到王侯将相的生命历程，为皖北注入了强烈的自豪和自信，激励皖北士庶不断求取功名，也给皖北风气带来了有益的变化。

凤阳府乃明朝“龙兴之地”，朱元璋在此营造中都，享有很高的政治地位。洪武三年（1370），在皖北设立中立府，“定中都、立宗社、建宫室”[②]。中都新城建于凤凰山下，“城郭、宫室拟于帝畿”[③]。洪武七年（1374），中立府改为凤阳府，取“席凤凰山以为殿，势如凤凰，斯飞鸣而朝阳”之意，寄托了朱元璋对故乡兴旺发达的美好愿景。在实际政策方面，朱元璋对凤阳颇有惠政：“凤阳实朕乡里，陵寝在焉，昔汉高皇帝丰县生，沛县长，后得了天下，免其丰、沛二县之民粮差。今凤阳、临淮二县之民虽不同我乡社，同钟离一邑之民。朕起自临濠，以全乡曲。凤阳府有福的来做我父母官，那老的们生在我这块土上，永不课征。”[④]“永免凤阳、临淮二县税粮徭，宜榜谕其名，使知朕意。”[⑤] 因此在明代中前期，皖北的政治、经济、文化、社会风气及生态环境都是非常优越的，凤阳百姓沐浴皇恩之下，对明政府感恩戴德。早期的《凤阳歌》唱道：“凤阳真是好地方，皇恩四季都浩荡。不服徭役不纳粮，淮河两岸喜洋洋。”

尽管明代初期的凤阳府风光无限，但“龙飞之地”的偶然性并未改变此地趋乱的本质。皖北的衰落其实早在明代早期就已初露端倪。永乐十九年（1421），明成祖迁都北京。当时的民谣唱曰：“凤阳去凤阳来，问你凤阳几条街。几条长来几条短，几条平整几条坏。九条通往燕州府，一条通往凤凰台。”民谣中交通地位的明显差异实际上是两地地位差异的体现，可见凤阳府的地位急剧下降，已开始衰落。皖北真正的衰败开始于弘治七年（1494）

① （清）万斯同：《明史》卷161，《续修四库全书》第327册，上海古籍出版社2002年影印本，第239页上栏。

② 成化《中都志》卷1《建制沿革》，《天一阁藏明代方志选刊续编》第33册，上海书店出版社1990年影印本，第16页。

③ 光绪《凤阳府志》，江苏古籍出版社1998年影印本，第1页上栏。

④ （明）袁文新：《凤阳新书》卷5《帝语》，转引自陆勤毅、李修松主编：《安徽通史·明代卷》，安徽人民出版社2011年版，第63页。

⑤ 《明太祖实录》卷153，洪武十六年三月丙寅，中华书局2016年版，第2394页。

黄河全流夺淮入海之后的生态环境再次恶化。

嘉靖年间，凤阳巡抚马卿在《攒运粮储疏》中写道：“两淮之间，凤阳为根本重地，而民贫尤甚。淮安地方，黄河二水下流，十岁九淹。重以旱蝗，相继二十余年，民之流徙，十居七八，州县几不支矣。况近挑浚闸河及修理祖陵皇陵，比之他省，尤为苦累。数省灾伤若此，疲敝若此，全征本色，督责之下，剥肤椎髓，鬻妻卖子，苦楚万状，岂盛世之所宜见，此民之害也。”①霍邱县教谕汪仲川感叹此地风俗的变化：“霍邱，中都沃壤，地僻民淳，昔称易治……迩来东南多事，赋役繁扰，民用日匮。俗因以偷，而刚捍强梗之徒种种恣肆，视昔淳朴风不侔矣。”②赵南星观察到，凤阳“地冲而事剧，其人轻心保疆，喜为侠，多讼，商贾之所辐辏，称难治”③。从崇祯年间泗阳生员韩应春的上疏，可以看到明代后期生态环境的变化对该地的根本性影响。

盖桃源邑无城郭，从来皆沙碛之地，河决之患，无岁不然。而天心又若有意为厄，旱潦蝗蝻踵至迭见，即极力轸恤尚不能支。不意万历五年偶因十三湖荡暂涸可耕，议加漕米至九千六百有奇，较旧制三千之数骤添两倍。后水患仍旧成湖，漕米一成不减，铢铢粒粒，莫非割肉敲髓而得之者。物力销耗已非一日，又值孔道通衢，与僻静州县不同，而来往官长与承舍各役，皆因黄河汹溜以舟楫为险，夫马为便。其应付之苦，叫号盈途，络绎不绝，无不卖子鬻女，荡产倾家，不至于死而不止者。……近因需饷甚急，加派辽饷，民不堪命，催督益严，雪上加霜，正此之谓，而一户之逃累及一族，一族之逃致累一甲，而累及一里。本县四十八里户口之中，全逃者二十余里，仅存者二十余里，即索称富饶之里，亦因赔累消

① （明）陈子龙等：《明经世文编》卷170《攒运粮储疏》，《四库禁毁书丛刊》集部第24册，北京出版社1997年影印本，第456页上栏。

② 同治《霍邱县志》卷11《艺文志》，江苏古籍出版社1998年影印本，第436页上栏。

③ （明）赵南星：《赵忠毅公诗文集》卷11《明中宪大夫直隶凤阳府知府蒲石李公碑》，《四库禁毁书丛刊》集部第68册，北京出版社1997年版，第305页。

乏而逃十之二三。通县计之，无一全里全甲。此皆编审册籍可考，难逃抚按道府之查覆。故四十余年以来，县官被累而斥降者十有四员，代庖被累者不与焉。至于吏胥里役，血比淋漓，披枷带锁，毙于杖，毙于狱，投河自尽，削发披缁，百千万计，真郑侠之图，贾谊之哭，无以逾此。即臣等二三孑遗，皆出万死而得一生者也。民穷盗起，故去岁流贼猖獗，焚劫官舍，杀掠士民，愁惨满目，不忍见闻。[①]

可以看到，“河决之患”和“应付之苦”是桃源县民穷盗起的根本原因。桃源县的情况是明代中后期皖北社会的缩影，绝非个例。入清以后，黄淮水患愈发严重。康熙十九年（1680）黄河夺汴入淮，著名的泗州故城遭遇灭顶之灾，沉入水底。乾隆《砀山县志》所载该地风俗的转变轨迹或是皖北社会风气转变的缩影：“风俗高迈迥出等伦（《图经》）；士重廉耻民尚礼义（《学记》）；侠任气节好尚宾游（《隋书·地理志》）；砀邑之学，弦歌方盛（《元大成殿记》）；地僻民聚，躬稼食力，好勇而尚义，木强而易使。庶几古椎朴之风焉，至稽古礼文之事多所疏阙（《嘉靖年州志》）。”[②] 从汉到明中期，砀山的风俗经历了几次美恶的转变，其实皆与当时自然环境及社会背景有关。至此，皖北再次沦为边缘地带。明中后期以后，随着社会经济衰退和社会管理失序，皖北社会生态急剧恶化，从原来的诗书礼乐之地演变为崇尚暴力的文化瘠土，兴起了武松和盗跖崇拜。这种崇拜一方面反映了民众希望武侠人物成为其救星的消极心态，另一方面反映了民众在行事时极易按照武侠的行为模式来解决现实的纠纷，最终成为仇杀的潜在因素，导致这个地区的匪患更加深重。[③] 光绪年间的凤阳知府冯煦感叹：“昔之所谓雄峭伟丽、袤广逶迤者，数百年来随王迹以俱熄，文物声名亦稍稍替矣。”[④] 明代前期带有王侯气度的

---

① 民国《泗阳县志》卷 23《传二·乡贤》，江苏古籍出版社 1991 年影印本，第 490 页。

② 乾隆《砀山县志》卷 1《舆地·风俗》，江苏古籍出版社 1998 年影印本，第 38 页上栏。

③ 马俊亚：《从武松到盗跖：近代淮北地区的暴力崇拜》，《清华大学学报》（哲学社会科学版）2009 年第 24 期。

④ 光绪《凤阳府志》，江苏古籍出版社 1998 年影印本，第 1 页上栏。

豪侠风范，已经被底层侠士代替，庙堂之高终不及江湖之远。

四、“此方文事落后，武功特盛”：清代皖北侠风的定格

清代以来，皖北的自然环境持续恶化，水旱灾害频发。乾隆《灵璧县志》曰：“兹邑之所以凋敝者，半由保甲参身，而水患为尤甚。北距河，南抵淮睢浍五湖，皆能为患。”[①] 嘉道时期，凤阳府辖属的凤阳、怀远、定远、寿州、凤台、宿州、灵璧就发生水灾 244 次、旱灾 64 次、蝗灾 5 次，颍州府辖属的阜阳、颍上、霍邱、亳州、太和、蒙城也发生水灾75次、旱灾16次、蝗灾 5 次，泗州直隶州属辖的泗州、盱眙、天长、五河发生水灾 105 次、旱灾 23 次、蝗灾 7 次，还有风灾、雹灾等无数次。[②] 频繁的自然灾害导致沃土变瘠壤[③]，百姓日益穷困，民不聊生，不得已采取暴力手段获取生存资源。黄钧宰指出了黄河南泛对当地百姓生计的毁灭性打击：“皖北自豫河再决，失业思乱者多。又毗连河南山东，刀剑以嬉，习为风俗。”[④] 刘师培也注意到皖北风俗变迁与环境恶化的关系：“皖北虽多大川，然睢、汴诸水，均成细流；芍陂、艾塘，遗迹久湮。平原旷莽，沙土漂轻，多与徐、豫相同。故民生其间，鲜营实业，习为强悍之风，近于古代之游侠。”[⑤]

恶劣的生态环境固然有利于游侠的滋长，日益孱弱的文学教化也没能阻止皖北人滑向动乱的深渊。中古时期，皖北文风昌盛。如龙亢桓氏以经学起家，但是“自尔以来，则寥寥焉”[⑥]。可见皖北文风之持续没落。清代前期，皖北的宗法礼俗状况已相当不堪。乾隆《灵璧县志》云：

> 所谓瘠土之民莫不向义者乎？无教化以维之，吾恐其趋而愈下也。……新进儒童不随地方官谒文庙，终身不知有师生之谊。……

① 乾隆《灵璧县志》凡例，江苏古籍出版社 1998 年影印本，第 5 页。

② 刘洪洋：《嘉道时期皖北地区灾荒研究》，硕士学位论文，内蒙古大学，2010 年。

③ 马俊亚：《从沃土到瘠壤：明清淮北地名变迁与水患成因》，《史学集刊》2022 年第 4 期。

④ （清）黄钧宰：《金壶七墨·金壶浪墨》卷 4，中国史学会主编：《中国近代史资料丛刊·捻军》（一），上海书店出版社 2000 年版，第 378 页。

⑤ （清）刘师培：《安徽乡土地理教科书叙》，《刘申叔先生遗书》，1936 年宁武南氏校印本，第 1766 页。

⑥ 嘉庆《怀远县志》卷 15《选举表》，江苏古籍出版社 1998 年影印本，第 183 页上栏。

> 邑中著姓不讲宗法，惟波罗林张氏聚族而居。族长约束甚严，子弟有不率教者，则悬祖先遗像，使跪其前，挞以木棍，莫敢不惕息。县有捕蝗开河诸役，雇募民夫，他保或多规避，波罗林则族长一人如数率之，而至终事无一逃者。余尝因公事见其族长张禹科，淳朴农夫也，为余言，伊族中无片纸入公门四十余年矣。地滨睢河，十年九荒，绝无温饱读书之家，而独能敦崇古谊，其风尚之厚，可以感化乡人，故当表而出之也。①

一邑一中，仅一氏聚族而居，竟能作为宗法表率而见载县志。外籍皖北地方官员，不论是在官修地方志中还是个人文集中，都不厌其烦地描述了皖北尚武好斗的社会风俗给人留下的印象之深。袁甲三在给咸丰帝的奏折中说道："窃查亳州界连三省，久为捻匪渊薮，兼以岁歉民饥，迫而为盗，其啸聚难以数计，其奔突亦难以地限。"② 凤台知县李兆洛说凤台地区"其无赖子弟，相聚饮博，行则带刀，结死党，为侠游，轻死而易，无徒手搏者。耕农之家，亦必畜刀畜枪，甚者畜火器。故杀伤人之狱，岁以百数"③。道光年间，皖北颍州、亳州等地的民间械斗，颇令安徽巡抚陶澍困扰："皖省凤、颍、泗州等属，界连徐豫，民情好斗，动辄伤人。其伤人之具，鸟枪而外多属金刃。缘该境愚民久沿恶习，往往藏置例禁刀枪以为保卫身家之用。迨藏之既久，日与器习，偶然争角，顺手取携，斗无不伤，伤无不死，为祸之烈与鸟枪等。"④ 因而特地上疏奏请收缴皖北民间私藏武器。王定安曰："长淮南北，任侠之窟。奸雄窃据，育其丑族。"⑤ 郭嵩焘诗曰："亳州自古豪侠地，问俗微行有深意。"⑥ 道光年间寿州知州朱士达将寿州与其家乡宝应风俗进行了对比："寿州之与宝应同隶淮南，相去七百里而近。吾乡俗柔而民畏事，常

---

① 乾隆《灵璧县志》卷4，江苏古籍出版社1998年影印本，第75—76页。
② 《钦定剿平捻匪方略》卷26，清同治十一年刻本。
③ 光绪《重修凤台县志》卷4《食货志》，江苏古籍出版社1998年影印本，第62页下栏。
④ （清）陶澍：《陶文毅公全集》卷24奏疏《筹款饬缴凶器折子》，《续修四库全书》第1503册，上海古籍出版社2002年影印本，第193页上栏。
⑤ （清）王定安：《湘军记》自叙，朱纯校，岳麓书社1983年版，第5页。
⑥ （清）郭嵩焘：《养知书屋集》诗集卷10《骑驴赴亳州任图》，清光绪十八年刻本。

失之弱；寿民悍而喜争斗，一言不合则投箸而起，常失之强。魏以扬州治寿春，晋宋齐北魏以来，割据纷更，莫不以寿春为重镇，则其地尚武健，家习弓刀，盖有自已。”①民国时期，遯庐总结皖北风俗道：“此方文事落后，武功特盛”②。

自咸丰三年（1853）安庆失陷以来，以太平天国起义军和捻军等为代表的“叛军”与以湘军、淮军和绿营等为代表的清军在安徽展开了长达十几年的拉锯战，加之地方团练的自卫战和军阀苗沛霖集团的叛复无常，19世纪中期的皖北可谓中国历史上战争最频繁的时段和地区之一。这一时期，皖北涌现了诸如李鸿章、刘铭传、张乐行、苗沛霖等无数豪杰，为皖北的豪侠传统做了最好的注脚。

从社会心理学的角度来看，社会环境对人的思想观念和行为方式也有很大影响。皖北人长期生活在由朱元璋等威加海内的乡贤的传说之中，难免起效仿之心。正如苏轼所说：“汉高祖，沛人也；项羽，宿迁人也；刘裕，彭城人也；朱全忠，砀山人也：皆在今徐州数百里间耳。其人以此自负，凶桀之气，积以成俗。”③历代英豪的榜样作用每使后人效法，以英武悍勇自励。风气的传承性同时也说明，皖北的尚武奇侠之风并非遽然而就，而是代代相传、积已成俗的。某些具有巨大社会影响力的事件和人物或许会使一地之民风意气在一段时间内发生很大转变，但其突变仍以已有的稳定风俗为基础。

第三节 靖乱与致乱：“豪侠”与近世皖北地方社会

作为一种文化传统，豪侠、尚武之风对皖北地方社会具有怎样的影响以

① （清）曾道唯修，（清）葛荫南纂：《寿州志》朱士达序，清光绪十六年刊民国七年重印本。

② 遯庐：《皖北阜阳亳寿三县之风俗》，《申报月刊》第4卷第1号，1935年。

③ （宋）苏轼：《苏轼文集》卷26《徐州上皇帝书》，孔凡礼点校，中华书局1986年版，第759页。

及是如何将皖北地方纳入国家进程中的。要讨论这个问题，首先需要弄清楚地方是通过什么途径和方式与国家连接起来的。在隋唐以来的官僚体制下，国家对于地方的直接控制只到县一级，县以下的乡里社会在国家权力体系之外。那么县以下的乡里社会又是如何运行的呢？为此，费孝通提出中国传统政治结构是“双轨政治”模式，即由自上而下和自下而上两条权力轨道组成。自上向下的单轨依靠的是官僚体系，但是筑到县衙门就停了；自下向上的“无形轨道”依靠的是绅士，他们可以从一切社会关系“把压力透到上层，一直可以到皇帝本人”。① 这种将士绅看作国家与地方互动的中间机制的观点得到了学术界的广泛认同。② 士绅的主要职责是化民成俗、改善地方风气和凝聚社会。如果如此重要的士绅阶层力量相当弱小，或者没能发挥其作用，那么这个社会将如何维持其秩序呢？

以下两则关于皖南和皖北风俗的记载或可成为解决该问题的切入点。

> 新安各姓，聚族而居，绝无一杂姓渗入者，其风最为近古。出入齿让，姓各有宗祠统之，岁时伏腊，一姓村中千丁皆集，祭用文公家礼，彬彬合度。父老尝谓新安有数种风俗，胜于他邑，千年之冢，不动一抔，千丁之族，未尝散处，千年之谱系，丝毫不紊。主仆之严，数十世不改，而宵小不敢肆焉。③

> 宛、洛、淮、汝、睢、陈、汴、卫，自古为戎马之场。胜国以来，杀戮殆尽，郡邑无二百年耆旧之家。除缙绅巨室外，民间俱不立祠堂，不置宗谱。争嗣续者，止以殓葬时作佛超度，所烧瘗纸，

① 费孝通：《乡土重建》，《费孝通文集》第4卷，群言出版社1999年版，第346—347页。

② 参见吴晗、费孝通：《皇权与绅权》，观察社1948年版；王霜媚：《帝国基础：乡官与乡绅》，《立国的宏规——中国文化新论·制度篇》，联经出版事业股份有限公司1983年版；傅衣凌：《中国传统社会：多元的结构》，《中国社会经济史研究》1988年第3期；瞿同祖：《清代地方政府》，法律出版社2003年版；萧公权：《中国乡村：论19世纪的帝国控制》，联经出版事业股份有限公司2014年版；张仲礼：《中国绅士——关于其在19世纪中国社会中作用的研究》，上海人民出版社2008年版；罗志田：《地方的近世史：“郡县空虚”时代的礼下庶人与乡里社会》，《近代史研究》2015年第5期。

③ （清）赵吉士：《寄园寄所寄》卷11《泛叶寄·新安理学》，黄山书社2008年版，第872页。

姓名为质。庶民服制外，同宗不相敦睦，惟以同户当差者为亲，同姓为婚多不避忌，同宗子姓有力者蓄之为奴。此皆国初徙民实中州时各带其五方土俗而来故也。①

皖南地处大山之中，交通不便，战乱较少，社会环境相对稳定，宗族制度也很完善，士绅阶层对地方社会的控制力很强，所谓“其俗化之厚与其乡先生教泽之长也，所从来者远矣”②，是以宵小之辈不敢放肆。而皖北自古为征战之所，加之自然灾害频发，人口流动性很强，社会稳定性差。这种人口的机械增长模式和弱化的宗族制度不利于形成稳定的士绅群体。士绅阶层的缺失导致其在地方社会事务中承担的功能非常有限，他们让渡出来的权力真空便由乡里奇侠来填补。乡里奇侠虽与士绅群体有一定程度的身份重叠，但其行为方式和价值取向都与传统士绅有较大区别，奇侠主导的皖北社会有其别具一格的一面。

一、聚保乡里：作为秩序维护者的皖北豪侠

古来侠以武犯禁，是社会的不安定因素，且为君子所不齿。但遭逢乱世，却需依靠他们才能削平丑类，维持和恢复地方秩序。清代汪有典云：“任侠之风，君子所弗贵，然扶危定倾，则亦何可少也？况为国家捍牧圉哉！”③豪侠之涌现，往往在中央王朝无力出兵靖乱，而致地方空虚之际。他们凭借其强大的动员能力和敢于反抗的英雄气概，构筑山寨，据险自守，以待朝廷。皖北豪侠在这方面的功绩可谓彪炳史册。南宋江西建昌人包恢观察到，处于宋金边界的皖北在这方面颇有成绩：“有土豪焉，自据胜地以置山寨，自办粮食以给土军，谓之忠义。无累于郡县，而可以济官军之所不及。他日北骑猝至，则险固精勇，此足以自卫而不可胜。彼虽攻之而有所不能胜，似此者，今长淮非一所也，其来久矣。”他认为，皖北“备北”的经

---

① （明）王士性：《广志绎》卷3《江北四省》，吕景琳点校，中华书局1981年版，第43页。

② （清）程怀璟：《重修徽州府志序》，道光《徽州府志》卷首，清道光七年刻本。

③ （清）汪有典：《前明忠义别传》卷11《刘文学传》，《四库未收书辑刊》第1辑第19册，北京出版社2000年影印本，第130页上栏。

验可以推广到内地用于“备寇”:“若内地则所患者寇乱尔，苟有乡官，如土豪以忠义自奋，大略依边境之法而行之，则虽寇徒凶焰之新炽，未至如北骑强敌之难应也，何足以为患哉。”① 光绪《重修安徽通志》也对皖北历代豪侠保卫社稷的功勋推崇备至:“安徽风气果毅，代有奇才异能之士，决战于疆场，卫社稷而执干戈，功烈炳然，历载史册。”② 庐州舒城许氏为舒城地方大族，代有侠名。现以许氏为例，具体探究皖北豪侠如何聚保乡里。

根据《安徽许氏宗谱》记载，许氏原籍徽州，南宋淳熙二年（1175）自徽州迁至舒城:“上世自雍州入于江南，于歙为著姓。……先大父百六朝奉，宋淳熙乙未迁于庐之舒城，先君子千十六知县舒城，贯登科，遂为淮西人。”③ 元末至正年间，江淮大乱。舒城百姓在许荣带领下筑寨自卫，得以免遭战火。光绪《续修庐州府志》详细记载了许荣的事迹。

> 许荣，字荣卿，舒城人，少长雄伟。汝颍盗延及江淮，荣立屯乌沙河，聚保乡里。适盗陷舒城，邑人奉荣为主，盗相戒曰:“此乌沙许帅也，勿犯其境。”荣因孤立求援于多宝，假统军元帅之号镇舒，有惠政。甲午，青巾掠大河以南，惟不敢入荣境。双刀赵陷庐州，分兵四出，荣坚不动。按地形修七门诸堰，供灌溉之利，教民农桑，民赖以宁。竹真据安丰，陷六安，数乘胜来侵，力战却之。加骠骑上将军同知枢密。甲辰庐州归明，荣即日誓众封府库，籍军民之数，表上之。方太祖徇江北，荣遣人馈饷给衣装拜，锡衣卣鬯之，赐入觐。后恩眷弥笃，命以前职镇守。明年改庐州同知。④

清初，桐城戴名世与许氏子孙交游甚笃，曾受托作《书许荣事》详细记

① （宋）包恢:《敝帚稿略》卷 4《宜黄龙磜寨记》,《文渊阁四库全书》第 1178 册，商务印书馆 1986 年影印本，第 745 页。

② （清）吴坤修等修，（清）何绍基等纂:《重修安徽通志》卷 230《人物志・武功》，清光绪四年刻本。

③ （清）许大定:《安徽许氏族谱》不分卷《重修族谱记》，清康熙木活字本。

④ 光绪《续修舒城县志》卷 37《人物志・忠义》，江苏古籍出版社 1998 年影印本，第 640 页上栏。

载许荣的事迹。可与《续修庐州府志》所载相互参证。

元至正中，江淮兵起，皖城赵双刀、六贼祝真剽掠州郡。乌沙人许荣率众驻高峰，保障乡里。高峰者，在舒城县南，山四面皆山环之，有山巍然独高，曰高峰。而乌沙其山下之市也。许荣既驻高峰，其后归之者众，高峰小不能容，移驻方山。归之者又益众，移驻舒城，贼不能犯舒城。元授荣枢密院同知，与左君弼守庐州，太祖皇帝攻之不下。荣尝曰：“凡吾所以起兵，第获保乡土亲戚以待真主，束身归命，吾之愿也。”已而太祖遣胡大海诣荣，与之书曰：“将军久守庐州，既不为逐鹿之谋，又不为尉佗之计，但欲保乡土亲戚以待真主，不知当今真主谁足当之？”遂大发兵攻庐州，左君弼开城走，许荣以庐州降，辞官归隐，居乌沙之湾塘，死葬焉。①

朱元璋曾去信招募许荣，称其为“天生豪杰”②。从许荣的事迹来看，他有很强的军事能力。与刘邦、曹操等崛起一方、进取天下的奇侠模式不同，许荣的目的既不是为了趁乱谋取天下，也不是为了割据一方，而是为了保障乡里免遭战火摧残。

许荣在拥兵期间，除了“按地形修七门诸堰”外，还新建了一座土城，并修建学宫等配套基础设施。《庐江县志》记载：“县治旧有土城，元至正间邑人许荣创筑，周围约五百丈，高一丈有奇，池深六尺，广二丈五尺。门凡五，曰镇东，曰凤台，曰桐城，曰大西，曰北门。”③ 明代郑时在《修城记》中说：“舒城古舒国也，城之兴废无所考，今城北有遗址之半，相传为元末乡人许荣所筑。”④《重修舒城县志》曰：“舒建学宫不知始何代，元至正时毁于兵，惟虞集所撰碑存，邑人许荣改筑新城门外。”⑤ 这些地方经营活动，有

① （清）戴名世：《戴名世集》卷7《书许荣事》，中华书局1986年版，第192页。

② 嘉庆《重修舒城县志》卷34《艺文·明高帝招许荣书》，江苏古籍出版社1998年影印本，第321页上栏。

③ 光绪《庐江县志》卷2《舆地·城池》，江苏古籍出版社1998年影印本，第60页下栏。

④ 嘉庆《重修舒城县志》卷34《艺文·修城记》，江苏古籍出版社1998年影印本，第351页上栏。

⑤ 嘉庆《重修舒城县志》卷8《学校》，江苏古籍出版社1998年影印本，第54页上栏。

效地维持了地方秩序。

到明末寇乱之际，乌沙许氏再次承担起保障乡里的责任。《续修庐州府志》记载了许荣八世孙许大器及其侄许明道保卫乡里的事迹。

明季寇变，大器慕先祖荣元末保障功，与侄明道立寨龙河口，团众防守，乡民赖以全活。太史罗某奉命巡视城寨，见而励之曰："即不保一城，当保一乡。"遂白督抚，请假大器以游击、明道以备倭之号。其后大疫，贼来攻，疲不能战，寨破。大器被执不屈，骂不绝口，遂与明道皆被杀。[①]

戴名世《书许翁事》记载了许荣十世孙许亦凌的事迹。

年二十一为诸生，是时流寇起，蔓延江以北，祖、父相继殁，翁秉家政，经营拮据，群从兄弟十余人俯仰皆依翁，即族人子弟亦多赖翁者矣。翁为人豪迈，其才又俊多艺能，少即工骑射，旁及刀槊击刺之术，无不精。流寇之至也，翁挈其家走山寨，寨破，翁挟弓持矛而下望，见数贼与一人战于山麓，即翁父也。翁前救之，贼即释其父，前搏翁。时有二仆负一箧随翁，贼疑箧中有金，故力战不肯释。翁呼仆置箧于地，且以足踏其箧使破，以示无有，仓卒不得破而战益力。贼遂弃去。翁家故饶裕于赀，奴仆凡数百人，自贼至家破，赀且尽，桀黠奴往往叛去。当是时，桐城有守将领数千人防贼。舒与桐接壤，翁家奴一人亡抵营中，小校周某收之。翁自往捕，奴知之，以告周某，某使卒诱翁至门，则盛侍卫列剑戟，且多设缚具以慑翁。翁未入，适一校来谒周某，乃某约以来欲共辱翁，以谎其金者也。校先与翁语，翁固有口辩，洒洒数千言，辞气激昂，面无惧色，校大惊，为礼貌甚恭，入骂周某曰："是人宁可寻耶？"翁遂得脱，以状谒兵使者，兵使者即逮周某，治以法。寇既平，乡里逃死者略尽，田土荒芜，翁募耕者垦田数百顷，悉收其

① 光绪《续修舒城县志》卷37《人物志·忠义》，江苏古籍出版社1998年影印本，第656页上栏。

群从兄弟于家，衣食之，且延师教之，已而尽以所垦田分给之，或有后言不知德翁者，翁置不校。翁轻财好施，不沾沾治生产，然家亦复振，治西冲别墅极精丽，晚年徙家焉。或曰翁以他故徙，非轻去其家者也。然翁亦卒不言云。翁敦一本之谊甚笃，有侮其族子弟者，不难破产救之，然负翁者亦往往而有，翁卒不以此惰志焉。一族老贫无依，或告之曰，盍往亦凌氏，斯得所矣，诣翁，翁养之终身。已而得恶疾，见者皆欲呕，翁自督僮仆左右之甚勤，其人死丧葬皆极厚，其敦本尚义如此。亲知故人有急难，得翁之计划，皆立解。其断决明敏，披肝沥胆，人皆服其才而信其诚。虽乡党之贤豪，皆自愧莫及。①

从这两则史料可以看出奇侠传统在维护地方秩序中的作用。首先，“奇侠”之风在历史变迁中逐渐积淀为一种历时性的文化传统，超越了单一的时间和空间范围，可以跨越时空环境而传承、传播，并且反复得到“激活”。许荣八世孙许士北“为人任侠好气”，许大器“少倜傥，尚节义，善骑射”，②颇有乃祖之风。许荣为元末明初人，许大器、许明道、许亦凌等人则生活在明末清初。中间两百余年的承平时期，许氏家族并未出现以侠义著称的名人，但这种精神还是得到了传承。这是宗族的稳定性和延续性维持和强化了奇侠传统的结果。作为一种功能性社会组织，宗族具有维持礼教秩序、约束和教化宗族成员的作用，因而也使得文化传统可以以家风的形式传承。并且大家族的动员能力和交际网络使得精神力量更易转化为实际的行动。其次，宗族组织的军事动员能力和财力可以为侠士提供行为保障。尽管奇侠一般拥有超出常人的武力，但是要想充当一方百姓的守护，则非依靠集体的力量不可。宗族的血缘、地缘和交游网络可以提供比较庞大的军事支持。最后，地方宗族可以通过维护地方秩序的方式获取正统国家权力的承认。许荣、许大器、徐明道等人原本皆是布衣游侠，仅在乡里素有名望，尚未进入国家权力

① （清）戴名世:《戴名世集》卷 7《书许翁事》，中华书局 1986 年版，第 190—191 页。
② （清）戴名世:《戴名世集》卷 7《书许翁事》，中华书局 1986 年版，第 190 页。

体系。但保护地方抵御盗贼、免受战乱的贡献，可以让他们很快进入官僚系统，实现从江湖到庙堂的转变。

颍州刘氏是明代望族之一，汪琬称其“家世任侠”①。刘廷传是明末诸生，极具侠义之风。《皖志列传稿》记载：“当明神宗末，廷传知天下将乱，慨然以功名自许，所遇州县豪杰，皆倾身与之交，得其欢心，诸慕气节者，争趋之。廷传为人沈勇有智略，作诗歌不属草，多雄伟感激之语，尤喜谈兵事，与从弟廷石俱任侠，著闻河南北……状貌魁梧，饮酒一石不乱，善运马槊，往来如飞，家不逾中人，尽散之以养客，所食客日尝以百数，暇则部以兵法。”②刘廷传曾多次协助地方政府御敌，聚保乡里，“州人惟倚廷传为重”。《皖志列传稿》载：“时中原群盗起，掠乡聚，将抵州。知颍州者故文吏，惶惧不知所出，悉召士民廷议。廷传闻之，缓步往。知州素严惮廷传，急揖之使言。廷传仰面大声曰：‘此狂竖子也，计已走矣。脱薄城，特成擒耳。’知州曰：‘刘生言是。’遂命廷传率众诇之，盗果遁去。”③崇祯八年，贼攻颍州城，刘廷传献计给知州尹梦鳌，但是被尚书张鹤鸣阻挠，最后城破身死。刘廷传之子刘体仁，“为人轻财喜事，以交游为乐”，“甫冠举于乡，意气卓荦与先生（刘廷传）略相类，数往来兵间，为诸大帅画策”。④

像许荣、刘廷传这种聚保乡里的地方豪侠，在皖北非常常见。诸多皖北方志中长长的忠臣义士名单，足证此言不虚。⑤清代最大的动乱当属咸同时期的太平天国起义和捻军起义，而李鸿章领导的淮军，成功镇压粤、捻，终结咸同兵燹，再造“同治中兴”局面，可谓皖北豪侠“靖乱”之功的极致体现。正如《重修蒙城县志》所云：“清咸丰初捻匪乱炽，邑人竞尚武功，从

① 乾隆《阜阳县志》卷17《艺文一·识小录序》，清乾隆二十年刻本。

② 金天翮：《皖志列传稿》，成文出版社有限公司1974年版，第33页。

③ 金天翮：《皖志列传稿》，成文出版社有限公司1974年版，第34页。

④ 乾隆《阜阳县志》卷17《艺文一·识小录序》，清乾隆二十年刻本。

⑤ 嘉庆《重修舒城县志》卷37《人物志·忠义》，江苏古籍出版社1998年影印本，第640—655页；光绪《重修凤台县志》卷11《人物志·忠义》，江苏古籍出版社1998年影印本，第161—164页；民国《涡阳县志》卷13《忠烈表》，江苏古籍出版社1998年影印本，第555—561页。

军得官者约数百人。”[①] 皖北尚武的风气，的确是淮军崛起的重要原因。

二、聚众劫掠：作为秩序破坏者的皖北豪侠

地方豪侠并非总是秩序的维护者，有时也是秩序的破坏者。明中期以来持续的社会动乱和环境恶化使得皖北的社会环境几乎跌至历史最低谷，变成一个遍地贫穷、疾病丛生、灾荒不断、政治黑暗的混乱世界，人民生活异常艰难，不得不采取“掠夺性策略”的生存模式。[②] 明嘉靖时期，豫皖交界地带的固始、六安、颍州、霍邱一带，充斥着侠族、巨寇、悍卒等不同类型的势力。

固始，河南远邑也，僻在东南，三面距他省，地旷民嚣，治之匪易。是故南北通六、颍，多巨寇，东抵霍，多侠族，西属州，多悍卒。嗟夫六、颍之寇，逾山涉淮而掠我边鄙，令不及追；霍之侠，聚盗入境而焚我室庐，令不能往讨；州之卒持檄而来扰我妇子，令不敢问。[③]

清代咸丰元年至同治七年的捻军起义，使皖北社会失序臻于极致，社会控制体系彻底崩溃。捻军的组织形态和行为方式呈现与明代“流寇”大不相同的特征。

如前明流寇，众常数万，非一乡一邑之人，处无定巢，毕岁狂奔，无所留恋，加以天炎岁歉，千里篙蓬，择地焚屠，苟延喘息，井无室庐孳贿之乐也。今之皖匪不然，起于皖北颍、寿、蒙、亳之间，有庐旅，有妻女，不饥寒而抗征税……恒于春秋二时，援旗麾众，焚掠自近及远，负载而归，饱食歌呼，粮尽再出，有如贸易者。[④]

---

① 民国《重修蒙城县志》卷1，民国四年铅印本。

② 参见［美］裴宜理：《华北的革命者与叛乱者：1845—1945》，刘平译，商务印书馆2007年版。

③ 嘉靖《固始县志》卷2《舆地传》，《天一阁藏明代方志选刊》第51册，上海古籍书店1961年影印本，第8—9页。

④ （清）张曜：《山东军兴纪略》卷1下《皖匪》，清光绪刻本。

显然，捻军是建立在宗族基础之上、拥有共同利益的互助群体。[①] 捻军产生的背景、构成的基础、组织的纽带、行动的宗旨、整体的后盾与依托，甚至失败或成功的缘由，都离不开宗族势力。[②] 捻军主要首领是涡阳县雉河集人张乐行。《涡阳县志》记载："捻首张乐行，雉河集东岸张老家人，距雉河集十二里。家数有异蛇，一日风雨晦冥，迅雷破门前柳，巨蛇死而乐行生。产室有硫磺气，目以为祥，因小字香儿。"[③] 这种英雄豪杰伴随异象诞生的俗套故事，表明张乐行在民众心里可比汉高祖、明太祖等豪杰。老张家"满门英烈"[④]，除张乐行以外，其弟张敏行，其子张憙，其侄张宗禹、张瑨、张玳、张琛、张瑗、张禹爵，义子王宛儿等都参加了捻军。《涡阳县志》称其"即后汉书所谓豪家屯聚宗贼者也"[⑤]。

在明清两代，县级文职官员一般有知县、县丞、主簿、典史、教谕、训导六种，担负着钱谷、刑名、教化、劝课农桑四项基本职责，代表国家行使财政权、司法权和治安权。清代中后期，这些权力几乎被地方豪侠攫取殆尽。[⑥] 时人观察到："是时吏治弛废，盗贼充斥。皖俗尤雕悍不易治，巨蠹大猾，任侠作奸，不扇而动，其大群乃至千百为辈，有司避法，匿不以闻。"[⑦]

首先是地方豪侠对司法权的攫取。古代游侠从其产生起，就有扶危济困、为民做主的责任。明末清初哲学家方以智曾说："上失其道，无以属民，故游侠之徒以任得民。慕其风声延颈愿交者，接毂填门，其人因得藉势作

① 除了宗族之外，捻首及其领导的捻军各旗之间还基于姻亲和结拜关系结合起来，表现为一种血缘和拟血缘的兄弟式关系。参见宋雷鸣：《兄弟：汉人社会组织的伦理维度——基于捻军组织个案的讨论》，《社会史研究》2018 年第 2 期。

② 毛立平：《十九世纪中期安徽基层社会的宗族势力——以捻军、淮军为中心》，《清史研究》2001 年第 4 期。

③ 民国《涡阳县志》卷 15《兵事》，江苏古籍出版社 1998 年影印本，第 573 页。

④ 刘忠汉、刘淑民、池子华：《张乐行满门英烈》，《淮北煤师院学报》（社会科学版）1986 年第 2 期。

⑤ 民国《涡阳县志》卷 15《兵事》，江苏古籍出版社 1998 年影印本，第 573 页下栏。

⑥ 崔岷：《"靖乱适所以致乱"：咸同之际山东的团练之乱》，《近代史研究》2011 年第 3 期。

⑦ （清）贺涛：《贺先生文集》卷 1《诰封资政大夫署凤阳府知府泗州直隶州知州裘公墓志铭》，《续修四库全书》第 1567 册，上海古籍出版社 2002 年影印本，第 107 页上栏。

奸，眦睚杀人，藏亡匿奸，擅主威而干国纪。”[①] 在皇权无法有效掌控地方的情况下，游侠反而能成为百姓依靠的对象。梁启超在《中国之武士道》中也强调了游侠对“专制政府”下的百姓的重要意义。

> 夫生于专制政府之下，政治不修，法令不直，民之良懦者，其平居或往往不得衣食，委转沟壑。在上者既无道焉以振拔之矣，而法网严密，为阱于国中，或偶触犯，而非有意也；或并未触犯，而干糇之怨挟之，枉曲之吏从而罗之，则宛转无所控告，束身为鱼肉，以待命于刀俎已耳。于此时也，有人焉能急其难，致死而之生之，则天下之归之如流水也亦宜。故游侠者，必其与现政府常立于反对之地位者也……游侠之起，由社会之不平有以胎之。[②]

“与现政府立于反对之地位”的奇侠之士“擅主威而干国纪”的主要方式是在州县社会建立自己的权力体系。尽管这些行为有超出“为民做主”的本愿，但是在“庙堂”体系极度黑暗的情况下，这种“江湖”体系也有其存在的合理性。清代皖北豪侠从地方官员手中夺取司法权的现象非常普遍，一个很典型的例子就是“响老”权威的树立。

捻军虽被官方冠以“捻匪”“捻逆”等侮辱性称谓，但捻军在民间享有很高的声望和权威。清代中期固始人蒋湘南观察到：

> 江淮间有所谓捻子者，数百人为一群，抬炮、鸟铳、刀矛，各杀人器皆具。蚁拥蜂转，地方官莫敢谁何。余尝视其魁，下中人耳，而所在阛门，呼曰“响老”。响老者，人有不平事，辄为之平。久之，赴愬者众，赞口洋溢轰远近，如风鼓雷鸣，则成响捻子也。因问其土人曰：“国家为民设官，百里一县，若等有事，胡不之官而必之捻子为？”土人颦蹙曰：“难言也。官衙如神庙，然神不可得而见，司阍之威，狞于鬼卒，无钱不能投一辞也。投矣而官或不准，准矣而胥或不传，传矣而质或无期，质矣而曲直又不能尽明。

① （明）方以智：《浮山集》文集前编卷五《漫寓草·任论》，《续修四库全书》第1398册，上海古籍出版社2002年影印本，第258页。

② 梁启超：《中国之武士道》，《饮冰室合集》第6册，中华书局1932年版，第59—60页。

然已胥有费，吏有费，传卷有费，铺堂有费，守候之费又不可以数计。故中人之产，一讼破家者有之。何如愬诸响老，不费一钱而曲直立判，弱者伸，强者抑，即在一日之间乎。”①

在吏治黑暗、官不为民做主的现实情况下，“响老”实际上凭借其权威成为更受百姓信赖的民间司法秩序维护者。他们为百姓排忧解难的做法非常符合古代游侠的特质，蒋湘南因而喟叹：

捻子其汉代之游侠耶？当其闻难则排，见纷则解，不顾其身，以殉人之急，合于太史公所谓“救厄振赡有仁义行者”。然而重诺市义之后，无业者投之，亡命者投之，贩盐掘冢博掩者投之，兄事弟，畜盗贼，以薮背公，死党无不可为。自古侠魁未有不为罪魁者。②

蒋湘南所说“自古侠魁未有不为罪魁者”为韩非所说的“侠以武犯禁”作了很好的注解，因为侠在产生之初就是社会秩序的破坏者，违法犯罪是其常态。可见，不论从内在的精神品质还是外在的行为模式来看，清代的“捻子”与游侠最初的形态如出一辙，是对游侠之风最极致的回归。

其次，捻军大规模贩卖私盐和抗粮行为对地方财权也造成了极大影响。作为清政府三大要政之一的盐务，在保证税收及维持地方治安方面都有重要作用。林则徐曾说：“查向来民间匪类大半出于盐枭。”③清政府实行盐铁专卖政策，除了蒙古、新疆等边地外，划分为长芦、奉天、山东、两淮、浙江、福建、广东、四川、陕甘、云南、河东等十一个盐区。“长芦旧有二十场，后裁为八，行销直隶、河南两省。”“山东旧有十九场，后裁为八，行销山东、河南、江苏、安徽四省。”“两淮旧有三十场，裁为二十三，行销江苏、

① （清）蒋湘南：《七经楼文钞》卷3《读汉书游侠传》，《续修四库全书》第1541册，上海古籍出版社2002年影印本，第279页。

② （清）蒋湘南：《七经楼文钞》卷3《读汉书游侠传》，上海古籍出版社2002年影印本，第279页。

③ （清）王定安：《两淮盐法志》卷156《杂纪门·林则徐整顿盐务折》，《续修四库全书》第845册，上海古籍出版社2002年影印本，第671页下栏。

安徽、江西、湖北、湖南、河南六省。”① 各个盐区呈犬牙交错之势。清政府规定各地产盐只能在指定的盐区内销售，如河南中部及宿州只能食芦盐；皖北其他州县及河南光州、汝宁只能食淮盐，不得购买外区食盐。② 长芦和两淮盐区所产虽然都是海盐，但是“海盐有煎有晒”，“海盐之中滩晒为佳，板晒次之，煎又次之”。③ 其中，“芦盐味鲜，淮盐味苦”，因此皖北颍州、亳州一带居民拒食官盐，“民情趋便，势难禁绝”。④ 贩卖私盐既是皖北居民自身生存所需，亦能从中谋利，因此不乏铤而走险贩卖私盐者。张乐行就是最早贩卖私盐的头领。他们跨县越州，到山东单县及河南归德乃至安徽宿州等地贩卖私盐。经过几年的发展，“盐枭”几乎公开贩盐：“或以驴驮，或以车运，每起数十人至二三百人不等，明目张胆，挺刃各持，昼夜南行，毫无顾忌。” ⑤ 回到皖北后，“每逢市集之期，装载私盐，公然设场售卖，竟与官盐无异”⑥。对盐务专卖垄断的破坏严重影响了清政府的财政收入，使其财权遭到侵蚀。咸丰十年，“诏授世忠（李世忠，原名李兆受）江南提督，帮办军务，自滁以西北属五河，皆其关镇，牧令不能治民，皆设武夫榷关税收，民田租税自为出纳，赀货山积，掠民女为妾至数十人，稍失意辄屠割之”⑦。李世忠以职务之便，攫取了滁州至五河一带的关税和田租。可见，皖北吏治的黑暗和经济制度的混乱，使得地方强权人物对国家权力的挑战变得非常容易而且普遍。

捻军劫富济贫的行为，虽为富者仇，却为穷者快。张乐行等人贩卖私盐等挑战传统秩序的活动实际上也为皖北穷苦百姓带来了实际的利好。很多民众对捻军的行为相当认可，并期待捻军为他们带来粮食和保护。一首名为《捻子起手涡河旁》的歌谣唱道：

---

① （清）赵尔巽：《清史稿》卷 123《食货志四》，中华书局 1977 年版，第 3603—3604 页。

② 徐松荣：《捻军史稿》，黄山书社 1996 年版，第 16 页。

③ （清）赵尔巽：《清史稿》卷 123《食货志四》，中华书局 1977 年版，第 3604 页。

④ 光绪《亳州志》卷 6《食货志 · 盐法》，江苏古籍出版社 1998 年影印本，第 136 页下栏。

⑤ 《清宣宗圣训》卷 12，转引自江地：《初期捻军史论丛》，生活 · 读书 · 新知三联书店 1959 年版，第 22 页。

⑥ 《清仁宗实录》卷 291，嘉庆十九年五月，中华书局 2008 年影印本，第 33288 页下栏。

⑦ （清）王定安：《湘军记》卷 7《绥辑淮甸篇》，朱纯点校，岳麓书社 1983 年版，第 90 页。

亳州城子四方方，财主官府溜下乡；
穷人粮食被逼净，居家老幼哭皇苍。
亳州城子四方方，捻子起手涡河旁；
杀财主，打官府，大户小户都有粮。①

捻军领袖张乐行、李士林等人在百姓心中扮演着解放者的角色：

要想活命快入捻，穷汉子跟着老乐干。
你拿刀，我拿铲，非得搬掉皇家官。②

可见，捻军的抗粮、贩卖私盐等行为在底层百姓心中是正义之举，所以捻军往往能一呼百应。

最后，皖北圩寨的广泛建立，改变了国家对地方的军事管控形式。19世纪中期，皖北出现了一种叫作圩寨的军事设施。③ 圩寨是一种由栅栏围起来的军事基地，外围壕沟，一般包括寨墙、炮台、吊桥、堞等设施，具有耕战的双重功能。在捻军起义期间，捻军、地方团练和官方都曾以圩寨为依托进行军事行动。

捻军最早开始建圩寨。早期捻军首领陈万福在其老家亳州蒋集陈庄建立了蒋集寨，任柱在坛城山建坛城圩寨，张彦朝在亳州义门集西北十余里构筑了双壕沟双圩墙的韩楼圩寨。捻军构筑的圩寨中最有名的当属捻军盟主张乐行在蒙城县尹家沟建的尹沟寨。尹家沟南有弧沟，北有涡河，易守难攻，是理想的军事据点，张乐行因此将其作为"大汉"的都城。除了上述单个的圩寨以外，还有多个圩寨组合而成的圩寨群，称复寨。这些圩寨群组成了松散的军事联盟。出征前，旗主向各圩寨发出"号牒"，动员和集中队伍，称"装旗"；各圩寨若决定参加，便竖起该旗主之旗，称"领旗"，如领了黄旗，便成为张乐行属下，该圩寨也即成为张乐行的领旗区。届时一声号令，各个圩寨数十万的捻军，各执武器，按原编各营集中起来，形成巨大的军

① 阜阳专区文学艺术工作者联合会编：《捻军歌谣》，安徽人民出版社1961年版，第33页。
② 吴超：《中国民歌》，浙江教育出版社1995年版，第100页。
③ 牛贯杰：《十九世纪中期皖北的圩寨》，《清史研究》2001年第4期。

事力量。[①] 到咸丰初年，捻军圩寨已经对皖北地方的社会秩序造成了严重的威胁。

> 自道光之季，吏习于恬熙。皖豫间盗大起，豪猾大姓辄筑砦自固，谓之圩。圩大者千余家，间则出剽劫，或拒伤官兵，稍益迫胁旁小圩役属之。小者十数圩，大者至连圩百十，号曰捻匪。州县不能制，则相率讳匿，或縻以团练。至咸丰初，捻益横，自李兆受外，苗沛霖、张乐行、龚德、张瀊辈，众各万余人，分据淮南北。[②]

皖北的城市（以县城为主）多处平原旷野，且相互之间距离很远，难以及时互救。宿州、蒙城、亳州、凤阳、临淮、怀远、滁州、寿州、颍上等城池都曾被多次攻陷。随着城池不断被攻陷，皇帝和地方官员都意识到了民间军事组织的重要性。咸丰三年，皇帝谕令实行坚壁清野法，设立大量“官寨”，包括民间团练建立的圩寨和民间为自保而建立的圩寨。早在嘉庆年间，为平定白莲教乱，就有人奏请实行“圩寨清乡法”。嘉庆二年，德楞泰《筹令民筑堡御贼疏》曰：

> 饬近贼州县，于大市镇处所，劝民修筑土堡，环以深壕。其余散处村落，酌量户口多寡，以一堡集居民三四万为率，因地之宜，就民之便，或十余村联为一堡，或数十村联为一堡，更有山村僻远不能合并作堡者，即移入附近堡内，所有粮食牛豕什物一并收入，被难民人即于其中安置搭盖草棚，贼近则更番守御，贼远则出入耕作。该壮丁各保身家，巡防自必奋勇，壮丁不足，更于难民中择其骁健者充当乡勇，酌给口粮，即以代赈，每堡派文武干员二三人，绅耆数人，为之董率弹压，如此防范，未被难之户得有捍御，已被难之民得谋食息，且收养堡内之人，户口有稽，不特可免流离，抑且赈无冒滥，即其中有一二曾经入教，首鼠两端者，亦皆有所拘

---

① 牛贯杰：《十九世纪中期皖北的圩寨》，《清史研究》2001 年第 4 期。

② （清）孙衣言：《逊学斋文续钞》卷 4《安徽候补直隶州知州褚君墓志铭》，《续修四库全书》第 1544 册，上海古籍出版社 2002 年影印本，第 493 页下栏。

束，不致附和勾结，则贼匪所至之地，皆沟垒森严，难以冲突，各堡以逸待劳，并力御剿，使贼处处受敌，而人民不为逼虏，粮食牲畜不为劫夺，火药器械不为掠取，贼必饥饿，日就穷蹙，加以劲兵云集，并力兜擒，而后杀一贼即少一贼，灭一股复除一股，即如近日绅士梁友谷等筑堡团练，贼不能犯，保护乡里十余万人，实有明验。①

官方倡立的圩寨由官绅共治，兼具军事、政治、经济职能，包括清查户口、董事工程、经营钱粮、稽查出入等事宜，实际上是将里甲制与圩寨结合起来了，在很大程度上取代了城池的职能。但在实际操作中，清代基层行政资源根本不足以支撑如此庞大的人员配备需求，所以圩寨主要还是由民间人士负责。马俊亚观察到，近代淮北地区“一般由大地主充当的圩寨寨主，多集经济、军事、司法、行政和宗教权力于一身，成为一个区域的实际统治者”，并且“越来越成为社会强势群体，并大量成为代表其利益的政权的挑战者，使社会处于不停的动荡之中”。② 孔飞力也认为，团练和圩寨武装的兴起，导致了地方高度军事化，地方士绅借势兴起，从而对传统社会的政治形态造成了巨大冲击。③ 清政府对民间建立圩寨的鼓励实际上变相实现了政治权力的下移。民间圩寨往往以宗族为中心，受宗族领袖的领导。圩寨给予百姓的保护比官府给予的更多，圩寨领袖的权威高于远在城市的官府，从而形成一个个分散的权力中心。圩寨具有耕战结合的功能，从而比城池更能保证农业生产的持续进行。圩寨多建立在险要处，易守难攻，且圩寨群的互助功能亦增强了抵御贼寇的能力。事实上，早在明末清初，时人就有民间圩寨比城池安全的认识。崇祯年间，李自成兵犯新郑县城，有人劝说知县刘孔焯“弃城走民寨自全，贼势盛，毋守死空城为也”④。可见，在时人心中民寨是

① （清）贺长龄：《清经世文编》卷 89《筹令民筑堡御贼疏》，清光绪十二年思补楼重校本。
② 马俊亚：《近代淮北地主的势力与影响——以徐淮海圩寨为中心的考察》，《历史研究》2010 年第 1 期。
③ ［美］孔飞力：《中华帝国晚期的叛乱及其敌人》，中国社会科学出版社 2002 年版。
④ （清）汪有典：《前明忠义别传》卷 28《刘县令传》，《四库未收书辑刊》第 1 辑，第 19 册，北京出版社 2000 年影印本，第 295 页下栏。

一个较为安全的去处，而树大招风的县城则更容易被贼寇洗劫。总之，“官寨”的大量建立，使得城市对于地方统治的重要性大大降低，具有私人和地方宗族属性的圩寨转而成为社会秩序的左右者。时人高延第对这种民间圩寨的性质有过精辟的论断。

后世知民之散而不可以自存，乃联族里，立坞壁、营堑以相保，如汉樊宏、晋李矩之徒。朝廷亦资其扞卫围砦之设，正其遗制。虽然王公设险以守其国，此其权在上也；围砦之设，其势又将在下矣。势在下苟无法以御之，则御乱者未始不可以招乱。①

这些由宗族首领和强权人物掌握的圩寨，很快便显示出了离心倾向。帮办富明阿奏言：“皖北圩多练总，权大倚势，抗官积久，寻仇焚杀。宜平各圩，削练总权。”②“官寨”大多由民间团练组织或对清朝仍然保持忠心的地方强权人物建立并主导。因此，“官寨”所拥有的权力的归属以及其职能是否得到有效发挥，与这些首脑人物个人的选择有很大关系。薛福成就对这些实权人物的致乱倾向非常担忧。

其贤者固束手无措，仅以一死报国，或明知无可发舒，洁身远引而已；其不贤者则龁龁，蠹国殃民，不啻为贼先导，求其能捍寇保境者，十无一二。盖在上者，以不必筹饷为便，不知百端流弊，皆由此起。苗沛霖以团练为名，遂据淮北以叛。咸丰季年，山东河南安徽立寨自固者，遍布诸郡县，遂有寨主名目，凡为寨主者，皆武断乡曲，贼害行旅，官吏所不能问，王法所不能施。③

团练和“官寨”是为平定捻军和太平军而设立的，但是叛乱平定后的圩寨处理也是一个问题。上层统治者的思路是纳圩寨于保甲，按照保甲的组织方式，设置堡—圩—村的行政体系，从而恢复到动乱之前的统治秩序。④循

① 宣统《续纂山阳县志》附《山阳艺文志》卷6《石桥庄筑围记》，凤凰出版社2008年影印本，第715页下栏。

② 光绪《宿州志》卷10《武备志·兵事》，江苏古籍出版社1998年影印本，第205页上栏。

③ （清）薛福成：《庸庵海外文编》卷4《叙团练大臣》，《续修四库全书》第1562册，上海古籍出版社2002年影印本，第363页上栏。

④ 牛贯杰：《十九世纪中期皖北的圩寨》，《清史研究》2001年第4期。

着这个思路，很多圩寨被保留下来，成为常设军事单位。同治七年（1868）上谕曰：

> 见在捻逆荡平，官兵一律凯撤，勇丁亦各还乡里，诚恐江南、安徽、河南、山东从前被扰处所，不免伏莽潜匿，乘隙窃发，又为民害。着江南、安徽、河南、山东各督抚，于徐、海、颍、亳、归、汝、曹、沂等处，饬令各该地方官劝谕民间照旧修理圩寨，整顿乡团，互相保卫，庶足以戢奸宄而安闾阎，此外民团亦应一体整饬，并着该督抚等慎选牧令安良除暴，以靖地方。①

同治三年（1864），升任布政司的英翰在处理皖北善后事宜时，提出在捻军的根据地——蒙城雉河集新设一县。安徽巡抚唐训方奏以“雉河集为蒙、亳接壤之区，距城较远，以致强寇叠起，屡抚屡叛，非添设州县，教养兼施，不足以资弹压而移风化。今拟于雉河集添设县城一座，设知县、教官、典史各一员”②。该建议得到僧格林沁和曾国藩两位大员的支持，遂拨蒙、亳、宿、阜四州县与雉河集相近之区以隶之，以县有涡水且北魏县旧名也，得名“涡阳”。涡阳县的设立显示了国家对地方统治秩序的整顿，但是“县境共分五十一堡，堡分二百零八圩，圩管村庄不等”③，实际上仍未摆脱堡寨等军事组织的影响。

三、“靖乱适所以致乱”：以苗沛霖和淮军为例

豪侠原本并无正邪之分，关键在于展现出来的实际行为。东汉荀悦曰：“游侠之本，生于武毅，不挠久要，不忘平生之言，见危授命，以救时难而济同类。以正行之者，谓之武毅；其失之甚者，至于为盗贼也。”④在不同的情况下，奇侠可以呈现不同的面貌，并且可以轻易转换身份。这样

---

① （清）刘锦藻：《清朝续文献通考》卷216《兵十五・团练》，浙江古籍出版社1988年影印本，第9629页。

② 民国《涡阳县志》卷2《疆域沿革》，江苏古籍出版社1998年影印本，第436页。

③ 民国《涡阳县志》卷2《疆域沿革》，江苏古籍出版社1998年影印本，第436页。

④ （汉）荀悦：《汉纪》卷10《孝武一》，《续修四库全书》第303册，上海古籍出版社2002年影印本，第291页上栏。

的例子很多。如明代后期，徐、邳之地风俗犷悍，多奸猾之徒，滨海盐徒出没六安、霍山，矿贼亦不时窃发。凤阳巡抚王宗沐“召豪侠巨室三百余人，充义勇，责令捕盗，后多以功给冠带”①。事实上，这些盐徒、矿贼与豪侠巨室在个人禀赋、行为模式、精神追求方面并无本质差别，只不过一念之差而立分善恶。咸同之际的短短七年间，苗沛霖在兵与“匪”之间反复易帜，三服三叛，首鼠两端。现以苗沛霖为例，来具体说明皖北豪侠的善恶两面。

苗沛霖是凤台县北乡人，县学生员。其性格偏忍，反复多疑，机变莫测，素有“小周瑜”之名。② 苗沛霖对曹操极为推崇：“平素与队下闲叙，极慕曹操之为人，而自诩其用兵如诸葛，呼队下某某为五虎将，动以淮南称王为词。”③

咸丰六年（1856），张乐行率捻军劫掠凤台武家集等地，苗沛霖家也在被抢劫之列。④ 为免再遭兵祸，苗沛霖请求加入寿州知州金光筯的团练局。金光筯不但不许，而且还轻侮他，“沛霖怒归，乃揭竿啸聚”⑤。他率领本村人在桃沟筑起圩寨，成功击退了张乐行的二次来犯。以桃沟为基础，苗沛霖的势力很快壮大起来，假借凤台、蒙城二县官方团练之名，命各处仿其式样广筑圩寨，接连成群，兵力达到数万。他在圩寨群里建立了严密的管控，“婚姻、田土、钱债、细故悉主之，生杀予夺取决于沛，官为守府而已”⑥。苗沛霖因帮助官军攻击张乐行有功，被督师袁甲三和都统胜保招安至麾下。咸丰八年（1858），苗沛霖在平定怀远捻圩中再次建功。咸丰九年（1959）正月，

① （清）张廷玉等：《明史》卷 223《王宗沐传》，中华书局 1974 年版，第 5878 页。
② 光绪《重修凤台县志》卷 7《武备志·兵事》，江苏古籍出版社 1998 年影印本，第 122 页下栏。
③ （清）张锡瑕：《上巡抚李乞师援寿秉》，光绪《寿州志》卷 11《兵事》，江苏古籍出版社 1998 年影印本，第 159 页上栏。
④ 光绪《重修凤台县志》卷 7《武备志·兵事》，江苏古籍出版社 1998 年影印本，第 122 页下栏。
⑤ （清）方濬师：《蕉轩随录》卷 4《读胡文忠遗集》，《续修四库全书》第 1141 册，上海古籍出版社 2002 年影印本，第 329—330 页。
⑥ 光绪《重修凤台县志》卷 7《武备志·兵事》，江苏古籍出版社 1998 年影印本，第 122 页下栏。

苗沛霖在蒙城叛变，但很快又被胜保招降，并且协助总兵傅振邦在凤阳击败了张隆凤部捻军，相继收复临淮和肥水以南诸叛圩。苗沛霖因功擢升四川川北道员并加布政使衔。① 此时的苗沛霖尚未显露叛迹，胜保称赞其部下“皆百战之余，素称勇敢”②。但苗沛霖始终不安分守己，“擅专生杀，藐视印官，凌逼乡里人”③。咸丰十年（1860）八月，英法联军犯北京，胜保命苗沛霖进京勤王。苗沛霖不但不奉调，而且召集了数千人在下蔡构筑圩寨。十月份，他夺取正阳三河尖和临淮各处关税，设置下蔡厘卡收税。当时麾下曾有一名叫徐立壮的将领，看不惯苗沛霖的行为，被苗沛霖驱逐。徐立壮聚集族人在靠近苗沛霖老寨的宋家圩与之对垒，但很快被苗沛霖打垮，逃到寿州城内。愤怒的苗沛霖“尽杀徐氏之族，掘其祖墓”，而且扬言“务杀得百里不姓徐而后已”。④ 为了攻克寿州，苗沛霖派心腹李学曾、郭洪波等七人潜入寿州做内应。时任寿州城守、前刑部员外郎孙家泰与守城副将徐立壮诛杀了苗沛霖的内应，更招来苗沛霖的愤恨。孙、苗两家素有嫌隙，此举使二人仇怨更深。第二年九月二十六日，苗沛霖攻破寿州，“杀孙家泰全家，屠皮、黄、洪、吴、张诸姓”，安徽巡抚翁同书也成为阶下囚。⑤ 苗沛霖此举无异再次叛变，朝廷降旨将其革职，拔去花翎，并着带兵大员尽法处治。⑥ 不过，在袁甲三、翁同书、胜保等人的斡旋之下，苗沛霖得以戴罪立功。⑦ 同治元年（1862）四月，太平天国英王陈玉成兵败庐州，逃至寿州。苗沛霖与苗景开将其擒获并击退了张乐行大军，因此得以免罪。同治二年（1863）三月，苗

① （清）王定安：《湘军记》卷7《绥辑淮甸篇》，朱纯点校，岳麓书社1983年版，第89页。

② （清）文庆、（清）贾桢、（清）宝鋆纂辑：《筹办夷务始末》卷63，咸丰十年八月己巳至己卯，中华书局2014年版。

③ 光绪《重修凤台县志》卷7，江苏古籍出版社1998年影印本，第122页下栏。

④ 民国《重修蒙城县志》卷6，民国四年铅印本。

⑤ 安徽通志馆辑：《安徽通志稿》之《大事记稿上卷》，民国二十三年铅印本。

⑥ （明）林熙春：《国朝掌故辑要》卷22，沈云龙主编：《中国近代史料丛刊》第73辑，文海出版社1972年影印本，第1147—1148页。

⑦ （明）林熙春：《国朝掌故辑要》卷22，沈云龙主编：《中国近代史料丛刊》第73辑，文海出版社1972年影印本，第1151—1152页。

沛霖再次叛变，围攻蒙城。六月份再次攻陷寿州，杀死知州毛维翼。[①] 此举引起朝廷震怒，令僧格林沁、富明阿、陈国瑞驰援寿州，苗沛霖在守城时被王万清砍死，终于伏诛。[②]

从其性格、志向来看，苗是典型的皖北地方豪侠。起初，他也试图效仿许荣，维护一方安全。但金光筯的怠慢，将其推向了官府的对立面。因此，他与一般的盗贼有所区别，如安徽按察使孙衣言曰：“苗沛霖，皖北之悍贼也。至如周荣、赵起，则真无赖奸民耳。其始起即以立会通贼为名，焚劫平阳，潜伏郡城，反迹亦昭昭矣。”[③] 周荣、赵起是咸同之际活跃于浙南地区的金钱会的首领，孙衣言《会匪纪略》详细记载了其兴起覆灭的过程。[④] 在孙衣言看来，苗沛霖并非一开始就想为贼。何况，苗沛霖在袁甲三、胜保麾下，也曾建立过不少军功。左宗棠将苗沛霖、张乐行的不轨行为，归因于皖北的社会风俗：“江淮之民尚气任侠，古昔已然，非生而嗜乱也。巨逆如张洛刑、苗沛霖，亦非果具枭雄之资，素蓄不轨之谋也。”[⑤]

苗沛霖显然并非个例，这样的例子还有很多，如著名的“豫胜营”将领李兆受，也曾在太平军、捻军和清廷之间反复游移。淮军大将程学启早年也曾参加太平军，后来才转投淮军。“寿州侠士”谈家宝，因陷冤狱而叛为捻匪，“非有意作贼也”。谈家宝被吴毓芬招抚，后随李鸿章克复含山、巢县、无为州，获六品军功，赠守御所千总衔，世袭云骑尉。后死于剿贼阵中。[⑥]

清廷对苗练的“致乱”倾向的纵容和“靖乱”能力的依赖，与当初对捻

---

① （明）林熙春：《国朝掌故辑要》卷 23，沈云龙主编：《中国近代史料丛刊》第 73 辑，文海出版社 1972 年影印本，第 1175 页。

② （明）林熙春：《国朝掌故辑要》卷 23，沈云龙主编：《中国近代史料丛刊》第 73 辑，文海出版社 1972 年影印本，第 1181 页。

③ （清）孙衣言：《逊学斋文钞》卷 2《又书会匪纪略后》，清同治十二年刻本。

④ （清）孙衣言：《逊学斋文钞》卷 2《会匪纪略》，清同治十二年刻本。

⑤ （清）左宗棠：《左恪靖侯奏稿续编》卷 14，《续修四库全书》第 503 册，上海古籍出版社 2002 年影印本，第 282 页上栏。

⑥ （清）吴坤修等修，（清）何绍基等纂：《重修安徽通志》卷 213《人物志・忠节》，清光绪四年刻本。

军的纵容和后来对淮军的依赖如出一辙。短短几年内，苗练反复扮演了兵和“匪”的角色，有时候甚至兵“匪”莫辨，这种界限的模糊性实际上暗示了人们面临选择时的偶然性与从众心理。淮军中有不少欺世盗名之辈，捻军中也不乏中正良善之民，二者都不纯粹。正如咸丰十年（1860）的一封上谕所说：“朕思该省（安徽）虽大半糜烂，若就完善之处先为办理，多一良民即可少一贼匪，未必非釜底抽薪之计。并令绅士督办，使互相联络，众志成城，且可免百姓无所依从。及藉端滋事之弊，如能办理得力，即可化莠为良，悉臻平靖。”① 若办理得力，良民和“贼匪”并非截然对立而是可以相互转化的。

咸丰十一年（1861），李鸿章奉曾国藩命回皖北招募淮勇共六千五百人，在安庆集训完毕后乘轮船沿江东下驰援上海，这便是淮军的由来。在李鸿章之父李文安之前，合肥李氏“七世皆力田习武，至光禄公始以科甲奋起，遂为庐郡望族”②。李文安自述，“祖及伯祖俱游成钧”，“父及诸伯叔俱肆武，游庠者十余人”。③ 可见合肥李氏是一个有着尚武传统的家族。李鸿章虽是进士出身，讲求经世之学，但在组建淮军之前，曾在安徽、江西等地担任过多年地方军官，沾染不少豪侠气质。另一名著名淮军将领刘铭传（合肥人）少有大志，极具豪侠气质。《清史稿》载：“咸丰四年，粤匪陷庐州，乡团筑堡自卫。其父惠世为他堡豪者所辱，铭传年十八，追数里杀之。”④ 所为皆合豪侠风范。同治元年（1862），刘铭传率众归于李鸿章麾下，组成铭字营，并在平吴和剿捻战役中建功立业。其余淮军主要将领如张树珊、张树声、周盛波、周盛传、潘鼎新、吴长庆等，皆以勇名。

淮军是清廷赖以靖乱的主要力量，但也有潜在的致乱威胁。不论李鸿章本人还是刘铭传等将领，都是团练出身。早在咸丰三年（1853），咸丰帝曾向直隶总督讷尔经额表达过对于团练的担忧：“团练乡勇，原为保卫闾

---

① （清）王先谦：《东华续录》咸丰九十三，咸丰十年五月，《续修四库全书》第378册，上海古籍出版社2002年影印本，第471页上栏。

② 李国杰辑：《合肥李氏三世遗集·李光禄公遗集》卷8，刊刻时间不详。

③ 李国杰辑：《合肥李氏三世遗集·李光禄公遗集》卷1，刊刻时间不详。

④ （清）赵尔巽：《清史稿》卷416《列传二百三》，中华书局1977年版，第12077页。

阎，若按铺派钱，以致商贾逃避，人心惶惑，是靖乱适所以致乱，更属不成事体。”① 团练处置不当，可能适得其反。② 咸丰四年（1854），庐州西乡“豪桀蜂舞起，数十里间，往往堡寨棋置，互相雄长，亦时有攻伐”③。这些团练，“寇至则相助，寇去则相攻，视为常故”④。淮军将领虽然战功显赫，但是个人品行及治军之道实难恭维。淮军成军后，军纪不甚严明，不乏强盗行径。淮军平吴之时，每次攻克城池之后，就将该城钱粮财宝劫掠一空：“及接仗克城，人人有获，每向夕无事，各哨聚会，出金钏银宝堆案，高数尺许……各军克城，辄封存敌所囤米，据为私有，文忠出示收买，定价石银三两，出入一律，亦成为定例成案，淮军统将，往往以此致富云。”⑤

上海新桥居民王萃元曾在日记中记载过同治元年（1862）五月十二日其家被淮军劫掠之事：“……见家中毁余物件，被兵搬取一空，虽前经子诜嘱统带亲兵官韩鉴堂将门条封锁，亦无益也。盖此间北岸祠堂后面为亲兵两营，东面高阜为奇字两营，该营统带为参将程学启，威名最著。又南有镇勇数营，四面皆兵，安得不为白地。”⑥ 同治二年（1863），张树声的树字营驻防无为，大行骚扰，以至于城中百姓不敢从事贸易活动。同年十一月，淮军攻破无锡，“各营官兵见城中贼馆粮食充足，争相封大宅子，每为势力大者所夺，遂负气放火焚之，各处火起，赴救不及，坍屋之声如除夕爆竹，相续不绝，大帅下令亦不能禁，五昼夜火始息，而城中之屋去其大半。”⑦ 同治六年（1867），周盛波的盛军在河南唐县少拜寺杀戮居民136人，酿成巨大讼案。淮军为患之烈，可见一斑。

---

① 中国第一历史档案馆编：《清政府镇压太平天国档案史料》第5册，社会科学文献出版社1992年版，第452—453页。

② 关于咸同之际团练致乱的表现及其原因，参见崔岷：《“靖乱适所以致乱”：咸同之际山东的团练之乱》，《近代史研究》2011年第3期。

③ （清）程先甲：《刘壮肃公家传》，（清）刘铭传撰，（清）陈澹然编：《刘壮肃公奏议》，朝华出版社2018年版，第107页。

④ （明）刘体仁：《异辞录》卷1，张国宁点校，山西古籍出版社1996年版，第27页。

⑤ 柴小梵：《梵天庐丛录》卷7，山西古籍出版社1999年版，第237—238页。

⑥ （明）王萃元：《星周纪事》卷下，民国二十五年上海通社铅印本。

⑦ 近代史资料增刊《太平天国资料》卷12，科学出版社1959年版，第9页。

第四节　从叛乱到革命："豪侠"传统与近代皖北地方认同的建构

侠与一般人的主要区别有二：一是拥有超出常人的武力；二是拥有轻生冒死、舍生取义、不畏强权的精神。二者的结合，催生出一批倾向于用武力解决问题的、面对不公和不快时倾向于采用暴力手段。"侠"作为一种文化传统，千百年来一直浸润于皖北地方社会，形塑了皖北州县士庶的思想与生活，形成了独具特色的地方认同和国家观念。

一、皖北的叛乱传统

皖北有叛乱传统。淮河流域紧邻中原，早在先秦时期，淮夷就频繁与中原王朝经常发生战争。淮夷原是东方少昊氏鸟图腾中族团中的一支，夏代之前，已由山东曲阜至潍水一带迁居淮水流域，与当地土著相融合，逐渐成为该流域主体居民的一部分。据考证，淮夷有东西南北四个分支，东淮夷即留在山东地区的土著淮夷；北淮夷即淮河以北的淮夷，其中以徐夷为代表；南淮夷即居于淮河南岸的淮夷，以英、六、巢为代表；西淮夷则居住在淮河上游、近汉水流域的淮夷部落。① 本书讨论的淮夷是南淮夷和北淮夷两支，即居住在淮河中游两岸的淮夷部落。《后汉书·东夷列传》曰："夏后氏太康失德，夷人始畔。自少康已后，世服王化，遂宾于王门，献其乐舞。桀为暴虐，诸夷内侵，殷汤革命，伐而定之。至于仲丁，蓝夷作寇。自是或服或畔，三百余年。武乙衰敝，东夷浸盛，遂分迁淮、岱，渐居中土。……厉王无道，淮夷入寇，王命虢仲征之，不克，宣王复命召公伐而平之。及幽王淫乱，四夷交侵，至齐桓修霸，攘而却焉。"② 但凡君主失德，淮夷必叛。《鲁颂·閟宫》曰："戎狄是膺，荆舒是惩。"荆舒地区的不服统治，已成中原王

① 李修松：《淮夷探论》，《东南文化》1991 年第 2 期。

② （南朝）范晔：《后汉书》卷 85《东夷列传》，中华书局 1965 年版，第 2807—2808 页。

朝的一大难题。

《史记·货殖列传》云：“越、楚则有三俗。夫自淮北沛、陈、汝南、南郡，此西楚也。其俗剽轻，易发怒。”① 西楚即今江苏沛县到湖北荆州一带，现在的淮北、亳州、阜阳、宿州等地正是西楚的中心地带。又曰：“衡山、九江、江南、豫章、长沙，是南楚也，其俗大类西楚。”② 可见汉代以前，皖北地区民风就以剽悍著称。而皖北周边地区，如北部的鲁地“犹有周公遗风，俗好儒，备于礼。故其民龊龊，颇有桑麻之业，无林泽之饶，地小人众，俭啬畏罪远邪，及其衰，好贾趋利甚于周人”；鸿沟与芒砀之间的宋梁地区“其俗犹有先王遗风，重厚多君子，好稼穑”；皖北东部的滨海、广陵地区“其俗类徐、僮、朐、缯，以北俗则齐”；皖北东南古越之地的风俗虽没有明确记载，但是“浙江南则越，夫吴自阖庐、春申、王濞三人招致天下之喜游子弟，东有海盐之饶，章山之铜，三江五湖之利，亦江东一都会也”，也是文化兴盛之区。皖北西北的颍川、南阳乃“夏人之居也”，“夏人政尚忠朴，犹有先王之遗风”。③ 可以发现，皖北风俗与周边地区对比鲜明，形成了一个民风独特的文化亚区。这种区域文化特质被一直保留下来，且有愈演愈烈之势。历代关于皖北习于叛服的记载很多。如《魏书》曰：“蛮之种类，盖盘瓠之后，其来自久。习俗叛服，前史具之。”“其于魏氏之时，不甚为患，至晋之末，稍以繁昌，渐为寇暴矣。”④

二、皖北豪侠的革命实践

清代末期，在新的革命思想的洗礼之下，清廷统治的合理性遭遇巨大危机，一些所谓的“叛逆”摇身一变为革命志士。身份和称谓虽然不同，但其价值取向从来一致。与历史上曾经无数次站在国家舞台的中央一样，近代革命时期的皖北也上演了轰轰烈烈的社会运动。太和郭其昌、阜阳程稚周、寿

① （汉）司马迁：《史记》卷 129《货殖列传》，中华书局 1959 年版，第 3267 页。
② （汉）司马迁：《史记》卷 129《货殖列传》，中华书局 1959 年版，第 3268 页。
③ （汉）司马迁：《史记》卷 129《货殖列传》，中华书局 1959 年版，第 3266—3269 页。
④ （北齐）魏收：《魏书》卷 101《蛮传》，中华书局 1974 年版，第 2246 页。

县柏文蔚等皖北豪侠，满怀侠义精神，早在辛亥革命前就开始从事革命活动，组织社团，并与日本东京、上海、安庆等革命中心建立直接联系，成为一个次级革命中心，对中国近代化产生了重要的推动作用。

皖北的近代革命先行者为太和县界首集人、人称“太和大侠”的郭其昌（1866—1903，字世五）。其人性格豪爽，广结交，自幼习文练武，光绪九年（1883）中武举。光绪十五年（1889）赴京会试期间目睹清廷腐败，愤慨不已，于是与好友马铁通、程绍周等人回到皖北组织哥老会，反抗清政府。光绪十六年（1890），郭、马、程等人在界首集密会，公推郭其昌为总督，组织起一套有军师、大将、都督的革命军班底，以“反清驱洋，打倒贪官污吏，土豪劣绅，绥靖天下，保护百姓”①为起义纲领。很快在太和周围发展成几万人的规模，柏文蔚、陈独秀、张树侯等人都曾加入该组织。光绪十九年（1893）秋，郭其昌策划刺杀太和知县袁学昌，攻占太和县城作为革命据点。但因走漏风声而遭到清军围剿，马铁通、李资贤等人牺牲，郭其昌被俘，羁押于安庆臬司大狱。狱中的郭其昌仍然秘密指挥会友程绍周、郭延康、余亚农、柏文蔚、陈独秀等进行反清革命活动。光绪二十九年（1903），准备二次起义的郭其昌被朱霈霖告发，被绞死于狱中。虽然郭其昌的革命活动失败了，但是由他组织的皖北哥老会的旧成员有很多加入了孙中山的同盟会，并在未来的革命活动中发挥了非常重要的作用。

继承郭其昌革命事业的是程稚周。其父为淮军名宿、长江水师提督程文炳。程氏父子出自“阜阳八大家”之一的颍东程氏，是一个以武功闻名的家族。程文炳、程允和、程之伟久历戎行，供职军界，有“程门三提督”之称。此外，程敏达，清授奉政大夫，诰封通政大夫；程文葆，清授通政大夫；程金台，清赐封武显将军；程鸿运，清授奉政大夫，晋封武都尉；程上达，清授奉政大夫，昭武都尉；程连霄，清授昭武都尉。可谓满门英烈，武功世家。程绍周虽官至浙江候补道台，并授通议大夫，但是对革命抱有同情，从他早年跟随郭其昌参加哥老会起事即可看出。

① 界首县地方志编纂委员会编：《界首县志》，黄山书社1995年版，第507页。

程稚周则是一个彻底的革命者，并且是皖北首义的领导人，《阜阳县志续编》将其列入《革命贤达》卷首。程稚周为人“性况静伉爽，有侠气”，年甫弱冠入安徽武备练军学堂，与柏文蔚、卢镜寰、廖少齐、杨国弼、希悦等人相友善。①1905年，程稚周东渡日本，入东京同文书院，加入同盟会。孙中山在横滨数次接见了他，并命他与孙毓筠共同负责皖省的革命事业。他回国以后，在皖北以同盟会的名义发展革命组织，后改革命组织为安仁会，孙中山授以图帜，订立规约。当时革命组织在皖北遍地开花，如吴春阳在合肥组建的江淮别部（又称“武毅会”）和合肥学会，张汇韬、管曙东在寿州组建的信义会。此外，陈独秀、潘赞化、柏文蔚、熊成基等人在革命中心安庆组建了爱国会、青年励志学社、同学会等革命团体。②1906年，程稚周从南京复命归来，设益智书局作为安仁会的总部机关。总部机关的建立吸引了大批革命志士加入，一时志士如刘幼山、宁隽元、李靖宇、宁少清、张锡三、程旭亭、陈子贞等多人相率加盟，这是淮北有革命党的开始。接着，全国各地实行自治，程稚周被推为董事会总董和商会会长，“倡办团练自卫，阴以兵法部勒群从，自教育界以至商民团警，莫不翕然从之”③。

武昌起义之后，安仁会于十一月十七日在阜阳农学堂召开同志大会，宣布颍州独立，推程稚周为国民军军统，吕济川为参谋长，参会者还有陈子贞、吕荫南、李靖宇、宁少清、张锡三、程旭亭、张诚轩、薛少舫、张峻岭、吴少卿等皖北本籍革命志士。这些革命者也都具有侠义风度。如张锡三，“幼而任侠，慕朱家郭解之为人，兼擅旧剧，偶袍笏登台，歌声悲壮，举座为之感泣。程稚周既自南京返里，锡三从闻革命之说，于是慨然加盟”④。大会之后，知府知县闻讯遁逃，于是颍州地区军政大权皆归革命党

① 民国《阜阳县志续编》卷10《人物志·程稚周》，江苏古籍出版社1998年影印本，第530页上栏。

② 陈基余、赵培根主编：《安徽大辞典》，上海辞书出版社1992年版，第103—104页。

③ 民国《阜阳县志续编》卷10《人物志·程稚周》，江苏古籍出版社1998年影印本，第530页上栏。

④ 民国《阜阳县志续编》卷10《人物志·张锡三》，江苏古籍出版社1998年影印本，第534页上栏。

所有，颍州光复。程稚周派宁隽元攻占了太和县，自己和弟弟程孝周光复了涡阳。在准备光复亳州时，被倪嗣冲伏击，伤亡惨重。又丢了颍州城，于是僦居上海，从事新闻行业，不再直接参与革命活动。

退居二线的程稚周仍然通过资助革命的方式对革命工作作了很多贡献。“岁癸丑，湖口战起，讨袁军先后摧败，皖籍党人亡命沪滨者特众，什九难存活，凡与稚周有旧或确为革命受累者，辄出资济拔，虽称贷典，质所不辞”①。其实早在日本的时候，程稚周就已经开始资助革命了：“留日皖同志每有集议论，或使人入内地，其资斧概由稚周独任，多寡无悋惜。”② 回皖北组织革命事业期间，继续资助革命志士的逃亡避难。袁世凯复辟帝制后，程稚周变卖家产五万元，在上海法租界永乐里五号密设淮北讨袁军办事处，与李靖宇、宁少清、张锡三、参议员丁象谦等共同谋划。阜阳人王品超在安庆起义失败逃回故里，程稚周私人出资帮助他逃避官府的追捕。“是时各省同志凡皖北取联络者，胥由稚周欵接资助之，自丙午迄辛亥无间。”③ 这种散财助人的行为与古代游侠藏匿亡命之徒的做法相同。

程稚周出身于皖北名门望族，祖上累世公卿，但他自小以侠义为本，立志推翻腐朽的清朝统治。他曾说：“吾党起兵原以救国救民为宗趣，势位富厚，宁真革命者所措意?”“牺牲为革命党之本分，若望报偿，与术工投机者何异?”“救国救民”“牺牲”“不慕荣利”“不图报偿”等价值取向是奇侠传统在近代革命中的复活。加入同盟会、组建安仁会、建立革命军队的行为正是为了汇聚个体的力量，也符合奇侠“互相赈赡”的生存策略。1943 年，程稚周病逝于上海法租界。蒋介石挽言“耆德旧勋”。1944 年 6 月 8 日，国民政府发来明令褒扬，文曰：“程稚周早日参加革命，矢志忠贞，历岁驰驱，不辞艰险。辛亥之役，倡义颍州，促成皖北光复，勋勤卓著。民国后留寓沪

---

① 民国《阜阳县志续编》卷 10《人物志·程稚周》，江苏古籍出版社 1998 年影印本，第 532 页上栏。

② 民国《阜阳县志续编》卷 10《人物志·程稚周》，江苏古籍出版社 1998 年影印本，第 530 页下栏。

③ 民国《阜阳县志续编》卷 10《人物志·程稚周》，江苏古籍出版社 1998 年影印本，第 530 页上栏。

滨，淡泊自安，独完清节。兹闻溘逝，悼惜良深，应予明令褒扬，用彰潜德而显旧勋。”①

寿县柏文蔚近代中国革命的先驱者之一、民国开国总督。根据柏文蔚自述，他从小便深受尚武之风的濡染，十一二岁时，“常为兵事操，集村中儿童数十人，编为队形，以木竹为兵器。彼时尚无新操，而绿营防军操练，如九子连环阵、八卦阵、方城阵，余皆效而演之，阵容亦甚严整，执掌帅旗，与众宣言，要杀尽一切恶类及贪官污吏。父兄辈见之，亦窃窃生喜”。②1900年，他在安徽大学堂求学时，创立了志在反清的同学会，“是时加入者，多淮上健者”③。第二年，他与陈独秀、宋少侠、王静山、方健飞等人“作皖北游，遍访侠义之士”④。1904年，柏文蔚从皖北来到芜湖，加入了专门从事暗杀活动的黄氏学校，后又加入岳王会。1905年秋天，吴春阳奉孙中山之命，到南京组织长江同盟会，柏文蔚遂加入。

三、“往往争先为天下倡”：皖北革命形象认同的建构

“革命”一词最早见于《周易·革卦·彖传》：“天地革而四时成，汤武革命，顺乎天而应乎人，革之时大矣哉！”古代天子受天命称帝，故凡朝代更替，君主改年号，都称革命。虽然经过近代革命者的不断诠释与发扬，“革命”一词的现代意义已经超过其本义，但从革命的本质——一种因不满现状而要求权力转移和恢复秩序的社会变革的历史过程——来说，历史上改朝换代或反抗压迫的活动都是革命。革命有成功与失败之分。实现改朝换代的自然是革命，那些未能成功实现改朝换代的活动也应属于革命活动。

豪侠传统与革命传统是一体两面的关系，二者的基本价值内核几乎一致，只是表现方式有所差别。“奇侠”是一种更为一般性的描述，与阶级关系、

① 民国《阜阳县志续编》卷10《人物志·程稚周》，江苏古籍出版社1998年影印本，第532页下栏。

② 柏文蔚：《柏文蔚自述》，人民日报出版社2011年版，第6页。

③ 柏文蔚：《柏文蔚自述》，人民日报出版社2011年版，第12页。

④ 柏文蔚：《柏文蔚自述》，人民日报出版社2011年版，第13页。

正义邪恶之辨无涉，而“革命”则更多是一个历史范畴的描述。豪侠传统为革命奠定了组织基础、精神营养和行为示范。

清末民国时期，皖北参与革命者众多，且成就斐然，是近代革命力量的重要组成部分。这是豪侠文化在特殊年代具化为革命精神的体现。地方文献相当重视皖北革命历史的书写。民国《阜阳县志续编·艺文志》序言曰：“颍、亳、寿雄踞淮河上游，而颍为之首，其地民风□悍，故自来尚武功，政事次之，文学又次之，阜阳不能外也。此次收罗篇章无多，要以有关革命史实者为主。”[①] 与革命相关的文学作品竟成主要内容。在该志书的“人物”卷，再次强调了皖北的革命事业之盛。

> 阜阳旧称兵食交足之地，其地平衍饶沃，其俗朴贤伟毅，故历来多武人，而以淮军时代及小站练兵以后为尤著。自清政不纲，革命之运大启，皖人参加者有三系焉，曰寿凤系，曰合肥系，曰颍州系。寿凤人数最多，合肥次之，然流品率不齐。颍州既为军阀出产地，反革命势力向称强固，顾所谓颍州系之党人者，自兴中会、同盟会以来，无时不与反动派相搏斗，数十年间屡仆屡起，历尽艰苦，百折不回，虽鲜赫赫之功，而坚贞之操，澹泊之愫，弥足尚焉。[②]

皖北历代豪侠及其叛乱、戡乱行为，是身处革命洪流、民族危机之中的近代皖人认同自我身份、唤起同胞斗志的思想资源。在现实的革命践履的背书基础上，通过对由皖北豪侠主导的革命战争的历史书写，皖人构建起了本地的革命传统。

皖北的战争史可以上溯至商周时期。《史记·鲁周公世家》载：“管、蔡、武庚等国率淮夷而反，周公乃奉成王命，兴师东伐。”[③] 这场关系到新兴周王朝存亡的规模巨大、战况激烈的战争开启了皖北数千年的兵争史。此后，东周吴楚兵争、秦末楚汉争霸、西汉七国之乱，三国魏吴对垒、东

① 民国《阜阳县志续编》卷12《艺文志》，江苏古籍出版社1998年影印本，第599页上栏。
② 民国《阜阳县志续编》卷10《人物志》，江苏古籍出版社1998年影印本，第530页上栏。
③ （汉）司马迁：《史记》卷33《鲁周公世家》，中华书局1959年版，第1518页。

晋内乱与胡祸、六朝南北鼎立、隋唐之际群雄并起、五代割据、南宋金元拉锯战、元末朱元璋起义、明清鼎革、咸同兵燹，其主战场或在皖地，其主要参与者或是皖人。清末桐城陈澹然曰：“颍、亳、淝、泗之乡，厥惟千古雄豪之地。自管氏徘徊颍上，创霸中原，厥后陈、范灭秦，孙、曹霸汉，杨、吴代李，徐、常造明，奇烈迭兴，大都宪章仲父。”① 从这个意义上讲，皖北具有悠久的革命传统。清末民初，安徽人对其革命传统已经具备深刻的文化自觉。民国《安徽通志稿·大事记》对这种文化传统有过精彩的阐述：

> 秦之亡也，陈胜等起大泽乡；元之亡也，明祖起濠州。大泽乡在今宿县境。濠州者，古之钟离今之凤阳，皆皖地也。夫以民众而颠覆在上之政府，莫先于陈胜之亡秦；以匹夫而恢复汉族之河山，莫先于明祖之亡元。而其举事皆在皖地。皖在革命历史中诚有光荣可称者矣。大抵中国国势天下承平则守在西北，而一旦有事则发难者多在东南。此固由于天时地利之不齐而人心之静躁，亦于此可观焉，且南方之有楚人所谓性剽疾而敢于冒死者也。惟其性剽疾故喜事易动，惟其敢冒死故一事之起往往争先为天下倡，虽断脰决踵有所不悔。辛亥革命之役，首举义旗者武昌军也，皖浔断之，江宁旋下，清廷汹惧逊位而共和之局以成。人谓楚粤为革命策源地，而皖为尤古。②

这段洋溢着自豪之情的总结，包含了安徽革命传统的诸多面向。一方面，安徽的革命传统产生于“性剽疾而敢于冒死”的风俗。一地的治乱可以决定其风俗的流变，风俗反过来也可以影响该地的治乱。皖北风俗是以尚武好斗、轻生冒死的豪侠精神为内核，因而具有豪侠传统的皖北必然具有潜在的革命传统。另一方面，从历史事实来看，皖北人在历代鼎革之际颇有作为，多次成为革命策源地。公元前 1014 年发生的“淮夷抗周”之战，是安

① （清）刘铭传撰，（清）陈澹然编：《刘壮肃公奏议》序，朝华出版社 2018 年版，第 25 页。

② 安徽通志馆辑：《安徽通志稿》卷首《大事记稿上卷》，民国二十三年铅印本。

徽历史上最早的战争，也是中国进入阶级社会后发生的早期战争之一。从封建社会发展脉络和王朝更替的角度，安徽的首倡与定鼎之功尤为昭彰：陈胜起于大泽乡，刘邦起于泗上，项羽起于彭城，楚汉争霸的主要战场也在安徽，可谓“刘项之争，皆系皖地，秦汉兴亡，皆系皖人”；新莽时，王莽失败，庐江太守李宪率先割据于舒州，拥众十余万，于更始元年（23）称淮南王；东汉末年，曹操兴于谯郡，遂代炎刘；东晋建都建康，以两淮为屏障，淝水之战挫苻坚后建康才安定下来；唐末杨行密平定皖南，西克洪都，北驱汴将，取威定霸，建南唐于淮南；清流（滁州）一战，宋太祖开始取代后周，定鼎中原，结束分裂割据；元末刘福通起于安丰（霍邱），朱元璋起于濠上，覆灭胡元。皖北屡屡在朝代更替之际扮演策源地的角色，绝非偶然，实乃该地的革命传统所致。

清末民国时期，人们对皖北以叛乱推动王朝鼎革、社会变迁的文化传统有清晰认知，且相当推崇。民国《涡阳县志》云：

> 夫提封既当敌隧，井湮木刊，原无可诉其狡焉。以希冀非分者，又复前仆后继，惨莫之惩两戒河山，天若故留此方罫平原，聚群雄以布战争之局。史册所载，不可诬也。乃有一二人崛起于草泽之中，抢攘几无宁宇，递推递演，而中华维新之政体实萌芽于此。①

这段论述一反常态，将皖北的地形、地理位置以及频繁爆发战争的历史看作上天的有意之举。这种历史书写，意在证明皖北豪侠崛起于草泽之中，推动社会进步，实乃命中注定，是必须担负的历史使命。

地处中国南北之交，靠近中原腹地，早在商周时期就与中原地区有频繁的互动，并诞生了管子、老子、庄子、闵子等传统文化鼻祖式的人物，文德辉耀千古。然而，由于身处天下南北之交，且北有黄河如达摩克利斯之剑高悬在上，频繁的战争和自然灾害转变了皖北文化发展势头，薄弱且低效的政治统治则为叛乱、养奸提供了绝佳温床。因此皖北社会尽管一直沐浴于先贤

① 民国《涡阳县志》卷10《兵事》，民国十四年铅印本。

遗泽之下，但现实却迫使其循着与先贤所设定的教化路线相反的方向前进。汉魏时期，皖北凭借其特殊的区域文化风格，成为古代游侠赖以栖身之所。作为一个实存的社会群体的游侠虽然消亡，但游侠基因从未在皖北彻底断绝，塑造了隐匿的豪侠传统。

近世皖北地方与国家的互动，多由豪侠主导。他们不仅在一定程度上代替了缺失的士绅阶层，而且还有“替上养民”的功能，故而由豪侠主导的地域社会对其行为方式和价值取向也进行了效仿，因而形成暴力崇拜和尚武好斗的社会风气。首先，豪侠通过宗族和秘密会社两种组织形式对地方秩序施加影响，并达到与国家权力互动的结果。魏晋时期的地方豪侠直到明清时期依然存在，并且随着宗族制度的建立和完善而更能发挥其效用。宗族组织的稳定性和教化功能，为豪侠传统的传承提供了渠道；宗族的组织力量又为豪侠发挥其维持地方社会秩序的功能提供了组织基础。豪侠宗族在地方的靖乱之功经常受到国家的表彰，因而可以跨越人才选拔程序而进入国家权力体系，完成从“江湖”到“庙堂”的转变。

在郡县空虚时代，豪侠通过重建（包括破坏和维持）地方秩序和参与国家权力的再分配这两种方式影响皖北地方社会。一方面，奇侠兼具靖乱和致乱两种倾向，在不同的背景下，对地方暴动持有不同的态度，因而既可以成为地方秩序的维护者，也可以成为地方秩序的破坏者。另一方面，县级政府代表国家承担和行使刑名、钱谷、教化、劝课农桑等基本职责和权力。由于皖北特殊的社会环境，以国家权力为核心“庙堂”体系和以豪侠为核心的“江湖”体系展开了权力的争夺，治安权、司法权、财政权等都出现了不同程度的下移，导致皖北士庶心中的国家形象也产生很大变化。最后，豪侠文化形塑了皖北的地域文化，产生了极具皖北特色的地方认同：尚武传统和革命传统。这两种文化传统的存在，使得皖北对中国历史进程有关键的引领作用。

第三章　江南分省新探与省籍认同的建构

第一节　“上下江”与江南分省新探

20 世纪 80 年代末以来，关于清代江南分省问题的讨论渐多，讨论焦点是分省时间、标准、过程以及其中的建构性等。① 辨明这些问题固然对理解江南分省大有裨益，但另一个更加本质的问题却没有引起重视：清政府为何采取看似不合理的纵向切分方式，将江南省分成东西并立的江苏、安徽两省。关于这个问题，目前大致有三种观点。其一，保持水域完整性。季士家认为纵向划分为江苏和安徽分别保持一段完整的长江、淮河、运河、湖泊，可避免为抗旱、排涝而发生的纷争事件，且为水利工程建设创造良好

---

① 《清史稿》《清实录》《江南通志》、清三通等文献关于江南分省的说法互相抵牾，甚至同一部文献的说法也不统一，导致现代学者对这一问题的看法莫衷一是。问题的症结在于没有明确的分省上谕，也没有客观的分省及建省的标志。人们只能依各自的理解，将左右布政使分驻、置巡抚、布政使改驻地名、布政使司还治安庆等不同阶段的标志性事件视为建省的标志，因此产生顺治十八年说、康熙元年说、康熙六年说、乾隆二十五年说、过程说、时间重构说等观点。参见王亮功：《康熙六年江苏建省说辨析》，《江苏史学》1988 年第 2 期；季士家：《江苏建省考实》，《东南文化》1989 年第 2 期；季士家：《安徽建省考》，《安徽史学》1989 年第 3 期；季士家：《江南分省考实》，《中国历史地理论丛》1990 年第 2 期；王社教：《安徽称省时间与建省标志》，《中国历史地理论丛》1991 年第 1 期；季士家：《安徽建省时间再议》，《安徽史学》1992 年第 2 期；王社教：《再论安徽称省时间与建省标志》，《安徽史学》1993 年第 2 期；公一兵：《江南分省考议》，《中国历史地理论丛》2002 年第 1 期；傅林祥：《清代江苏建省问题新探》，《清史研究》2009 年第 2 期；段伟：《俗称与重构：论安徽、江苏两省的逐渐形成》，《白沙历史地理学报》2011 年第 11 期；陆发春：《从直隶江南到安徽建省》，《学术月刊》2012 年第 10 期；段伟：《清代江南、湖广、陕甘分省标准的异同》，《中国地方志》2013 年第 4 期；傅林祥：《从分藩到分省——清初省制的形成和规范》，《历史研究》2019 年第 5 期等。

条件。[①] 傅林祥也认为，纵向划分可以保证运河全部在江苏境内，便于漕运管理。[②] 其二，肥瘠搭配。季士家认为，清代统治者在划分过程中自觉采取了南、北搭配，以肥补瘦、贫富相济的原则。[③] 周振鹤指出，这样做是为了使富庶的江南和稍次的淮南以及经济上相对落后的淮北能够肥瘠搭配。[④] 其三，顺应形势。公一兵认为，江南省过于臃肿而不便于行政管理和政令的推行，于是以主管财政的布政使作为主要依据划分而治。[⑤] 陆发春认为，安徽、江苏分治，顺应了清初国内军政形势的需要。[⑥] 傅林祥推测，江南总督没有采用以长江为界的划法，可能与巡抚驻地有关：裁掉凤阳巡抚后，安庆巡抚管理淮、徐地区极为不便，因而只能南北向划出一条线。[⑦] 上述议论都不是专门为讨论这个问题而发，只是在讨论其他问题之余顺带提及，是基于事实的逻辑推演。除了这些可能的现实因素之外，江南分省背后其实有深刻的历史地理原因。目前的研究往往忽略安徽与江苏省域本身在政治传统和空间观念方面的差异，这种差异或许才是导致安徽和江苏东西分立的关键。

清代与江南省有关的文献中，经常出现“上江”和“下江”这组地名，前者指代安徽省，后者指代江苏省。除了季士家曾简单提及“上、下江辖区的调整和以驻扎地名改两布政使称谓为皖、苏两省划定了格局”[⑧] 之外，鲜有学者关注“上江”“下江”与安徽、江苏的关系。“上江”和“下江”本来是一种根据与水系的相对位置来命名的自然区域，既可以是一块区域，也可

① 季士家：《江南分省考实》，《中国历史地理论丛》1990 年第 2 期。
② 傅林祥：《从分藩到分省——清初省制的形成和规范》，《历史研究》2019 年第 5 期。
③ 季士家：《江南分省考实》，《中国历史地理论丛》1990 年第 2 期。
④ 周振鹤：《体国经野之道：中国行政区划沿革》，上海书店出版社 2009 年版，第 72—73 页。
⑤ 公一兵：《江南分省考议》，《中国历史地理论丛》2002 年第 1 期。
⑥ 陆发春：《从直隶南京到安徽建省》，《学术月刊》2012 年第 10 期。
⑦ 傅林祥：《从分藩到分省——清初省制的形成和规范》，《历史研究》2019 年第 5 期。
⑧ 季士家：《安徽建省考》，《安徽史学》1989 年第 3 期。

以指江河本身。① 换言之，“上江”“下江”本是一种自然区域或地理单元，是水系流域范围内基于山川形便原则的再分割。那么，“上江”和“下江”是如何从自然区域变成行政区划的？“江分上下”的空间观念是如何影响江南分省的？本书在前人研究基础上，通过梳理明清时期“上下江”的演变与行政区划的关系，进一步探究江南分省过程中的地理背景和文化内涵，思考分省背后的深层逻辑。

一、“上下江”与南直隶的区域划分

考历代行政区划沿革，自唐至元，长江以北的安庆地区长期与蕲州、黄州同属一级政区（如唐淮南道、宋淮南西路、元河南江北行省），长江以南的徽、池地区始终与饶州、信州同属一级政区(如唐江南西道、宋江南东路、元江浙行省)。长江南北则不相统属。明初朱元璋建都南京，以安庆、池州、徽州来隶，以蕲州、黄州属湖广，以饶州、广信属江西。从高层政区角度看，南直隶的设立一反江淮地区的建置传统，形成了新的区划格局。其一，首次把江南、江北和淮北三个区域置于同一行政区之下；其二，人为割裂了安、池地区与上游蕲、黄、饶、信等州府的联系，使鄱阳湖以东地区成为一个独立的行政区域。明代南直隶的区域分异与清代江南分省，皆深受这次区划的影响。

① 除了本书所讨论的含义以外，“上江”和“下江”还有其他几种含义。《中国历史大辞典》释“上江”曰：一、地区名。指长江上、中游。《资治通鉴》隋大业十四年（618）炀帝在江都，将士思归劫之，帝曰：“朕方欲归，正为上江米船未至。”胡三省注：夏口以上为上江。二、安徽省的别称。清时以安徽省居江苏省上游，故称安徽省为上江，江苏省为下江。三、水名。《史记·夏本纪》张守节正义谓太湖尾闾之一东江，亦称上江。四、地名。即今云南泸水县南、怒江西岸之上江。为明代云南西南边疆麓川（治今瑞丽市）通向内地的交通重镇。正统间，平定麓川土司思任发叛乱于此。释“下江”曰：一、地区名。(1) 指长江自南郡（今湖北西部）以下为下江。《汉书·王莽传》：地皇元年(20)，“南郡张霸、江夏羊牧、王匡等起云杜绿林(今湖北大洪山)，号曰下江兵”。《后汉书·刘玄传》：地皇三年，绿林军中一支“王常、成丹西入南郡（治今湖北荆州）号下江兵”。(2) 云南、贵州、四川等西南各省人民泛称长江下游江苏、安徽、浙江等省为下江。二、江苏省的别称。因地居安徽省下游，故称。参见“上江”。三、水名。《史记·夏本纪》张守节正义谓太湖尾闾之一娄江（今浏河）亦称下江。见郑天挺、谭其骧主编：《中国历史大辞典》，上海辞书出版社 2010 年版，第 155、102 页。

（一）明代前期的初步划分

“江分上下”的现象古已有之，早在汉代，长江中游就存在以“上江”和“下江”为名的区域。[①]魏晋以来，“上江”“下江”所指的区域范围随着政治、经济、军事形势的变化而整体东移。[②]到宋元时期，“上江”“下江”已大致以江州为界，江州以东的长江沿岸地区皆属“下江”。[③]明代初期，南直隶成首善之区，“上下江”的格局再次改变。

《明太祖实录》记载，洪武十三年（1380）兵部尚书单安仁上奏，疏浚仪真县南坝至扑树湾运河河道，以便漕粮转运，“其浙江等处运粮船，可从下江入深港，过扬子桥至转运河，过淮安坝以达凤阳”[④]。此处的“下江”指的是仪真以下（东）的长江段，而非某处块状区域。不过这段话至少能够说明，在元末明初，南直隶境内的长江以运河入江的仪真为界，分为上下两段。以运河口为界划分漕运河段，是明代河运复兴和南直隶幅员过于辽阔的结果，也表明从明初开始就已对南直隶进行了笼统划分。

之后，“下江”概念逐渐由长江本身扩展到长江沿岸的州府，仪真、瓜

---

① “是时，南郡张霸、江夏羊牧、王匡等起云杜绿林，号曰下江兵，众皆万余人。”（《汉书》卷99下《王莽传》，中华书局2000年版，第3055页）“又别号诸贼铜马、大彤、高湖、重连、铁胫、大抢、尤来、上江、青犊、五校、檀乡、五幡、五楼、富平、获索等，各领部曲，众合数百万人，所在寇掠。”（《后汉书》卷1上《帝纪第一上》）可见两汉之际，南郡和江夏郡内有名为“上江”“下江”的地区。

② 《北堂书钞》引《豫章耆旧志》曰：“龙硕，字显先，为下江督邮。”可知魏晋南北朝时期，豫章地区属于“下江”。又《资治通鉴》：“（隋炀帝）帝曰：‘朕方欲归，正为上江米船未至，今与汝归耳！’”胡三省注曰：“夏口以上为上江。”（《资治通鉴》卷185《唐纪一》“高祖武德元年”，中华书局1956年版，第5780页）可知，魏晋至隋唐时期的“上江”指的是江夏郡及以西地区，“下江”则东移到豫章—江州一带。

③ 南宋淳熙年间，池州知州袁说友奏曰：“臣照对本州地狭民贫，虽是丰熟年分，居民所仰食米，亦是上江客船。……臣今体探得上江一路州军，如湖北、江西，多有州郡禁止米船不得出界，及遇米船到州郡，强行拘留，更不令向下前来，是致本州一带客船大段稀少。恐冬深上江诸州仍前遏籴，枉使向下州郡百姓坐受其困。”（（宋）袁说友：《又申乞禁止上流州郡遏籴疏》，曾枣庄、刘琳主编：《全宋文》第274册，上海辞书出版社、安徽教育出版社2006年版，第112页）袁说友所在池州属于江南东路，西与江南西路接境。袁氏以“上江”称湖北、江西，以“向下州郡”称江东州郡，是一种“他者—自我”的表述，表明两地有明显区隔。据此可以推断出南宋时期上下江的分界，大概在江州彭泽县和池州东流县交界地带，与现在长江中、下游分界所在的湖口非常接近。

④ 《明太祖实录》卷134，洪武十三年十月十三日，中华书局2016年版，第2124页。

洲以下地区也被称为“下江”。吕柟《陈思古集序》曰：“宸濠之变，(陈思古)领兵驻下江，节制镇、常、苏、松、仪真军。”[①] 可见，“下江”至少包括苏、松、常、镇四府及扬州部分地区。又《明纪略》记载：“逆瑾时又诏余姚人轻薄，不许选京，朝官有在任者皆调外。后又诏下江人不得滥用。”[②] 既然有“下江人”的说法，则“下江”在正德以前已经是一个确有所指的区域概念。不过，此时的“上江”所指范围，却并不局限于南直隶境内。嘉靖《吴邑志》曰：“豆、麦自上江来，皆泊枫桥、上塘等处。”[③] 嘉靖十一年九月，户部尚书许赞奏曰：“折纳京储之例……或可行之下江米贵之所，而上江则为不便。盖湖广、江西、江北地方，舟楫可通，米价不至翔贵。”[④] 显然，此处的“上江”指的是以湖广和江西为主体的长江中上游地区，这与宋元时期的“上江”概念是一致的。总体而言，明代中期以前，南直隶境内已经出现初步的区域分异，但“下江”和“上江”的区域范围并不明确，二者各自的范围和彼此的界限非常模糊。

（二）嘉靖时期的正式划分

南直隶的正式划分是从兵防体制开始的。南直隶的兵防由海防和江防两部分构成。就江防而言，从明初开始，“特设操江都御史一员，以提督水战，上至九江，下至镇江，悉其统理”[⑤]。嘉靖以前，南直隶境内安堵，江防由操江都御史一员负责，可保无虞。嘉靖以来，倭寇猖獗，东南半壁，几无宁土，提督操江一人已难以备倭缉盗，遂与巡抚划地分守。《南京都察院志》记载：

> 嘉靖壬子、癸丑间，适倭夷犯海上，凡苏、松、淮、扬皆为寇穴，操江臣南北奔命为疲，势难周遍。于是朝议加两抚臣督提军

① （明）吕柟：《〈陈思古集〉序》，（明）董斯张辑：《吴兴艺文补》卷33，明崇祯六年刻本。
② （明）皇甫录：《皇明纪略》，《续修四库全书》第1167册《子部·杂家类》，上海古籍出版社1996年影印本，第660页上栏。
③ 嘉靖《吴邑志》卷14《物产》，《天一阁藏明代方志选刊续编》第10册，上海书店出版社1990年影印本，第1101页。
④ 《明世宗实录》卷142，嘉靖十一年九月二十六日，中华书局2016年版，第3318页。
⑤ （明）徐必达：《南京都察院志》卷31《奏议五·江防类上》，日本内阁文库藏明天启刻本。

务，与操江臣画地而守，圌山以下属江南抚臣，三江会口以下属江北抚臣，操江臣专督瓜镇以上江防。①

由此，南直隶以圌山—三江会口—瓜洲镇为界，分成上下两个防区。该界以上以江防为主，仍由操江都御史负责；该界以下则需同时防备海上和陆上倭寇，江北淮、扬各府由凤阳巡抚（治淮安）负责，江南苏、松各府由应天巡抚（治苏州）负责，从而形成“操江都御史防江，应、凤二巡抚防海”②的局面。这次防区调整虽没有直接以上江或下江命名，但以圌山—三江会口为界划分上下防区的做法，实际上已经把南直隶分成了东西两个区域。

紧接着，南直隶江南部分的漕运系统也被一分为二。嘉靖三年（1524）十月，九卿漕官会议漕规，其中第五条曰：

裁北直隶总并入山东，分南直隶为上、下江，使上江总兑安庆、池、太、广德等处，不复东过瓜州；下江总兑苏、松、常、镇等处，不复西过仪真。③

此次裁并之后，全国共有十二员漕运把总，分别是南京二总、江北二总、中都总、浙江总、湖广总、江西总、山东总、遮洋总、上江总、下江总。其中，上江把总领建阳卫、新安卫、安庆卫、九江卫、宣州卫、水军左卫、龙江左卫、龙江右卫、广洋卫、江阴卫，下江把总领镇江卫、太仓卫、苏州卫、镇海卫、水军右卫、应天卫、横海卫、嘉兴所、松江所，共十九个卫所，④将南直隶的江南部分一分为二。这是“上江”“下江”首次正式出现在官方的制度体系中。《明史·河渠志》记载了漕粮转运的路线。

湖漕者，由淮安抵扬州三百七十里……至扬子湾东，则分二道：一由仪真通江口，以漕上江湖广、江西；一由瓜洲通西江嘴，以漕下江两浙。⑤

① （明）徐必达：《南京都察院志》卷9《职掌二》，日本内阁文库藏明天启刻本。
② （清）龙文彬：《明会要》卷33《职官五》，中华书局1956年版，第567页。
③ 《明世宗实录》卷44，嘉靖三年十月二日，中华书局2016年版，第1136页。
④ （明）杨宏：《漕运通志》卷3《漕职表》、卷4《漕卒表》，明嘉靖七年杨宏刻本，国家图书馆藏。
⑤ （清）张廷玉等：《明史》卷85《河渠三》，中华书局1974年版，第2079页。

上江漕船从仪真县南部的运河口进入运河支流，下江漕船从瓜洲镇西南部的运河口进入运河支流，两条支流北向会于扬州府城南的扬子桥。两个河口相距二十余公里，是上江总和下江总的分界。

随后，巡江御史辖区也被一分为二。嘉靖十一年（1532）十月初六，皇帝发布上谕：

> 敕巡视上江、南京监察御史，直隶地方沿江滨海，近来盐徒盗贼不时窃发，而南京系根本重地，防守时当加谨。向因巡江御史安处京城而遥度事机，巡捕官司则别项差占而徒取具数，声息传闻茫无策画，以致盐徒出没，盗贼纵横，地方受害。今特命尔巡视上江，常川在于安庆驻扎，专一往来巡历，分管沿江地方。……辖应天、徽州、宁国、池州、太平、庐州、安庆、九江八府，滁、和、广三州。①

又谕：

> 敕巡视下江、南京监察御史……今特命尔巡视下江，常川在于镇江驻扎，专一往来巡历，分管沿江地方。……辖应天、苏州、松江、常州、镇江、淮安、扬州七府所属州县。②

结合以上两条史料可知：为方便缉捕长江盐徒盗贼，明廷将巡江御史辖区分为上江和下江两部分，分别驻扎安庆和镇江，各有明确的辖区和驻地。巡江御史的分设，是又一次以“上江”“下江”为区域划分原则的政治实践，进一步强化了“江分上下”的思维模式。

值得注意的是，上述三种意义的“上下江”，其分界线并不一致。兵防以形势为要，故以圌山、三江会口等险要之地为界；漕运以交通为要，故以仪真、瓜洲等处运口为界。作为监察区域的上下江分界则受政治权力的影响。嘉靖十二年（1533），巡江御史宋宜在一封奏折中提到：“浦子口与龙江

---

① （明）徐必达：《南京都察院志》卷13《职掌六·巡视上江职掌》，日本内阁文库藏明天启刻本。

② （明）徐必达：《南京都察院志》卷14《职掌七·巡视下江职掌》，日本内阁文库藏明天启刻本。

关对峙，南至江浦县，北至六合县，江浦则属乎上江，六合则属乎下江，而浦口独处其中，两无所属。”①江浦县和六合县都属于应天府，与南京城隔江对峙，浦子口则地处两县之间。《大明会典》也记载：“凡巡上下江，旧差御史二员，一员自龙江关上至九江，一员自龙江关下至苏、松等处。”②可见，上、下江御史监察区基本是以南京城外的浦口——龙江关为界，应天府则分属上、下江，这点从前引《南京都察院志》上下江御史辖区都下辖应天府也可以看出。不过，《明神宗实录》有“而上江地方，如上元、江宁、句容、江浦、六合、青阳、怀宁、桐城、宿松、望江等县，无为、和州等州”③之语，应天府主要属县都属于上江地方，因此总体而言，应天府是归为上江的。④在区域划分初期，由于不存在可供参照的既有划分方式，只能根据不同的客观需要划定边界，因此“上江”和“下江”在不同行政体系中有不同的辖区和驻地，呈现出“名同而实不同”的参差格局。

尽管如此，相较嘉靖以前，嘉靖以来上下江的边界越来越具体，从一块区域变为一座山或一条河，这是其作为转运、军事以及政治等功能性区域的必然结果。尽管上江和下江不是正式的行政区划，但是在政治、经济、军事等多个方面都呈现出相互分离的趋势。“上江”和“下江”承担着多种相同和对等的职能，已经变成两个功能完善、相互独立的区域。

（三）隆庆、万历以来的调整

既划区域，南直隶以南京为唯一经济、政治中心的局面也开始发生变化。前引史料已经提到，安庆不但是上江御史驻地，还是上江江防的重要基地和造船基地。下江御史和应天巡抚则分别驻扎镇江和苏州。到万历时期，安庆已经是上江地区的唯一中心城市，集多重政治功能于一体；下江的苏州也在与镇江的竞争中获得明显优势，成为下江地区的中心城市之一。安庆和

① （明）韩邦奇：《韩邦奇集》下册《苑洛集》卷16《陈愚虑以奠江防以固重地事》，西北大学出版社2015年版，第1668页。

② 《明会典》卷211《督察院三》，中华书局1989年缩印本，第1057页下栏。

③ 《明神宗实录》卷520，万历四十二年五月三十日，中华书局2016年版，第9826页。

④ 明代应天府下辖上元、江宁、句容、江浦、六合、高淳、溧水、溧阳八县。前五县为沿江县份，也是应天府的主体。

苏州分担了南京的部分城市功能，南直隶由此出现三个区域中心城市。清初江南设立右布政使司和江宁巡抚，便长期以苏州为驻地。而安庆则是安徽巡抚和江北按察使驻地，并且左布政使司也于乾隆二十五年还治安庆。

自隆庆以来，下江的区域范围基本稳定在江南四府，上江的范围则有所调整，主要表现在将江西九江从上江区域划出，使上江的西部边界与南直隶的西部边界保持一致。《大明会典》载，“隆庆六年，题准上江总四卫浅船在安庆厂打造，听新设副使提调，九江卫在本处打造，听九江道提调。下江总六卫在苏州厂打造，听粮储参政提调，原设把总等官尽行裁革”[①]。九江卫不属于上江总管辖。另一方面，上江御史原辖南京龙江关至九江的长江沿岸，到万历四年（1581），“令巡视上江御史督理应天、太平、安庆、池州、宁国五府、广德州漕粮并京库钱粮”[②]，九江也已不属于上江御史的辖区。这两次区域调整将江西九江从上江辖区分出，进一步确定了“上江”的管辖范围。

至此，明末南直隶的江南部分以及江北的安庆府、庐州府、滁州、和州，明确分为上江和下江两个区域，且有各自明确的区域范围和区域中心。上江包括应天、安庆、徽州、庐州、池州、太平、宁国、滁、和、广德等七府三州，下江包括苏州、松江、常州、镇江四府，这种格局一直持续到明末。这种“江分上下”的区域划分方式将原本的区域俗称纳入政治话语体系，为清代江南分省奠定了基础。

二、从“南北分统”到“江分上下”：清初江南省的区划变动

顺治二年（1645）五月，清军攻克南京，闰六月改南直隶为江南省。清初江南省的行政区划，处于探索和调整当中，在“南北分统”和“江分上下”两种划分方式之间犹豫不定。到康熙初年，由于地方治理的实际需要，参考明代既有区划方案，放弃“南北分统”而选择“江分上下”的方式，开始了苏皖分省的过程。

---

① 《明会典》卷27《户部十四》，中华书局1989年缩印本，第204页上栏。

② （明）徐必达：《南京都察院志》卷13《职掌六・巡视上江职掌》，日本内阁文库藏明天启刻本。

清初的行政区划，既有基于当前形势的创新，也有直接承袭明制者。一方面，清军平定江南，经历了一个“河南江北，次第归诚。甫克维扬，随平江左”① 的阶段性过程，紧随着军事征服而来的政治统治，顺应形势，多采取划江而治的权益策略。另一方面，按照历代疆域沿革，如唐之淮南道、江南道，宋之淮南路、江南路，元之河南江北行省、江浙行省，皆划江而治。即使是明代的南直隶，巡抚辖区也长期以江为界，②“犹是历代江南、北分统遗意”③。清朝肇建，这种建置传统也发挥了一定作用。虽然顺治时期并未对江南省作明确行政分割，但在当时的官方文书中，江南省通常被分为江南和江北两部分，并且二者都具有与其他省份并列的政治地位。比如，顺治九年八月户部左侍郎王永吉奏言：“臣见直隶、河南、山东、山西，皆报大水。江南、江北、湖广、浙江，皆称大旱。”④ 顺治十二年（1655）上谕户部曰：“除湖广漕粮暂留充饷外，江南、江北、浙江、江西等处，着该督抚，督率所属各粮道、州县卫所等官，恪奉漕规，冬兑春开，务依限到淮。”⑤ 然而到了康熙年间，却纷纷改弦易辙，变成东西分立模式。现从巡抚、按察使司、布政使司和学政四个方面，考察顺治、康熙年间江南政区调整的过程。

（一）巡抚

明景泰年间，南直隶内部开始以江为界，以都御史专抚江南应天等府，而以江北淮、扬、庐、凤四府以及徐、和、滁三州属总漕兼巡抚。崇祯十

① 《清世祖实录》卷 17，顺治二年六月二十八日，中华书局 1986 年影印本，第 1646 页。

② 洪熙元年（1425），南直隶始设南畿浙西巡抚，宣德五年（1430）析为应天、浙江二巡抚。其中，应天巡抚又称苏松巡抚，起初只辖苏州、松江、常州三府，景泰六年（1455）增辖镇江及浙江布政司之嘉兴、湖州三府，天顺五年（1461）省去嘉兴、湖州，增辖应天、太平、宁国、池州、徽州、安庆及广德直隶州，即南直隶的江南部分。宣德五年，因赈灾而设置山东淮扬巡抚，正统十四年（1449）析为山东、凤阳二巡抚。其中凤阳巡抚又称淮扬巡抚，辖凤阳、淮安、扬州、庐州四府及滁、徐、和三州，即南直隶的江北部分。后来虽时有并析，但江北属凤阳巡抚、江南属应天巡抚的格局一直持续至崇祯末年。参见周振鹤主编，郭红、靳润成著：《中国行政区划通史·明代卷》，复旦大学出版社 2017 年版，第 764—782 页。

③ （明）陆应阳原纂，（明）蔡方炳增辑：《广舆记》卷 2《江南》，清康熙二十五年吴郡宝翰楼刻本，山东省图书馆藏。

④ 《清世祖实录》卷 67，顺治九年八月二十八日，中华书局 1986 年影印本，第 2021 页。

⑤ 《清世祖实录》卷 94，顺治十二年十月十八日，中华书局 1986 年影印本，第 2232 页。

年（1637），为应对起义军攻势，朝廷分应天巡抚而设安庆巡抚（又称安庐巡抚），辖安庆、庐州、池州、太平四府，河南巡抚之光州、光山、固始、罗山四州县，湖广巡抚之蕲州、广济、黄梅三州县，江西巡抚之德化、湖口二县。十五年（1642），其余州县各归原巡抚，仅辖安庆等四府，驻地为安庆。① 此为江南地区巡抚层面的第一次东西措置。

顺治二年江南省境内共设三个巡抚，其中江北为凤庐巡抚，领凤、庐、淮、扬、徐等四府一州，江南则分为江南巡抚（领江、苏等五府，后改为江宁巡抚）和操江巡抚（领安、徽等五府三州），形成三足鼎立的局势。其中江南巡抚和操江巡抚基本承袭了明代应天巡抚和安庐巡抚的旧制。其中江南大体仍是按照明代上下江的模式划分巡抚辖区的，不过有一个明显的调整。《清朝文献通考》载：

> 本朝定江南，改应天府为江宁府，罢南直隶。……设江南巡抚，驻苏州，领江宁、苏州、松江、常州、镇江五府。②

可以发现，清代江南巡抚与明代应天巡抚一样驻扎苏州，但却增领了江宁一府。这次巡抚辖区的调整，将江宁府全境明确划入江南巡抚辖区，使江宁府与下江之苏州等府的行政联系更为紧密，反过来改变了人们的空间观念。比如顾祖禹《读史方舆纪要》已经明确指出："上江，即江宁以西滨江诸郡。"③ 在清初的空间观念中，江宁府是属于下江的，从而结束了明代上江和下江在不同的体系（兵防、漕运、监察等）中界线不一的模糊状态。

从康熙初年开始，清廷对江南省的巡抚辖区进行了一系列调整。顺治初年所设操江巡抚，下辖安庆、徽州等五府三州，与"上江"范围一致。康熙元年(1662)，以操江军务归并总督，专设安徽巡抚，驻安庆。④ 三年(1664)，

---

① 周振鹤主编，郭红、靳润成著：《中国行政区划通史・明代卷》，复旦大学出版社 2017 年版，第 775—776 页。

② 《清朝文献通考》卷 275《舆地考七》"江苏省"条，浙江古籍出版社 1988 年影印本，第 7299 页。

③ （清）顾祖禹：《读史方舆纪要》卷 129《川渎六》，贺次君、施和金点校，中华书局 2005 年版，第 5465 页。

④ 《清朝文献通考》卷 276《舆地考八》"安徽省"条，浙江古籍出版社 1988 年影印本，第 7303 页。

裁撤凤阳巡抚。四年（1665）十一月，应两江总督郎廷佐奏请，将原凤阳巡抚所属庐、凤、滁、和等两府两州分隶安徽巡抚管理，淮、扬二府及徐州分隶江宁巡抚管理。[①] 这次调整，实际上就是安徽巡抚和江宁巡抚分别在"上江"和"下江"的基础上，增领各自对应的江北州府，从"南北分统"变为"江分上下"。经过调整，巡抚辖区已与后来安徽、江苏省域一致。

（二）按察使司

按清制，按察使一般一省仅设一员，驻省城。江南省原有江南按察使一员，驻江宁，却在康熙三年增设江北按察使一员。《清圣祖实录》记载：

> 丁卯，命江宁、苏、松、常、镇、徽、宁、池、太九府，广德一州，分隶江南按察使司，仍驻江宁府。安庆、庐、凤、淮、扬五府，徐、滁、和三州，分隶江北按察使司，驻凤阳府之泗州。[②]

江南按察使司辖区由此以江为界，分成南北两个部分。但这个方案明显不太合理，所以很快就再次进行了调整。据乾隆《江南通志・职官志》载：

> 康熙三年又添设一司，南驻省城，辖江苏九府一州；北驻安庆府，辖安徽五府三州（江北一员系添设，康熙三年驻泗州，五年驻安庆）。康熙五年，南改为江苏按察使，管七府一州，北改为安徽按察使，管七府三州，不相统领。[③]

结合两条史料，可以大致还原按察使司辖区从"南北分统"到"江分上下"的过程：康熙三年五月，始以长江为界，分置江北、江南按察使司，北司领安、庐等五府三州，南司领江、苏等九府一州。康熙五年（1666），北司移驻安庆，同时调整辖区并改名为安徽按察使司，领安、徽等七府三州。南司改名为江苏按察使，领江、苏等七府一州。经过这次调整，安徽、江苏按察使司辖区与安徽、江宁巡抚辖区保持一致。

臬司辖区的划分起初并不以上下江为基础，而是采取划江而治的办法，在康熙五年直接"变横为纵"，以与巡抚、藩司辖区和驻地保持一致。臬司

---

① 《清圣祖实录》卷17，康熙四年十一月戊申，中华书局1986年影印本，第2857页。
② 《清圣祖实录》卷12，康熙三年五月丁卯，中华书局1986年影印本，第2785页。
③ 乾隆《江南通志》卷106《职官志・文职八》，广陵书社2010年影印本，第1703页上栏。

专管刑名，与掌管钱谷、兵防等事关国家安全的藩司和巡抚不同，故无须考虑转运和割据问题，依山川形便为要。这可能是臬司最初横向划分的原因。臬司辖区从横向划分到纵向划分的演变，显示了清政府在“南北分统”和“江分上下”两种方式之间的犹疑不定。

（三）布政使司

顺治十八年（1661），分江南省为左、右布政使司。正如季士家所说，除了皖南以外，二藩辖区基本是以长江为界，多少受到元代行政区划的影响。[①] 左布政使司仍驻省城江宁，领安庆、徽州、宁国、池州、太平、庐州、凤阳、淮安、扬州九府和徐、滁、和、广德四州，所辖范围包括清初观念中的“上江”和“江北”。右布政使司驻苏州，领江宁、苏州、松江、常州、镇江五府，与江宁巡抚亦即“下江”的管辖范围一致。一般认为，顺治十八年划分左右藩的原因是为了督催苏、松、常、镇四府的“积逋”。[②] 但右藩移驻苏州以专管四府钱粮催收，似无管辖江宁府的必要。但“下江”区域由来已久，江宁巡抚也已设置了十余年，辖区相对固定和完整，不易分割，右布政使司辖区自然要与其保持一致。可见“下江”对行政区划的影响。这次调整表明清政府已逐渐抛弃划江而治的想法，开始探索“竖切一刀”的可能。康熙五年，将江北的扬州、淮安、徐州等二府一州化归右布政使司，其余州府仍归左布政使司管辖。右布政使司领七府一州、左布政使司领七府三州的局面由此形成，抚藩臬三司辖区也达到一致。康熙六年，两布政使司分别改名为安徽布政使司和江苏布政使司，领府州如故，至此苏皖两省名实俱全。

从顺治到康熙初年，布政使司辖区的调整，总体方向是以明代形成的“上江”和“下江”为地域基础，竖向切分江南省域，将纵向对应的江北州府纳入进来，使两省幅员趋于合理，从而形成安徽和江苏两省省域。布政使司辖区的调整，显示了传统的功能区和约定俗成的文化区对行政区划的深刻影响。

① 季士家：《江南分省考实》，《中国历史地理论丛》1990 年第 2 期。

② 傅林祥：《清代江苏建省问题新探》，《清史研究》2009 年第 2 期；公一兵：《江南分省考议》，《中国历史地理论丛》2002 年第 1 期。

（四）学政

江南学政也经历了一个类似抚藩臬三司的转变过程，不过这个过程早在明代万历年间就已完成，清代江南学政则直接承袭明代旧制。《大明会典》卷78载：

正统元年奏准，各处添设按察司副使或佥事一员，南北直隶监察御史各一员，请敕专一提督学校。①

（万历）六年题准，南直隶庐、凤、淮、扬四府，滁、徐、和三州学校，以江北巡按兼之。②

（十一年）又令南直隶提学御史仍兼管江北。③

南直隶的督学御史设于正统元年（1436），到天顺六年（1462），因提学"有所辖太广，及地最僻远，岁巡所不能及者"④，以南直隶之江北四府三州归巡按管辖，万历十一年（1583）又统于南直隶提学御史。万历四十一年（1613），学政再次一分为二："南直隶分上下江，湖广分南北，始各增提学一员。"⑤ 这次划分采取的是"上下江"模式：

上江辖八府、三州，应、安、徽、宁、池、太、庐、凤及滁、和、广德是也；下江辖六府、一州，苏、松、常、镇、淮、扬及徐州是也。于是上江仍以句容为驻扎之所；下江建书院于江阴为驻扎之所。⑥

与兵防、漕运、监察等体系不同，上江提学和下江提学下辖州府不仅限于长江两岸，而是把江北的凤阳、徐州、淮安、扬州等州府都囊括在内。除了应天府的归属不同外，与清代江苏、安徽的省域几近一致。清朝肇建，江南省学政即沿袭明万历年间形成的这套"上下江"模式。乾隆《江南通志·职

① 《明会典》卷78《礼部三十六》，中华书局1989年缩印本，第453页下栏。
② 《明会典》卷78《礼部三十六》，中华书局1989年缩印本，第455页上栏。
③ 《明会典》卷78《礼部三十六》，中华书局1989年缩印本，第455页下栏。
④ （清）张廷玉等：《明史》卷69《选举志一》，中华书局1974年版，第1688页。
⑤ （清）张廷玉等：《明史》卷69《选举志一》，中华书局1974年版，第1688页。
⑥ （清）叶梦珠：《阅世编》卷3《建设》，来新夏点校，上海古籍出版社1981年版，第70页。

官志》记载了清代江南学政的演变过程。

> 顺治二年上、下江督学御史分差二员，九年始合为一。十年停差御史，照直隶顺天等处特设督学内翰林院二员，分考上、下江。十二年照省例以道臣督学，止用提学佥事二员，停差翰林。康熙元年裁并归一，改为督理通省学政道。二十四年复用翰林院。雍正三年仍分上、下江各一员。①

顺治时期，除了顺治九年旋合旋分以外，“上下江”模式相对稳定。康熙元年裁并归一，直至雍正三年仍分上下江，成为定制。万历四十一年那次划分，是纵向均分南直隶的最早实践，但是囿于学政在整个统治体系中的边缘性地位，这种划分方法并没有被巡抚、布政使司等主流行政区划延用，而是要经过半个多世纪的蹉跎之后，才最终确立。

尽管目前没有直接的史料证明清代统治者的想法，但从区划变动过程来看，江南分省的确受到了“上下江”模式的影响。从嘉靖至顺治时期，“江分上下”的区域划分模式稳定持续地存在了一百多年，既是政治区域，也是文化区域。清初松江文人叶梦珠曾道：

> 御史之出差，自前朝已然，如两畿提学，京省代巡，两淮、两浙、河东、长芦之盐课，四川、陕西之茶马，河南、江北之巡屯，上下江之巡江，淮上之巡漕，其职不一，要以皇华衔命，察吏风闻，霜威特重焉。本朝因之……②

“上下江之巡江”与提学、盐课、茶马、巡漕等一样，是明代重要的常设地方管理制度，“本朝因之”，从侧面证明了“上下江”模式在明清两代政治体制中的连续性。

三、“江分上下，治同一源”：江南分省合理性的建构

经过清初系列行政运作，从名义和事实两个层面来看，安徽、江苏已判

① 乾隆《江南通志》卷105《职官志·文职七》，广陵书社2010年版，第1693页下栏。

② （清）叶梦珠：《阅世编》卷3《建设》，来新夏点校，上海古籍出版社1981年版，第72页。

若两省。但直到乾隆前期，官方和民间使用“上江”“下江”者多，称“安徽”“江苏”者少。对此，有学者认为，安徽、江苏两省相对于江南省来说是俗称，是感觉区域上的体现，直到乾隆中后期，两地作为省名大量流行，清廷才通过官修史书予以承认。[①]这种说法颇可商榷。自康熙六年以后，抚藩臬三司辖区皆以“安徽”和“江苏”为名，“江苏”已经从江宁和苏州的合称变成了一个更广泛的地域概念，而“安徽”也从安庆和徽州的合称变成了近代安徽所包括的地域概念，[②]“安徽”“江苏”是官方省名当无疑义，反而“上江”“下江”才是俗称。

“上江”“下江”原意为“江之上下”，到明清时期这组概念局限于江南，又可解作“江南之上下”。不管是自然地理意义上的“江南”，还是政治文化意义上的“江南省”，都与“上江”“下江”有直接的顺承关系。从康熙到乾隆前期，之所以在分省以后沿用“上下江”旧称，实因“上江”“下江”概念是当时根深蒂固的“江南省”观念的反映。刘廷玑《在园杂志》曰：

> 江南、陕西、湖广省分太大，有上江、下江、湖南、湖北之称，故设两巡抚，分隶其事，所属司道亦分为二。[③]

叶梦珠《阅世编》载：

> 至康熙六年丁未，尽裁天下右藩，独于江南添设江苏布政使，照旧驻苏，而按察司亦添一员分辖安徽等府，驻扎安庆，于是上江下江，名虽一省，几同贰省矣。[④]

雍正七年（1729）上谕曰：

> 朕思江南之上江、下江，湖广之湖北、湖南，陕西之西安、甘肃，虽同在一省中，而幅员辽阔，相距甚远，定制各设巡抚司道以

① 段伟：《俗称与重构：论安徽、江苏两省的逐渐形成》，《白沙历史地理学报》2011年第11期。

② 公一兵：《江南分省考议》，《中国历史地理论丛》2002年第1期。

③ （清）刘廷玑：《在园杂志》卷1《江南陕西湖广分设两巡抚》，张守谦点校，中华书局2005年版，第7页。

④ （清）叶梦珠：《阅世编》卷3《建设》，来新夏点校，上海古籍出版社1981年版，第68页。

统辖之，其情形原与隔省无异。[①]

当时，江南省处于一种“名虽一省，几同贰省”“其情形原与隔省无异”的混沌状态。不过在时人看来，江南省分“上江”“下江”是无疑义的。而且，正如湖广省以洞庭为界分湖南湖北一样，“上江”“下江”也包含着某种自然属性。因此，“上下江”概念成为缓和分省之初矛盾情绪的观念工具，时人借以构建江南分省的合理性。

从苏皖两省的省域形成，到省名被广泛承认和使用之间的过渡期内，“江南省”依然存在。最典型的例子，就是分别成书于康熙二十三年和乾隆元年的两部通志仍以《江南通志》为名。这两部《江南通志》的地位相当尴尬，因为它们是两种相互冲突的观念交织的产物。一方面，安徽和江苏在名义上虽已分省，但直到乾隆时期，省籍认同尚未形成，人们对江苏和安徽的认知仍处于“江南省”的框架之中，“江南”仍以一个具有同质性的整体区域存在；另一方面，苏、皖毕竟已经分省，需要在政治和文化层面为分省的既定事实背书。这种复杂的心态，集中体现在时任安徽巡抚徐国相为康熙《江南通志》作的序中。

> 粤稽禹迹之在天下也，南纪居三条之一。而圣人所以经理南条者，曰九江孔殷，曰震泽底定。盖由海门达吴会，皆其殚力注措之地。江有上下，治同一源，意当日功参造化，教被方隅，文物度数之整齐，土田兵农之区画，必有一正俱正、一定俱定者。故吴头楚尾，吴根越角，悉隶扬州，则壤既同，其所率由无不同也。然则应瑗所云千里不同风者，岂三代以前之论乎？兴朝德迈九皇，治超隆古，而经理南条，仍按禹迹之旧，于海门、震泽设两抚臣以镇之。……信乎海门、震泽，江分上下，治同一源也。[②]

“九江孔殷”在古代寻阳、彭蠡，以清代地望而言，指江西、安徽交界

① 中国第一历史档案馆编：《雍正朝汉文谕旨汇编》第七册《上谕内阁》，雍正七年五月十三日，广西师范大学出版社 1999 年影印本，第 381 页。

② （清）徐国相：《江南通志序》，《中国地方志集成·省志辑·江南》，凤凰出版社 2011 年影印本，第 10—11 页。

处。“海门”指的不是通常所谓通州海门县，而是泛指安庆一带。盖因安庆府望江县南江中有小孤山，宋真宗称其为“海门第一关”，元代在其上立海门铁柱，清人亦其称海门。如清初安庆人龙光曾道：“余皖据上游之胜，天柱壁立，海门澎湃，吞吴咽楚，控制东南，昔子瞻、鲁直曾游于此。”[①]震泽即太湖，吴会则泛指太湖地区。明确这些地理概念之后，可以发现这段话主要表达了两层意思。其一，江南自古隶属扬州，即使有吴头楚尾、吴根越角之分，但是其文物度数、土田兵农，具有“一正俱正，一定俱定”的依存关系，难以遽然分割。所以视“江南”为一个整体的观念在分省之后能够继续存在。“江分上下，治同一源”，是说江南虽被划分为上下两部分，但上下江具有相同的地理和人文基础，遵循相同的原则，适用相同的治理策略。其二，大禹在南方的主要治水成果是“九江孔殷”和“震泽底定”，地点分别在海门和吴会两地，刚好对应清代的上江和下江。从这个角度来看，从大禹开始，对长江下游地区的治理就已经采取海门、震泽两地分而治之的办法。清代治理江南的办法是“于海门、震泽设两抚臣以镇之”（即安徽巡抚和江苏巡抚），实际上是仿照圣人经理南条的做法。徐国相通过比附圣贤神迹，为清代江南分上下两江找到了合法性。

康熙以来，分省已成定局，“江南”整体观念开始崩解，人们更多强调“江分上下”，而淡化“治同一源”，努力展现上江和下江的不同之处，为安徽和江苏的存在构建更多合理性。明人帅机已注意到“吴楚连江分上下”[②]的现象，但这只是一种自然地理层面的常规表述，到了清代中期，这种说法具有了浓厚的现实意义。时任江南盐驿道孔传焕说：“上、下两江，为吴楚各区，幅员广阔，实甲天下。”[③]建立上下两江与吴楚两地的疆域沿革对应关系，将春秋战国时期的吴楚、吴越分野，视为大禹治水之后江南分治的一次

① （清）徐釚：《南州草堂集》卷首《旧序十二首》，《清代诗文集汇编》第141册，上海古籍出版社2010年影印本，第244页下栏。

② （明）帅机：《阳秋馆集》卷11《浔阳渡江风利感往》，《四库禁毁书丛刊》集部第139册，北京出版社1997年版，第354页。

③ 乾隆《江南通志》卷首孔传焕序，广陵书社2010年版，第1页上栏。

关键性强化。康熙时期增辑的《广舆记》比较全面地分析了江南各区域间的种种差别。

淮、徐地跨中原，苏、松境临海澨，安、池蔽江之上游，镇、常当江之下委，其要害殊也。苏、常环震泽而为泽国，徽、宁耸黄山而为高阜，庐州则民惰而地不尽利，凤阳则地瘠而民易告饥，淮、扬恒遭河溢之虞，苏、松独受赋重之累，其肥瘠殊也。苏、淮、镇、常当水道之冲，滁州、凤阳当陆道之冲，江宁、扬州兼水陆之冲，其冲僻殊也。其间政治之繁简，人情之淳漓，风俗之奢俭，又种种各殊。①

尽管作者并不以上江和下江的视角看待江南的内部差异，但若把所述各州府放在上江和下江两省来考察，可以发现二者的差别其实相当明显。总体而言，上江形势险要，多陆地高阜，土壤瘠薄无地利，民风尚俭，政治简明；下江以江海为界，多平原泽国，乃天下财赋之区，民风尚奢，政治繁难。这些差别涵盖了从自然到人文多个层面，后来被置于安徽和江苏两省的比较框架之下加以强调和深化。乾隆间安徽布政使晏斯盛《江南通志序》曰：

江南幅员广远，安徽与江苏分阃而治。其地北薄虹灵，南抵黟歙，西界皖口，控扼千有余里。财赋差半江苏，而江山阨塞，形势险固，实为过之。②

从自然地理形势和财赋能力来看，安徽财赋远不如江苏，但形势险固却在江苏之上。事实上这种差别早就存在，只不过在"江南省"时期，没有强调的必要。分省之后，这种关系到两省形象和地位的差别，则是必须要指出来的。另外，程廷祚《江南通志总图说》总结道：

若其风气，则淮水以西，席用武之余烈，多亢爽刚劲。大江以

① （明）陆应阳原纂，（明）蔡方炳增辑：《广舆记》卷2《江南》，清康熙二十五年吴郡宝翰楼刻本，山东省图书馆藏。

② 乾隆《江南通志》卷首晏斯盛序，广陵书社2010年版，第12页上栏。

东，承浮靡之遗习，故多优柔文弱。[①]

自然环境和生产能力的差异导致两省面临不同的生存环境，采取不同的生存策略，进而形成了不同的社会风气。胡天游《为海宁相国作陈太保碑》曰：

> 江苏与安庆虽并号上、下江，顾为治烦简特异。大抵安庆简朴事少，而江苏赋最天下，地大政殷，俗尚华侈，好斗喜讼，吏多滋奸，素难整。[②]

财赋能力和社会风气的差别又导致两省政情繁简各异。户部左侍郎钱汝诚说：

> 下江之文，多词丽而意率，则拔其富才华而蕴精义者，以救其浮袭之弊端；上江之文，多思深而笔锐，则拔其具意致而深经术者，以杜其空疏之渐。[③]

甚至上下江的文风都存在很大差异。地理形势以及由此导致的经济能力差异，是上下江的本质区别所在。其他各个方面的差异，如风俗之美恶、政情之繁简、文风之刚柔，皆导源于此。两省的差异被越来越多地"发现"和展示出来，不仅在政治上"脱钩"，而且文化上也彼此疏离。到乾隆中后期，随着"江南"整体观念的逐渐淡薄，安徽和江苏在社会心理和文化层面也完成了分省。

"上下江"之所以最终被弃用，是因这组概念本身有局限性。"上江"和"下江"本是依据某种标准对长江沿岸地带的划分。从明代到清初顺治年间，上下江的辖区虽有变化，但未超出自然边界。作为省名别称的"上江""下江"概念，却在分省以后产生了明显变化：其地域范围突破了"江"所限定的自然边界，均分了江南省的全部疆域。江北的淮安、凤阳、徐州等地不属于长江流域，与"江"无关，也被纳入"上江"或"下江"的范围。此时的

① （清）程廷祚：《江南通志总图说》，谭其骧主编：《清人文集地理类汇编》第1册，浙江人民出版社1986年版，第256页。
② （清）胡天游：《石笥山房集》文集卷4《为海宁相国作陈太保碑》，咸丰二年刻本。
③ （清）平步青：《霞外攟屑》卷1《钱东麓》，上海古籍出版社1982年版，第19页。

“上下江”已经脱离原意，自然属性减弱，政治属性加强，完全变成政治概念。乾隆中期以后，随着苏皖两省主体意识的增强，“上下江”已不足以概括两省，自然被更具合法性和合理性的“安徽”和“江苏”取代。《清朝通典》重新界定了江苏、安徽两省与上下江的关系。

明以应天府为南京，共领府十四、州四。其应天、苏州、松江、常州、镇江、淮安、扬州七府，徐州一州，为今下江地。本朝改应天府为江宁府，罢南直隶。康熙六年定为江苏、安徽两省，此为江苏省。

……其安庆、徽州、宁国、池州、太平、庐州、凤阳七府，滁、和、广德三州，为今上江地。本朝康熙六年定为江苏、安徽两省，此为安徽省。①

“上江地（区）”“下江地（区）”的提法去除了“上江”和“下江”隐含的政治属性，使其回归到表示地理区域的自然状态。管同《安徽通志序（代）》也提到：“而江南又分为二省，曰江苏、安徽……自山川、风俗、人物、货产，以逮历朝沿革建置，划然而分，有上下江之别。”②江苏、安徽与江南省是明显的继承关系，而“上下江”只不过是区域差异的一种自然表现而已。

清代江南之所以分省，是基于政治治理的现实需要。至于为何采取“江分上下”而非看似更合理的“南北分统”方式进行划分，除了学者们提到的肥瘠搭配、保持水域完整等现实因素外，还有其深厚的政治背景和坚实的历史依据。结论如下：

其一，“上下江”是江南分省的地理基础。明代初期，长江漕船汇于仪真运河口，然后北上，遂以仪真以上（西）为“上江”，仪真以下（东）为“下江”。嘉靖以来，南直隶的兵防、漕运、御史监察、学政等辖区，陆续被

① 《清朝通典》卷92《州郡三》，浙江古籍出版社1988年版，第2715页。

② （清）管同：《因寄轩文二集》卷6《安徽通志序（代）》，光绪五年刻本，天津图书馆藏。

划分为“上江”和“下江”两个东西并立的功能区域。这种东西措置的区划方式被清代继承，康熙初年，巡抚、布政使司、按察使司和学政辖区以“上江”“下江”为区域基础进行了一系列调整，最终形成安徽和江苏省域，并且以上江中心城市安庆和下江中心城市南京为省会，江南省在政治层面被一分为二。

其二，“上下江”在分省之后发挥了重要的建构作用。在很长一段时期内，清人对江南是否分省并没有清楚的判断，在此期间，“上江”“下江”因其本身具有的自然属性，成为表达江南省“将分未分”的矛盾心理的观念工具，因而长期被作为省名使用。同时，地方官员通过追溯圣贤经理南条的事迹构建江南分省的合理性，不断展现“上江”和“下江”之间的区别。到乾隆中后期，随着“江南”整体观念的淡化，“上下江”的政治意涵逐渐消解，“安徽”“江苏”省名被广泛使用，江南省在文化层面完成分省。苏皖分省，的确使作为政区的江南省消失了，不过意识层面的“江南”并未完全消失，直到清末仍然存在。

其三，从长时段来看，“上下江”的区域范围和概念内涵的变化，勾勒出了明清时期江南地区从合到分的全过程。南直隶和江南省幅员过于辽阔，行政析分是必然的，“江分上下”的区域划分方式，恰好符合需要，这是“上下江”从自然区域演变为行政区划的根本原因。“上下江”最初是对长江沿岸地区的简单划分，有其自然边界。随着明代地方治理的变革，明代中后期开始将其纳入政治体系。不过南直隶的区域划分程度有限，“上下江”仅有一定程度的政治化，其地域范围尚未超过自然边界。清代江南分省之际，“上下江”适时填补了政治需求，完全变成政治概念，其所指范围也扩展至整个江南省。

第二节　区域整合与清代以来安徽地方认同的建构

在讨论国家与地方的关系时，地方群体的观念是考量重点，而“认同”

(identity)正是被广泛使用的观念分析工具。“认同”可以在不同层级群体中产生，国家、民族、省份、地区都能成为其载体。近代以来，“省”被视为典型的建构认同空间。程美宝把“地方文化”视为一个命题和一套表达语言，探讨岭南思想文化与学术成就、以中原汉人血统认同为依归的族群划分和民间风俗如何被选取填进“广东文化”的框架。[①] 裴士锋探究了湖南独特的“草根民族主义”对近现代中国的影响。[②] 王东杰以会馆祟祀等四川近代史上的若干片段，探究作为典型移民社会的“异乡”如何建构地方认同。[③] 上述省域地方认同研究颇具启发性，但由于省情不同，各省间过程与模式各异，内涵也不同。张伟然、张晓虹对湖南、湖北及陕西历史文化地理的探讨都涉及省内文化区域的分化和整合[④]，对本书有很大启发。

安徽省域兼跨江淮，包含若干差别很大的地形单元和文化区[⑤]，异质性和离散性很强。究其原因，一是位于中国南北过渡地带，南北文化源流和发展脉络不同；二是建省较晚，缺少足以涵覆全省的文化，形成“独特的历史遗憾”[⑥]。安徽省的建置，既不符合行政区划的“山川形便”原则，更忽视文化差异，是出于肥瘠搭配等的统治需要。[⑦] 在近代地方主义和民族主义浪潮

① 程美宝：《地域文化与国家认同：晚清以来“广东文化”观的形成》，生活·读书·新知三联书店2006年版。

② ［美］裴士锋：《湖南人与现代中国》，黄中宪译，社会科学文献出版社2015年版。

③ 王东杰：《国中的“异乡”：近代四川的文化、社会与地方认同》，北京师范大学出版社2016年版。

④ 张伟然：《湖南历史文化地理研究》，复旦大学出版社1995年版；张伟然：《湖北历史文化地理研究》，湖北教育出版社2000年版；张晓虹：《文化区域的分异与整合：陕西历史地理文化研究》，上海书店出版社2004年版。

⑤ 安徽省内的分区，最常见的是分为淮河、皖江和徽州三个文化区。也有人分为淮河、皖江、徽州和庐州四个文化区；也有结合行政区划和地形地势，分为皖北、皖中和皖南。参见卞利：《略谈安徽地域文化的流变和形成》，《安徽日报》2016年1月25日第7版。

⑥ 陆勤毅、李修松主编：《安徽通史》总序，安徽人民出版社2011年版，第4页。

⑦ 江南之所以纵向分省，大致有保持水域完整性、肥瘠搭配、顺应清初军政形势等若干原因。参见季士家：《江南分省考实》，《中国历史地理论丛》1990年第2期；周振鹤：《体国经野之道：中国行政区划沿革》，上海书店出版社2009年版，第72—73页；公一兵：《江南分省考议》，《中国历史地理论丛》2002年第1辑；傅林祥：《从分藩到分省——清初省制的形成和规范》，《历史研究》2019年第5期。

中，安徽为展现其特色、突出其之于民族国家的重要意义，面临的最大考验便是如何解构文化差异、整合文化资源，形成相对一致的地方观念。陆发春通过对建省、通志编纂、皖籍官员的籍贯分布以及旅京安徽会馆的考察，从省志编纂者对安徽省域的主体认同表述、官僚群体对省籍的组织认同、皖人对南北地域文化的整合等角度，多维探讨了安徽省域认同的方式及特征。① 但该文涉及时段以清代中期为主，对地方主义最高涨的近代关注不够，且这种片段、个案式研究仅展现了省域认同的存在，没能够展现其形成过程及影响。陈郑云、巴兆祥以清代安徽不同时期志书对“疆域”的书写变化，管窥地方官暨纂修群体省籍意识变化的过程。② 该文支持了陆发春的结论，且注意到省域认同的形成过程。陆瑶、王萍、胡凤以近代安徽报刊为中心探究安徽行省意识③，或多或少关注到安徽地理空间的整合，但仅以《安徽白话报》《安徽俗话报》为史料来源，视野相对狭窄。本书基于前人研究，以地理空间为视角，长时段、系统性分析安徽地方认同的建构，试图为观察传统中国国家与地方社会提供新的视角。

一、从“江南”到“安徽”：建省初期的省域认同

一般认为，传统中国的地方意识是一种乡曲主义，即以府州为地域范围的乡籍意识；以省籍为中心的地方意识近代才出现。④ 省籍意识与民族危机背景下地方政治、经济权力变化，以及国家认同、地方主义、民族主义

① 陆发春：《安徽建省与省域认同》，博士学位论文，复旦大学，2013 年。

② 陈郑云、巴兆祥：《合修到分修：清代两江、湖广省志编修中的制度博弈与省籍意识》，《史林》2021 年第 5 期。

③ 陆瑶：《〈安徽俗话报〉地方意识与全国观念》，硕士学位论文，安徽大学，2008 年；王萍：《安徽近代报刊与皖南皖北地域整合——以 1904—1911 年为时限》，《温州大学学报》2011 年第 4 期；胡凤：《分解与重构：安徽近代白话报刊中的行省意识研究》，《安徽史学》2016 年第 6 期。

④ 刘伟：《晚清“省”意识的变化与社会变迁》，《史学月刊》1999 年第 5 期；江远山：《近代中国地域政治化与国家建设——以省为考察对象》，《上海行政学院学报》2007 年第 5 期；苏全有：《论清末的省界观念》，《安徽史学》2009 年第 1 期；许纪霖：《家国天下：现代中国的个人、国家与世界认同》，上海人民出版社 2017 年版，第 394 页。

等话语体系密切相关，是清末民初最有影响力的地域文化。[①] 省籍意识是高层次的“自觉”意识，它的产生离不开中央与地方权力的强弱转变以及外来危机的影响。清中期以前，有许多省份已萌芽出“自发”的省籍意识，主要表现为对省域空间的认知，对本省人群共同体的想象，对本省利益的维护以及对本省自然风景、文化成就、人物、物产等乡土元素的认同等。“吾湘”“吾粤”等称呼就包含了低层次的省籍意识。清末杨荫杭所说“中国人重乡谊，严省界”[②]，未必仅指清末情形，而是随各省域形成后自然出现的。“自觉”意识比“自发”意识更具地方主义色彩，包含更多利益诉求和更深刻的文化宣示。但因前者需以后者为基础，故需先考察“自发”的省域认同。

安徽析自清初“江南省”，虽具体细节存在争议，但总体过程大致清晰。[③] 苏皖两省几乎平分江南省域，但南京的政治地位和苏、松地区的赋税贡献远高于安徽，故两省地位并不对等。两省驻防绿营兵力[④] 和科举取中

① 杨妍：《地域主义与国家认同：民国初期省籍意识的政治文化分析》，天津人民出版社2007年版，第1—2页。

② 杨荫杭：《老圃遗文辑》，长江文艺出版社1993年版，第43页。

③ 安徽从直隶江南到独立建省，大致经历了长达近百年的演变过程。但《清史稿》《清实录》等文献关于江南分省的说法互相抵牾，甚至同一文献说法也不统一，导致现代学者对此也莫衷一是。关键在于没有分省及建省的客观依据，从而依各自的理解，将左右布政使分驻等不同阶段的标志性事件视为建省的标志，产生顺治十八年说、康熙元年说、康熙六年说、乾隆二十五年说、过程说等观点。有关争论参见王亮功：《康熙六年江苏建省说辨析》，《江苏史学》1988年第2期；季士家：《安徽建省考》，《安徽史学》1989年第3期；季士家：《江南分省考实》，《中国历史地理论丛》1990年第2辑；季士家：《安徽建省时间再议》，《安徽史学》1992年第2期；王社教：《再论安徽称省时间与建省标志》，《安徽史学》1993年第2期；公一兵：《江南分省考议》，《中国历史地理论丛》2002年第1辑；段伟：《清代江南、湖广、陕甘分省标准的异同》，《中国地方志》2013年第4期；傅林祥：《清代江苏建省问题新探》，《清史研究》2009年第2期；傅林祥：《从分藩到分省：清初省制的形成和规范》，《历史研究》2019年第5期。

④ 安徽虽为战略要地，但绿营兵额却是同时期各省最少的。根据嘉庆朝《大清会典》统计，安徽绿营兵仅有8738人，而江苏为23748人，临近的山东15933人，江西13832人，河南13834人，湖北22740人；相比周边各省，即使考虑到幅员大小，安徽的驻防兵力仍然过少。

数量[①]颇为悬殊，时人评价也极具偏向性。康熙年间，徐国相调任安徽巡抚，“初至则犹楚氛震邻，时严斥堠。凤泗瘠壤，多不逢年”，一派萧条景象，“于是登皖峰，望三吴，不禁欣然曰：‘美哉！郁葱佳气，东南之化域，而财赋之枢机也’”。[②]徐国相对苏皖两地的不同态度或是当时主流看法。乾隆《江南通志·舆地志》载：

> 江之南北列上游者，安、池、太平诸郡县；号沃野者，镇、常、苏、松诸府州，而漕河蜿蜒直上飞挽逸于前代。盖江苏、安庆俱属省会，而江宁尤重矣。[③]

康熙二十三年（1684）和乾隆元年（1736）成书的两部《江南通志》对上、下江史料采择录用严重失衡，间接反映了两省综合地位的差距。这种区别对待在一定程度上成为安徽建省初期构建省域认同的最初动力。陆发春注意到，两部《江南通志》虽然将安徽和江苏两省置于江南省的行政框架之下，但乾隆志对安徽的区域认知已比康熙志更清晰，安徽区域认同的主体性地位呈上升趋势。[④]时任安徽布政使晏斯盛对苏皖两省的比较体现了态度的转变。

> （安徽）其地北薄虹灵，南抵黟歙，西界皖口，控扼千有余里。财赋差半江苏，而江山阨塞，形势险固，实为过之。自春秋吴楚之世争钟离、居巢、州来，为今凤阳、寿州、庐州、巢县之地。降及三国、六朝，孙氏之濡须、祖逖之谯城、韦叡之合肥，世称南北重镇。而元明之季，颍、亳、英、霍，界连楚、豫，长江左右，独为隩区。盖山川隔阂，疆界纠纷，居东南轇轕之会，而钤辖阻深，

① 乾隆以前，江苏、安徽在南京合闱乡试，但两省取中差异明显：“历科乡试中式，下江居十分之七，上江居十分之三。”乾隆元年，江南乡试分两省定额取中：“查中省额数与小省额数原有三等，应将下江照中省之二等，取中七十二名，上江照小省之二等，取中四十八名，共增额二十一名。”（咸丰《钦定科场条例》卷19《乡会试中额·各省乡试定额》，《续修四库全书》史部第830册，上海古籍出版社2002年版，第55页）两省乡试中额仍有很大差异。

② 中国地方志指导小组办公室编：《清代方志序跋汇编·通志卷》，上海古籍出版社2014年版，第33页。

③ 乾隆《江南通志》卷10《舆地志·疆域》，广陵书社2010年版，第255页。

④ 陆发春：《安徽建省与省域认同》，博士学位论文，复旦大学，2013年。

不尽如江苏所隶广谷大川、平畴旷野、弥望千里也。①

安徽财赋虽远不如江苏，但地势险要，历代兵家必争，区位优势明显。分省之前不易将安徽省域作为整体考察，因此安徽区域优势的显现须基于对省域的清晰界定。相比晏斯盛等高级地方官，安徽本土士人的看法更值得注意。这一时期安徽民众观念有两个重要转变：对“皖人”身份认知的改变，以及试图维护本省利益。

安徽简称“皖”源于安庆府潜山县的皖山、皖水。自春秋时期皖伯分封于此地，“皖”渐成安庆一带的文化符号，许多行政区和遗迹都曾冠以“皖”名。② 从明代至清初，“皖”仅指代安庆一府六县区域。桐城姚文然《赠黄总戎序》曰：“江南驰檄来，以将军二将步骑万，剿江北诸寨之不受命者，道经皖、历、英、霍，抚豫、楚而去。”又曰：“吾皖及舒、庐之间，旧不逞者实繁。”③“皖”与历阳、英山、霍山、庐州并列，显然不包括它们在内。安庆人龙光云：“余皖据上游之胜，天柱壁立，海门澎湃，吞吴咽楚，控制东南。”④“皖”指安庆、皖江一带。可见顺、康时期的“皖”仅限安庆地区。至迟在乾隆后期，“皖”所指范围超出安庆府，囊括徽州、宁国等皖南州府。乾隆四十四年（1779），安徽籍官员集资在西安南郊修建安徽义园，倡修官员籍贯包括安庆、宁国、徽州等府。⑤ 可见皖南籍官员认同自己的安徽身份。乾隆四十九年（1784）汪朝升曰：“徽郡人文甲皖，而山实居其半焉。”⑥ 将皖

---

① 中国地方志指导小组办公室编：《清代方志序跋汇编·通志卷》，上海古籍出版社 2014 年版，第 48 页。

② 春秋末期楚国灭皖，但该地留下了皖城、皖伯台、皖山祠、皖伯庙等遗迹。西汉曾置皖县，东汉改为皖侯国封地，东吴改为皖城县。唐代析怀宁县置皖城、安乐、梅城、皖阳四县，七年省皖城、梅城、皖阳三县。此后，安庆一带郡县不再以“皖”为名。但皖山、皖水之名一直存在，安庆府附郭也俗称“皖城”。

③ （清）姚文然：《姚端恪公文集》卷 13，《清代诗文集汇编》第 75 册，上海古籍出版社 2010 年版，第 287—288 页。

④ （清）徐釚：《南州草堂集》卷首《旧序十二首》，清康熙三十四年刻本。

⑤ （清）方延禧编：《陕省安徽会馆录》卷 1《建修安徽会馆碑记》，卷末《增置安徽新义园小记》，清同治六年刻本。

⑥ 道光《繁昌县志》卷 16《艺文志·游寨山记》，《中国地方志集成·安徽府县志辑》第 41 册，江苏古籍出版社 1998 年版，第 288 页。

南视为皖省的一部分。此后类似表述和认知日渐普遍，如嘉庆二十年(1815)歙县洪梧称泾县包世臣为“吾皖之泾人也”[①]。

明代以前江南淮北一直不相统属[②]，明代南直隶虽将安徽省域纳入同一高层政区之下，但南京是绝对的中心，皖北、皖中和皖南直接与南京进行政治（官员任免）、经济（漕粮转运）和文化（乡试、文人集会）交流，缺少跨越彼此区隔的动力。安徽多地至安庆的路程较至南京更远，正如两江总督查弼纳所言：

> 安徽巡抚所辖七府三州内，距安庆府最近者唯池州府，离安庆一百二十里，到江宁则有五百里。其次徽州府至安庆四百里，至江宁六百里。另设贡院，于此三府之人有利。庐州府至江宁四百三十里，至安庆四百一十里，远近相当。宁国府至江宁三百六十里，至安庆四百四十里；凤阳府至江宁三百六十里，至安庆六百里；广德州至江宁三百八十里，至安庆六百二十里；太平府至江宁一百四十里，至安庆五百里；滁州、和州至江宁一百三四十里左右，滁州至安庆七百二十里，和州至安庆七百一十里。宁国、凤阳、太平三府，滁州、和州、广德三州，至安庆府较至江宁省城更远。[③]

从里程来看，皖北和皖南宁国、广德等地来往南京的难度小于安庆。李鸿章也认为安庆位置不佳：“况安庆居全省上游，本非四路适中之区，徽、池相距较近，多士犹以为未便，则宁、太、滁、和、泗之距宁近而距皖远者，其不愿（引者注：指在安庆设贡院）亦系常情。”[④]安徽建省前，安庆只

---

① （清）包世臣：《小倦游阁集》卷26《代洪桐生先生致江苏李提刑书》，清小倦游阁钞本。

② 江淮地区高层政区沿革如下：汉代淮河中游以北属豫州，淮河中游以南、江南属扬州，淮河下游两岸属徐州；唐代长江以南属江南道，江淮之间属淮南道，淮河以北属河南道；北宋长江以南两浙路和江南东路，长江以北大部分地区分属淮南东路和淮南西路；南宋长江以南分属两浙东路、两浙西路和江南东路，江淮之间分属淮南东路和淮南西路，淮河以北属金；元代长江以南属江浙行省，长江以北属河南江北行省。参见谭其骧主编：《中国历史地图集》，中国地图出版社1982年版。

③ 《两江总督查弼纳奏报江南不另设贡院折》，雍正元年十一月初一日，中国第一历史档案馆译编：《雍正朝满文朱批奏折全译》上册，黄山书社1998年版，第468页。

④ （清）李鸿章：《复刘省三军门》，《李鸿章全集》第31册，安徽教育出版社2008年版，第36页。

是江南省普通经制政区，地理位置和文化都不突出，作为文化符号的“皖”称自然难以跨越边界为其他州府所认同，因此“皖”文化难以扩展边界。建省后安庆成为抚、臬二司驻地，是事实上的安徽省会。藩司还治后其地位进一步提高，取代南京成为本省政治文化中心，稳定存在了几百年的“皖”的范围遂开始扩大。可见，其他州府之人以“皖人”自居，并非基于对“皖文化”的认同，而是对皖省的政治认同。

在此基础上，安徽籍士绅尝试维护本省利益。康熙年间，金从古等安徽七府生员曾向督抚递交呈文恳请分闱乡试，并愿捐一年廪粮用于安徽贡院建设，但未蒙督抚转呈。雍正元年（1723），湖广乡试分闱进行，怀宁人杨汝谷立即上奏：

> 窃查江南人材倍于他省，是以分江苏安徽巡抚为上下江，而乡试则合于省会。每见乡试榜发，江苏七府中式者十之七八，而安徽七府中式者不过十之二三。……康熙六十年辛丑科会试，江南共取中进士二十名，而安徽七府曾无一人，亦足见多寡之不均矣。……七府临近地方创立贡院，俾上下两江士子分闱考试，不至多寡悬殊。①

“上江”“安徽七府”等称谓明确表达了安徽的地域范围，与“下江”“江苏七府”相对照则说明皖籍士绅已有朦胧的皖省主体意识。他们认为江南合闱乡试导致乡试解额的不公平分配有损安徽士子利益。要求分闱乡试、增加解额，表明他们开始摒弃江南一统观念，宣扬安徽主体性。

建省是安徽产生省域认同的第一个契机。建省之后，安徽有明确省界、排他省域和专属省会，虽然各区之间区隔仍然严重，但新的省域为安徽人提供了省域共同体想象的空间。但此时安徽的地方认同感还很薄弱，集中于政治层面而非文化层面，其范围也尚未遍及全省。

---

① 《通政使司通政使杨汝谷奏请分江南两闱乡试折》，雍正元年八月初三日，中国第一历史档案馆译编：《雍正朝满文朱批奏折全译》上册，黄山书社 1998 年版，第 264 页。

二、道光《安徽通志》与省籍意识的形成

道光初年，时任安徽巡抚陶澍查阅安徽方志时，发现只有乾隆《江南通志》，深感不妥，遂于道光五年（1825）奏请创修新省志。

> 窃查《江南通志》自雍正七年钦谕旨修辑，其时安徽藩司驻扎江宁，尚未分移安庆，一切文献，每多简略。……臣与藩、臬两司公余筹议，以为安徽自分省以来，有志书，即上、下江合修之志，于乾隆元年告成，迄今已阅九十载。愈久则事愈积，而搜访愈难。若田赋、水利、学校、兵制等项，尤关重大。未可听其散佚。①

陶澍认为，当下安徽已是一个名实俱全的独立省份，故乾隆《江南通志》对安徽的记载有失全面、不合时宜。道光五年五月，该奏得旨允行，编纂工程遂在“郡县志而荟萃之则有省志，取省志而荟萃之则有一统志”② 的思想指导下，以严格的科层制方式展开。

> 《大清一统志》，义例精严，各省通志咸禀成式。惟安徽自分省以来，六十余年未有全书。余创议纂修，先檄所属各州县，凡岁久无《志》者，亟为增辑，并手定体例，俾归画一。③

大致纂修过程如下：首先在省城设局统筹，制定章程；提供具体的纂修提纲，颁为程式，以求体例规整；令各牧令先修郡县志，最后汇总成省志。④ 道光九年（1829），《安徽通志》纂修完成。这是第一部以单一安徽区域为认知对象

---

① （清）陶澍：《创修安徽省志折子》，陈蒲清主编：《陶澍全集》第 1 册，岳麓书社 2017 年版，第 233—234 页。

② （清）陶澍：《怀宁县志序》，陈蒲清主编：《陶澍全集》第 6 册，岳麓书社 2017 年版，第 72 页。

③ （清）陶澍：《宿州志序》，陈蒲清主编：《陶澍全集》第 6 册，岳麓书社 2017 年版，第 81 页。

④ “檄各牧令，先修郡县志，将汇而集之。”[（清）陶澍：《怀宁县志序》，陈蒲清主编：《陶澍全集》第 6 册，岳麓书社 2017 年版，第 72 页]“爰即酌定章程，督饬道、府、州、县，博加采访，妥筹经费，于省城设局纂修，勒限一年蒇事。”[（清）陶澍：《创修安徽省志折子》，陈蒲清主编：《陶澍全集》第 1 册，岳麓书社 2017 年版，第 234 页]“患体例纷歧，为之提纲挈领，摘要举凡，酌定规条，颁为程式。”（光绪《宿州志》卷首戴聪序，《中国方志丛书·华中地方》安徽省第 669 号，成文出版社 1985 年版，第 48—49 页）

的官修省志，编纂过程中完成了安徽建省以来第一次系统区域整合，省籍意识随之萌芽。作为意识形态与行政业绩的省志编修活动贯穿于新的省行政机构和新省区的认同之中，扮演省域书写与省籍建构的地域学术文化与文本“角色”。[①] 陆发春认为，道光《安徽通志》的纂修表明地方精英和官员有了对安徽省域空间和与周边省份划界的认知，是对地理空间下自然状态和人文特征的自我肯定。[②] 此后，安徽在各方面都被赋予了与江苏并驾齐驱的地位，而不仅限于晏斯盛所说的区位优势。时任安徽按察使裕泰说：“安徽自我朝分藩以来，以安庆府为行台省，设巡抚镇其地，与江苏埒，于是俨然一大都会。”[③] 安徽按察使岳良说：“安徽置行省以来，人文之盛，与江苏相埒。”[④] 桐城文人方东树也认为“较其疆域之广轮，人文之殷盛，扼塞之险易，财货之阜蕃，实与江苏不相上下”[⑤]。安徽官员和士人认为安徽可与江苏媲美有两个原因。一方面，从康熙到道光时期，皖中有主盟文坛的桐城派，皖南有富甲一方的徽州商人，这两个群体增益了安徽人的自豪感。另一方面，皖中、皖南地方精英在省域认同基础上将皖北也纳入视野，注意到皖北的区位优势和历史文化成就，开始挖掘皖北的历史资源以填补整个安徽的现实劣势。由此，皖南、皖中、皖北的文化资源第一次得到了系统整合。这种整合既是省域认同的结果，反过来又强化了省籍意识，结果使皖北人对“皖人”身份也开始认同。

自康熙以来，江南省内府州县已在行政上明确归属“上江”或“下江”[⑥]，但国家行政层面的认知尚未完全下沉到皖北地方社会。以乾隆十七年成书的

① 陈郑云、巴兆祥：《合修到分修：清代两江、湖广省志编修中的制度博弈与省籍意识》，《史林》2021 年第 5 期。

② 陆发春：《安徽建省与省域认同》，博士学位论文，复旦大学，2013 年。

③ 中国地方志指导小组办公室编：《清代方志序跋汇编 · 通志卷》，上海古籍出版社 2014 年版，第 63 页。

④ 中国地方志指导小组办公室编：《清代方志序跋汇编 · 通志卷》，上海古籍出版社 2014 年版，第 62 页。

⑤ 严云绶、施立业、江小角主编：《桐城派名家文集》第 1 册，安徽教育出版社 2014 年版，第 271 页。

⑥ 如康熙四十八年两江总督邵穆布等上疏曰：“江南四月内霖雨连绵，上江之泗州、临淮，下江之邳州、沭阳、泰州等处雨水停积，麦苗淹没。”《清圣祖实录》卷 238，康熙四十八年五月十八日，中华书局 2008 年版，第 5318—5319 页。

《颍州府志》为例，该志是颍州自雍正十三年升州为府以来的第一部府志，厘清本府沿革、疆域是其主要关切之一。该志卷一叙沿革曰："（雍正）十三年，升颍州为府，置附郭阜阳县，以原属之颍上、霍邱，并亳州及所属之太和、蒙城属焉。凡一州五县，统于江南安徽布政使司。"[①]"安徽"之上还有"江南"存在。另有前任颍州知府胡格在序中说道："郡南、北、西三面接豫，东隶江南。"[②] 亦将颍州视为江南省直隶。可见雍乾之际在皖北"安徽"只是一个介于州府与江南省之间的模糊政区概念，其合理性尚不明朗，认同更是无从谈起。随着省志编纂，皖北的省域认同逐渐建立。皖北人认同"皖人"身份的最早证据来自定远方氏兄弟。方濬颐（1815—1889）在论及清代文派时曾说："吾皖有桐城派，吴中有常州派，近则常州衰而桐城盛。"[③] 又在《皖游奕萃序》中直言"予皖人也"[④]。其弟方濬师（1830—1889）的《皖省山名》曰："吾皖据江之上游，丛山峻岭，山名同者最夥。"[⑤] 显然已视自己为"皖人"。以方氏兄弟生卒年份推论，他们对"皖人"身份的接受应在道咸时期，比皖南人晚了约半个世纪。

到咸同时期，"皖南""皖北"概念大量出现，表明视皖省为一个整体的观念已经成熟。当涂人夏燮（1800—1875）较早提到"皖南""皖北"概念，他描述太平天国战乱对安徽的影响道："今吾皖之民悉索敝赋，困于官，兼困于贼……计八年之间，四府一州荡然扫地，以皖北则如彼，以皖南则如此，亦可知吾皖之民之有孑遗者盖少矣。"[⑥] 很明显，在夏燮的话语体系里皖北"四府一州"皆为"吾皖"，皖南皖北之民，皆为"皖人"。此时"皖"的

① 乾隆《颍州府志》卷1《舆地志·沿革》，《中国地方志集成·安徽府县志辑》第24册，江苏古籍出版社1998年版，第37页。

② 乾隆《颍州府志》卷首胡格序，《中国地方志集成·安徽府县志辑》第24册，江苏古籍出版社1998年版，第8页。

③ （清）方濬颐：《二知轩文存》卷1《文论》，沈云龙主编：《近代中国史料丛刊》第49辑，文海出版社1970年版，第89页。

④ （清）方濬颐：《二知轩文存》卷16《皖游奕萃序》，沈云龙主编：《近代中国史料丛刊》第49辑，文海出版社1970年版，第1003页。

⑤ （清）方濬师：《蕉轩随录》卷1《皖省山名》，沈云龙主编：《近代中国史料丛刊》第38辑，文海出版社1969年版，第80页。

⑥ （清）谢山居士：《粤氛纪事》卷9，清同治八年刻本。

边界已经从皖江扩展到整个安徽省了。

安徽省域空间认知之所以呈现南北不平衡的扩展态势，与安徽本身地理空间也有关。安徽各区自然区隔和文化差异很大，各地可获得政治资源不均等，使南北对“皖人”身份的接纳速度和程度有所不同。以清代江南乡试分闱与否的争论为例，皖省各府士子对苏皖分闱和在安庆创建贡院的态度很不一样，原因在于从各府去南京和去安庆赶考之路途远近、安全的考量不同。[①]安庆、庐州两府士子支持在安庆建贡院，其他府州士子则不以为然。对皖南士子来说去安庆需冒过江的风险；对皖北士子来说，去安庆而不去南京则是舍近求远。简言之，以安庆为政治中心的新行政体系，皖中和皖南相对容易接受，但不符合皖北的现实利益和文化传统。皖北人的身份认同更多是对既成事实的妥协，因此时间上较晚。

随着建省和省志纂修完成，安徽省域内历史人物、事件乃至思想，无论曾经区隔多远，都被整合到同一地理—政治—文化空间内，并被冠以“皖省”“皖人”和“皖地”等嵌有省籍意识的称谓。尽管“江南省”的魅影仍不时出现[②]，但对“安徽省”的认知已占绝对主流。然而，皖南和皖北接受“皖人”的身份，只能说明他们认同自己是安徽人，不代表他们也接受了“皖文化”，遑论对彼此命运的关切。换言之，这种自发产生的省籍意识不能弥合各区的文化差异，仅在最浅显的籍贯层面找到彼此之间的共性，更深层次的认同在近代以后才出现。

三、咸同以来的区域整合与重构

皖北地形平坦，淮河贯穿其间，战争频繁[③]。黄河南泛加速生态环境恶

---

① 孟义昭：《清代江南乡试分闱动议考论》，《史林》2017 年第 3 期。

② 作为行政区划的“江南省”虽已不存，但“江南”的政治文化影响甚至一直延伸到清末，如光绪末年铸造的铜钱上仍刻“江南省造”字样。

③ 关于安徽历代战争频繁的事实和原因的讨论有很多，参见杨国宜：《安徽古战场》，安徽教育出版社 1982 年版；李则纲：《安徽历史述要》，安徽省地方志编纂委员会，1982 年；鲁峰：《淮河流域战争多发的动因与战略地位》，《人文地理》2000 年第 4 期；陆勤毅、李修松主编：《安徽通史》，安徽人民出版社 2011 年版；黄传新主编：《安徽历史系年辑要》，安徽人民出版社 2013 年版。

化。生存压力迫使皖北人采取掠夺性的生存策略[①]，故其人多尚武、好斗、难治。皖南僻处万山之中，“父老终岁不见兵革”[②]。晋、宋南渡后，“俗益向文雅”[③]“称为东南邹鲁”[④]，故其人多尚文、知礼让。皖中以丘陵为主，长江中贯其间，历代战争不少，但未突破社会生态环境承载力，故其民风介于南文北武之间，其人以忠孝节烈、质朴厚实为称。[⑤]自然地理与人文地理的错杂，导致安徽内部呈现文化异质、认同离散的格局。清代中后期，安徽南北区域分异逐渐成为流行叙事。陶澍观察到：

窃惟安徽前江后淮，介南北两干之中，幅员数千里……其接壤也多，则其得气不齐而习尚亦异，江北质重，江南文秀，其大较矣。臣尝周历八郡，自淝、颍以北，极于濉、泗，弥望平原，田畴沃衍，强本力穑，则富教可兴，而果劲之余，流为桀犷，亡命不逞，时亦窜出其间，有司以为难治。至于宣、歙、皖、桐、舒、六，昔之所谓未通上国者，今则为人文薮，名贤魁硕，史不胜书，彬彬称极盛焉。[⑥]

王定安也指出：

安徽襟带江淮，江以南，士喜儒术，巽懦不好武，民则懋迁服贾于外，无雄桀枭猛之姿，故畏祸乱，少奸宄。独滨淮郡邑，当南北之交，风气慓急，其俗好扶轻死，侠刃报仇，承平时已然。[⑦]

南文北武的区域文化结构，对社会秩序产生不同影响，导致不同的评价。左辅评论颍州风俗道：

---

① ［美］裴宜理：《华北的革命者与叛乱者：1845—1945》，池子华、刘平译，商务印书馆2007年版，第11页。

② （清）马步蟾：《重修徽州府志序》，道光《徽州府志》卷首，清道光七年刻本。

③ （宋）赵不悔、（宋）罗愿纂：《新安志》卷1《风俗》，李勇先校点，四川大学出版社2007年版，第4页。

④ 弘治《徽州府志》卷1《地理·风俗》，明弘治刻本。

⑤ “俗尚劲朴，其君子多慷慨节烈之气，其里民犹不失唐魏俭勤之遗则。”康熙《桐城县志》卷2《风俗》，清康熙二十二年增刻本。

⑥ （清）陶澍：《安徽通志序》，陈蒲清主编：《陶澍全集》第6册，岳麓书社2017年版，第70页。

⑦ （清）王定安：《湘军记》卷7《绥辑淮甸篇》，朱纯点校，岳麓书社1983年版，第87页。

气即嚣凌，尚勇争而弗知礼让。下至无赖之子，带刀而不买犊，聚博而不服田；什伯为群，披猖肆暴，遂至身遭刑戮，莫保妻孥，乃尚接踵效尤，恬不知悔。[①]

言语之间充满对颍州民风的批评和指责。蒙城知县李应珏也称皖北人为“奸民”和“不轨之徒”[②]。对皖北尚武好斗之风，负面评价占据主流。但也有不同声音，对这种文化格局进行微弱解构。顾祖禹曾说：“自秦以后，东南多故，起于淮泗间者，往往为天下雄。”[③]看到了皖北尚武之风的积极意义。

咸同以来，随着淮军崛起，安徽区域文化和地理空间被整合重构，皖北风气被重新看待。咸同时期，淮军凭借战功迅速崛起，给安徽地方社会带来了很大变化。王继平认为，湘军的崛起及其建立的事功造成了湖南人傲岸的文化心理，影响了百年来湖南士人的价值取向。[④]而淮军之于安徽社会和安徽人的价值取向，影响同样深远。咸同兵燹之后，安徽地方社会的官绅民权力结构遭到破坏和重组[⑤]，淮军士绅成为维持和重建地方社会秩序的主力军[⑥]。淮军将领的皖北出身以及时人对武勇的依赖使皖北素来饱为诟病的尚武好斗之风为人们重识，并被阐释出多重价值。霍邱王则侨注意到皖北尚武之风的两面性：

大淮南北，风土刚健之区也。其俗质直而好义，其人慷慨而尚气。善抚之，则贤才辈出，足备国家干城之选；不善抚之，则乘机啸聚，每遗中原无穷之患。自古两淮之地号称难治，谋国事者尤宜

① （清）左辅：《念宛斋集·官书》卷3《颍州府条示》，聂崇岐编：《捻军资料别集》，上海人民出版社1958年版，第23页。

② （清）李应珏：《皖志便览》卷6《皖中捻匪军事纪略》，清光绪二十四年印本。

③ （清）顾祖禹：《读史方舆纪要》卷21《南直三·凤阳府》，贺次金、施和金点校，中华书局2005年版，第996页。

④ 王继平、黄琴：《湘、淮军与区域文化》，《湘潭大学学报》（哲学社会科学版）2015年第5期。

⑤ 方英：《太平天国时期安徽士绅的分化与地方社会》，《安徽史学》2012年第5期。

⑥ 潇潇：《淮系士绅与晚清庐州社会秩序重建》，《合肥学院学报》（综合版）2017年第1期。

汲汲于此也。[①]

在他看来，皖北人性格里存在积极的一面，不可片面视为奸宄。社会风俗与社会秩序之间没有必然联系，不同的引导会产生治乱分殊的结果，从而破除了“尚武好斗—不轨之徒—社会隐患”的传统叙事。李鸿章曾说：“皖一州虽蕞尔，其民往往向气谊，重然诺，故能以乡兵越境剿贼，万众一心，效命恐后，鸿章得用之以收尺寸之功。”[②] 可谓用实践经验佐证了王则侨的观点。

淮军崛起使皖北武人形象得到很大改善，人们对皖北文化的认同也逐渐增强。北京安徽会馆主祀皖北闵子和皖南朱子，苏州安徽会馆主祀包拯和朱子，就是皖籍士绅有意整合本省南北文化的体现。[③] 同光之际新省志的纂修者有意淡化皖省南北的文化差异。《重修安徽通志·人物志·忠节》曰：“夫忠节尚已，历稽往籍，代有完人，不以皖南北风气之刚柔为异，亦不因禄位之大小有无而殊。”[④] 一些开明的外省人也持这种观点。如刘师培在《安徽乡土地理教科书》第一册序言中道：

> 若皖省之地，则皖北多属平原，皖南多属山国……故至于今日，皖北之民宜于服兵，皖南之民宜于经商，而实业教育于皖南为宜，军国民教育又以皖北为宜……
>
> 嗟夫，皖省之民，其特质有三：一曰尚朴，二曰好义，三曰贵勤。[⑤]

从国民教育角度指出了皖南和皖北的人才特点，服兵或经商，并无优

---

① 同治《霍邱县志》卷15《艺文志三·论淮南北善后事宜》，江苏古籍出版社1998年版，第510页。

② （清）李鸿章：《新建安徽会馆记》，《李鸿章全集》第37册，安徽教育出版社2008年版，第66—67页。

③ 杜春和：《李鸿章与安徽会馆》，《安徽史学》1995年第1期；张扬：《苏州安徽会馆》，《江淮文史》2006年第6期；陆发春：《旅京安徽会馆与省域认同》，《中国文物报》2013年4月10日。

④ （清）吴坤修等修，（清）何绍基等纂：《重修安徽通志》卷202《人物志·忠节一》，清光绪四年刻本。

⑤ 刘师培：《仪征刘申叔遗书》第12册《左盦外集》卷17《安徽乡土地理教科书叙》，万仕国点校，民国二十五年铅印本。

劣之分。与传统的地域差别叙事结构不同，他把“皖省之民”视为兼具南北文化性格的抽象主体，已具有整合安徽文化的意味。梁启超总结皖省学风曰：

> 皖北沿淮一带——今淮泗道，旧凤阳、寿、颍、亳、滁诸州府，自昔惟产英雄，不产学者，故无得而称焉。皖北沿江一带——今安庆道，旧安庆、庐、和、六安诸州府，交通四达，多才华之士，其学以文史鸣。皖南——今芜湖道，旧徽、池、宁国、广德、太平诸州府，群山所环，民风朴淳而廉劲，其学风坚实条理而长于断制：此其大较也。①

以“英雄”代替“奸宄”“不轨之徒”，是基于皖北历史上盛产英雄人物作出的价值判断，暗示了社会风俗背后的诸多可能性，即不同社会风俗的意义在于培养不同的人才类型，而非造成不同的社会秩序。合肥陈东原从民性角度展现了安徽的区域分异及整合的可能。

> 淮水与长江，一北一南，横贯其中，天然的把本省分为南北中三部分，于是遂产生三种不同的民性。皖北民性，强悍勇武；皖南民性，坚实条理，廉劲尚文；皖中的人，兼南北之长，质实文雅，并而有之。这三种民性，虽然是南北中三部分人民的天然的表现，但在整个的省境之内，因政治文化与经济之必然的沟通，人民的性格，亦不能由严格的划分。所以，就整个的安徽而论，我可以说，安徽民性，有一特点：便是独创性。……独创性这一种特点，为安徽人所具有。以个人论，或长于此，或擅于彼。以区域言，南人表现在这一方面，北人或表现在那一方面，拿来作讨论安徽的民性，最是适当不过的。……如何利用健强的民性，训练卫国的人才，复兴民族，建设国家，这是安徽教育应有的第四方针。②

安徽南北虽因不同自然条件而有不同民性，但省内交流沟通已大大消解

① 梁启超：《饮冰室合集》第14册《近代学风之地理的分布》，中华书局2015年版，第4033—4034页。

② 陈东原：《安徽民性与安徽教育》，《安徽教育》创刊号，1939年1月16日。

了差异，增加了共性。从民性中抽离出“独创性”这一本质特征，弥合了皖北人和皖南人的差异。作为安徽教育厅督学，陈东原提出教育方针，可视为安徽政府进行区域整合的努力。

至此，皖省南北文化的差异被本省和外省精英共同重构，形成新的区域认知，关注南北文化的积极意义和整合的可能，强调文化聚合而非离散。同时，视皖北人为“奸民”“难治”的观念从未消失①，区域整合也并没有最终完成。不过在内忧外患背景下，这种地方观念反而能够汇聚成汹涌的意识暗流。

“地”是安徽地方认同的另一要素。19世纪以来，时人对于安徽省域的整体空间特征的认识愈发清晰。道光元年（1821），朱云锦在《皖省志略》中评论道：

> 其形势则上控全楚，下蔽金陵，扼中州之咽喉，依两浙为唇齿，洪流沃野，甲于东南，故六代以来皆为重镇。②

“上控全楚，下蔽金陵”是针对皖中而言，“扼中州之咽喉”者为皖北，“依两浙为唇齿”者为皖南，“洪流沃野，甲于东南”则是对安徽全域形势的判断。安徽文献编纂者以超越文化区隔的视野，求同存异，着眼于安徽省域在防卫功能上的共性，而非彼此之间的文化差异，从而自觉将皖省各部整合到统一的地理空间和话语体系中。咸同以来，太平天国和捻军皆以安徽为主要战场这一现实经验，强化了这种空间认知。在清末民初纂修的多部地方志中，这种整合不断加强。《重修安徽通志》曰：

> 安徽介吴楚之交，为上游重镇。自浔阳下趋采石，长江天堑，类皆昔人巡防控扼之区。涡口、堰城，尤称淮服屏蔽，昭关、硖石、箬岭、丛关，亦捍卫之所，依为重阻。③

---

① 如魏源说：“土地荒芜，民惰而好斗，习于抢劫，百千为群，各有首领，日有伤害，故该地素称难治。”（《魏源集》卷1）

② （清）朱云锦纂修：《皖省志略》卷1，《中国方志丛书·华中地方》安徽省第682号，成文出版社1985年版，第17页。

③ （清）吴坤修等修，（清）何绍基等纂：《重修安徽通志》卷16《舆地志·形势》，清光绪四年刻本。

《皖志便览》曰：

皖省颍、凤当南北要冲，池、太为上游屏障，宣、歙虽介在偏隅，而山深地险，亦用武之资。历代纷争皆先天下而动，兵事进止，更仆难终。①

皖南偏居一隅，并非用武之地，修志者为了保持安徽全域的平衡和统一，刻意赋予其战略意义。《安徽舆图表说》曰："我国家分设安徽为东南省会之一，所以固中原、控吴楚者，诚得乎形势之宜。"② 清初江南分省，地理形势并非主要考虑因素。安徽省域的独特性，是建省以后随着省域的明确才被"发现"的。后见之明具有建构成分，不乏刻意强调和有意忽略。不过，在近代省籍意识和地方主义影响下，对"皖地"的建构恰好因应地方认同的需要。

最后，清末皖籍官绅也试图采取某些实际行动整合区域。安徽南北交通不便，安徽士绅倡议构筑铁路，以整合皖南皖北资源，实现区域协同。1905年，合肥李经方提出了修路方案：干路起自皖北太和县或亳州，南经无为、芜湖至广德州，南北两头分别出省境与苏杭甬铁路、卢汉铁路相接，实现"联络两路，南北贯通"的目标。③ 修路所需款项，主要来自芜湖出口之米、徽州洋销之茶及长江运售之木，其余则向全省招股。他呼吁所有安徽人协力襄办："夫安徽者，全省六十州县所共有之安徽也，为地方兴莫大之公益，实人人有应尽之义务。"④ 同年，旌德吕佩芬、合肥龚心钊、六安王兰廷等皖籍京官呈请商部上奏，得旨施行。⑤ 不过，由于筹款不力及人事变动，直到1908年，"其南北路线，尚未勘定"⑥。时有名"公隐"者，试图再次整合全

① （清）李应珏：《皖志便览》卷4《皖中周秦楚汉兵事考略》，《中国方志丛书·华中地方》安徽省第224号，成文出版社1974年版，第185页。

② （清）刘筹：《安徽舆图表说》卷1，清光绪二十二年稿本。

③ 《皖绅李京卿经方安徽全省铁路图说》，《时报》1905年10月19日。

④ 《皖绅李京卿经方开办安徽铁路说略并条议四则》，《时报》1905年11月16日。

⑤ 《商部为安徽绅士筹筑全省铁路派员总办折》，《安徽官报》1905年第32期。

⑥ （清）冯煦主修，（清）陈师礼总纂：《皖政辑要》卷93《铁路》，黄山书社2005年版，第855页。

省资源，先筑皖南铁路，将来再筑北线。[1]

地方主义是一种基于血缘、地缘的心理认同，但成为全省的政治心理还需一定社会经济条件。本尼迪克特·安德森曾指出，印刷品是孕育全新的同时性观念的关键[2]；而交通通信发展以及经济联系扩展也是乡土地缘向省籍意识发展的条件之一。[3] 社会剧变的时代，安徽铁路建设虽没有按照李经方的蓝图实现，但数年的奔走呼吁及一些具体举措在一定程度上起到了整合区域的作用，强化了地方认同。

四、“重系天下”：近代安徽的地方认同

在甲午战争、清末新政、辛亥革命等一系列事件影响下，各省纷纷探索本省发展路径，重新看待本省与他省及国家的关系。很多省份都强调本省之于国家的重要性，形成以地方主义为核心的地方认同，只是各省构建认同的历史依据不尽相同。安徽主要通过强调先贤的文德武功和省域的战略价值，展现其独特性和重要性。这种建构以近代早期的区域整合为基础：从空间来看，安徽省域是历代重要战争的发生地，是能够影响大局的“天下战场”；从民性来看，皖南尚文、皖北尚武，作为群体的“安徽人”兼具这两种素质，从而具有影响天下大势的能力。近代安徽社会基于这两种观念，强调安徽是“重系天下”的“中国第一省”。

1907 年，“朱小璋”在《民报》增刊《天讨》上发表《安徽讨满洲檄》，宣传革命。开篇曰“皖省之地，古称神皐。自禹合诸侯于涂山，而皋陶遗裔，宅居舒六之间，冠带之伦，于焉萃处”，极言皖省地理空间的独特性。接着历数清廷对安徽的“压迫”及安徽人的“反抗”，指出安徽在“平民革命”和“攘夷却虏”两方面具有悠久传统。

---

① 公隐：《奉劝安徽人买宣屯铁路股票》，《安徽白话报》1908 年第 6 期。

② ［美］本尼迪克特·安德森：《想象的共同体：民族主义的起源与散布》，吴叡人译，上海人民出版社 2005 年版，第 38 页。

③ 杨妍：《地域主义与国家认同：民国初期省籍意识的政治文化分析》，天津人民出版社 2007 年版，第 98 页。

昔陈涉、吴广以谪戍之卒犹能奋臂大泽，诛无道秦以为天下倡首，则平民革命以皖省为最先。南宋之时，皖南之地，朱子廷生，以攘狄复仇之义讲学东南。故胡元季年，刘福通、郭子兴之徒，咸以恢复中原为己任。及明祖兴师濠泗，一时从龙之士若徐、常、胡、李之流，均奋兴濠、泗之间。统军北伐，杀敌致果，伐罪吊民，驱胡酋于漠北，复皇汉之版图。功在旗常，勋垂史策。则攘夷大义，惟皖民能窥其深；即却虏之勋，亦以皖人为巨擘。①

为响应同盟会的政治纲领，努力挖掘和整合本省资源，着重阐发大泽乡起义的“平民革命”以及朱元璋推翻元朝的“民族革命”意义。对安徽革命传统的书写，建立在对“皖人”和“皖地”的认同基础上。其一，作者认为皖北武人攘夷却虏、恢复中原的事功，受到皖南朱子“攘狄复仇之义”的学术影响，这种刻意制造的因果关系，是为了同时调动皖南皖北的革命情绪，对皖省南北文化的有意统合。其二，陈胜、吴广不是安徽人，大泽乡起义并非由“皖人”主导，只不过偶然发生在安徽境内。作者勉强将其视作安徽的功绩，是为了突出安徽省域的价值。1934年成书的《安徽通志稿·大事记稿》②，也从“皖地”角度书写安徽的革命传统。

秦之亡也，陈胜等起大泽乡；元之亡也，明祖起濠州。大泽乡在今宿县境，濠州者，古之钟离、今之凤阳，皆皖地也。夫以民众而颠覆在上之政府，莫先于陈胜之亡秦；以匹夫而恢复汉族之河山，莫先于明祖之亡元，而其举事皆在皖地。皖在革命历史中诚有光荣可称者矣。③

对本省文化传统的“发现”，适时地充当了鼓励皖人效仿先贤、参加革命的工具。到20世纪30年代，随着民族危机加深，以本省为战场抗击外来

① 朱小璋：《安徽讨满洲檄》，《民报》增刊第12期，1907年4月25日。

② 安徽通志馆馆长江炜（歙县人）、副馆长徐炎东（合肥人）及接任者余幼泉（霍邱人）、总纂徐乃昌（南陵县人）都是安徽人，纂修人员也以胡适、许承尧、黄宾虹、程筱苏、潘季野等安徽名贤为主，因而《安徽通志稿》是晚清民国时期安徽士人观念的体现。

③ 安徽通志馆辑：《安徽通志稿》卷上《大事记稿》，民国二十三年铅印本。

侵略，越来越具有现实意义。安徽知识分子纷纷以历史上成功抗击异族的例子鼓励本省人抗战。1937 年，歙县汪己文在《皖事汇报》发刊词中道：

吾皖地绾长江中流，在形势上颇占紧要之地位。而推寻历史上之使命，更觉有不可灭减之迹象焉。如东晋淝水之战，宋代采石之役，在民族战争上，颇多感发兴起者。①

1939 年，芜湖人段熙仲发表《淝水采石二战役之光荣教训》一文：

在本国历史上，决定中华民族命运的战役，除了远的如黄帝蚩尤涿鹿之战不计外，凡有四项：第一次是五胡乱华时期的东晋苻秦淝水之战，第二次是南宋初的虞允文完颜亮采石之战，第三次是宋元襄阳之战，第四次是明清扬州之战。前两次结果，是对侵略者抗战的成功；后两次结果，是百年，乃至二百余年，华族沦为奴隶的悲惨命运。淝水与采石都在安徽省境，而两次的战争，都挽救了民族的危亡，这是何等光荣的乡土史地教材！②

二人试图以发生在安徽境内的两场战争证明安徽具有反抗侵略的历史传统，强化了安徽历史传统的民族主义内涵。可以说，近代的内忧外患在一定程度上促进了安徽地方认同的建构。反之，地方认同也有助于凝聚革命力量。

随着革命和攘夷传统的建构，安徽的地方认同感空间加强，一度把安徽视作中国中心。歙县王仲麒（号“天僇生”）呼吁安徽人“把中国做个全球的第一国，把安徽又做中国的第一省”③。1919 年，安徽省教育会出版的《大中华安徽省地理志》曰：“大中华之有安徽也，犹全体之有重心也。上古之历史，重心在北则北重，重心在南则南重。由现在溯未来，应皆同兹例。是故安徽当为全国重，不独为本省重也。安徽之未来，当为大中华之安徽，不独为安徽人之安徽也。”④ 桐城名士陈澹然所著《皖志议略》，从多个维度系

① 汪己文：《皖事汇报发刊词》，《皖事汇报》第 1—2 期合刊，1936 年 1 月 31 日。
② 段熙仲：《淝水采石二战役之光荣教训》，《安徽教育》第 2 期，1939 年 2 月 1 日。
③ 天僇生：《敬告安徽人》，《安徽白话报》1908 年第 1 期。
④ 林传甲：《大中华安徽省地理志》第 6 篇《结论》，安徽教育厅民国八年版，第 317 页。

统阐述安徽对中国的重要性，集中反映了近代安徽知识分子对本省与国家的关系的看法。该书开篇构建了一个以大禹为代表的安徽早期历史人物群像。

> 自神禹导淮，会涂山者万国（在凤阳），成汤革命，放夏桀于南巢（在巢县），禹庙（在凤阳涂山）汤陵（在亳州），巍焉吾土。厥后管（管子颍上人）、闵（闵子墓在亳州）代兴，老（老子太和人，洪泽湖内有老君山）、庄（庄子蒙城人）递作，经纶道德，并耀寰区，遂至文德武功，竟驱天壤。①

将安徽历史脉络延伸到上古时期，是为了展现安徽历史之久远。视大禹、商汤等华夏先贤为安徽人文始祖，则意在表明安徽在中国历史上的重要地位，把安徽从“地方”提升到“国家”高度。陈澹然也是从“人”和“地”两个角度书写安徽历史。该书上卷按时间顺序，分皖南、皖北，列举历代武人和战事，包括大泽乡起义、淝水之战、采石之战、曹操、朱元璋、李鸿章等具有重大历史意义的人物和事件，以展现安徽“武功”之盛。然后将安徽历史上的文人归纳为管派、老派、闵派、庄派、淮南派、陈派、朱派七个类型，囊括了传统中国主流政治、经济、学术思想流派，以展现安徽“文德”之盛。下卷从建置、江险、路险、水利、物产、风俗六个方面，具体阐述安徽自然地理形势的重要性。他在最后总结道：

> 夫国于天地，必有兴立，要以保守进取互为其根，方可自撑于天地。皖北尚武，其杰者皆有王霸之思，此天下进取之风也；皖南尚文，其高者皆有圣贤之志，此天下保守之风也。斯二者实皆中国数千年元素，而武或流暴，文或毗柔，剂二者而燮其平，虽一省人才，自足称雄天下。②

在他看来，安徽人允文允武，既有王霸之思又有圣贤之志，加以整合，就能以一省之力称雄天下。这并非宣扬安徽独立，而是展现安徽的实力，强调安徽对于中国的责任，目的是召唤皖人起而救国。安徽的地方主义，未超

① 陈澹然：《皖志议略》上卷，民国铅印本。

② 陈澹然：《皖志议略》下卷，民国铅印本。

脱“以国家为导向的民族主义”，因而与裴士锋笔下湖南人那种“草根民族主义”不同。①

江炜主持纂修的《安徽通志稿·大事记稿》延续了陈澹然的历史书写方式，通过梳理“大事”，把安徽历史脉络与王朝兴衰史勾连在一起。这些“大事”即东周吴楚兵争、三国时魏吴兵争、东晋胡祸、六朝时南北兵争、五代时南北兵争、南宋时金元兵祸、元明之际兵争、明清之际兵争、清咸同时太平天国军兵争等决定王朝兴衰的战争②，或以安徽为主战场，或由安徽人主导，使安徽一次次站在全国舞台中心。颍上人刘道章认为，安徽文化重心的空间转移是中国“地运”变化的直接反映：“我皖人席地理之优势，承历史之光荣……综观安徽之文化，古在皖北，逮宋后则移于皖南，吾国地运由此而南之公例。”③从地理角度把安徽区域史与国家整体史联系在一起。寿县人柏文蔚对皖北经济、文化地位极为推崇，称淮河流域“实吾族农业立国之根据地，而四千年文化产生之中原也”④。安徽地方精英通过重新书写历史，把安徽“地方史”脉络镶嵌进国家“大历史”进程中，提升了安徽的地位。此外，皖籍士绅和民众也通过实际行动表达了对本省的认同。民国时期的“婺源回皖”，就是安徽人基于省籍情结维护本省利益、保持徽州府级文化完整性和连续性的结果。⑤

近代早期的区域整合为20世纪初的安徽社会提供了明确的族群想象空间、丰富的文化资源和清晰的认同建构途径。安徽人重新梳理了安徽的历史脉络，在内忧外患的背景下，构建革命和攘夷的“地方”传统，从爱乡达致

① 参见［美］裴士锋：《湖南人与现代中国》，黄中宪译，社会科学文献出版社2015年版。

② 安徽通志馆辑：《安徽通志稿》卷上《大事记稿》，民国二十三年铅印本。

③ 林传甲：《大中华安徽省地理志》第6篇《结论》，安徽教育厅民国八年版，第1—3页。

④ 宗受于：《淮河流域地理与导淮问题》卷首《柏文蔚序》，钟山书局1933年版，第1页。

⑤ 相关研究参见唐立宗：《省区改划与省籍情结——1934至1945年婺源改隶事件的个案分析》，胡春惠、薛化元主编：《中国知识分子与近代社会变迁》，台湾政治大学历史学系、香港珠海书院亚洲研究中心2005年编印，第519—546页；徐建平：《互动：政府意志与民众意愿——以民国时期婺源回皖运动为例》，《中国历史地理论丛》2007年第1辑；孙祥伟：《政治博弈与省籍矛盾——以婺源回皖运动为中心的考察》，《黑龙江史志》2009年第24期。

爱国，形成具有民族主义内涵的地方认同。安徽的地方主义不但没有对国家文化造成威胁，而且还通过勾连“国家”的历史过程，提升“地方”的地位。地方认同感是不断强化的省籍意识与特殊时代相叠加的产物。正因如此，新中国成立后这种将安徽视作中心的认同感，随着内忧外患的消失而逐渐消失。

综观安徽地方认同的建构过程，一系列事件（建省、纂修省志、淮军崛起、重修省志、辛亥革命、抗日战争）勾勒出的线性历史中，蔓生着行政级别、社会阶层、地域差异、特殊人群等多元枝节，曲折的演进过程揭示了地方认同的建构、解构与重构等诸多面相。区域整合与安徽地方认同的关系包含以下几个方面：

第一，安徽地方认同的建构经历了四个阶段。随着清初建省完成，排他性省域为安徽人的共同体想象提供空间，朦胧的省籍意识在乾嘉之际产生并扩散。与江苏的对比中产生的文化焦虑和认同危机，成为构建地方认同的最初动力，以纂修道光《安徽通志》为契机，形成了自发的省籍意识。咸同以来，受淮军崛起的影响，人们一方面重新审视皖北尚武之风，重构南北文化差异；另一方面阐发安徽省域在地理形势上的共同属性，书写皖南皖北的同等价值和意义。“人”“地”两个层面的整合，使性格各异的安徽人变成同质群体，使离散的安徽省域变成同质空间。近代安徽地方精英在区域整合基础上，重新书写安徽历史，构建革命与攘夷的军事文化传统，赋予安徽“重系天下”的责任，将安徽从历史的边缘推向中心。这四个阶段在时间上虽有交叉重叠，但总体来看，从清初建省到民国时期，安徽的地方认同在逐渐强化。

第二，安徽建省很晚，内部自然和人文差异很大，近代地方认同能够形成，原因在于成功进行了“地”与“人”的区域整合。区域整合不仅强化了对省域共同体的积极想象，而且提供了建构认同的丰富思想资源。这种整合以清代中期以来形成的省籍意识为基础，在内忧外患的时代背景下，形成以标榜本土荣光、拯救民族危亡为核心内涵的地方认同。这种认同既是地方主义的，也是民族主义的。

第三，安徽地方认同的结构性因素（如地理形势、文德、武功等）主要是皖北的，但认同的建构却主要由皖中和皖南人完成。这种“主体”与“客体”的错位由皖南皖北的不同历史轨迹决定。皖北在明清以前盛产人才，明清以来却逐渐衰落，变成了历史低声部。皖南则自宋以后逐渐崛起，渐成首善之区。这种“剪刀差”式的历史脉络和文化结构，既导致近代安徽社会的复杂性，也增强了认同的稳定性。江苏则是一个反例，苏南不管在历史资源还是现实文化权力方面都占优势，极度倾斜的区域文化结构，很难形成一致的地方认同。

第四，安徽地方史与国家整体史的勾连互动。安徽的南北差异是中国南北地域差异的缩影，安徽经济文化重心的移动与中国经济文化重心的移动过程基本同步，安徽的治乱是中国王朝兴衰治乱的晴雨表。安徽地方史中处处可见国家的影子，地方观念中包含着许多国家关怀，地方与国家分享着大量共同的历史经验。与其说是国家历史进程在安徽地方社会的投影，不如说安徽本就是中国历史发展的重要舞台。近代安徽人从国家“大历史”中汲取资源来构建地方的“小历史”，反过来也对国家“大历史”有一种自觉的责任和使命。

第四章　礼俗生活：安徽地方士庶的思想与生活

第一节　安徽地区的“丧祀婚姻率渐以礼”

自“周公制礼作乐”以来，礼仪一直是贵族或是士人的行为规范，祭祖之权被士人垄断，宗法关系局限于贵族。社会上层与下层各不接触，礼俗各不相关。傅斯年认为“‘礼不下庶人，刑不上大夫’这两句话充分表现儒家文化之阶级性。因为‘礼不下庶人’，所以庶人心中如何想，生活如何作心理上的安顿是不管的。于是庶人自有一种趋势，每每因邪教之流传而发作”[①]。“礼不下庶人”是由多种原因造成的：一方面，原有的礼仪是世家和贵族礼仪，庶民无践行的身份和机会；另一方面，原有的礼仪并不适合于庶民，繁冗复杂的礼仪和晦涩难懂的礼文，庶民并不能日用之。

但考察近世安徽的地方志，不少方志中出现“丧祀婚姻率渐以礼”的记载。《重修安徽通志》卷三十四《舆地志·风俗》载：“人性躁劲，风气果决，其旧风然也。自平陈后，俗尚纯贤，好俭约，丧祀婚姻率渐以礼。”[②]“古称气劲躁、性轻扬。自永嘉之后，衣冠避难多萃江左，艺文儒术斯之为盛，盖因颜、谢、徐、庚之风焉。”[③]两则记载简明地表述了安庆和宁国两府风土与礼俗的变化。安徽“丧祀婚姻率渐以礼”的变化大致追溯到唐宋时期。但由

① 傅斯年：《中国学校制度之批评》，载《傅斯年全集》第6册，联经出版事业股份有限公司1980年版，第2124—2125页。

② （清）吴坤修等修，（清）何绍基等纂：《重修安徽通志》卷34《舆地志·风俗》，清光绪四年刻本。

③ （清）吴坤修等修，（清）何绍基等纂：《重修安徽通志》卷34《舆地志·风俗》，清光绪四年刻本。

于安徽南北地理人文的差异，安徽风土与礼仪的重心大致呈现出由北而南的变化。

一、安徽地区文化和礼俗重心的南移

春秋时期，皖北地区是吴楚争夺的重要区域。伴随着楚文化的发展和对淮河流域的开发，皖北地区迎来了短暂的辉煌时期。皖北地区受楚文化、吴越文化、齐鲁文化等各种文化的交织，诞生了老子、庄子等思想家。秦汉以来，皖北的军事、政治环境比较自由宽松，游侠文化盛行。两汉至北宋时期，皖北地区出现了曹操、曹丕、曹植等政治家、文学家。在皖北文化兼容并蓄、较为繁荣的背景下，在《隋书》中，就已经出现皖北地区“尚淳质，好俭约，丧纪婚姻，率渐于礼”[①]的记载。《凤阳县志》记载了皖北凤阳县文化繁荣的盛景：“濠水之上、江淮之间，惠庄隐士昔所游处。淮南宾客，集而著书。流风所被，文辞并兴。”[②]相比于皖南的欠开发，皖北地区的文化和礼俗的发展远远强于皖南。但是伴随着频繁的战乱和恶劣的自然环境，文化和礼俗的格局发生了改变。皖北的经济文化发展与黄河和淮河密切相关。两宋之际，皖北的生态环境经历了剧变。南宋建炎二年（1128），黄河再次南泛，开始长达700年的夺淮入海历史，皖北的生态环境开始剧变。恶劣的环境、欠缺的政治治理和人口的迁移导致皖北地区的文化和礼俗逐渐衰落，民风彪悍。“淮南之地，人多躁急慓悍，勇敢轻进。”[③]长期的天灾人祸与过于贫困使得皖北的礼俗基本遵从古礼，仪式上简朴实用，且乡邻间多互助。“衣冠文物之乡，邻戚相助，丧葬相赒，殊敦古谊。”[④]在丧礼和葬礼时相互帮助的情况，表现出皖北地区的贫困。一家不能完全负担丧葬礼的费用，于是出现邻里相助的情况。

伴随着经济中心的南移和人口的不断迁入，江淮之间的皖中，和长江以

① （唐）魏征：《隋书》卷31《地理志下》，清乾隆武英殿刻本。
② （清）于万培修，（清）谢永泰续修：《凤阳县志》卷8《疆域考》，清光绪十三年刊本。
③ （宋）乐史：《太平寰宇记》卷129《淮南道七》，四库全书本。
④ （清）于万培修，（清）谢永泰续修：《凤阳县志》卷8《疆域考》，清光绪十三年刊本。

南的皖南不断被开发。这使得安徽的文化与礼俗重心由皖北转向皖中和皖南。尤其是皖南地区礼俗的发展与魏晋时期的士族南渡有着重大关系。“郡自晋元以还，皇风沦洽，才俊蔚兴，宣灵发异，垂数百年而不衰。”①“自永嘉之后，衣冠避难多萃江左，艺文儒术斯之为盛，盖因颜、谢、徐、庚之风焉。”②士族南渡带来了中原的礼俗和文化。至宋代，皖南地区的礼俗与文化繁荣发展，“丧祀婚姻率渐以礼”。至明代，皖中和皖南地区分别产生了桐城文化和徽州文化。经济文化的繁荣，促使皖中和皖南地区对礼俗仪式更加重视，举办仪式往往不计费用，且重视门第和声望。

由此可见，安徽地区礼俗的重心呈现出由北向南的特点。这种“丧祀婚姻率渐以礼”的记载最早出现在隋唐时期。在两晋至宋代，皖中和皖南地区也进入“礼”的时代。但这种笼统的记载并没有详细的论述“丧祀婚姻率渐以礼”的“礼”是什么样的“礼”。所谓“丧祀婚姻率渐以礼”意在说明该地区的风俗变化。实际上，至宋代时，“礼”才被详细的讨论和制定，成为百姓能够日用的礼俗。而相传朱熹所作的《家礼》及其各种礼俗规范和种种促进地方社区建设的措施，对安徽影响深远，成为明清时期安徽地方礼俗的重要来源。

二、朱熹与宋代的礼仪下移

从隋唐以来，“庶人”阶层壮大，阶级流通性提高，庶人在礼俗方面也渐渐向士人靠拢，礼仪成为庶人向上晋升的门槛，礼仪在庶人阶层的需求不断扩大。由科举产生的新士人阶层来自于民间，满足了“礼下庶人”的阶层条件。此外，宋王朝面临的社会危机为礼俗的下移创造了良好的契机。面对宋朝内忧外患的严峻形势，礼仪的世俗化成为解决社会危机、维护社会秩序的根本方法之一。正如司马光所言：“近世以来，人情尤为轻薄……彼责以四者之行，岂知之哉。往往自幼至长，愚马矣如一，由不知成人之道

① （清）鲁铨修，（清）洪亮吉纂：《宁国府志》卷8《人文纪》，清嘉庆刻本。

② （清）吴坤修等修，（清）何绍基等纂：《重修安徽通志》卷34《舆地志·风俗》，清光绪四年刻本。

故也”[①]。教化百姓，以礼治国，使社会自成体系，成为摆在当时人面前的重要问题。

为此，司马光撰写《书仪》一书，主张治家先用礼，发挥礼仪在家庭和乡里的作用。该书一共十卷，其中《表奏公文私书家书式》一卷、《冠仪》一卷、《婚仪》二卷、《丧仪》六卷。书中，作者对各种礼仪过程的描述非常详细和明细，并结合当时的礼仪，对一些礼仪的具体细节与步骤做了增减和更改，可以说是一本适用百姓的可操作的礼仪指导用书。《书仪》一书也体现出司马光礼仪下移的倾向。在其自述中，他认为制定新礼仪的标准是“参古今之道，酌礼令之中，顺天地之理，合人情之宜”[②]。“合人情之宜”即充分考虑百姓之习俗与情感，表现出援俗以礼的特点。如司马光在《书仪》中记述了民间早已出现的“影堂”。“影堂”即供奉有祖先肖像的祠堂。《书仪》对人们出入“影堂”的礼仪做了详细的规定：“每旦，子孙诣影堂前唱喏，出外归亦然。出外再宿以上，归则入影堂，每位各再拜。将远适及迁官，凡大事则盥手焚香以其事告，退各再拜。有时新之物则先荐于影堂，遇水火盗贼则先救先公遗文，次祠版，次影然后救家财。”[③]子孙外出、升迁或是任何大事都要告知祖先并举行相应的仪式。

纵观全书，司马光的《书仪》已经不像早期礼仪类书籍，以讲经为主，聚焦于贵族，而是以讲解具体的礼仪，更为偏向民间的日常家庭和乡间礼俗，表现出礼仪下移的倾向。《书仪》为以朱熹为首的士人群体的“礼下庶人”实践提供了参考。相传，朱熹在此基础上，对礼仪庶民化提供了更为详细的理论论证和实践。《书仪》记载：

> 又《与蔡元定书》曰“《祭仪》只是于温公《书仪》内少增损之”云云，则朱子固甚重此书。后朱子所修《祭仪》为人窃去，其稿不

① （宋）司马光：《书仪》，载《景印文渊阁四库全书》第142册，台湾商务印书馆1986年版，第467页。

② （宋）司马光：《书仪》，载《景印文渊阁四库全书》第142册，台湾商务印书馆1986年版，第473页。

③ （宋）司马光：《书仪》，载《景印文渊阁四库全书》第142册，台湾商务印书馆1986年版，第473页。

传。则此书为礼家之典型矣。[①]

在朱熹之前，郑玄认为《周礼》为经礼，《仪礼》为“曲礼”。郑玄注“经礼三百、曲礼三千”[②]，《仪礼》成为进一步解说《周礼》的“曲礼”。在朱熹时代，郑玄注受到质疑，所谓“三百”应为《仪礼》中的士冠、诸侯冠、天子冠礼之类，这些是“大节”，有三百条。所谓“大节”是为关乎生老病死之事。朱熹认为，这些生老病死之礼仪关乎于一个人和整个社会，至为重要。并且，礼仪的教化之功能亦可在个人和社会中发挥作用。正是具有“人之生活礼仪”特征的《仪礼》地位的提高，为朱熹《家礼》的编撰提供了经学基础。

朱熹以司马光《书仪》为基础，参考了当时的礼俗，借鉴与吸收二程、张栻、吕祖谦等诸家礼仪，经过简化和整合，编撰出更为通俗易懂的《家礼》。邹昌林认为朱熹《家礼》的编纂“以《仪礼》为‘经礼’基石和本经，围绕人的生老病死、冠婚丧祭等展开，以人的一生为核心，并以人与人之间的各种关系作为半径，形成一种以解决人之生活问题为主线的文化结构”[③]。

《家礼》共五卷，相较于《礼仪》冠、婚、丧、祭、射、乡、朝、聘八礼，《家礼》只保留了更与百姓生活息息相关的冠、婚、丧、祭，并增加了通礼一卷。可见士的礼仪并不完全适合于庶人。在冠礼、婚礼、丧礼、祭礼中，朱子也充分吸收了庶民的习俗，将其简化，因而更加适合于庶民的生活。《家礼》文字和章节更趋简洁，符合庶民的认知水平和日常需求，更易推广。如冠礼仅存告于祠堂、戒宾、宿宾、陈冠服、三加、醮、字冠者、见尊长、礼宾等大节目。婚礼则将原来的六礼删去其三，仅存纳采、纳币和亲迎三项，“今不能尽用，止用纳采、纳币以从简便”[④]。新增的通礼卷主要谈论家庭日常中的礼仪，突出将“祠堂”放在篇端。“此章本合在祭礼篇，今以报本反

① （宋）司马光：《书仪》，载《景印文渊阁四库全书》第142册，台湾商务印书馆1986年版，第473页。

② （汉）郑玄注，（唐）孔颖达疏：《礼记正义》，上海古籍出版社2008年版，第986页。

③ 邹昌林：《中国古礼研究》，文津出版社1992年版，第152页。

④ （宋）朱熹：《朱子全书》第7册，上海古籍出版社2002年版，第897页。

始之心，尊祖敬宗之意，实有家名分之守，所以开业传世之本也。故特著此冠于篇端，使览者知所以先立乎其大者，而凡后篇所以周旋升降、出入向背之曲折，亦有所据以考焉。”① 朱熹提出应该让庶民在家中设立神坛供奉先灵以祭祀祖先，但高官需按照祭祀祖先规定数目，依照官品递减；庶民所祭不能超过三代。祠堂将宗庙天、君、臣的关系落实到了民间，将理学的精神内核扎根下来。同时，《家礼》能够考虑庶民的情感与生活，将社会下层的礼俗纳入其中，从而与庶民阶层建立连接，使得礼仪的庶民化成为可能。

朱熹礼下庶人的努力伴随着种种促进地方社区建设的措施。朱熹提出在地方社会加强乡约。在《吕氏乡约》的基础上进行了增损，而成《增损吕氏乡约》。朱熹及其理学家推崇书院建设，并建立书院的学礼学规。“是朱子一生，自少至老，皆有规焉不离也。而《白鹿洞学规》，则其为教者五，皆使人靠实用功，不为虚无空洞之学，诚万古不易之准则也。”② 而《白鹿洞学规》在最开始便规定“父子有亲，君臣有义，夫妇有别，长幼有序，朋友有信，右五教之目”③，以三纲五常为核心，明义理以修其身，然后推己及人，以促进社会稳定。朱熹所拟定的入门读本《小学》一书正是针对庶民。作为最基本的理学读物，其内容不过是爱亲、敬长、隆师、亲友之义，在于个人修养和社会道德的培养，亦是与目的不谋而合。朱熹积极致力于地方“治生”，如倡导社仓等建设，达到厚生以养民的目的。

总的来说，朱熹继承了二程、张载的理学建构，为礼下庶人找到了形而上的理论根据。同时，朱熹将礼仪作为彻底改造民众与社会的工具。不同于其他理学家“讨厌抽象的观念，所以只在他理解的客观条件限制下寻求解决的办法。朱熹却期待众人能够成为圣贤，遵循上古流传下来的道德原则，而坚持激进的理想主义”④。罗志田亦认为“礼下庶人的一个重要转移，即不仅让庶人分享士大夫的好观念，而且立意为普通多数人说法，达到梁启超强调

① （宋）朱熹：《朱子全书》第7册，上海古籍出版社2002年版，第875页。

② （清）施璜编：《紫阳书院志》卷15《会规》，清雍正三年刻本。

③ （清）施璜编：《紫阳书院志》卷15《会规》，清雍正三年刻本。

④ 田浩：《朱熹的思维世界》，陕西师范大学出版社2002年版，第194页。

的‘逮下’。但梁启超似乎主张不妨降低标准一及于下，而朱子等宋儒则更多希望提高庶人以学道有得。”[①] 可见朱熹礼仪下移的努力在于“道不远人”，在地方以礼来达到自治的目的。如果地方可以自我治理，“‘下’形成了自足的体系，‘上’之改变（包括有无）便无所谓，甚至可以做到‘亡国’而不‘亡天下’”。[②] 当然这样的设想是宋代内忧外患之际的无奈之举，但礼下庶人的努力却逐渐在地方社会发挥巨大作用。

朱熹的思想与著作是安徽地区的礼俗的重要来源。安徽地区家礼家规的制定与朱子《家礼》一脉相承。《家礼》在结合各个家族基本情况的同时，其基本的精神内核也保存了下来。作为人生礼仪的冠礼、婚礼等礼俗也大多参考朱子《家礼》。“冠礼男子十五岁至二十岁冠，详载朱子《家礼》，士庶略同，士大夫多有行者。”[③] 婚礼纳采纳币等礼仪，“依朱子《家礼》行之”[④]。作为书院讲学的会规和指导方针，朱熹制定的《白鹿洞学规》成为安徽地区书院学规学礼的重要来源。《白鹿洞学规》被刊于安徽紫阳书院的屋壁。“熊太守刊石东西讲堂，今大书紫阳屋壁。”[⑤] 施璜将《白鹿洞学规》列于徽州紫阳书院学规之首。朱熹的思想与著作尤其对皖南地区的宗族发展影响极大。歙县人许承尧谈及徽州宗族与礼俗发达之因时，尤其指出朱熹“定礼仪”的作用。

吾神州夙重宗法，而徽尤甚，尊祖敬宗收族之谊，烟巧于礼经，吾群之昌大荣固实利赖之。至于新安则里各别姓，姓各有祠，祠各有谱碟，阅岁千百，厘然不紊，用能慈孝敦陆，守庐墓，长子孙，昭穆相次，贫富相保，贤不肖相扶持，循循然彬彬然序别而情挚。试稽其朔，固由考亭先生定礼仪，详品节，渐渍而成俗，吾徽

① 罗志田：《地方的近世史：“郡县空虚”时代的礼下庶人与乡里社会》，《近代史研究》2015年第2期。

② 罗志田：《地方的近世史：“郡县空虚”时代的礼下庶人与乡里社会》，《近代史研究》2015年第2期。

③ 乾隆《六安州志》，丁世良、赵放主编：《中国地方志民俗资料汇编·华北卷》，书目文献出版社1989年版，第976页。

④ 乾隆《无为州志》，丁世良、赵放主编：《中国地方志民俗资料汇编·华北卷》，书目文献出版社1989年版，第949页。

⑤（清）施璜编：《紫阳书院志》卷15《会规》，清雍正三年刻本。

人食考亭之泽深且远，宜今之旅于外者，为馆舍必尊巧考亭也。[1]

朱熹建立完整的祠堂制度，以《家礼》在民间社会重建宗族，使民众处于宗法关系的约束之中。建立祠堂，祭祀祖先，编撰族谱，制定家礼，使人人可知来处。宗族的建立“管摄天下人心，收宗族，厚风俗，使人不忘本，须是明谱系世族与立宗子法”[2]。以宗族为单位，设立财产，宗族承担起成员活动、教育、救济的义务。家礼宗规一定程度上成为民间“私法”，是国家法律的重要补充，为社会的长治久安起到了不容忽视的作用。

赵士瑜等认为：“从宋代开始——北宋是一个非常关键的时代，明代中叶是第二个关键时代——这套东西（礼仪）却被士大夫推广演化，变成了所有老百姓都要做的事情，成为皇帝做、老百姓也做的一个共同的文化纽带。”[3]从南宋开始，以朱熹为代表的士人阶层与国家合作开始了“礼下庶人”的努力，通过这一种方式构建下层的民间社会。这一努力包含且不限于着家礼的制定、乡约的推行、书院的建立和地方互助社区的构建等。本章将从以上几个方面，探讨“礼下庶人”在安徽的推行，以及士庶共享的礼俗生活。

第二节　明清时期安徽的宗族、家礼与人生礼仪

《重修安徽通志》中认为新安地区有数种风俗胜于他邑：“千年之冢，不动一抔；千丁之族，未尝散处，千载之谱系，丝毫不紊，主仆之严，虽数十世不改，而宵小不敢肆焉。”[4]这句话生动地体现了皖南地区宗族的建设。如果说家庭是社会的细胞，是构成社会的最小单位。而由家庭组合而成的宗族有着更为严密的俗制。作为生活于群体中的人们，不论是家庭还是宗族，都

① 许承尧：《新安月潭朱氏族谱》卷首《月潭朱氏族谱序》，民国二十年木活字本。

② （宋）张载：《张载集》，中华书局1978年版，第258页。

③ 赵士瑜、李松、刘铁梁：《“礼俗互动与近现代中国社会变迁”三人谈》，《民俗研究》2016年第6期。

④ （清）吴坤修等修，（清）何绍基等纂：《重修安徽通志》卷34《舆地志·风俗》，清光绪四年刻本。

对人们的生活产生方方面面的影响。

一、安徽地区的宗族、家庭与家礼

常建华先生认为："宋代以前的家庙制度，经过五代时期的战乱，遭到破坏。宋朝政府曾努力修复家庙制度，但因时过境迁，始终未能建立符合实际的庙制。士大夫们提出种种方案，最终经朱熹整理建立起完整的祠堂制度。元朝则更是庙制荒疏的时代。宋元庙制不立及祠堂制度的建立，遂使宗族祠堂兴起。"① 宋代初年，徽州地区已有祠堂建立。《清华胡氏族谱》记载元朝泰定年间，婺源县清华胡氏宗族子弟胡升将别塾改为家庙，家庙"一堂五室，中奉始祖散骑常侍，左右二昭二穆为门三间，藏祭品子东，藏家谱于西，饰以苍黝，皆制也。"② 据《丰南志》记载，西溪南吴氏宗族祠堂——惇叙祠为明代"正德年间倡建"③。考察《大明集礼》，对祠堂的规定基本沿袭朱子《家礼》。"国朝品官庙制未定，权仿朱子祠堂之制，奉高曾祖祢四世之主，亦以四仲之月祭之，又加腊日、忌日之祭，与夫岁时节日荐享。"④ 实际上，至明代中期，安徽的祠堂建设并未形成社会风气。

明代嘉靖年间，兵部右侍郎、歙县棠樾鲍氏宗族子弟鲍象贤云："若夫缘尊祖之心，起从宜之礼，隆报本之仁，倡归厚之义，则今世宗祠一立亦有取焉。"⑤ 所谓今世即为明代中叶，赵华富认为这是研究徽州宗祠起于何时的一条极为重要的历史资料。⑥ 安徽宗祠大规模的建造与"大礼议"事件有关。夏言上疏《请定功臣配享及令臣民得祭始祖立家庙疏》，其中三议即为"定功臣配享""乞诏天下臣民冬至日得祭始祖""乞诏天下臣工建立家庙"。⑦ 夏言上疏："乞诏令天下，使大小庶官皆得拟而为之，凡唐宋以来一切三庙、

① 常建华：《宗族志·宋元庙制不立与祠堂的设置》，上海人民出版社 1998 年版，第 82 页。
② （明）胡尚仁、胡天民等纂修：《清华胡氏族谱》卷 6《家庙记》，明天顺二年刻本。
③ 吴吉祜纂：《丰南志》卷 2《祠宇》，江苏古籍出版社 1992 年版。
④ （明）徐一夔纂、李时增修：《大明集礼》卷 6《吉礼》，明嘉靖九年刻本。
⑤ （清）黄世恕：《新安黄氏大宗谱》卷 2《古林黄氏宗祠碑记》，清乾隆十七年刻本。
⑥ 赵华富：《徽州宗族研究》，安徽大学出版社 2016 年版，第 141 页。
⑦ （明）夏言：《夏桂洲文集》卷 11，明崇祯十一年吴一璘刻本。

二庙、一庙、四世、三世、二世、一世之制，繁杂破碎多碍而少通者，一切除去之，一以五室、四室为率，庶几三代之制、程朱之义通融贯彻，并行不背。"① 嘉靖皇帝对上述奏疏的积极态度，使"僭越"的祠堂——家庙的建造合理化了。

朱子《家礼》无疑为祠堂的建设提供了范本。安徽地区的祠堂建设大致法效朱子《家礼》。《滁州志》记载当时人们推重"公性孝"，滁州人钱山独先建祠堂，引起了士人的效仿。"居丧不用浮屠，法仿朱子《家礼》。至悉俸入，独先建祠堂，甚设四时之祭以礼。是后大夫士人之家稍效慕焉。"② 家庙的大量出现也促进了以祭祀祖先为核心的社会组织——宗族的发展。

从《中国家谱总目》中可以看出明清时期安徽地区宗族发展的情况如下：

表 4–1　《中国家谱总目》所见安徽地区家谱一览表③

所在府州	《中国家谱总目》 可见明代家谱数量	《中国家谱总目》 可见清代家谱数量
徽州府	340	698
无法确定	32	67
宁国府	24	160
池州府	4	31
安庆府	1	419
太平府	1	19
泗州直隶州	1	9
庐州府	0	85
凤阳府	0	13
六安直隶州	0	9
颖州府	0	6
和州直隶州	0	4
广德直隶州	0	3
滁州直隶州	0	1
合计	403	1524

① （明）夏言：《夏桂洲文集》卷 11，明崇祯十一年吴一璘刻本。

② （清）潘运皞纂：《滁州志》卷 22《人物》，清康熙十二年刊本。

③ 上海图书馆编，王鹤鸣主编：《中国家谱总目》，上海古籍出版社 2008 年版。

从表 4-1 可以看出，安徽地区的家谱编写主要集中于徽州和安庆两府。宗族发展呈现出皖南远远强于皖北的状况。这与皖北、皖南两地的风土人情不谋而合，更与明清时期桐城文化与徽州文化的繁荣不无关系。

卞利认为明清时期徽州宗族大体有以下几种结构："(1) 一般宗族：宗族—房分；(2) 大宗族：宗族—房派—支派；(3) 联宗宗族：始居地宗族—迁徙地宗族—房派—支派。"① 不同的宗族类型，在祠堂的建设上亦有差别。"邑俗重宗法，聚族而居，每村一姓或数姓各有祠，支分派别，复为支祠，堂皇闳丽，与居室相同。"② 不论是规划较大的宗族，或是较小的单位——家庭，成员结构和习惯俗制大致相同。

宗族领导者即为族长。"族人移矣，有族长以统之，立焉正副以辅之，谓其贤也，谓其才之足以集也，亦众心之所推戴而瞻仰者也。"③ 族长之下设房长或家长，代表一房或一家，协助族长管理宗族。歙县方氏家族《家训》规定："建大宗，分小宗，以统其涣。"④ 理论上宗子即为族长，但一些宗族的宗子或做官或年老等原因，往往只负祭祀之责，宗族便另选一公正贤明之人为族长，负责全族的事务。族长不仅处理全族的大小事务，参与族规制定，也肩负一族教化之重任，在全族具有极高的威信。家规家礼中将尊重族长作为宗族成员的基本要求。歙县许氏宗族告诫宗族成员："古者，宗法立而事统于宗；今宗法不行，而事不可无统也，一族之人有长者焉，分莫踰而年莫加，年弥高而德弥邵，合族尊敬而推崇之，有事必禀命焉，此亦宗法之遗意也。"⑤

安徽地区族规家礼的制定亦与朱子《家礼》一脉相承，主要的目的在于厉行教化，惩恶扬善。如《重修古歙东门许氏宗谱》中的《许氏家规》中设有大量的条目，对宗族成员的行为作出规定。其中既有"彰善瘅恶""居家

① 卞利：《徽州民俗》，安徽人民出版社 2005 年版，第 102 页。
② 石国柱修，许承尧纂：《歙县志》卷 1《风俗》，民国二十六年铅印本。
③ (清) 许登瀛：《重修古歙东门许氏宗谱》卷 7《许氏家规》，清乾隆十年刻本。
④ 赵华富：《徽州宗族研究》，安徽大学出版社 2016 年版，第 75 页。
⑤ (清) 许登瀛：《重修古歙东门许氏宗谱》卷 7《许氏家规》，清乾隆十年刻本。

孝悌”“振作士类”“剖决是非”“送官惩治”“游戏赌博”等，对宗族成员的日常行为作出规定，设立奖惩。亦有“经理祭田”“抚孤恤寡”“各治生业”等，对宗族内部成员的财产关系进行调整。如在“救灾恤患”一条中，认为宗族成员遭遇不测之事时，应该互相帮助。“凡意外不测之事，此人情之所不忍而推恩效力。固有不容已者在乡党邻里，有相周之义焉。况于族人本同一气者乎？”① 这些族规家礼规定了宗族或家庭成员的亲疏尊卑和行为规范，宣扬忠孝、节义、是非。宗族或家庭成员在长期的共同生活和生产中逐渐形成是非观念和道德俗制，宗族对成员的控制和管理也得以加强。作为国家实行社会控制的重要单位，宗族也部分地承接了国家的教化功能。宗规家法“是得到封建政权认可的民间私法，为封建王朝的‘长治久安’起到了不容忽视的作用”②。

除了家规家礼外，宗族也通过各种宗族活动加强宗族的凝聚力，其中最为重要莫过于祠祭活动。以形式而论，近世安徽民众的祭祖主要可分为两种，即祠祭与墓祭。所谓祠祭，是指家族成员于祖先祠庙之内进行祭祀。如嘉庆《太平县志》中载：“族必有祠，自始祖而下统萃于兹。族之大者，又有支祠，祠置田以供祭享。祭之日，秋以中元，冬以小岁，或前后数日，祭品尚丰腆。其无祠者，则祭于堂、于寝，虽远近必归，无废祀者。”③ 所谓墓祭，则是指家族成员赴祖先墓地进行祭祀。近世安徽，境内民众的墓祭一般多于每年清明、中元、寒衣三日进行。是时，“子孙皆从焉，赞仪者衣礼服，主祭者为宗子（亦有本墓之裔为祭主者）。焚纸于墓前、插柳于墓上。祭毕，更之他所，如初仪”④。总而言之，无论何种形式，祠祭都成为近世安徽民众日常生活中的一项重要活动。

在大宗族，祭祖活动往往繁杂且庄重，对祭祖活动有着严格的规定。

① （清）许登瀛：《重修古歙东门许氏宗谱》卷 7《许氏家规》，清乾隆十年刻本。

② 叶显恩：《明清徽州农村社会与佃仆制》，安徽人民出版社 1983 年版，第 170—177 页。

③ 嘉庆《太平县志》卷 3，《中国地方志集成·安徽府县志辑》第 62 册，江苏古籍出版社 1998 年版，第 61 页。

④ 民国《凤阳县志略》不分卷，《中国方志丛书·华中地方·安徽省》，成文出版社 1975 年版，第 43 页。

祭祖讲求昭穆世系，供奉主要遵循“永远不祧”和“五世则迁”的原则。家庙中的神主，除始祖外，凡辈分远的要依次迁入祧庙中合祭，永不迁移即为“不祧”。祠祭活动一般由宗子主持，若宗子无德，亦可选贤祭之，“古者摘子孙主祭祀，重宗也。或宗子不孝，当尊横渠之说，择次贤者立之，尚贤也。盖非止主祭，裁决庶务，皆资其人，而族之人听命焉”[①]。家礼家规中对祭祀所需准备的礼器有详细的规定，所需书目也需按照规定准备齐全。在祭祀前一天，宗族成员需要将祭祀的容器全部洗净，以表达对祖宗的尊敬之情。祭祀当天的祭品就更加丰富，包括肉类、菜类、果类等。“桌面肉丑，俱剔骨，鱼净头尾。始祖一副，五果，五菜，五案，煎腐，馒首，煎鱼，熟肉，丑肉各八两，鸭子四个，时菜东西席一副，品物各如席，盛用大盘，斤两加倍，配绝一副，品物如始祖席。”[②] 在举行祭祖的过程中，需要宣读祝文、通赞唱、献礼、祭拜，连续几轮才可完成。在仪式完成后，可将祭品祭钱等发放给宗族成员，谓之“散胙”，以表示祖先恩惠。

祠祭活动尤其注重长幼次序，休宁县程氏在《程典》中载，“立祠祀始迁祖，而以先代有功德者前祀。月朔，举族谒祠肃拜。岁以冬至祀，其日，夙兴盛服，诣祠相揖，趋及口，以欠入，序立。司祀者以时羞献奠，再拜。祭毕，相率以齿会拜，齿之最尊而有德者为宗正，面北立，余以齿东西相向。”[③] 以血缘关系确立次序，抹平了宗族内部因地位高低和贫富差距，仅保留敬祖之初衷，无疑有利于宗族和谐。休宁西门汪氏的祠祭活动在每年的“正月朔后一日”，即正月初二。“是日致祭，族之长幼其丽三百有余。不期而自至，不令而自敬，长者奠酒尽礼于初，幼者随班行礼于终。祭毕长者坐，幼者立，不以富而忽，不以贵而略。祖孙父子之分无一之或乖，叔侄兄弟之伦无一之或紊。享其胙也，均于分耳。笃于让食，尽欢而罢。汪氏一族均尽尊祖敬宗之道，无违越礼犯分之戒。如此不谓之孝且睦

① （明）郑之珍:《祁口清溪郑氏家乘》卷 4《规训客辩》，明万历十一年刻本。
② （清）鲍存良:《歙新馆鲍氏著存堂宗谱》卷 3《祠规》，清光绪元年木活字本。
③ （明）程一枝:《程典》卷 9《宗法志三》，明万历二十七年家刻本。

可乎哉。”①

不同于大宗族的规范有序，普通人的祭祖活动与岁时节俗相结合，而较为随意。《直隶和州志》载：“祭礼家庙合祀，无家庙祀于堂寝。四时以岁朝、清明、中元、冬至、除夕日祀先，惟清明、冬至扫墓。凡子姓娶妇、举嗣则告庙，入学、举科甲则墓祭拜。生忌日辰，则专展其像，设馔焚楮。礼无逾分者，祀及五世，俗不知其僭也。”②“祀及五世”显然已超越了朱熹庶人祭祀不超过三代的规定，显示出国家对民间祭祀规制的放松。

祭祖活动融入岁时节俗中，显示出区域差异性。从十二月初八，当地百姓就有喝腊八粥、祭祀祖先的习俗。如池州地区“八日调粥，杂以米果，和以五味熟之，祀其祖先”③。小年日时，家家户户逐渐开始“洒扫室宇，陈香灯、供具，悬祖先像于堂中，率子姓拜之”④。三十除夕日时，各家各户在完成换桃符、易门神、贴春联等事宜之后，往往会于家中设置香案供品，以祭祀祖先。在元旦，安徽民众多于鸡鸣之时就已起床，家家户户在各自家长的带领下具衣冠、焚香烛、拜天地祖先。安庆地区民众“鸡鸣而起，长幼悉具衣冠，以爆竹启门，燃香炬，拜天地祖先”⑤；凤阳等地亦“鸡鸣起、主人肃衣冠、率子弟焚香，拜于神前、次祀灶、次拜祖先”⑥。此外，按照安徽习俗，正月之时家家户户会于家中悬挂祖先图像，以供每夜焚香祷告之用，直至元宵灯节过后才会撤去。如徽州歙县地区民众“以正月悬祖容于庭，张灯设饮，至灯节后撤”⑦；绩溪地区则于正月之时于“中堂供祖像，庭除设香案”，“自元旦日至十八日，祖像前每夜焚香燃烛”，此后“年事告毕，撤祖

① （明）胡汝占：《西门汪氏祀祖敦族录序》，汪尚和：《休宁西门汪氏本宗谱》，嘉靖六年刊本。

② （清）朱大绅修，（清）高照纂：《直隶和州志》卷4《风俗》，清光绪二十七年刊本。

③ （明）王崇纂修：《池州府志》卷2，黄山书社2017年版，第60页。

④ 乾隆《望江县志》卷6，《中国地方志集成·安徽府县志辑》第13册，江苏古籍出版社1998年版，第120页。

⑤ 乾隆《望江县志》卷6，《中国地方志集成·安徽府县志辑》第13册，江苏古籍出版社1998年版，第120页。

⑥ 易季和纂修：《凤阳县志略》不分卷，民国二十五年铅印本。

⑦ （清）劳逢源修，（清）沈伯棠纂：《歙县志》卷1之6《风俗》，道光八年刻本。

像，人各就业”。[①] 正月是一年十二个月中的第一月，百姓祭祀祖先既含有对先人的追念和尊敬之意，也是为了祈求祖先庇佑后世子孙在接下来的一年中平安无事。

清明是继正月过后安徽百姓祭祀祖先的重要节点。按照当地习俗，每逢清明之时安徽百姓都要祭祖扫墓。在此过程中，“插柳”、“挂纸”和“添土”成为当地民众祭祖扫墓必不可少的环节，并彰显着地方特色。如池州地区“季春朔日后，士女诣墓所祭扫，祭毕加土于冢”[②]；安庆地区“清明墓祭，贵贱毕行，挂纸表树，祭余家督，举合族之觞，尽欢始散，插柳禁烟，未若兹为淳质矣”[③]；颍州地区“清明各扫墓，加土坟上，谓之添土。插柳枝，挂纸钱于冢上”[④]。在此之外，广德州地区的清明扫墓活动中还会分给子孙烘饼，谓之“清明饼”。在扫墓完毕之后当地人还要复祭于宗祠，并将剩余的祭品全部吃掉，谓之“吃清明”。同时，“又各备牲醪祀神，以粉作虎，列其间。祭毕，以刀剖虎，谓之退白虎”[⑤]。所谓“白虎”通常是指“白虎煞”，即中国古代星相家所说的一种凶神，传言其能够给人们带来灾祸。

清明之后，七月十五的中元节与十月初一的寒衣节同样是安徽百姓祭祖扫墓的重要节日。其中，中元节又称鬼节，佛教称之为盂兰盆节。届时，安徽百姓除扫墓之外，往往还会前往附近寺院进行祭祖。如池州地区“郡人咸诣寺观，设祖考斋，筵荐献荐。毕。多焚楮币，云冥费，惟士大夫祭于家庙”[⑥]；太平地区亦“多就僧寺，祀其先，谓之盂兰会”[⑦]。由此观之，中元之时安徽地域内的祭祖活动明显与佛教之间存在着某种密切的联系。此外，对于寒衣节而言，按照当地百姓的说法，人间进入十月天气开始转凉，阴间亦是如此。因而，此时阳世的家人需要到已亡的祖先或亲人墓前烧掉用纸做

① （清）清恺修，（清）席存泰纂：《绩溪县志》卷 1《风俗》，清嘉庆十五年刊本。

② （明）王崇纂修：《池州府志》卷 2，黄山书社 2017 年版，第 58 页。

③ （清）张楷修：《安庆府志》卷 6《风俗》，中华书局 2009 年版，第 190 页。

④ （清）王敛福纂修：《颍州府志》卷 1《舆地志・风俗》，清乾隆十七年刊本。

⑤ （清）胡有诚修，（清）丁宝书纂：《广德州志》卷 24《节序》，光绪七年刻本。

⑥ （明）王崇纂修：《池州府志》卷 2，黄山书社 2017 年版，第 60 页。

⑦ 乾隆《太平府志》卷 5，《中国地方志集成・安徽府县志辑》第 37 册，江苏古籍出版社 1998 年版，第 68 页。

成的冬衣，从而防它们在阴间遭受冷冻之苦。久而久之，这一天也就逐渐成了安徽百姓祭祖扫墓的日子，故寒衣节也被当地百姓称之为祭祖节。

无论如何，不断加强岁时节日的宗族团拜和祭祖活动，无疑促进了家族内部成员的联合，增强宗族之间的凝聚力和认同感。“士大夫具体采用的宗族形成方法，是编纂族谱、设立祠堂义庄以及实行合爨等。虽然形式各异，但从根本上讲，目的都是相同的。就这一点而言，元末明初的江南士大夫完全继承了宋代提倡的宗法主义。”① 宗族的宗法主义影响着宗族成员的日常生活。宗族成员从出生到死亡无不与祖先和宗族相关，无论是冠礼、婚礼还是丧礼，宗族在其中发挥了不可替代的作用。

二、宗族与人生礼仪

冠礼是中国古代男子由少年向成年迈进过程中的一个重要仪式。一般而言，在举行冠礼之前需要先行向父母禀告。若“四书不熟，不通家训，虽二十不冠；童年有秽行，不冠；有过三不改，不冠”②。近世以来，安徽境内所行冠礼基本是按照朱子《家礼》展开，古代汉族男子十五至二十岁之间均可举行冠礼。“冠礼男子十五岁至二十岁冠，详载朱子《家礼》，士庶略同，士大夫多有行者。至齐民突而加弁、有未冠先娶者矣。雍正五年颁行冠服定式，自始加冠即宜恪遵。”③ 以徽州休宁茗洲吴氏家族为例，该家族子弟成年欲行冠礼之时，先期需占卜选取吉日。至冠礼前三天，主礼之人则要设果酒，告于祖先祠堂。具体而言，“继高祖之宗者，告及高祖；继曾祖之宗者，告及曾祖；继祖之宗者，告及祖；继祢之宗者，告祢”④。行冠礼之时，主人需斋戒沐浴，然后带领加冠者前往祠堂，于祖先牌位之前宣读祝文。完毕之后再恭送祖先离去。至此，整个冠礼才算正式结束。就整个冠礼的过程而

① [日]井上徹：《中国的宗族与国家礼制》，钱杭译，上海书店出版社 2008 年版，第 107 页。

② 雍正《六安州志》卷 9，《清代孤本方志选》第 2 辑第 11 册，线装书局 2001 年版。

③ 乾隆《六安州志》，丁世良、赵放主编：《中国地方志民俗资料汇编·华北卷》，书目文献出版社 1989 年版，第 976 页。

④ （清）吴翟辑撰：《茗洲吴氏家典》卷 2，刘梦芙点校，黄山书社 2006 年版，第 65 页。

言，祖先在其中所处的地位和发挥的影响不言而喻。

近世安徽，境内十六至三十岁的男子与十四至二十岁的女子皆可成婚。婚礼的举行一般沿袭朱子《家礼》，“婚礼纳采纳币等礼，并依朱子《家礼》行之”①。包含以下程序：

> 婚礼古礼有六：问名、纳采、纳吉、请期、纳币、亲迎，酌而通之。用媒以至亲执友，无媒婆。始问名、纳采，谓之“结亲”，取婚帖下定礼。次纳吉、请期，谓之“通信”。次纳币，谓之“下大礼”。次亲迎。是早嫁家用奖二、糕二、酒一席一送女家，俗谓之“离娘担”。妇家即于是日铺陈于婿室，谓之“铺房”。父醮子而命之亲迎。至妇家，俟于门外，至亲一人导婧而入，拜祠堂，拜女父母及诸尊长，酒三行乃起。女父母醮女，登舆随婿行，女父母或兄弟双送至婿家，与婿父母行四拜礼，娟父母谢之。婿退，行合卺礼毕，出飨送者酒。次日，婿至妇家行四拜礼，谓之“谢亲”。三日庙见，分大小。诸凡仪物。称家有无，如有争财致讼，或称贷荡产者，深相为戒。②

安徽地区的婚礼虽然大体上按照六礼，但各地区的婚姻礼俗各有差异。大体上，皖中和皖南地区比较富裕，因此婚姻习俗更加重视程序和门第。作为宗族中的一员，婚姻往往是两个家族利益共需的结果。正因如此，婚礼往往呈现出父母主导和门当户对的特点。婚礼的缔结以门第为第一要务，财力和德行也是婚礼缔约的重要因素。婚姻成为宗族间社会交往和利益交换的重要手段，“昏礼合二姓之好也，上承宗庙下继后嗣，无贵非偶也。邑中姓多故族世系。历唐宋以来，两姓缔盟必数百年昏姻之旧。倘族类异等，即家巨万列朝绅蹇修不得通好焉。一或滥盟，举宗群然摈之。”③因此宗族间常有两

① 乾隆《无为州志》，丁世良、赵放主编：《中国地方志民俗资料汇编·华北卷》，书目文献出版社1989年版，第949页。

② 康熙《全椒县志》，丁世良、赵放主编：《中国地方志民俗资料汇编·华北卷》，书目文献出版社1989年版，第1007页。

③（清）何应松修，（清）方崇鼎纂：《休宁县志》卷1《舆地志·风俗》，清嘉庆二十年刊本。

族多人缔结婚约的情况，形成这一地区的“婚姻圈”，宗族之间互相交好，利益相关。

宁国府和广德直隶州的婚姻习俗更重注聘礼和奁妆，婚礼程序也相对烦琐，《怀宁县志》中记载到当地婚俗的弊病：

> 右（上）自纳采至飨妇皆与古礼不甚相远，而委巷之家爱女太过，每背索衣裳、管珥为女光宠，或不得当，则媒氏居间时受窘辱。谚曰：抬头嫁女，低头娶妇。至男女往往有过时之叹，父母或不知焉。又其甚者，多求聘财为女营私，既嫁之后，女贤犹可，不贤则娣姒勃磎，兄弟诟谇，往往由此。此则敝俗当革者也。①

过度索要聘礼导致媒人在两方之间很难周旋。女儿嫁入夫家后，若不够贤惠，便有可能导致家中不和。

相比于皖中和皖南地区，皖北的婚姻礼俗则较为简单。简化婚礼程序的现象比较常见。如泗州“婚六礼以俗俭多不备，士人独纳吉、亲迎。”② 颍上县“婚礼髫龄即行媒妁，聘嫁称家有无，亲迎者十不二三，三日舅姑率子妇庙见，逾月同妇归拜妻父母。”③ 婚礼耗时费财，在家庭并不富裕之时，婚礼往往简化，出席婚礼的人员也并不多。除了对婚礼的简化外，皖北地区基本不看重聘礼和嫁妆。聘礼和嫁妆的多寡由家庭的财力状况量力而行。如颍州“婚礼六礼之中问名、纳采犹合古仪，不论聘财，随女家之力以备资妆。”④ 这种较为朴素的婚姻习俗与当地的经济社会情况较为相符。

在安徽社会中，按照当地习俗，人死之后需“奉柩朝于祖”或“奉魂帛诣祠堂”，以告别祖先尊长。安徽地区特别是徽州地区的丧礼包含一系列复杂的程序。

> 丧礼凡丧礼，视家有无。既殡成服，具少牢特豚之奠，曰：

① 朱之英修，舒景蘅纂：《怀宁县志》卷10《风俗》，民国七年铅印本。

② （清）方瑞兰修，（清）江殿扬纂：《泗虹合志》卷1《风俗》，清光绪十四年刊本。

③ （清）都宠锡修，（清）李道章等纂：《颍上县志》卷12《杂志》，清同治九年修光绪四年补刊本。

④ （清）王敛福纂修：《颍州府志》卷1《风俗》，清乾隆十七年刊本。

"堂祭礼"请乡大夫、乡先生题主。其崇信二氏者，或延僧道追荐，与祭礼搀杂焉。成服之后出讣。城俗有鼓吹，吊者以赙至，待之盛馔。又数日或端月，厝柩郊外或葬日出殡前，吊者皆至送殡，鼓吹、盛馔如初。既乃孝子练服元冠踵凡吊者之门谢，曰"谢孝"。乡俗无鼓吹，孝子不踵谢，视城为略矣。①

丧礼一般举行数日，"吊丧，族属临吊三日，戚属七日。三日之外，择日而殡。吊日，族男妇黎明须栉洗，素冠服临吊，晚如之。"②民间丧礼的举行往往结合当地风俗而出现与礼不和的现象。《怀宁县志》的按语便表达了对当地丧礼的批评。

按，士丧礼，始死之奠用脯醢，小殓之奠有鼎实，大殓之奠加豆笾。殡后堂祭，即大殓之奠也，惟题主于此时殊乖礼意。考《公羊传》，虞主用桑，练主用栗；《谷梁传》，丧主于虞，吉主于练。盖古者始死为重，卒哭乃作桑主祀于殡宫，期又易栗主于庙，皆所以依神也。故《檀弓》曰，殷主缀重焉，周主重彻焉。今俗重主并设，神将两依乎！且题主者盛服雍容，以斩衰徒跣之孤升降揖让于其际，吉凶同域，于义何居？今期年之祭，士庶通行，孝子哀思渐远，其服练冠麻衣縓缘，何不于此时题主，而必始死三日内也？③

民间丧礼的举行与古礼不和，也部分地显示出古礼并不适应地方社会。"今期年之祭，士庶通行"④，可见礼下庶人并不仅仅是由上而下的单向过程，也包含着民间对古礼改造的过程。

大体来看，皖北的丧礼基本遵循古礼，简朴实用。皖中和皖南地区丧礼

① 道光《怀宁县志》，丁世良、赵放主编：《中国地方志民俗资料汇编·华北卷》，书目文献出版社1989年版，第958页。

② （明）吴子玉：《茗洲吴氏家记》卷7《家典记》，明万历十二年抄本。

③ 道光《怀宁县志》，丁世良、赵放主编：《中国地方志民俗资料汇编·华北卷》，书目文献出版社1989年版，第958页。

④ 道光《怀宁县志》，丁世良、赵放主编：《中国地方志民俗资料汇编·华北卷》，书目文献出版社1989年版，第958页。

更为隆重。不少民间丧礼的举办采用浮屠式，这样的丧葬方式显然受佛道文化的影响，表现出佛道与儒家对民间风俗的争夺，受佛道文化的浮屠之教，因其使百姓“感人以忏悔解脱”，而在民间社会广为流行。

> 丧礼无定制，称家有无，惟崇尚浮屠，相沿不改。按，浮屠之教，感人以忏悔解脱，犹可言也，近乃编造佛曲钟钹之中杂以弦管，哀死之时淫哇聒耳，为伤风败教之最甚，急宜厉禁。葬事，酷信形家之说，泥忌阴阳，致有暴露不葬者。希获福求吉地，往往因而构隙。故州之讼事，惟坟山为多。①

朱熹制定《家礼》其中记述了丧礼的程序。《家礼》的推行正是将儒学的“仁义礼智”的精神以风俗文化的方式推及地方。而以佛事行丧礼“流俗或泥青乌家言，停柩数十年未安杯（抔）土，则守礼之家所不为也”②。受佛道文化的礼俗有碍于地方教化，官方以儒学为工具，对其打压。正因此，以佛道行丧礼被士人广为批评，称其为“伤风败教之最甚”。官方与士人多以儒学的仁孝观念作为论证，教化百姓，称其“风俗之敝，莫甚于此，是所望于孝子仁人及维世立教之君子也夫”③。不仅如此，皖南地区多信风水之说，为寻找风水宝地，多年不下葬，对社会产生了不良的影响。“第多惑于风水之说，有浮厝荒郊，至经年不入土者。仁人孝子所宜深戒而速改之。”④

清中叶以后，丧礼的程序变得更加复杂，厚葬兴盛，大宴宾客，期间酒池肉林，丧礼也逐渐变成家族之间社交的场合，毫无悲愤之色，已经背离了丧礼的初衷。如望江县“丧礼称家有无，自尽哀毁者固多，乃宗人执事膳之，亦宜近有高会名落如庆其所欢事举族众攒食丧家，略无哀怜之色，此岂

① 光绪《广德州志》，丁世良、赵放主编：《中国地方志民俗资料汇编·华北卷》，书目文献出版社1989年版，第1025页。

② 康熙《安庆府志》，丁世良、赵放主编：《中国地方志民俗资料汇编·华北卷》，书目文献出版社1989年版，第954页。

③ 雍正《庐江县志》，丁世良、赵放主编：《中国地方志民俗资料汇编·华北卷》，书目文献出版社1989年版，第951页。

④ 光绪《庐江县志》，丁世良、赵放主编：《中国地方志民俗资料汇编·华北卷》，书目文献出版社1989年版，第953页。

人情乎?"[①] 即便如此，葬礼仍是促进宗族团结的重要方式之一，家族成员以不能入家庙为耻，并通过丧礼仪式连接宗族内部感情，又以宗族为单位接受前来吊唁亲友的钱财和礼物，并回赠或招待其餐，增加了宗族认同感。下葬完毕以后，写有死者姓名的神主牌位又会被放置于祖先祠堂之内，与祖先一同享受着后世子孙的香火供奉。

科大卫和刘志伟总结宗族发展与礼仪之间的关系时指出："明清华南宗族的发展，是明代以后国家政治变化和经济发展的一种表现，是国家礼仪改变并向地方社会渗透过程在时间和空间上的扩展。这个趋向，显示在国家与地方认同上整体关系的改变。"[②] 安徽宗族的发展亦是礼俗向地方渗透的结果。通过修祠堂，设家礼使教化之权从国家落实到地方，从而在地方形成一个以礼而治的社会。尽管这一努力"更多表现出教化之权在下而不在上，若从藉士大夫之势以立国"的视角看，大体也符合朝廷的利益，尤其在"郡县空虚"的现实下，朝廷或也乐见类似的"'以家达乡'取向"[③]，而对此表示默许。

第三节　乡约、书院与国家：明清时期安徽地区的乡约实践

王安石保甲法的失败，显示出国家直接控制乡村的道路行不通。在此背景下，乡约成为治理乡村的另一途径。北宋时期，吕大忠、吕大防、吕大钧、吕大临四兄弟制定了《吕氏乡约》，后被认为是中国历史上最早的乡约。据《宋史·吕大防传》记载：大防"与大忠及弟大临同居，相切磋论道考礼，冠昏丧祭一本于古，关中言礼学者推吕氏。尝为《乡约》曰：'凡同约者，

---

① （清）龙夔撰：《望江县志》卷2《风俗》，清康熙刻增修本。

② ［美］科大卫、刘志伟：《宗族与地方社会的国家认同——明清华南地区宗族发展的意识形态基础》，《历史研究》2000年第3期。

③ 罗志田：《地方的近世史："郡县空虚"时代的礼下庶人与乡里社会》，《近代史研究》2015年第2期。

德业相劝，过失相规，礼俗相交，患难相恤，有善则书于籍，有过若违约者亦书之，三犯而行罚，不悛者绝之。'”[①]《吕氏乡约》规定了个人德性、生活交友的礼仪和过失规范，以及患难相恤所针对的社会互助。《吕氏乡约》设有罚式、聚会、主事几个篇章，通过机构设置和定期的聚会以惩恶扬善，为基层群众的管理创设了新的模式。《吕氏乡约》的目的在于调整民间社会的关系，通过社会合作和惩恶扬善达到乡村社会的自我治理。《吕氏乡约》与朱熹的基层社会构想不谋而合，在《吕氏乡约》的基础上，朱熹进行了增损，而成《增损吕氏乡约》，其篇头：

> 凡乡之约四：一曰德业相劝，二曰过失相规，三曰礼俗相交，四曰患难相恤。众推有齿德者一人为都约正，有学行者二人副之。约中月轮一人为直月。都副正不与。置三籍，凡愿入约者，书于一籍；德业可劝者，书于一籍；过失可规者，书于一籍。直月掌之，月终则以告于约正，而授于其次。[②]

《增损吕氏乡约》与《吕氏乡约》相比，内容基本不变。但朱熹在对其增损时更加强调政治功能。如在“德业相劝”中，对“业”的要求增加了“畏法令、谨租赋”一项，表现出乡约与国家政令的结合。在“礼俗相交”中，增加了“礼俗”的具体内容，“一曰尊幼辈行，二曰造请拜揖，三曰请召送迎，四曰庆吊赠遗”[③]，表现出朱熹对长幼秩序和礼仪风俗的强调。

因乡约推行的难度很大，朱熹所编写的《增损吕氏乡约》在当时并没有得到推行。朱熹与其好友的信件中提到“《乡约》之书，偶家有藏本，且欲流行，其实恐亦难行，如所喻也”[④]。虽然《增损吕氏乡约》在当时并没有被推行，但朱子对《吕氏乡约》的增损无疑提高了《吕氏乡约》的地位，使其成为士人阶层构建乡村社会的重要范本。明正德年间，王守仁在南赣巡抚任上，根据《吕氏乡约》制定了《南赣乡约》。《南赣乡约》在此后得到推行，

---

① （元）脱脱等：《宋史》卷 340《吕大防传》，中华书局 1985 年版，第 10844 页。

② （宋）朱熹：《晦庵集》卷 74《增损吕氏乡约》，钦定四库全书本。

③ （宋）朱熹：《晦庵集》卷 74《增损吕氏乡约》，钦定四库全书本。

④ （宋）朱熹：《晦庵集》卷 31《答张敬夫》，钦定四库全书本。

各地均以此为范本，建立乡约组织，制定奖惩措施。

《南赣乡约》得以推行与明代官方对乡约的积极态度有关。永乐年间，明成祖发布旨令，“取蓝田吕氏乡约，列于性理成书，颁降天下，使诵行焉”①。官方对乡约推行的积极态度，成为地方官员和士人在地方社会落实乡约的重要动力。明代安徽地方官员与士人推行乡约便依照《吕氏乡约》与《朱子乡约》。尤其是在嘉靖后，其宣讲内容主要为明太祖颁布劝民六条。“明太祖有劝民六条，孝顺父母，尊敬长上，和睦乡里，教训子孙，各安生理，毋作非为，令木铎于朔望向民间宣之。”②除此之外，地方官员与士人在保留《吕氏乡约》与《朱子乡约》基本内容基础上，也结合当地风俗，建立地方乡约，乡约逐渐成为一种国家制度在基层社会落实。

受朱熹文化的影响，安徽徽州地区是推行乡约的重要地区。在成化年间，嘉县知县积极推行乡约，刊刻朱熹《增损吕氏乡约》，下令百姓遵守乡约。“厥令匪明德曷为作新，爰命立乡约于城邑，冀贤者由于道以为民望。”③针对宗族距离县城较远，参加乡约聚会不便，文林同意宗族自行建立乡约。“大家豪族，险决万山，安能月诣邑中为约；又族之大者聚不下千人，足自为约。”④乡约的建立有力地促进了地方社会风气改良。

在乡约制度推行的过程中，地方士绅成为辅助地方官员推行乡约的有效力量。《徽州府志》中记载，“国朝居室衣饰之制，略其如上。其饮食之节，有《温公家训》。‘毋作非为’之目有十，详载《新安乡约》中。”⑤《新安乡约》是徽州知府何东序在任时推行的乡约。嘉靖年间，徽州知府何东序“关照得政治以风俗为先，而风俗以教化为本我”⑥。何东序与当地士绅共同商

① （明）王樵：《金坛县保甲乡约记》，《古今图书集成·明伦汇编·交谊典》卷28第333册，中华书局影印本，第19页。

② （清）丁廷楗修，（清）赵吉士纂：《徽州府志》卷2《风俗》，清康熙三十八年刻本。

③ （明）文林：《文温州文集》卷9《族范序》，四库全书存目丛书编撰委员会：《四库全书存目丛书·集部》第40册，齐鲁书社1996年版，第350页。

④ （明）文林：《文温州文集》卷9《族范序》，四库全书存目丛书编撰委员会：《四库全书存目丛书·集部》第40册，齐鲁书社1996年版，第350页。

⑤ （明）何东序修，（明）汪尚宁纂：《徽州府志》卷2《风俗》，明嘉靖四十五年刊本。

⑥ （清）丁廷楗修，（清）赵吉士纂：《徽州府志》卷2《风俗》，清康熙三十八年刻本。

讨，皆认为乡约建立之必要，后颁布乡约规范并将其推行至徽州府各县。嘉靖四十四年，绩溪知县郁兰在接到徽州府推行乡约条例命令后，根据《新安乡约》，落实乡约制度。《绩溪县志》记载：

> 明太祖颁发六言教条令木铎宣化，一曰孝顺父母，二曰尊敬长上，三曰和睦乡里，四曰教训子孙，五曰各安生理，六曰毋作非为。嘉靖四十四年，知县郁兰奉府何东序乡约条例，令城市坊里相近者为一约，乡村或一图一族为一约，举年高有德一人为约正，二人为约副，通礼文数人为约赞童子，十余人歌诗缙绅家居请使，主约择寺观祠舍为约所上奉。①

如上所述，乡约推行以市坊、乡村或宗族为单位。“城市，取坊里相近者为一约；乡村，或一里，或一图，或一族为一约。其村小人少附大村，族小人少附大族，合为一约。”②如果说家训家范是基于血缘宗族的基层社会控制方式，那么乡约往往与保甲结合，使地缘性的基层社会控制成为可能。乡约的领导者为约正、约副。绩溪知县郁兰选拔年高有德者为约正，两人为约副。并选拔数人通晓礼文之人，称为“约赞童子”。据康熙《绩溪县志》记载：“顺治十年，知县朱国杰选择约正，每月朔望躬至乡约所，令讲生朗诵训谕，老幼环听，一时民风丕变。”③就乡约宣扬的内容而言，大致是仿照皇帝所颁的《圣谕六言》《上谕十六条》等。如歙县黄氏族谱里便有“每朔望随僚友后，为兵民宣讲《圣谕广训》”④的记载。其中《圣谕广训》便是对康熙皇帝《上谕十六条》重新解释和编纂。主要目的在于兴礼让，厚风俗，禁止恃强凌弱、嫉贤妒能、奸盗诈伪等恶行。

官方与宗族合作是推行乡约的重要方式。明代隆庆年间的祁门县《文堂乡约》便是由宗族草拟，官方批准的方式推行。“以复于诸父老，父老咸是

---

① （清）较陈锡修，（清）赵继序纂：《绩溪县志》卷3《风俗》，清乾隆二十一年刻本。

② （明）何东序修，（明）汪尚宁纂：《徽州府志》卷2《风俗》，明嘉靖四十五年刊本。

③ （清）苏霍祚修，（清）曹有光等纂：《绩溪县志续编》卷2《政治志·乡约》，清康熙七年刻本。

④ （清）黄臣槐：《潭渡孝里黄氏族谱》卷首，雍正九年刻本。

其议。因以请于邑父母廖侯，复作成之。父老会议闻官，请申禁约，严定规条，俾子姓有所凭依。”[①] 乡约通过宗族聚会商议的方式制定，在知县廖梦衡的批准下得以推行。以宗族为单位是相约推广的重要方式。如文堂陈氏订立乡约家会，“将本宗一十七甲排年，分贴为十二轮，以周一年之会。户大人众者，自管一轮；户小人少者，取便并管一轮。每会以月朔为期，惟正月改至望日。”[②]

科大卫与刘志伟在研究华南地区宗族时，提到乡礼往往在乡礼的外观下把“家礼”作为乡村教化的核心。[③] 这一情况是普遍的，其根本原因在于两者目的的一致性。就家礼的内容而言，存在着大量教化内容，如绩溪《明经胡氏龙井派宗谱》开头便是“训忠”“训孝”“表节”“重义”。[④] 宗族与官方在乡约推行上有着共同的利益而采取合作态度，乡约被纳入宗族家规家礼之中。宗族乡约化不仅保留了乡约的教化功能，而且在奖惩、赋税、诉讼及其公共活动中都发挥着巨大的作用。

常建华在《明代宗族研究》一书中认为宋儒提出经过朱子增损的乡约制度，给予宋以后中国社会以深刻影响，并认为明代以后，乡约借助宗族而推广出现了宗族乡约化的特点。[⑤] 乡约逐渐内化在宗族家规中，成为规范宗族成员的工具，常建华将其称为“宗族组织化”。“一般来说，明后期由祖先界定出来具有父系继嗣关系的血缘群体的宗族，被功能化为社会团体，功能化是通过组织化实现的，组织化的标志是以推行乡约为契机制定规约、设立宗族首领、进行宣讲教化活动，并以建祠修谱增强宗族的凝聚力。因此，宗族组织化、制度化的实质是宗族的乡约化，宗族组织的功能首先表现在政治

① 安徽省图书馆藏《文堂陈氏宗谱》，转引自洪兴鸠：《明代中期徽州的乡约与宗族的关系——以祁门县文堂陈氏乡约为例》，载《上海师范大学学报》（哲学社会科学版）2005年第3期。

② （明）陈昭祥：《文堂陈氏乡约家法》，明隆庆六年刻本。

③ [美] 科大卫、刘志伟：《宗族与地方社会的国家认同——明清华南地区宗族发展的意识形态基础》，《历史研究》2000年第3期。

④ 胡宣铎：绩溪《明经胡氏龙井派宗谱》卷首，民国十年版本。

⑤ 常建华：《明代宗族研究》，人民出版社2005年版，第186—201页。

方面。”[①] 可以说，宗族对乡约的推行加强了官方和宗族的联系，宗族成为解决地方事务的重要力量而获得了部分自治之权，参与到国家管理之中。但随着乡约制度化的进程，国家进场逐步加强对地方社会的控制。

在安徽，为积极响应乡约的制度化，宗族往往在原有家规家礼的基础上，在第一条增加“圣谕当遵”。《文堂陈氏乡约家法》记载：“会日，管会之家先期设圣谕牌位于堂上，设香案于庭中。”[②] 宁县黄氏《祠规》记载：“右祠规一十六款，非解臆说，皆推圣谕之遗意也。正身范俗之条目备于此，事君事长之仪则准于此，极之至德要道，为圣为贤之精神亦无不具会于此。故反复示之，以为祠规。”[③] 从设圣谕牌位于堂上到祠规“皆推圣谕之遗意”，体现出家规家礼国家色彩的加深，国家借助乡约制度巩固其合法性，通过奖惩、赋税、诉讼等增强基层社会控制，乡约制度成为国家伸向地方的触角。

值得一提的是，部分安徽乡约的推行借助了民间力量，通过神明信仰和神灵仪式来增强乡约的可信度和震慑力。如《石埭县志》记载：照依乡约事宜，置立簿籍二扇，或善或恶各书一籍。每月朔一会，务在劝善惩恶，兴礼恤患，以厚风俗。[④] 这种通过善恶因果推行乡约的方式与明代士人功过格的风气有极大的关系。功过格渊源于道教，“格”的方式和功过相抵的计功方法大体借助了道教《太微仙君功过格》。功过格虽然源于道教，但功过格在明代已经成为士人修养的方法。舒城人姚岱“言行不苟，每日行功过格，邑中缙绅多师之。五世同居，雍然和乐，著有诗文集行世。”[⑤] 士人用功过格的方式考察每日行为，“凡言动得失举念邪正及问学之勤惰，日记于簿，每月一会，互相考核。”[⑥] 功过格的方式在于修身养性，促进儒学教育，非常适合用于社会教化。王汎森在《明末清初儒学的宗教化：以许三礼的告天之学

① 常建华：《明代徽州的宗族乡约化》，《中国史研究》2003 年第 3 期。
② （明）陈昭祥：《文堂陈氏乡约家法》，明隆庆六年刻本。
③ （清）黄文明修：《古林黄氏重修族谱》卷 2《祠规》，安徽省图书馆藏崇祯十六年刊本。
④ （清）姚子庄修，（清）周体文等纂：《石埭县志》卷 3《建制》，清康熙十四年修民国二十四年铅印本。
⑤ （清）黄云修，（清）林之望等纂：《续修庐州府志》卷末，清光绪十一年刊本。
⑥ （清）刘权之修，（清）张士范纂：《池州府志》卷 46《儒林》，清乾隆四十三年刊本。

为例》[①]一文中，强调晚明清初“三教合流”运动中，儒家知识分子借用了晚明以来民间“功过格”的簿记方式进行修身活动，有趣的是，他所列举的许三礼其人，在康熙初年任浙江海宁知县时，也是“乡约”制度的积极践行者，甚至与陈秉直合作，直接推动了康熙十八年《圣谕合律注解》在全国范围内的推行。

实际上，在地方早有通过善恶因果来促进社会教化的例子，但乡约制度的推行使得善恶簿得以制度化。《庐江县志》记载：“每遇朔望申明六谕，并旌别善恶，实行登记簿册，使之共相鼓舞。”[②]善恶簿的实行无论是受功过格的启发或是民间已经有的佛道观念，善恶簿的实行在于“谈善恶果报以化乡愚”[③]，有力地促进了社会教化和社会秩序的稳定。

陈时龙在《晚明劝善思潮的宗教性与世俗性》中认为晚明劝善思潮的宗教性“体现在两方面：其一是对天人感应、因果报应思想的阐发；其二是对佛道二教劝善形式的借鉴。”[④]“三教合流”的现象也提醒我们儒学与佛教道教融合的可能性和可行性。虽然功过格和善恶簿借用了佛道的文化，但功过格和善恶簿的推行在于其具有世俗化的特点，它们接近民间社会而易传播，儒学便可以借用来作为促进地方教化的工具。在明代，乡约制度借用宣讲文本，将善恶果报穿插其中，进行宣讲，设立善恶簿，使百姓相互鼓舞监督。这一方式也深刻影响了传统庶民的思想方式与语言系统，促进地方社会惩恶扬善和社会教化，尽管以传统儒生的观点来看乃是不得已而为之的“神道设教”。

除乡约外，书院讲会的组织者往往凭借地方士人的身份承接了乡约劝化的职责。讲会、书院与乡约在仪式和内容上出现互借现象，乡约思想亦凭借书院宣讲和祭祀仪式得到传播。书院讲会凭借着社会性和区域性，有力地促进了区域社会的教化。

---

① 王汎森：《明末清初儒学的宗教化：以许三礼的告天之学为例》，《新史学》1998年第2期。

② （清）张祥云修，（清）孙星衍纂：《庐江县志》卷4《学校学制》，清嘉庆八年刻本。

③ （清）吕林钟修，（清）赵凤诏等纂：《续修舒城县志》卷11《人物志》，清光绪二十三年刊本。

④ 陈时龙：《晚明劝善思潮的宗教性与世俗性》，《中国史研究动态》2017年第3期。

就书院讲书授徒的内容来看，尤其强调儒家学说的正统性。如紫阳书院设立《紫阳讲堂会约》之目的在于"遵白鹿之规，本天宁之诲，总括以尊朱宗孔之大旨"，而作为紫阳书院"紫阳之金科玉律也"。① 还古书院所订《还古会约》强调讲会要以孔子为宗，"一学先立志。须有必为圣人之志，则工夫自不敢惰"，并有"一学以孔子为宗"，② 要求学生以此修身养性，安身立命。书院的讲义主要是对《大学》《论语》等四书五经中经典语句的解释，如施璜的《格致补传》、汪学圣的《其为人也孝弟章》、陈二典的《诚者自成也章》等。其主导思想皆为儒家思想。科大卫、刘志伟在研究华南地区的宗族与礼俗时认为，明代大儒陈献章在地方上的影响之一，就是在乡村社会树立了儒家的"正统"。儒家学者"期望通过讲学授徒、编制启蒙课本和礼仪手册来推广儒家礼仪改变时俗"③。书院正是"依赖师承哲理获得的能力通过文字的传播来改变时俗"④，这正是所谓"教化"之涵义。

书院讲会是文字传播以实现社会教化的重要形式之一。安徽书院讲会的形式有院会、坊乡之会、邑中之会、六邑大会、四郡大会等。六邑大会每年一至两次，在徽州府辖的六县境内轮流举办，规模可达千人。四郡大会由徽州、池州、宁国、饶州四府轮流主盟。在当时，讲会的规模与影响力都是极大的，吸引着众多来客，具有区域性学术探讨的性质。尤其伴随着阳明心学的传播，讲会成为阳明心学与程朱理学争斗话语权的重要场合。清代之后，程朱理学复兴，讲会逐渐恢复。杨泗祥首倡恢复紫阳书院讲会，"草创紫阳六邑大会，敦复正学，会讲不倦"⑤。士人是书院讲书的主要群体，汪德元"招集生徒春秋萃聚为常"⑥，汪知默"紫阳讲席六年"⑦。尽管在不同时期、

---

① （清）施璜编：《紫阳书院志》卷15《会规》，清雍正三年刻本。

② （清）施璜：《还古书院志》卷10《会规》，清道光二十三年刻本。

③ [美] 科大卫、刘志伟：《宗族与地方社会的国家认同——明清华南地区宗族发展的意识形态基础》，《历史研究》2000年第3期。

④ [美] 科大卫、刘志伟：《宗族与地方社会的国家认同——明清华南地区宗族发展的意识形态基础》，《历史研究》2000年第3期。

⑤ （清）丁廷楗修，（清）赵吉士纂：《徽州府志》卷15《隐逸传》，清康熙三十八年刻本。

⑥ 石国柱修，许承尧纂：《歙县志》卷7《人物志》，民国二十六年铅印本。

⑦ 石国柱修，许承尧纂：《歙县志》卷7《人物志》，民国二十六年铅印本。

不同书院的学术思想略有差别，讲会的内容也反映着当时学术主流，但士人通过各种形式的讲书活动促进了儒学在地方社会的渗透与传播。彭太守“尤以教民为先，谓学贵敦实行，不在许文。葺紫阳书院而新之，讲论不倦，故郡人争自磨濯焉”①。

乡约、书院一直是士人与国家紧密合作的舞台。国家借由社会组织传播儒家思想，强调儒家思想的正统性。士人作为国家与地方的中间阶层，将儒家思想推及地方，并为国家输送源源不断的科举人才。乡约、书院在发挥社会文化控制作用的同时，国家的触角也随之延伸至地方社会。

第四节　明清时期安徽的神灵祭祀与礼俗

自古以来，作为一种普遍的文化现象，宗教信仰一直是隐藏在普罗大众内心深处的一个微妙世界。安徽地处吴楚之交，早期之时因受吴楚文化的影响，境内民众性格轻扬，养成了好巫信鬼的民风民俗。尽管作为官方思想的儒学不断对地方社会渗透，但普通民众对待民间信仰往往采取灵验则信的态度，组织庙会，祭祀神灵。以此为基础的礼俗生活丰富多彩。《凤阳县志略》记载了该地区祭祀神灵的风俗活动。

> 正月十五、十月初一有城隍会，二月初二村村做土地会，五月初五有瘟神会（是日由男巫扎纸船载瘟神行街市，至住房门前乞香米，名为祛除瘟疫），六月二十三日有火神会，三月十九、六月十九、九月十九有观音会，七月三十有地藏王会（是日城乡人士咸赴城东九华山焚香祷祝，并购农具，锣鼓喧天，异常热闹）。此外，有张百戏以乐神者，以城隍会为最盛。每当春秋农闲，如期齐集神庙，常数千人。锣鼓戏具，争奇斗巧，挨班排列。以数人为前导，头戴盔冠，身着彩服，足系铜铃，手执毛帚，步行于前，谓之“报

① （清）施璜编：《紫阳书院志》卷 11《列传》，清雍正三年刻本。

> 探”；其次则鱼贯游行街市，旌旗蔽日，鼓乐喧天，极其壮丽以神主殿其后神之前复陈设刀剑、斧钺、旗幡、牌扇、香炉、法物等等仪仗，并选精壮子弟之有文武功名者，冠带骑马，随驾前导，谓之“护驾”。每数街即一歇驾亭，士绅信众争以香帛虔诚致祭。男女观众，人山人海，大有歌舞升平之气象。近以时局不靖，官府禁止，已（已）少举行矣。其余，如三月之踏青，城市尚行；二月十九日之锥子山会，四月初八之升高寺会，乡村仍有。七月十五有盂兰会，家家烧纸施食，或酸资延僧道以建醮超度现魂；腊月初八，尼僧化米煮粥分馈施主，食之可免灾祲，名为“腊八粥”，城乡咸有此风焉。①

由此观之，民间社会的礼仪风俗受民间神灵信仰影响极大。每年的神灵祭祀活动与当地的风土文化结合，成为一年一度的节日盛会。尤其是佛教、道教对安徽风俗文化影响颇深，观音会、地藏王会、盂兰会等都是祭祀佛道神灵的节日。

一、儒学信仰

“儒教”一词至今仍是国内外宗教信仰研究领域当中备受争议的概念。关于儒教是教非教的问题，中外学者历来争论不休、众说纷纭。本书不愿就这一争论进行过多探讨，而是选择在此之外，更多地关注一种显而易见的社会现实。即在古代社会之中，作为思想流派的儒家确实在民间出现了宗教化的趋向。这种趋向既表现为以孔子为代表的一批儒家学者的神化和在民间受到的普遍崇祀，也表现为儒家伦理思想影响下的祠宇设置与祭祀行为。这一点，在安徽社会中体现得尤为明显。

近世安徽，随着理学在境内的迅速兴起和发展，儒家文化对于当地社会的影响日益深入。同时，由于国家对于儒学的尊崇，儒家先贤的崇祀更是成为安徽社会中的一种普遍现象。具体而言，安徽社会中崇祀儒家先贤的场所

① 民国《凤阳县志略》，丁世良、赵放主编：《中国地方志民俗资料汇编·华北卷》，书目文献出版社 1989 年版，第 1010—1011 页。

主要集中在学宫之内。所谓学宫，即古代地方政府所设立的学校。其普遍具有教化与祭祀的双重职能。并且，随着儒家思想逐渐成为古代封建社会的主流思想，学宫也因此成为地方传播儒家思想与祭祀儒家先贤的重要场所。近世以来，安徽境内各级地方政府均建有学宫存在。一般而言，学宫之内的祭祀场所主要有先师庙、崇圣祠、乡贤祠、名宦祠、忠义孝悌祠和节孝祠等。

先师庙乃主祭圣人孔子的场所，而崇圣祠则为主祭孔子五代先祖的场所。孔子，名丘，字仲尼，春秋鲁国陬邑（今山东曲阜市）人。作为传统中国文化的中心人物和儒家的开创者，孔子在儒教的神祇体系中占有至高无上的地位。在此影响下，其五世先祖也一同受到了历代政府和民众的崇祀。明清时期，祭孔向来都是安徽地方官员的一项重要职责。按照当时的礼制规定，每年春秋仲月上丁日时，安徽地方官员都要到当地的先师庙和崇圣祠中进行祭祀。

以清代宿州为例。在正式举行祭孔仪式之前，宿州的地方官员需要进行斋戒和省牲，期间“不理刑名”。直至祭祀当日子夜，官员要先行至崇圣祠内进行祭祀。崇圣祠内主要祭祀孔子五代先祖及颜子、曾子等先贤、先儒。崇圣祠祭毕以后，官员乃行至先师庙内继续祭祀。先师庙又称大成殿，内祭孔子及从祀的“四配”、“十二哲人”、“七十九先贤”和“七十七先儒”。① 是时，以知州为正献官，下属学官和佐贰官为分献官，各着祭服行礼。一般而言，祭孔仪式主要包括迎神、奠帛、初献、亚献、终献、撤馔、送神望瘗等七个环节。在这些环节当中，献官具体又需要进行“通赞、引赞、拂拭、陈设、撤馔、监宰、瘗毛血、奉帛、执爵、接帛、接爵、司盥洗、司尊、司乐、司班次、司大榜、司香烛、司饮福、司受胙、司播集禧、司涤祭器”② 等多项

① 所谓“四配”，即指孔子的四大弟子：复圣公颜渊、述圣公子思、宗圣公曾参、亚圣公孟轲；所谓“十二哲人”，即为闵损、冉雍、端木赐、仲由、卜商、有若、冉耕、宰予、冉求、言偃、颛孙师、朱熹等十二位儒学哲人。其中，除朱熹以外，其余十一人均为孔子弟子。至于“七十九先贤”和“七十七先儒”则指后世历代被认可为承袭了孔子学说或儒家思想的一百五十六位著名的儒家先贤、先儒。

② 光绪《宿州志》卷 8，《中国地方志集成·安徽府县志辑》第 28 册，江苏古籍出版社 1998 年版，第 169 页。

礼节仪式。同时，祭孔所需一切相关祭器、祭品、乐器、乐舞、乐章等的规格亦有定制。

此外，宣读祝文也是近世安徽官方祭孔仪式过程中的一项必不可少的内容。首先，官方通用的崇圣祠祝文内容为：

维年月日官某致祭于肇圣王、裕圣王、诒圣王、昌圣王、启圣王，曰：

维王奕叶锺祥，光开圣绪，盛德之后，积久弥昌。凡声教所覃，敷率循源而溯本。宜肃明禋之典用，申守土之忱。兹届仲春、秋，聿修祀事，配以先贤颜氏、先贤曾氏、先贤孔氏先贤孟孙氏。尚飨。①

其次，官方通用的先师庙祝文内容为：

维年月日官某致祭于至圣先师孔子曰：

维先师德隆千圣，道冠百王，揭日月以常行，自生民所未有。属文教昌明之会，正礼节乐和之时。辟雍钟鼓，咸恪荐于馨香，泮水胶庠，益致严于笾豆。兹当仲春、秋，祗率彝章，肃展微忱，聿将祀典。配以复圣颜子、宗圣曾子、述圣子思、亚圣孟子。尚飨。②

从上述祭孔祝文的内容来看，除歌颂孔子功德之外，政府还将祭祀孔子视为社会礼教昌明的象征。同时，该祝文当中所提及的“辟雍钟鼓”和“泮水胶庠”等也都是古代学宫或学校的象征。因而，这种种迹象的表露无一不使人将当时的祭孔行为与社会教化相联系在一起。实际情况也正是如此，国家总是试图通过对孔子形象的不断塑造和推行严格的祭祀礼仪，来实现其在地方上的宣扬教化，从而达到维护社会人心秩序和巩固自身统治的目的。

通过清代安徽宿州地区的祭孔仪式我们也可以看出，该项祭祀活动虽然主祭孔子，但同时也祭祀了包括其弟子在内的历代儒家先贤、先儒，这一点

① 光绪《宿州志》卷8，《中国地方志集成·安徽府县志辑》第28册，江苏古籍出版社1998年版，第166页。

② 光绪《宿州志》卷8，《中国地方志集成·安徽府县志辑》第28册，江苏古籍出版社1998年版，第166—167页。

放之整个安徽乃至全国范围内都是如此。由此可见，祭孔活动无疑是地方社会中儒教信仰的一个集中体现。在此之外，受儒家思想的影响，一批标榜、宣扬儒家思想的祠宇也在安徽地域社会中普遍存在，如乡贤祠、名宦祠、忠义孝悌祠和节孝祠。

乡贤祠、名宦祠、忠义孝悌祠和节孝祠是地方学宫当中祭祀当地著名乡贤、名宦以及忠义孝悌之人的场所。单从这类祠宇的名称中就可以看出，它们的存在明显是受到了儒家思想的影响，是儒家思想长期发展的产物，具有浓厚的教化色彩。由于政府的推行，这类祠宇普遍存在于安徽各级地方政区之内。以太平县为例。据嘉庆《太平县志》中载，当地乡贤祠位于学宫大成门西，名宦祠、忠义孝悌祠和节孝祠则位于学宫大成门东。其中，乡贤祠所祀十六人，名宦祠所祀三十七人，忠义孝悌祠所祀十七人，节孝祠所祀人数不详，具体情况如表 4–2 所示。

表 4–2　清嘉庆间太平县乡贤祠、名宦祠、忠义孝悌祠和节孝祠所祀对象一览表[①]

祠宇名称	所祀对象
乡贤祠	宋通直郎王行之、右文殿修撰焦炳炎、武功大夫焦焕炎、秘阁修撰孙楙、朝奉郎李材、朝散大夫章琰；元县令陈玉峰、主簿汪文龙；明太常周怡、侍御崔涯、知州赵象和赵府、审理正周怿、生员杜质和周可宗、刑部主事项如皋、征聘生员周万年、武英殿中书汤开运
名宦祠	宋县令孙觉、陈汝贤；明督抚周启元、县令李简、蒋忠、柳世荣、孔文昭、梁德远、张瀚、刘元凯、吴中颖、法寰；清两江总督麻勒石阿席吉熙、于成龙、马鸣珮、郎廷极、范承勳、巡抚靳辅、李鈵、梁世勳、高承爵、汤斌、佟国佐、李日芃、督学张泰交、许汝霖、张榕端、学道刘果、邵嗣尧、藩司刘汉祚、常名扬、徽宁道王绪祖、宁郡知府刘光荣、粮道鲍复昌、督学余正健、张元臣、总河陈鹏
忠义孝悌祠	明同知胡泰亨、乡饮宾方必通、处士周和生、周之期、崔以炜、游击王一斌、进士程言、陈有功、都司牛论、知州孙镐、郡庠生孙世贤、项若麟、项声、张羽、黄绍中、贡生崔国光、知州张懿
节孝祠	雍正五年（1727）敕建祀旌表节孝妇女

① 嘉庆《太平县志》卷 4，《中国地方志集成·安徽府县志辑》第 62 册，江苏古籍出版社 1998 年版，第 81 页。

如表 4–2 所示，太平县乡贤祠、名宦祠、忠义孝悌祠内所祀之人的身份大致可分为两类，一类是地方官员，一类是有功名在身的士子。从根本上来说，这两类人都经受过严格的儒家思想的洗礼，属于传统意义上的儒家学者。同时，尽管节孝祠所祀对象为节孝妇女，其并不属于儒家学者的行列，但该祠宇本身所宣扬的节孝思想却仍是出自儒家思想的倡导。以此推之，可以想见在整个安徽社会当中乡贤祠、名宦祠、忠义孝悌祠和节孝祠之类的祠宇本身所承载的信仰明显也是属于儒教信仰的体系之内。

官方以外，对儒家先贤的祭祀同样也得到了普通安徽民众的广泛支持和参与。并且，相较于官方祭祀而言，民间祭祀中的宗教色彩更为浓厚。仍以孔子为例。一般而言，官方祭祀中的孔子更多的仍是一种“至圣先师”的形象出现。但是在民间社会中孔子崇拜却早已泛宗教化了。对于普通安徽民众来说，孔子同样是他们祈福祈佑的对象，本质上与其他神祇并无区别。如据唐人封演所撰《封氏见闻记·儒教》中载：“唐时风俗，妇人多于孔庙求子，有露形登夫子之榻者。”[1] 封氏所言之事难免令人感到荒诞至极，但他也从侧面印证了孔子崇拜在民间的泛宗教化倾向。

具体而言，作为一个文教昌明的礼仪社会，安徽民间存在着大量的地方性私塾。这些私塾每逢开馆和散馆之时，塾师都会带领学生共同举行祭孔仪式，以“请圣贤”或“谢圣贤”。期间，祭文是仪式当中必不可少的东西。就这些祭文的内容而言，其中经常会出现一些诸如“庇佑众姓弟子，气质清明，义理昭著。学问速成而上达，文才雄伟夺高魁”[2] 之类的祈福话语。这些祈福话语的存在，一方面表达了广大学子的美好愿望，另一方面也象征着作为“至圣先师”的孔子在地方民众心中的神化。

清末民初时期，徽州歙县地区普遍流行的《契票孔语式》中收录了一篇名为《请孔圣人》的祭文。在该祭文当中，私塾学生对孔子的祈福之意展现得更加淋漓尽致。相关内容摘录如下：

---

① 徐世昌等编纂：《清儒学案》卷 137《理初学案》，沈芝盈、梁运华点校，中华书局 2008 年版，第 5394 页。

② （明）程闵政：《祈神奏格·礼卷》，上海图书馆藏，明刻本。

伏祈弟子读书喉咽响亮，写字笔捺楷正，颇有七步之才，且有三场学问。伏祈弟子人等，时无半点之灾，月有千祥之喜。……弟子在庭习学，圣知在座传文。保佑一年吉庆，伏祈四季无灾。①

值得注意的是，该篇祭文最后写道："一点酒落地，众位圣贤登座殿；二点酒落地，众圣欢喜；三点酒落地，大吉大利。恭喜恭喜。"② 很明显，与官方祭孔仪式当中的繁缛和严肃相比，这种流行于安徽民间的祭孔仪式不仅简洁，而且充满了世俗化的喜感，同时宗教性的色彩也更为突出。

此外，值得注意的是，儒家思想当中尊师重教的理念也在安徽民众的日常祭祀中有所体现。如在安徽境内，家家户户普遍供奉有"天地君亲师"的牌位，而"刊刷天地君亲师牌位乃民间常行之事"③。这里安徽民众所祭拜的"天地君亲师"无疑也是传统社会中儒家伦理道德理念在宗教信仰上的一种体现。或者说，其本身就是属于儒教信仰的一种。总而言之，在近世安徽社会当中这种宗教化了的儒家信仰普遍存在于当地民众的日常生活之中，并且构成了他们信仰世界中的一个重要组成部分。

二、佛道信仰及其习俗

古代安徽，佛教、道教历史悠久。早在东汉初年，楚王刘英"尚浮屠之仁祠"，"学为浮屠斋戒祭祀"，④ 最早将佛道文化带入了安徽。宋、元时期，道教分为正一派和全真派两大宗派，安徽因地理条件的影响，长江以南多信奉正一派，长江以北多信奉全真派。及至明清时期，安徽境内的佛教道教发展日趋成熟，达到了鼎盛。嘉靖《重修太平府志》当中就对安徽境内佛道二教的发展进行了简单概括。安徽境内"释教炽于梁武，道教盛于真宗，上有

① 转引自樊嘉禄等：《徽州民间信仰》，安徽大学出版社 2016 年版，第 61 页。现存于安徽黄山学院徽州文化资料中心。

② 转引自樊嘉禄等：《徽州民间信仰》，安徽大学出版社 2016 年版，第 61 页。现存于安徽黄山学院徽州文化资料中心。

③ 安徽通志馆辑：《安徽通志稿》，民国二十三年铅印本。

④ （南朝宋）范晔：《后汉书》卷 42《光武十王列传第三十二·楚王英》，中华书局 1965 年版，第 1428 页。

好者，下必甚焉。是以金刹琳宫，延编寰宇，僻州穷邑，无处无之。至于别庵小院，释道互名。黄冠缁流，随地居守。虽唐祖之革除，累朝之沙汰，皆不能行者”①。由此可见，在古代安徽社会当中道教的发展虽然不如佛教兴盛，但它同样也深深地根植于安徽这片地域社会当中，构成了当地民众信仰世界中一个重要组成部分。

道教对民众礼俗生活的影响首先在于道教与民俗节日的密切关系。道教信仰中有“三元节”三个重要节日，即上元、中元与下元。“三元节”对应“天官赐福、地官赦罪、水官解厄”。《繁昌县志》亦有印证：“道家以正月十五日为天官圣诞，七月十五日为地官圣诞。”② 天官圣诞即天官紫微大帝圣诞。由此看来，正月十五上元节、七月十五中元节、十月十五下元节与道教有着密不可分的关系。正月十五“上元节”，是为天官圣诞及赐福之良期，故道观中均举行隆重的道场法会以庆贺，而百姓也多以此日请香、上供、求官求福、解厄禳灾等。中元节时“凡寺观竞于十四、十五日广设斋醮，谓之盂兰会。士民俱追荐祖考，铙鼓笙瑨之声不绝于耳，楮钱箱笼之火烟结于空”③。繁昌县还有在此节日饮用苏方木汤的习俗，以表达孝子之心。“冀代母免乳时流血污垢之罪，盖皆二氏之说，或者孝子之心无所不至，故随俗倡和而有所不能已耶。”④

安徽的道教名山还数齐云山。齐云山上的玄天太素宫是供奉玄天上帝即真武大帝的道场。齐云山多在“齐云进香”时举行斋醮。斋醮即道教祈禳仪式，又称法事。斋醮科目众多，如“诸天科”“解结科”“血湖科”“过关科”“炼度科”“百子科”“十王科”“水陆科”“罗天大醮”等。做斋醮的法师捧笏持幡，或参或拜，诵经宣咒，祈求真武大帝保佑。而在安徽，佛道之兴盛莫过于池州九华山，九华山成为祭祀佛道神灵的重要场所。“七月三十日地藏王

---

① 嘉靖《重修太平府志》卷11，《稀见中国地方志汇刊》第22册，中国书店1992年版，第876页。

② （清）梁延年修，（清）闵燮纂：《繁昌县志》卷3《风俗》，清康熙十四年刊本。

③ （清）梁延年修，（清）闵燮纂：《繁昌县志》卷3《风俗》，清康熙十四年刊本。

④ （清）梁延年修，（清）闵燮纂：《繁昌县志》卷3《风俗》，清康熙十四年刊本。

诞，土人结群呼佛朝九华山”[1]，百姓焚香祷祝，并购农具，锣鼓喧天，极其热闹。

为拜神祈福，齐云山和九华山都有热闹的香火活动，并逐渐形成组织。这些组织或称“齐云会”“九华会”“地藏会”等。组织成员筹集会费，并推选香首。其中，进香之日并不固定。九华进香多在七月，如七月三十日地藏王日或中元节。齐云进香时间多由各香火确定。“其中休宁流口曾元会、三多会进香日为七月十九日，屯溪永敬会进香日为九月初一，休宁蓝渡诚敬会、祁门百子会的进香日为九月十六日。”[2]齐云进香时，由会首领头，肩荷进香大旗，鸣锣开道。各式旗幡、各色凉伞相随，丝竹之声和鸣，爆竹震耳。行进中逢观遇庙，均需焚香叩拜。大约至清末民初，“华云进香”成为固定的路程，有“上齐云，朝九华”的说法。“从歙县县城到九华山，再到天台山，然后由黟县经渔亭到达齐云山，这是目前所见唯一的一种‘华云进香’的路程，整个进香旅程沿逆时针方向。由此可见，在‘华云进香’活动中，‘朝九华’是最为重要的组成部分。”[3]

而佛教节日中，最为隆重的是四月八日的“浴佛日”。四月八日是佛祖释迦牟尼的诞辰。相传，佛祖诞生之时，一手指天，一手指地，惊动了难陀和伏波难陀两位龙王。二位龙王前来口吐清水，为悉大多太子沐浴身体。后来，佛教徒们便在诞辰日依据传说，举行浴佛仪式。在浴佛完毕后，民众求浴佛水饮用或漱口。《泾县志》载：“四月八日浮屠，是日浴佛有五色香水，人家采乌桐叶染饭，青色有光曰乌饭相馈遗。”[4]吃乌米饭也是浴佛节的重要习俗。“各寺僧以栋叶染饭乌黑，供佛或请檀越食之，或分送其家。勤农者栽秧多以是日为始，谚曰：‘四月八日插秧忙。’”[5]此外，

① （清）朱大绅修，（清）高照纂：《直隶和州志》卷4《风俗》，清光绪二十七年刊本。

② 樊嘉禄等：《徽州民间信仰》，安徽大学出版社2016年版，第83页。

③ 王振忠：《华云进香：民间信仰、朝山习俗与明清以来徽州的日常生活》，《地方文化研究》2013年第2期。

④ （清）李德淦修，洪亮吉纂：《泾县志》卷2《风俗》，民国三年重印本。

⑤ 康熙《怀宁县志》，丁世良、赵放主编：《中国地方志民俗资料汇编·华北卷》，书目文献出版社1989年版，第956页。

“请观音”亦是佛教的重要风俗。六月“十九日，女伴多集观音庵焚香膜拜，街坊或供大士像。厂灯棚召弹唱杂流说书，谓之‘请观音’”①。《石埭县志》记载了当地请观音大士的风俗。“九月十日，凡属坊乡各蠲吉期醵钱设醮迎请观音大士。至期用僧人祷祈各户行香，凡经历之处，家家命小儿辈携水泼之，僧衣无一寸干，名为送火。又倩优人歌舞名为演火戏，以防回禄。”②

安徽地区的丧葬风俗亦受佛道文化的影响。“丧礼凡丧礼，视家有无。既殡成服具少牢特豚之奠日‘堂祭礼’，请乡大夫、乡先生题主。其崇信二氏者，或延僧道追荐，与祭礼掺杂焉。”③相对来说，士人阶层往往遵循古礼，按朱子《家礼》举办丧礼，“丧礼凡丧纪，士夫一秉古礼”。普通民众“或作佛事，或合乐，非礼也”。“更有泥形家言者，不即卜葬，浮厝浅土，仁人孝子尚低念之。祭礼岁时祀，不忘其先。亦间有祈神赛社，流俗相沿，若不可已者。”④以佛事丧葬称为“暖棺”，《怀宁县志》记载：

僧道对殡追荐名曰“暖棺”。棺下置灯，云是死者本命灯也。金锋一霞，鼓吹铙镯，波沸雷鸣，楚呗交哗，谣谚杂进，大抵皆言生必有死，死甚足乐之意。既乃燃炬导前，孝子捧灯从后，戚党各执一灯绕棺环走，遍及门庭，以至里巷阡陌，谓“照冥行”。当此时也，虽有哀痛擗踊之情，鲜不为所乱矣。既又书符于门，以辟不祥，名曰“扫净”。⑤

这样的丧葬风俗与古礼不和而遭到当时士人的批评，“此殆君临臣丧，

① 光绪《直隶和州志》，丁世良、赵放主编：《中国地方志民俗资料汇编・华北卷》，书目文献出版社1989年版，第948页。

② 乾隆《续石埭县志》卷2《风俗》，民国二十四年铅印本。

③ 道光《怀宁县志》，丁世良、赵放主编：《中国地方志民俗资料汇编・华北卷》，书目文献出版社1989年版，第958页。

④ 《铜陵县志》，丁世良、赵放主编：《中国地方志民俗资料汇编・华北卷》，书目文献出版社1989年版，第940页。

⑤ 道光《怀宁县志》，丁世良、赵放主编：《中国地方志民俗资料汇编・华北卷》，书目文献出版社1989年版，第958—959页。

巫先桃药之礼，而孝子顾忍死其亲乎？维风正俗之君子必思有以易之矣。”[①]但这样的丧葬风俗满足了民众心理需求，排解失去亲人朋友的痛苦，需求心灵安慰和寄托，因而屡禁不止。

(三) 民间信仰及其习俗

与佛、道等严格的制度性宗教相比，民间信仰普遍具有松散性的特点，而且更加世俗化和关注现实，与地方民众也有着密切关系。在安徽社会中，与神灵崇拜相关的风俗文化是当地民间礼仪风俗的重要组成部分。上至天地、社稷、风云雷雨诸神，下至城隍、灶神、孤魂野鬼等，均属其崇拜对象。按照古代礼制，“天子祭天地，诸侯祭山川，卿、大夫祭五祀，士祭其县”[②]，各有层次之分。及至明清，政府亦对不同等级层次的祭祀从对象和内容上作了详细划分。据《明史·礼志》记载，天子需亲自参加的祭祀有“天地、宗庙、社稷、山川”等。王国所祭祀的对象有“太庙、社稷、风云雷雨、封内山川、城隍、旗纛、五祀、厉坛”。各府州县所祭祀的对象为“社稷、风云、雷雨、山川、厉坛、先师庙及所在帝王陵庙”，同时各卫所亦祭先师。至于庶人，其所祀对象则仅限于“里社、谷神及祖父母、父母并祀灶”。[③]名义上讲，普通百姓不可越位祭祀，否则将会被视为淫祀予以打击和取缔。但从实际上讲，天地、社稷、城隍等崇拜仍在民间广泛存在，其风俗活动丰富多彩，极为热闹。

一般而言，安徽民间流行的天地崇拜主要表现为坛祭、庙祭、祠祭、墓祭、家祭等五种形式。其中，尤以家祭最为普遍且最能体现当地特色。安徽境内的家庭普遍供奉“天地君亲师”牌位。在当地，“刊刷天地君亲师牌位乃民间常行之事”[④]。而且每逢元旦节庆之时，祭拜天地亦是当地家家户户必不可少的礼仪环节，并且居于首位。如桐城地区民众元旦日时“鸡鸣咸

---

① 道光《怀宁县志》，丁世良、赵放主编：《中国地方志民俗资料汇编·华北卷》，书目文献出版社1989年版，第958—959页。

② （清）皮锡瑞撰，吴仰湘编：《王制笺》，中华书局2015年版，第636页。

③ （清）张廷玉等：《明史》卷47，中华书局1974年版，第1225—1226页。

④ 安徽通志馆辑：《安徽通志稿·安徽省外交考》，民国二十三年铅印本。

起，焚香拜天地君亲师牌位毕。尊卑伯仲以次相及，次神庙，次亲友，往来谒拜”[①]；繁昌地区则各户由家主“率家众午夜盥节焚香，礼天地祖宗”，往后“三日内皆供奉天地君亲师，列茶果香烛致敬”[②]；铜陵各家当日亦是“长幼男女夙兴列拜天地神祇并祖先”[③]。

除节庆日外，家人举行冠礼和婚礼等重要时间点时也要祭拜天地。在安徽民间，男子十五六岁或十七八岁时即可被视为成年，可举行冠礼。冠礼之时则需祭拜天地。如含山地区男子成年后，“用阴阳家择日以冠拜天地、祖先、父母、伯叔尊长”[④]。来安地区男子当冠时亦“择日或元旦加网巾于首，拜天地、祖宗、父母尊长”[⑤]。此外，在安徽民间流行的婚礼习俗当中，拜堂是其中的一个重要环节。所谓拜堂，即指新婚丈夫将妻子带回家后，“至家堂同拜天地、拜家神香火、拜祖宗，婿妇合面交拜”[⑥]。由此观之，近世以来的天地崇拜虽然名义上向来为天子所独占，但实际上其在安徽民间已经非常普遍，并且占有重要地位。

中国古代是一个传统的农业社会，社稷对于国家和民众来说意义重大。从字义上来讲，“社”为五土之神，“稷”为五谷之神，社稷连在一起常常被看作是土谷之神，象征着国家太平和五谷丰登。因而，社稷崇拜在农业社会里也就显得极为重要，自天子至于庶人，皆可祀之。并且，相关的祭祀活动从官府到民间也都得到了格外的重视。明清时期，安徽境内社稷坛的祭祀多于每岁春秋上戊日举行，是时“州县正印官将事、掾吏执事、生员充礼”。此外，所祀神位前需摆放祭器和祭品，一般规格

---

① 康熙《桐城县志》卷 2，《中国地方志集成·安徽府县志辑》第 12 册，江苏古籍出版社 1998 年版，第 68 页。

② 道光《繁昌县志》卷 2，《中国地方志集成·安徽府县志辑》第 41 册，江苏古籍出版社 1998 年版，第 32 页。

③ 嘉靖《铜陵县志》卷 1，《天一阁藏明代方志选刊》第 25 册，上海古籍书店 1962 年版，第 53 页。

④ （明）牟蓁修，（明）蒋椿等纂：《含山邑乘》卷上，嘉靖三十四年刻本。

⑤ 天启《来安县志》卷 8，《中国方志丛书·华中地方·安徽省》，成文出版社 1985 年版，第 286 页。

⑥ 光绪《庐江县志》卷 8，《中国地方志集成·安徽府县志辑》第 9 册，江苏古籍出版社 1998 年版，第 57 页。

为“各帛一、铏二、簠簋二、笾豆四、爵三，共羊一、豕一、尊一”[①]。至于具体祭祀过程中，则要先后要经过盥洗、迎神、奠帛、进俎、初献、亚献、终献、撤馔、送神、望燎等多道礼仪程序。以清代无为州为例，详细仪节如下。

> 祭日承祭官以下朝服齐集，礼生引承。祭官盥洗，至拜位立。陪祭官文东武西，各就拜位序立。迎神升坛，三上香，复位。行三跪九叩礼，陪祭官皆随行礼。奠帛。初献爵尊于正中，退至祝案，跪读祝，毕，叩如初。承祭、陪祭皆行三叩礼。亚献爵奠于左，终献爵奠于右，仪如初。乃彻馔送神，行三跪九叩礼。奉祝帛，恭送瘗所，望瘗礼成，众退。[②]

其祝文曰：

> 品物资生，烝民乃粒。养育之功，司土是赖。惟兹仲春秋，礼宜告报祀。谨以牲帛醴齐，粢盛庶品，式陈明荐。尚享。[③]

除社稷坛外，安徽各县以下的乡里还建有里社坛，其职能主要是“春祈秋报”，目的与社稷坛相同，但与民众的联系更为紧密。明代初期，里社坛逐渐改为社屋，“肖社公之像以祀之，不如式耳”[④]。但至明中期以后，随着政府统治的松弛，社屋所祀对象不再仅限于社公、社母，而是增添了大量地方神祇。这是近世安徽民间信仰世俗化、地方化的一个重要表现。同时，每年围绕社而展开的“春祈”和“秋报”无疑也是官方祭祀在民间的一种重要体现。此外，值得注意的是，社屋之外，各村林立的土地庙也是安徽土地祭祀中的一种普遍形式。“二月二，村里祠土地神，养须，开学（谓是日‘龙

① 嘉庆《无为州志》卷10，《中国地方志集成·安徽府县志辑》第8册，江苏古籍出版社1998年版，第132页。
② 嘉庆《无为州志》卷10，《中国地方志集成·安徽府县志辑》第8册，江苏古籍出版社1998年版，第132页。
③ 嘉庆《无为州志》卷10，《中国地方志集成·安徽府县志辑》第8册，江苏古籍出版社1998年版，第132页。
④ 弘治《徽州府志》卷5，《天一阁藏明代方志选刊》第21册，上海古籍书店1964年版，第672页。

抬头'）。"[①]总的来说，无论是社稷坛，还是里社坛或土地庙，社稷祭祀已经成为近世安徽民众生活的重要组成部分。

由于古代农业技术水平的有限，除土地以外，气候仍然是制约农业生产的关键性因素。正所谓"土非风云雷雨则不滋，云雨非山川之气上升则不降"[②]。风调雨顺，年登岁稔，向来是广大农民所希冀的图景。因此，在对待风云雷雨山川诸神上，古代民众同样常怀敬畏之心。宋代之时，安徽境内已分设有专门祭拜风师、雨师、雷师的坛。明清时期，政府开始将风云雷雨山川诸神合为一坛共同祭祀，称风云雷雨山川坛或神祇坛，制同社稷。坛的周围配有神厨、宰牲房、洗牲井等设施。是时，风云雷雨山川坛已普遍存在于安徽各府州县之中。

按照礼制规定，安徽境内的风云雷雨山川坛多于每岁春秋仲月上巳日进行祭祀。祭祀时，坛上"中设云雨风雷之位，左设本境山川之位，右设本境城隍之位"[③]。一般而言，献官行礼先风云雷雨，次山川，次城隍。祭仪与祭品和社稷坛相同，祭器则较社稷坛增加二分之一。此外，所用礼牲之数亦与社稷坛同，但多奉帛六人，无瘗毛血。通行的祭祀祝文内容如下：

> 某年月日、某官等敢昭告于风云雷雨之神。本府县境内山川之神，惟神妙用神机，生育万物，奠我民居，足我民食。某等钦承上命，忝职兹土，今当仲谨，具牲醴用伸常祭。尚飨。[④]

近世安徽社会中，除了官方祭祀的风云雷雨山川坛外，龙神崇拜更是当地民众祈求风调雨顺的一种普遍祭祀形式。九月"十七日，舟人、贾客诣龙王庙焚香。"[⑤]早在宋代，政府就开始在全国各地推行五龙神信仰。据马端临《文献通考》中记载："（大观四年）八月，诏天下，五龙神皆封王爵：青龙神

① 光绪《直隶和州志》，丁世良、赵放主编：《中国地方志民俗资料汇编·华北卷》，书目文献出版社1989年版，第948页。

② （明）汪舜民撰：《静轩先生文集》卷7，明正德刻本。

③ （清）吴坤修等修，（清）何绍基等纂：《重修安徽通志》卷54《舆地志·坛庙》，清光绪四年刻本。

④ 嘉靖《池州府志》卷5，《天一阁藏明代方志选刊》第32册，上海古籍书店1964年版。

⑤ 光绪《直隶和州志》，丁世良、赵放主编：《中国地方志民俗资料汇编·华北卷》，书目文献出版社1989年版，第948页。

封广仁王，赤龙神封嘉泽王，黄龙神封孚应王，白龙神封义济王，黑龙神封灵泽王。"[①]五龙神信仰一直延续到明清时期仍然存在，因其能主雨泽，所以安徽境内各府州县所设龙王庙仍多奉祀五龙神。

古代社会中，灶神全称“九天东厨司命太乙元皇定福奏善天尊”，民间俗称“灶君”“灶王”或“灶王爷”。灶神与民众生活息息相关，正所谓“一门伙食，皆赖神休，祀而报之，于本为当”[②]。灶神崇拜是由原始的火神崇拜发展而来的。如《淮南子》中载：“炎帝作火，而死为灶。”[③]高诱注：“炎帝以火德为管理天下，死后以灶神的身份享受祭祀。”又古周礼说：“颛顼氏有子曰黎，为祝融，祀以为灶神。”[④]传说灶神还是玉皇大帝派遣到人间考察家庭善恶的官员。据葛洪《抱朴子》中言：“灶神亦上天白人罪状。大者夺纪，纪者三百日也。小者夺算，算者三日也，或作一日。”[⑤]由此看来，灶神对于古代的普通家庭来说也是一个监察者的形象，吉凶之柄，尽归所有。因而，人们祭祀灶神，无疑也蕴含着祈求降福免灾的意思。

在安徽社会中，每年腊月二十四是灶神上天汇报的日子，俗称小年夜。是时，各地“或先一日，或本日，设粉团、糕饧祀之。又前草撒豆于空中，以饲神马”[⑥]。当地人称之为“送灶”。“送灶”之时各地所祭供品大致相同。如繁昌“以汤饼、米果饯之”[⑦]，当涂则“以饧为小饼”并“辅以果、豆”。[⑧]总的来说，这些祭品大都是一些又黏又甜的东西。其目的主要是塞住灶神的嘴巴，让他上天之时多说些好话，少说坏话。同时，有些地区的民众也会以

① （元）马端临：《文献通考》卷90《郊社考二十三·杂祠淫祠》，中华书局2011年版，第2772页。
② （清）吴翟辑撰：《茗洲吴氏家典》卷7，黄山书社2006年版，第282页。
③ （清）翟灏撰：《通俗编》卷19《神鬼》，颜春峰点校，中华书局2013年版，第263页。
④ （清）阮元校刻：《十三经注疏》，中华书局2009年版，清嘉庆刊本。
⑤ （晋）葛洪著，王明校释：《抱朴子内篇校释》卷6《微旨》，中华书局1985年版，第125页。
⑥ 乾隆《广德州志》卷22，《稀见中国地方志汇刊》第23册，中国书店1992年版。
⑦ 道光《繁昌县志》卷2，《中国地方志集成·安徽府县志辑》第41册，江苏古籍出版社1998年版，第32页。
⑧ 民国《当涂县志》不分卷，《中国地方志集成·安徽府县志辑》第40册，江苏古籍出版社1998年版，第473页。

酒糟涂抹灶门，称“醉司命”。目的则是要把灶神弄醉，让他醉眼昏花，头脑不清，从而少说坏话。灶神上天以后直至除夕夜时才会回来。届时各家仍然会于灶神神位之前陈设粉团、糕果等供品祭祀灶神，称“接灶”。

祭祀灶神寄托了古代安徽民众一种祛邪、避灾、祈福的美好愿望。在安徽民间，每年除了腊月二十四日和除夕以外，家人婚礼之时也要祭祀灶神。如在繁昌地区，新婚妻子到达新家三日后需设筵款待，并由“壻偕新妇拜祖先、灶神并遍拜尊长”以示“著代之意”。[①] 同样，当家中有人生病之时人们往往也会求助灶神。如据方志文献记载，桐城刘奎妻黄氏见其翁姑因目疾而欲轻生，乃“默祷于神，愿以已代。忽梦灶神曰：感汝孝，佐汝姑。目果未逾月而姑愈”[②]。又泗县芮相宏女，年十九待字，“因母病笃，对灶神以刀割股，奉母食之，病翼日瘳，女之伤痕亦愈”[③]。由此可见，灶神在佑护阖家安康之上亦发挥着重要的作用。最后，需要指出的是，近世安徽社会中灶神崇拜除家祭以外仍有庙祭。灶司庙、灶神庙等亦普遍存在安徽民间。

厉坛是中国古代专门祭祀无主鬼神的场所。所谓无主鬼神，即指那些无人祭祀的孤魂野鬼。据明代通行厉祭祭文中载：“此等孤魂死无所依，精魂未散，结为阴灵。或依草附中，或作为妖怪悲号于星月之下，呻吟于风雨之时。凡遇人间节令，心伤阳世，魂杳杳以无归。身堕沉沦，意悬而望祭。”[④] 中元节便是与鬼有关的节日。

> 十五日为“中元节”。僧舍设“盂兰盆会”。坊民夜设灯棚，香风卢高坐，放焰口，施食放灯，沿路烧松香包，纸扎银库、银船焚于街市口，散给野鬼之无依者，谓之“斋孤邻”。妇女捐买箔银助之，谓之“结鬼缘”。俱相促望日前行，以是夜为闭鬼门。是日前

① 道光《繁昌县志》卷 2，《中国地方志集成·安徽府县志辑》第 41 册，江苏古籍出版社 1998 年版，第 32 页。

② 道光《续修桐城县志》卷 20，《中国地方志集成·安徽府县志辑》第 12 册，江苏古籍出版社 1998 年版，第 726 页。

③ 光绪《泗虹合志》卷 15，《中国地方志集成·安徽府县志辑》第 30 册，江苏古籍出版社 1998 年版，第 590 页。

④ （清）张楷修：《安庆府志》卷 9《坛壝》，中华书局 2009 年版，第 334 页。

后，女儿以箕盛小女鞋一置厕边，迎戚姑娘(汉之戚夫人死于厕所，谓“人彘”者)。①

为不使这些孤魂野鬼进一步危害人间，明朝政府下令全国各府州县官员必须于每年清明、七月十五、十月初一三日设坛祭祀无主鬼神，且自京都至里社依次称之为泰厉、国厉、郡厉、邑厉和乡厉。正如子产所说：“鬼有所归，乃不为厉。”②按照礼制规定，安徽县级以下地区每里一百户内立坛一所，专祭无祀鬼神，以祈祷民庶安康、孳畜繁盛。至于祭祀时间仍与上述相同，祭物、牲酒随俗置办。祭祀之时则由本地会首轮流每次宣读誓文。其内容如下：

凡我境内人民倘有忤逆不孝、不敬六亲者，有奸盗诈伪、不畏公法者，有拗曲作直、欺压善良者，有躲避差徭、亏损贫户者，似此顽恶奸邪、不良之徒，神必报于城隍，发露其事，使遭官府刑宪。若事未发露，必遭阴谴。如有孝顺父母，和睦亲族，畏惧官府，遵守礼法，不作非为，良善正直之人，神必达之城隍，阴加护佑。使其家道安和，农事顺序，父母妻子，保守乡里。③

从上述厉祭的过程中可以看出，城隍在当中扮演了重要角色。这或许与其作为冥界地方官的身份密切相关。在当地民众心中，城隍无疑是管理和安抚这些孤魂野鬼的最佳对象。从誓文内容出发，明显可以看出其中带有强烈的儒家教化意味。这一方面表明神灵鉴察司民职能的强大，增强了民众对其以及做违法行为的敬畏之心。另一方面也体现了国家力量借助民间信仰与祭祀风俗在地方基层社会中的渗透。

明中期以后，安徽乡村社会中的厉祭逐渐衰退，民众开始更加专注于厉祭时的游神赛会。城隍在厉祭中扮演了重要角色。因此，对于普通民众来

① 光绪《直隶和州志》，丁世良、赵放主编：《中国地方志民俗资料汇编·华北卷》，书目文献出版社1989年版，第948页。

② （清）阮元校刻：《十三经注疏》，中华书局2009年版，清嘉庆刊本。

③ 嘉庆《庐州府志》卷18，《中国地方志集成·安徽府县志辑》第1册，江苏古籍出版社1998年版，第276页。

说，在厉祭之时举行城隍赛会理所当然。由于厉祭每年举行三次，因而厉祭之时的城隍会又被当地民众称为“三巡会”。以清代五河县为例。据光绪《重修五河县志》中载，清明时节五河“民间祭祠扫墓，官祭厉坛，请城隍出巡，百戏竞作，举国若狂，歌舞灯采，三日始毕”①。七月十五之时，除官府祭祀厉坛以外，当地百姓亦“延僧诵伽瑜经，祭无祀之鬼，请城隍出巡”。及至十月初一，民众则常于闲暇之时也会请城隍出巡逐疫。

除了“三巡会”，五月十五日为“州城隍神诞”，又是一个祭祀城隍神灵的节日。“阅日奉神出巡土人扮‘平台会’，或举‘灯会’，夜燃如昼。愚贱之夫，许愿作枷犯禳灾，荷校赭衣，络绎于道，妪媪首巾以盖神印为免灾。”②

除了上述的神灵信仰外，民间社会也常常将当地的名人奉为神灵。如池州府的“昭明会”即中秋节期间池州府西昭明太子的总祠——西庙举行的迎神、祭祀活动。“八月十二日至十八日赛西庙，即杜坞昭明祠也，俗谓之西庙。于十二日自庙迎，至城之祝圣寺，箫鼓载道，牲醴盈堦。至十八日，仍具仪送归庙以禳以祈，有司俱迎送如礼，从民愿也。”③“昭明祠”乃祭祀昭明太子萧统。昭明祠的祭祀活动伴随着当地仪式性的傩俗活动，据《池州昭明会记》记载：

> 是日，诸家扮会迎神者，所扮为关壮缪，为城隍，为七圣、二郎，为玄坛，（“玄坛”为财神赵公明）其扮也，则各骑乘奉面具，或于东门之桥，或于南门之狮子口，盛妆饰仪从，唯七圣则用机械引刀，穿颈贯腹而各以旗鼓吹导之，步梁昭明辇于西门外杏花村之马站坡而骑乘以还，游于通市或及郡县之公堂，薄莫(暮）而毕。④

如上所述，安徽地方社会神灵崇拜极为兴盛，包括自然信仰、传说信

① 光绪《重修五河县志》卷3，《中国地方志集成·安徽府县志辑》第31册，江苏古籍出版社1998年版，第422页。

② （清）朱大绅修，（清）高照纂：《直隶和州志》卷4《舆地志·风俗》，清光绪二十七年刊本。

③ （清）刘权之修，（清）张士范纂：《池州府志》卷5《风俗》，清乾隆四十三年刊本。

④ （清）郎遂：《杏花村志》卷9，聚星楼刻本。

仰、人物信仰等，建立在神灵信仰上的礼仪风俗也极为丰富。这些风俗有的来自官方的倡导，有的来自民间的流传，有的受宗教文化的影响，显示出地方风俗的复杂性。这些风俗对社会秩序的构建显示出双面性，官方一方面加强儒家思想与风俗的渗透，一方面对地方风俗加以倡导与管理，使地方社会的礼仪风俗不至破坏社会之秩序。

第五节　衍变更替的礼俗：晚清到民国国家进程和礼俗革命

清末民初是一个剧烈变化的时期，传统国家体制的衰落，西方文化的入侵，各个领域呈现出“变”的特点，罗志田将这一时期的“变”称为一种“权势转移”。“不论思想、社会还是学术，都呈现一个正统衰落、边缘上升的大趋势，处处提示着一种权势的转移。而各种变化中最引人注目者，当然还是西潮的冲击，即晚清人自己爱说的‘数千年未有的大变局’。中国士人面临西潮荡击，被迫做出反应，从而引出一系列文化、社会、思想、经济、政治以及军事的大变化，无疑是近代最重要的权势转移。”[①]除了探讨西潮对中国影响之外，也有不少学者将眼光向内，从中国内部出发，探讨中国长期的历史传统。孔飞力在《中国现代国家的起源》中强调中国现代国家构建的要素，并不是仅仅产生于外部危机之中，也产生于困扰晚清帝国多方面的国内危机之中，现代国家的起源需要从中国自己思想传统中寻找。无论如何，我们可以相信清末民初的巨大变革是内外因素合力的结果，清末民初礼俗就是伴随着国家进程的推进和西潮的冲击，出现了急剧的变化，因而称其为“礼俗革命”。

一、以理学为内核的礼俗“稍逊”

基于明清易代的思考，引发了士人对宋明理学的批判和“实学”思潮的

① 罗志田：《权势转移：近代中国的思想和社会（修订版）》，北京师范大学出版社2014年版，第1页。

兴起。皖人戴震对“理”“欲”关系重新考量，提出“以理杀人”的控告。戴震认为“人之血气本乎化，人之心知配乎神，血气心知无失，配乎天地之德，无憾无失，夫是之谓理而已矣”[①]。继而又强调“古圣贤所谓仁义礼智，不求于所谓欲之外，不离乎血气心知”[②]。这说明所谓“仁义礼智”都是从“欲”和“情”中而来，有“情”才能有“理”。基于此，戴震提出了“以情代理”的主张。

戴震提出“以理杀人”和“以情代理”的主张后，如何重建一个人人得以相安的社会秩序成为需要思考的问题。正是基于此问题，凌廷堪认为“好恶者，先王制礼之大原也”[③]，主张以“礼”来驱“恶”从“善”即“以礼代理”。张寿安认为：“礼，不只是社会秩序的外在规范亦兼具变化气质、端正人心的内在作用”[④]。凌廷堪认为构建人人相安的社会秩序的途径是养情节欲与礼乐化性。这种方式正是一种通过礼来进行自我调节的方式，带有人格的内在觉醒的意味。也正是如此，学礼复性分清政治责任与社会责任的分际，具有反专制的性质。刘广京在张寿安著作《以礼代理——凌廷堪与清中叶儒学思想之转变》的序中认为张寿安所讨论的清儒有关情与礼的内在冲突的思想是民初五四时期反礼教思想的先声。不论如何，儒学思想的变革源于当时的社会背景和学术发展，反礼教的思想影响着清末民初礼仪风俗的改变。

1851 年，拜上帝会众万人在金田村“恭祝万寿”，此后太平军席卷整个长江流域。1853 年太平军入安徽，对安徽地区影响长达十几年，原有的基层秩序被打破，社会表现出一定程度的分化。太平军带来的不仅是战争，还有一整套截然不同的宗教、制度和习俗。太平军将“上帝”崇奉为唯一真神，反对其他神灵信仰和祭祀，连尊孔祭祖都被列入清除、扫荡之列，焚烧

① （清）戴震：《戴震集》，上海古籍出版社 2009 年版，第 394 页。

② （清）戴震：《戴震集》，上海古籍出版社 2009 年版，第 296 页。

③ （清）凌廷堪：《校礼堂文集》，中华书局 1998 年版，第 140 页。

④ 参见张寿安：《以礼代理——凌廷堪与清中叶儒学思想之转变》，河北教育出版社 2001 年版。

宗族祠堂，毁坏城隍各庙神像，对固有传统文化完全推倒。其宣扬“有田同耕，有粮同食，有衣同穿”，“天下多男人尽是兄弟之辈；天下多女子尽是姊妹之群”，否定中国传统的人伦关系。这种完全不同于传统的信仰、理论、礼俗观念，“毁先王圣人之道，废山川岳渎诸神，惟耶稣是奉，几欲变中华为夷俗”①，势必冲击原来的社会秩序。

对于太平天国的影响，安徽人向理学找寻原因。汪士铎对儒家的“仁政”提出尖锐的批评。汪士铎认为孔孟、宋儒等学问都是空谈之论，并无实际用处。“孔孟、宋儒、如来、文殊、维摩诘、老庄、文列皆顿门，务为高阔虚空，无形影之心性，无用之虚说也。宋元以来，左袒孟氏，遂不敢议其非，学者几视为固然，真陋儒之固也。”② 汪士铎主张科举考试不用孔孟，而转向西学。

在《无为州志》中有一按语，“我州士习向以理学为宗，多植品厉节为文。虽不尽邃于经籍秦汉，亦出入唐宋大家，蔚然可诵。大都朴诚有余，不事繁缛尤以便捷投俗为可耻，近稍逊耳”③。“近稍逊耳”一词可见以理学为核心的风俗逐渐开始发生改变。民众生活的礼仪逐渐形同虚设。于冠礼而言，至明清，冠礼早已失去原本的意义。“明以前，男子十五岁冠，然醮宾成礼亦多去备。今惟娶妇前一日书字悬壁，亲友醉金贺号而已。应童子试者，尚分别巳冠、未冠。女子嫁不及二十，嫁之日乃笄。”④ 至民国时期，冠礼已不再施行。“今凤阳城市人年不及二十即另取字称呼，讳其乳名，但无若何礼节，乡僻之地，往往年过二十尚有呼乳名者，则去古制愈远矣。”⑤ 婚礼的风俗也逐渐简化，不注重门第相配，“婚礼，不尚浮华视门第相当者与缔姻好。嫁

---

① 中国史学会：《中国近代史资料丛刊·太平天国》，神州国光社 1952 年版，第 249—251 页。

② （清）汪士铎：《汪悔翁乙丙日记》卷 3，民国二十五年江宁邓氏铅印本。

③ （清）顾浩修，（清）吴元庆纂：《无为州志》卷 2《舆地志·风俗》，清嘉庆八年刻本。

④ 光绪《直隶和州志》，丁世良、赵放主编：《中国地方志民俗资料汇编·华北卷》，书目文献出版社 1989 年版，第 945 页。

⑤ 民国《凤阳县志略》，丁世良、赵放主编：《中国地方志民俗资料汇编·华北卷》，书目文献出版社 1989 年版，第 1009 页。

娶从质无绣灯彩舆之饰，惟导以鼓吹而已。”①

二、宗族与宗族礼俗的变化

在太平天国运动的影响下，人们或是消极避世，或是加入太平军或捻军，或是组成团练，抵抗外来威胁。无论是淮军还是捻军，都主要来自安徽地区，拥有着深厚的宗族背景。长时间的战争和太平军的“抢富”造成了安徽宗族势力的分化和消长。“自癸丑后再复再陷，一时文章、气节、经济之士或死王事，或避他乡，风流尽矣。”② 长时间的战争也引起了安徽基层社会结构的深刻变动，以士绅为代表拥有宗族色彩的团练的崛起，引起了官、绅阶层结构性的失衡。以新型士绅为代表的宗族既守古又趋新，以传统宗族为基础的礼仪和风俗也逐渐破坏或简化，并出现新的因素。

传统宗族的礼仪与风俗的改变不仅因战争，也因宗族发展的内部逻辑有关。宗族人口增加，各房发展，贫富差距和分支迁移的情况时有发生。安徽地区人多地少，水路发达，自明清以来便商业繁荣，“吾邑之人不能不贾者，时也，势也，情也。所产谷粟不能借百分之一，安得不出而糊其口子四方也。”③ 商业的发达也导致了贫富的差距，在士绅姚永概的《慎宜轩日记》中便记载因各房贫富不等而导致宗族矛盾。“窃念吾族素称敦睦，各姓所羡，近年乃屡以户长之故，动启争端，以致贻笑外人，殊可不必。尚望尊者肯上体祖宗孝友之风，下顾合族名誉之重，得已使已，从速了结。仍祈断之一心，万勿为一二浮言所动。”④ 甚至一房贫困致“立［锥］者至多”，而“不免时有败行”。“五房族丁无立椎［锥］者至多，因贫困之故，不免时有败行，为笑乡里。若无常年之款以扶植之，实非长策。”⑤ 宗族祭祀活动以族产为基础，宗族财产的减少也使得宗族活动成为一种负担，一些宗族原有墓祭

① 民国《铜陵县志》，丁世良、赵放主编：《中国地方志民俗资料汇编·华北卷》，书目文献出版社1989年版，第940页。

② （清）萧穆：《敬孚类稿》序一，文海出版社影印本。

③ （明）张涛始修：《歙县志》，《货殖篇》，明万历三十七年刻本。

④ （清）姚永概：《慎宜轩日记下》，黄山书社2010年版，第1491页。

⑤ （清）姚永概：《慎宜轩日记下》，黄山书社2010年版，第1483页。

所实行的各房轮值制度，实则成为无偿的摊派，使得宗族活动难以正常进行下去。宗族原有的礼俗规定逐渐瓦解，“捐配享”便是一个很好的例证。

祠堂祭祀一般有一套严明的规则，即基本遵守“永远不祧”和“五世则迁”的原则。而“捐配享”无疑打破了这样的原则，对于不同捐配层级给予不同的配享标准，通过捐钱捐田的方式，使得原本不受配享的人纳入其中，或享受更高等级的配享。面对这样昭穆长幼颠倒的行为，一些宗族明令禁止，称其为“恶俗”。如绩溪南关许氏宗族告诫族众：“祠堂所以序昭穆，徽、宁恶俗，有祠堂捐配享之例，钱多中坐，钱少旁坐，无钱不得入配，以致子中坐而父旁坐，孙配享而祖不得入祠。悖礼灭伦，莫此为甚！”“许余氏人烟繁衍，冠盖相望，亦徽之大族也，其祠堂寝室正座进主，独按昭穆长幼定序，而不捐钱开配享之例，使昭穆长幼颠倒奈乱，所有公需皆子孙自愿捐助。”[①] 而随着经济的发展，更多的宗族或出于扩充族产或借机敛财而承认“捐配享”，以子女孝顺合理化这一行为，制定一定的规章来规范这一行为。“捐资配享，所以遂子孙之孝思，亦所以充裕祠内经费，除应得者不论外，每主仍照续议章程，捐钱十千文”[②]。歙县鲍氏通过“捐配享”，除了一般神主配享“捐钱十千文”外，允许“庶母捐钱十四千”入配。鲍氏原将“另配享”以 5 年为限，为了扩充更多田产，“议展限十年，如其子孙有愿为捐配享，准照此数倍增。”[③] 宗族承认“捐配享”，大多数是出于充盈族产之考虑，不得已出此下策。宗族内贫富差距加大，或因战争灾害需要救济，宗族日常活动等都需要族产，而出现入不敷出的现象，甚至一些宗族出现了因祠产不丰暂停配享者子孙本分胙的情况。宗族在保障成员生活，维护宗族秩序等方面表现出力不从心。以宗族为基础的礼俗也变得“经济化”。

宗族成员的外迁无疑加速了宗族血缘关系的松弛。在清末民初的社会变

---

① 道光《锦营郑氏宗谱》卷末《祖训》，清道光元年木活字本。卞利编纂：《明清徽州族规家法选编》，黄山书社 2014 年版，第 68 页。

② 光绪《绩溪县南关许氏惇叙堂宗谱》卷 8《家礼》，清光绪十五年刻本。卞利编纂：《明清徽州族规家法选编》，黄山书社 2014 年版，第 491 页。

③ （清）周鼎：《歙新馆鲍氏著存堂宗谱》卷 3《祠规》，光绪元年刊本。

局下，为求得更好的发展资源，宗族中的优秀人才大多迁居到长江中下游地区。以歙县为例，“盖自光绪以来，东、北、西二乡，因生计关系，迁徙、死亡，户口有减无增，虽南乡一乡日见繁盛，究难补三乡之不足。”①随着明清时期商业的发展，大量的安徽人迁至经济发达地区以求致富。“今则徽之富民，尽家于仪、扬、苏、松、淮安、芜湖、杭州诸郡以及江西之南昌，湖广之汉口，远如北京亦复挈其家属而去，甚且舆其祖父骸骨葬于他乡，不少顾惜。而徽之本土仅贫窭而不能出者耳。”②这些迁出的人在一开始还与故乡保持一定的联系，捐献钱财或通过联姻加强联系，但几代后就逐渐土著化了，出现了“生子竟不与闻”的现象。“清明祀典祖制输资添丁原欲登名祀簿，俾修谱时有所考据，以防假冒之弊。费既不多，法亦尽善，向来侨居在外者犹知寄名注簿，近有生子竟不与闻，殊失祖宗立法之意。”③新的生产方式带来的城镇化显然从经济运行模式上给予家族制度冲击，以宗族为单位聚居的宗族制度出现崩坏之兆，宗族组织由大宗族式向小家庭式转变，宗族规礼逐渐失去了影响力。

同时，宗族也在重新审视家法中落后的一面。《仙石周氏宗谱》对国法与家法的区别作出了较为清晰的阐述。“家法治轻不治重，家法所以济国法之所不及，极重至革出祠堂，永不归宗而止。若罪不至此，即当鸣官究办，不得僭用私刑。山乡恶俗，有重责伤人及活埋者，此乃犯国法，非行家法也。”④家法治轻不治重，国法治重不治轻。宗族对国法与家法作出分工。当宗族成员违反国法时，由官府处理，不得私用家法。同时，家法在国法不及之处，也可以作补充之用。对家法与国法之间关系的重新审视，无疑具有进步之意。

虽然传统宗族的家规家礼在清末民初逐渐破坏，但宗族在民众的生活中

---

① 石国柱修，许承尧纂：《歙县志》卷3《食货志·赋役》，民国二十六年铅印本。

② （清）丁廷楗修，（清）赵吉士纂：《徽州府志》卷2《地舆志·风俗》，清康熙三十八年刻本。

③ （清）汪立正：《休宁西门汪氏大公房挥佥公支谱》卷1《西门宗祠祭祀规制述言》，乾隆四年刊本。

④ （清）周善鼎等：《仙石周氏宗谱》卷2《周氏总谱家法》，清宣统三年善述堂木活字印本。

仍发挥着重要的作用，尤其是在乱世中宗族可以为其成员提供庇护和基本的生活救济。宗族的角色逐渐发生变化，士绅阶层在社会影响力逐渐壮大，其宣扬的礼俗也因时而变，并出现新的风气。普通百姓在社会进程下也能普遍感受到风气习俗的变迁。

三、清末民初风俗的新因素

(一) 经商与奢靡之风

安徽经商之风气由来已久，但精通儒学，考取功名仍是士绅和百姓心中的不二之选。但这种"重儒轻商"的风气逐渐逆转，在"师夷长技以制夷""商战"等理论的鼓吹下，经商成为爱国救亡的手段之一，越来越多的安徽人投身商业活动。而外国商品和资本的进入，也给安徽人带来了致富的途径。安徽寿州人孙家鼐与翁同龢同为光绪帝师，累迁内阁学士，历任工部侍郎。但他极为重科学、兴实业，与马吉森创办安阳广益纱厂、与其子孙孙多鑫、孙多森开办上海阜丰面粉厂、中孚银行，又投资启新洋灰公司、北京自来水厂、井陉矿务局、滦州煤矿、天津劝业道等民族工业。孙氏家族多人经商有成，成为著名的实业家。经商风气之兴盛在地方志中亦有记载。如《宿松县志》载："日中之市，负贩之夫，攘攘熙熙，所谓懋迁化居，牵车牛远服贾者，亦比比皆是也。"① 士大夫也不再轻视商业，反而以发展民族工业为风尚。"昔俗尚贸迁，同光以来，场尤辟，士大夫家居恒以农商业自娱，而不遑学问坐是。"② 许多家族也因经商有成，而能够补贴宗族之用，通过"分润"使得家族成员衣食无忧。"两年来承尊者分润遂令房众生春，年下亦少无穷笑话。……查马氏自幼白先生经营，公五订分给口米津贴葬读之例，其家人下者无冻馁之忧，上者得此可以力图上进，法良意美，为益深宏。" ③

商业的发展，外国洋货的传入也助长了奢靡之风。在《怀宁县志》风俗篇的开头，作者便大叹世变风移，奢靡无算，礼仪不再。"本业竞给人足，

① 俞庆澜修，张灿奎纂：《宿松县志》卷17《实业三 · 商业》，民国十年刊本。
② 余谊密修，鲍实等纂：《芜湖县志》卷8《地理志 · 风俗》，民国八年石印本。
③ (清) 姚永概：《慎宜轩日记下》，黄山书社2010年版，第1483页。

物价减少，鱼蔬贱如土，酒十钱可一醉。启祯之际，淫侈日长，始于大家华靡相尚竞渡观灯，趋走如骛，縻费无算，闾阎三民转相仿效，怀俗大漓国家德泽涵濡二百年，世变风移所在皆汝愤江汉矣。”① 并表明此篇所列各风俗礼仪在于“任转移之责者其念之哉”。奢靡风气使得安徽节俭质朴的传统不再。李鸿章、周馥等士绅都在其家训家书中教导子孙节俭持家，不可浪费，“大凡富贵家之祖宗，皆敦厚有品，茹辛食苦”②。奢靡风气盛行助长了婚嫁丧葬费用，一场礼节的花费成几倍增加，逐渐成为扩大交往、彰显排场的场合。“成同之间士大夫家居白粸衣，冠缁布冠，千金之子衣不华采，妇女椎髻操作，荆布自适，故有家藏纶十年不御者，其俭朴可风如。近数十年，俗渐奢侈，婚嫁丧葬之费，动数百缗，所制衣服不惟以绮罗为珍，更力求新奇异矣。”③

受洋货传入的影响，妇女竞相攀比，衣着华丽，也促进了妇女服饰和发型的改革。“自光绪立约通商，华洋糅杂，趋利者不惜扫庐舍刘邱垄以填外人之壑，荒江断岸，森列楼台，于是士女习骄奢，忘礼谊。”④ 虽然这些风俗的改变远不如长江下游地区的通商口岸，但从中亦可窥见百姓日常生活开始出现与以往完全不同的变化。

（二）西学与新式学校

维新运动后，西学的重要性逐渐凸显，清政府在各方压力下开始教育变革。“自丙午科为始，所有乡、会试一律停止，各省岁、科考试亦即停止。历次定章原以修身通经为本，各门科学又皆窃于实用，是在官绅申明宗旨，闻风兴起，多建学堂，普及教育等因，钦此。仰见朝廷求才若渴，兴学方殷，薄海臣民同泲欢。”⑤ 西方学科的引入，促进了学校内容与科目的变革。

① 民国《怀宁县志》卷10《风俗》，《中国方志丛书·华中地方·安徽省》第11册，成文出版社1975年版，第164页。

② （清）周馥：《负暄闲语》，中国书店2013年版，第153页。

③ 余谊密修，徐乃昌纂：《南陵县志》卷4《舆地志·风俗》，民国铅印本。

④ 余谊密修，鲍实等纂：《芜湖县志》，《重修芜湖县志序》（芜湖县知事潜山余谊密序），民国十年刊本。

⑤ （清）姚永概：《慎宜轩日记下》，黄山书社2010年版，第1484页。

学校授课内容中西皆学，学习外语和算术成为一时风尚。“羞从前科举时代算术非功令所重，故读书之人，罕肄业。及之清同光以来，西学东渐，士大夫学之，遂多起而习算术。”①

安徽人吴汝纶在其家训中就极其注重西学的学习。他强调西学的积极意义，要求子弟学习西方文化，鼓励子弟出国留学，多与西人交朋友，做到经世致用。他多次在信中叮嘱儿子，与西人言论往来，最长见识，他不仅让儿子跟随英国人学习英文，还将儿子送去日本学习“专门之学”，他去信叮嘱：“理财、外交，尤吾国急务，若择执一业，汝自酌之。学成一门，便足自立也。”② 周学熙也强调西学的重要性，它将读书分为主课、正课、辅课和余课四类，西文和今日为治事所需要作为辅课来学习。西文、算数之学的兴盛与实业经济发展有极大关系，西学的风靡也促进了实业教育的发展。1903年，“癸卯学制”颁布后，安徽先后创办实业学堂 14 所，设有初、中、高三等，分为农业、工业、商业三类，有桑蚕、农学、机械、染织等学科。民国时期，安徽实业学校的门类逐步扩大，设科也有所增多，先后办过近百所实业学校。这些学堂的创立在当时还处于新兴事物，但一定程度上反映了当时社会的新风尚。

新式学校的发展在以吴汝纶、马其昶、姚永概、姚永朴等为代表的桐城派的领导下，在安庆地区发展尤为迅速，先后创立了桐城学堂、安徽高等学堂、安徽师范学堂等学校，对探讨安徽省新式学校发展情况极具代表意义。1902 年，吴汝纶前去日本考察学制，并将见闻记在《东游丛录》一书中，这无疑对其创建学堂产生深刻影响。桐城学堂在吴汝纶的一手操办下创立。这所新式学堂不同于由传统书院改换名称的学堂，而具有新式学堂的特点，可谓开社会之风气。在学堂招考说帖上，吴汝纶明确表示该学堂设立之目的在于培养救国之人才。“前数十年即耳食西学，尚勉强支柱，此后诸国内犯日深，非有实在本领，不足与外国人才相抵。”③ 基于学堂的办学目的，在课

① 俞庆澜修，张灿奎纂：《宿松县志》卷 19《实业八 · 艺术》，民国十年刊本。

② （清）吴汝纶：《吴汝纶全集 · 尺牍》，黄山书社 2002 年版，第 599 页。

③ （清）吴汝纶：《吴汝纶全集 · 与桐城县令蒋少由》，黄山书社 2002 年版，第 463 页。

程设置上注重西学的学习，法学和理财学尤其得到重视。“专门之业，如理化、博物、天文、制造等，皆精奥难学，不易得师，其农工商业，虽家国富强基础必不可缓之事，而吾国尚区而别之，以为非士人之业，今亦未便创兴。今所延之师，长于法学、理财学，此二学，乃吾国所急需。”[①] 西方学科的教师大多邀请外国人来任教，教师难请又花费巨大。为了解决师资问题，吴汝纶派遣留学生出国深造的同时，也积极开办师范学校，培养自己国家的师资力量。桐城学堂的管理也具有西方的色彩，设立明确的学堂章程。针对学堂财务，设立严格的财务管理制度；针对学生管理工作，也制定了比较详细的管理制度。

值得一提的是，桐城学堂实际上是一所速成专科学校。这样的学堂性质显然是吴汝纶深思熟虑后的结果。反映了在当时社会下，小学教育成效慢，高等教育人才少，而社会急需专门实用人才的现实情况。姚永概亦有此论述，“且开学堂，各有一定之宗旨，今日高等学堂学生非从蒙养中小而来，算学从加减乘除，外国文从字母教起，甚者中国之史、中国之舆地十问而九未知，尚得曰高等乎。故永概断之曰：此必速成、普通之宗旨，乃合格也”[②]。教育培养人才具有延迟性，在社会剧烈变动下，显然不能及时提供相应人才。

旅湘公学的创办就有更多的革命色彩。1903 年，李光炯和卢仲农在长沙共同创办了安徽旅湘公学，聘请革命党人黄兴、赵声、张继等人任教。后因准备武装起义而被清政府查封，迁至安徽芜湖，改名为“安徽公学”。“旅湘公学规模必已完善，公一手料理，至为劳勘。慎思往当可赞助，相与有成，殊为企羡。此间高等更换英文，添设体操、理化。近又得一杨翼之来教东文，其人兼长法律理财，吾意欲添此二科，尚未定局。三总办两副办，如何得自行其志耶！看来天下事全仗少年精果之士维持。”[③] 安徽公学极具革命性，陈独秀、刘师培、章士钊等人先后来此任教，使各地英才云集于芜湖。

---

① （清）吴汝纶：《吴汝纶全集·创立学堂说帖》，黄山书社 2002 年版，第 462 页。
② （清）姚永概：《慎宜轩日记下》，黄山书社 2010 年版，第 1474 页。
③ （清）姚永概：《慎宜轩日记下》，黄山书社 2010 年版，第 1479 页。

他们宣扬革命精神、培养反清人才，同时也积极宣传移风易俗，改革陋习，培养了一大批新式人才。

清末民初安徽新式学堂的创办大多中西兼学，即“新常识与旧道德”并重。1901年，安徽人周学熙受袁世凯札委总办山东大学堂，推崇“所有功课以中学为体，西学为用，校风甚饬，重印中学为宗，又采各家所译西文格言及科学理化之论”①，可谓大多数学堂办学之方向。新式学堂的开办显然面临着很多问题，教育经费不足、师资力量薄弱、管理经验不足等问题成为大多数学堂之忧虑。桐城学堂亦有困扰，“桐城学堂外忧方平，内患渐作，大要无管理在行之人耳。虽添设蒙养，贵乡及北乡均议开学堂，又有立师范之说。然开风气则有余，以云成材，正未可许也。”②虽然学堂面临的问题很多，但报名者却极为踊跃，报名人数非常之多，尤其是小学教育。“敝县今年又添设一蒙学堂，学生来者甚踊跃。四乡故有书院亦有改设学堂之议，又有立蒙师讲习所之议。永概与通伯力持中正切实办法，未知究竟不为风潮所动否，尽其所能为，如是而已。”③小学教育发展迅速与经商之风气分不开，商人子弟入学学习认字和算数，促进了大量的私塾改为学堂。但一般商人子弟对其学历要求并不高，小学教育便可满足，也因此影响了中高等教育的发展。

（三）出国留学

除了新式教育的发展，出国留学成为一个新风尚，尤其在科举制废除后，留学成为一条重要的出路，正可谓“现在时势，科举既停，上进之阶惟有出洋留学一途”。民国时期，以官费留学为赏功之具，留学之风气更盛。在安徽桐城，学校定期选派留学者，对留学生的选定亦有规定。在姚永概日记便记载“选派游学者，必须东文东语有三年级者”④，对留学者的国语水平有一定要求。选派人数的分配上，“每乡二人，不足留额待

① （清）周学熙：《周学熙自述》，安徽文艺出版社2013年版，第7页。
② （清）姚永概：《慎宜轩日记下》，黄山书社2010年版，第1479页。
③ （清）姚永概：《慎宜轩日记下》，黄山书社2010年版，第1475页。
④ （清）姚永概：《慎宜轩日记下》，黄山书社2010年版，第943页。

续派"[①]。对于选派留学生的费用，规定公费两成，自费一成。公费大多由乡绅捐款，姚永概为此多方筹集经费，其撰写《致同乡公启》便为筹集经费。

除此之外，安徽高等学堂的王星拱、刘贻燕、邵逸周、程振钧、程斟基、俞希禹等，都先后出国留学。一部分留学归来者会被要求为家乡事业服务，他们很多投身于家乡的教育事业中，使安徽的教育风气一新。

> 自侯官莅皖以来，气象为之一新，科学教员纷纷来集。而周君以英国格林大学毕业之材，来为斋务长并理化等科教员，权限各分，人勤其职。苟循此以至毕业，无论欧美何国大学可径入无碍，此非空言也。盖侯官在北洋所教之学生已见成效，伍光建、王少泉在英国毕业皆第一人，超居诸西生上，推此而可决也。[②]

出国留学使得新的知识与信息从国外向国内传播，留学归来的知识分子致力于家乡的教育与民生，使得新的知识得以从上而下传播。

无论是新式教育抑或是出国留学都促进了新思想新习俗的产生。尤其是留学生接受外国风俗后，积极促进民众日常生活的移风易俗，宣传剪辫子、废缠足、不再行跪拜之礼等，西方先进文明的生活观念逐渐被接受。接受新式教育的知识分子与传统的"士"区分开来，表现出不同的思想观念和生活方式。罗志田认为"废科举兴学堂的直接社会意义就是从根本上改变了人的上升性社会变动取向，切断了'士'的社会来源，使士的存在成为一个历史范畴，而新教育制度培养出的已是在社会上'自由浮动'的现代知识分子。士的逐渐消失和知识分子社群的出现是中国近代社会区别于传统社会的最主要特征之一。"[③] 从文化"天下"到民族"国家"，从"士大夫"到"知识分子"，20 世纪之交的中国读书人在重新定义自己的身份的同时，也重新定义自己和国家及地方的关系。知识分子逐渐接受民主宪政观念和民主革命思想，用

---

① （清）姚永概：《慎宜轩日记下》，黄山书社 2010 年版，第 943 页。

② （清）姚永概：《慎宜轩日记下》，黄山书社 2010 年版，第 1490 页。

③ 罗志田：《权势转移：近代中国的思想和社会（修订版）》，北京师范大学出版社 2014 年版，第 110 页。

民主思想启迪民众，在小学教育中就注重培养民众德性，“小学养成德性，扩充知识，使后有国民选举之权”[①]。这些知识分子也参与到地方的民主实践中，宣传民主、自由等西方思想，推进移风易俗，积极参政议政。如前述的姚永概便一方面参与到地方新式教育的建设中，宣传西学，另一方面筹备谋划地方自治事宜，参与新政改革。革命人士也借此宣传革命思想，筹备推翻封建帝制的民主革命活动。

（四）报纸

张灏所论“转型时代”中一个特色即为报刊的大量出现。[②]对于安徽省而言，受地理和文化等因素的影响，近代报刊出现较晚。1898 年，《皖报》在芜湖创办。《皖报》的创办受《湘报》影响很大。《湘报》由谭嗣同与唐常才在长沙创办。《皖报》则基本以其为样板，宣传维新运动和改良主义。此后，芜湖还出现了《鸠江日报》《皖江日报》等民营报刊，然而这些报纸大多使用半文半白的词语。基于此，1904 年，陈独秀于芜湖创办了《安徽俗话报》。《安徽俗话报》主张“用顶浅俗的话说告诉我们安徽人，教大家好通达学问明白时事。”[③]他在序言里也指出：

> 若说起穷人来，越发要懂得点学问，通达些时事，出外去见人谋事，包管人家也看得起些。却是因为想学点学问，通些时事，个个人都是要上学攻书？这岂不是一桩难事么？但是有一样巧妙的法子就是买几种报来家看看，也可以学点学问，通些时事，这就算事半功倍了。……上海有《中国白话报》，绍兴有《绍兴白话报》，宁

---

① （清）沈云龙：《清代四名人家书》，周维立：《近代中国史料丛刊》，文海出版社 1971 年版，第 11 页。

② 张灏：《中国近代思想史的转型时代》，《二十一世纪》1999 年第 52 期。作者指出，所谓转型时代，是指 1895—1925 年初前后大约 30 年的时间，这是中国思想文化由传统过渡到现代、承先启后的关键时代。在这一时期，制度性传播媒介的出现与增长，如报纸杂志、学校、学会，这些媒介构建起了公共领域，人们开始进行政治参与和理性批判。现代知识阶层在这一时段面临着文化取向的危机。知识分子们的文化认同和自尊受到损伤并转向自欺与反叛，但是自欺与反叛过后却又要学习西学，爱与恨，羡慕与愤怒的交织是转型时代的思想基调。

③ 陈独秀：《安徽俗话报的章程》，《安徽俗话报》1904 年第 1 期。

波有《宁波白话报》，潮州有《潮州白话报》，苏州有《苏州白话报》，我都看见过。我就想起我们安徽省，地面着实很大，念书的人也不见多，还是没有这种俗话报。①

该报自称销量“为海内各白话（报）之冠”，影响甚大。每月出两期，朔望发行，由章士钊创办的上海大陆印刷局承印。陈独秀以笔名“三爱”在《安徽俗话报》发表多篇文章，多与启蒙智识、开通风气有关。因为“皖南、皖北老山里头，离上海又远，各种报都看不着，别说是做生意的，做手艺的，就是顶刮刮读书的秀才，也是一年三百六十天，坐在家里，没有报看，好像睡在鼓里一般。”一方面可见趋新已成知识界（或称士阶层）之共识。

从《安徽俗话报》的出版来看，实际上反映了安徽读书人破局的心理。陈独秀对于报刊受众有较为乐观的估量：“做手艺的看了，也可以学些新鲜手艺。做生意的看了，也可以晓得各处的行情。做官的看了，也可以明白各地的利弊。……就是有钱的人，一件事都不想做，躺在鸦片烟灯上，拿一本这俗话报，看看里边的小说、戏曲和各样笑话儿，也着实可以消遣。”可见他将阅读该报视作士庶二层的共同取向。在《慎宜轩日记》中，姚永概便批评青年人“断不如浮薄少年，看几册译本之书，游日本一年或数月，遂嚣然自谓已足，开报馆，发议论，作一哄之乐而遂已也”。② 虽然这一莽撞行为遭到了批评，也反映出知识分子的新风气。

安徽清末民初的报刊除了《安徽俗话报》，还有《安庆日报》《安徽白话报》《安徽船》《青年军报》《安徽实业杂志》《安徽学务杂志》等，这些报刊大多宣传革命思想，推进革命民主运动，安徽成为重要的革命阵地之一。在新文化运动前后，以皖籍胡适、陈独秀为主要领导人，在安徽积极宣传科学民主，反对封建迷信。《安徽俗话报》发表多篇文章批评旧中国的封建习俗，如婚姻制度、裹脚习俗以及迷信风水等。除此之外，俗话报和白话报等报刊积极推进文学改革、白话改革、戏曲改革，深入普通民众，用通俗易懂的语

① 陈独秀：《开办〈安徽俗话报〉的缘故》，《安徽俗话报》1904 年第 1 期。

② （清）姚永概：《慎宜轩日记下》，黄山书社 2010 年版，第 1474 页。

言传播新思想。在此风潮下，安徽由一个以儒学为主流思想的传统省份，逐渐转变为拥护新思潮、宣传新思想的重要省份之一。民主与科学的思想逐渐深入人心，人们的权力意识和政治参与意识也有了提高，在地方志中甚至有“争公共财产管理权，争选举权，各出其聪明”①的记载，可见新思潮影响之深。

同时，报纸成为宣扬自治精神，促进皖省建设的发声地。在同乡会的报刊中，自治精神被反复提及，成为旅外皖人的共识。侨寓徽商的同乡会组织——徽州旅浙硖石同乡会在其刊物《徽侨月刊》的宣传大纲中，明确提出同乡会之宗旨，自治精神被列为第一条，可以见得皖人对本省建设的关注。同乡会之宗旨部分内容如下：

> 第一条　本会领导徽属六邑旅外同乡，以自治精神，谋旅居的幸福，并要促成皖省教育行政之完善，实业之发展。
>
> 第二条　募集同乡股金，建立新安银行，使商业有振兴之望，设立新安民工厂，救济同乡失业工人，设立新安病院，疗治同乡疾病，并须开通屯昌汽车道路，以利交通。
>
> 第三条　每一镇市，有同乡二十人以上者，促设商业义务夜校，提高乡人智识才能道德，使其有发展之能力，惟义务教员，由当地同乡有普通学识者或聘外界热心教育之士充当之，本会随时派人出为指导之。
>
> 第四条　在最短期间，督促徽属六邑县长，严令农民开垦荒山，造就森林，以期利益。②

如何促进安徽发展，如何谋求民生福祉是地方自治的中心问题，而报纸无疑是一个促进地方自治的重要舆论阵地。通过报纸报道见闻，发表看法，新思想得以传播。旅外徽人创办《微音》报刊的重要宗旨之一便是使本刊成为徽州的喉舌，为徽州唯一的公开的民众发言机关，以达到促进乡土之福

---

① 俞庆澜修，张灿奎纂：《宿松县志》卷 8《民族志二・风俗》，江苏古籍出版社 1998 年版。

② 《徽侨月刊》第 3 期，转引自王振忠：《徽州旅浙硖石同乡会与〈徽侨月刊〉》，《福建论坛》（人文社会科学版）2001 年第 2 期。

利，与改造新徽州之目的。为此《微音》设置“皖人公论”的栏目，研究安徽一切问题，造就安徽人公论中心。无论是对地方建设事业的关注或是对政府政策批评，都表现出皖人地方自治精神，这种地方自治的背后无疑是皖省中心意识增强。

（五）民众日常生活的移风易俗

移风易俗促进了男女平等和妇女解放。1908年，安徽共有7所女子学堂。省教育会会长徐方汉创立安徽省立第一女子师范技能科，阮强创立安徽省立第二女子师范技能科。随着新式教育的展开，女子也可以进入学堂学习知识，女子进入学堂学习知识与技能，为女子独立和女子解放创造了基础，有力地冲击了“女子无才便是德”的旧观念。在清末，由于女性教育尚未完全开放和女性教师的缺乏，一些学校的教学方法也极具时代特色，通过间接之法教学女学生。“敝校初办男女之别界限甚严，艰深科学不能用男教员，乃以间接之法用男教员编讲义，而以其家中妇女曾入学有口才者课授，每课皆有练习。”[①] 总的来说，“皖省女学堂设立不多，既开于先，必有为之后者”[②]，女子入学起到了开风气的作用，促进了女子思想解放和移风易俗。

女子缠足的风俗也在接受西学的知识分子的倡导下逐渐改变，陈独秀等在安庆办放足会，柏文蔚在其家乡寿州办天足会，汪孟邹兄弟鼓励自家的子女不缠足。辛亥革命后，临时政府和南京政府都发布政令，改革陋习，并对不同妇女做出不同的放足要求，有关于足的各式新名词一时流行，缠放足、复缠脚、天足、假天足、半缠半放脚等五花八门，反映了当时风俗的改变。妇女知识水平的提高，自由恋爱和离婚制度的逐渐实行，使得更多的妇女从家庭中走出来了，发展自己的事业。一些女子还创办了学堂，如黄杏仙于1906年，在西递村开办黟县第一所女校——崇德女校，招收学生20余人。民国十年，入学女生增至80人。女子地位的提高，促进了男女平等的观念，女子逐渐摆脱家庭中的被动地位，婚姻制度也逐渐发生改变。

---

① 《工业学堂成立》，《安徽白话报》光绪三四年第四期戊申十月。

② （清）冯煦主：《皖政辑要》，黄山书社2004年版，第544页。

陈独秀在《安徽俗话报》中指出“中国人婚姻的坏处……就是不合情理四个大字”[①]，中国旧式婚姻在于父母之命，而不是两情相悦，常常不问青红皂白，极其不合情理。陈独秀抨击旧式的封建包办婚姻，提倡西方婚姻自由恋爱。他批判婚礼过程中的索要聘礼、哭出嫁和典礼上种种受罪之事，提倡简化婚礼。加之同治时期的战乱，导致一些地区人口减少，早婚和冥婚盛行。刘汝骥在《申送六县民情风俗绅士办事习惯报告册文》中描述了歙县的婚姻礼俗。

> 歙俗尚早婚，男女嫁娶年皆在二十以内。其贫不能聘与，择配稍苛，待字至二十外者，群以为失时矣。结婚颇较贫富论门第，一切听命尊长。行聘用财或墨，银百圆至二三百圆不等。媵以鱼肉馒首之类，奁厚薄不一，无亲迎礼舆饰以彩，非素封大家不鼓乐，近小康家间用之三朝。新郎与新妇谒土神。谚曰：出行岂行庙见之礼而误耶。归则祀灶。祀毕，举手一调釜中羹，盖犹三日入厨下之意。其最无理者，为闹房。合卺之夕，高烧巨烛，置果酒，坐新夫妇于上。亲朋环列，猜拳行令，甚或涂粉作小丑状，以博新娘之一笑谑也，而失之虐矣。习俗移人虽搢绅之家不免。[②]

刘汝骥的记述中可见婚礼新旧相杂。总的来说，民国以来婚礼分为两种。“婚礼，分旧式、新式两种。新式，即所谓文明结婚，其仪式简单。旧式结婚，仪式繁重，兹分述之以备参考。”[③]到民国中期，安徽的婚礼大大简化。《休宁县志》中提到：“民国中期，婚嫁习俗略有改变，本来为期三天的喜事，大多简化为‘一日晌。’”[④]一些知识分子仿照西方婚礼，改变旧式婚礼中的陋俗，典礼逐渐文明化。

> 民国中期……城市政界、学界，兴自由选择对象，花轿逐渐为

① 陈独秀：《恶俗篇》，《安徽俗话报》1904年第3期。

② （清）刘汝骥：《陶甓公牍》卷12《法制·申送六县民情风俗绅士办事习惯报告册文》。

③ 民国《凤阳县志略》，《中国地方志民俗资料汇编·华北卷》，书目文献出版社1989年版，第1009页。

④ 休宁县地方志编纂委员会编：《休宁县志》，安徽教育出版社1990年版，第585页。

汽车或彩车（人力车扎彩）取代，“拜天地”改行鞠躬礼，“批书”改为证婚。证婚人由当地知名人士（村镇请乡保长）担任，还有主婚人、男女傧相、司仪、奏乐等职司，称为“文明结婚”。①

在1935年，安徽省城甚至出现了集体婚礼，当时舆论界称其为“集团结婚”，参加婚礼共有4对新人。其后，各县城也出现过数对新婚青年共同举行婚礼的活动但尚属个别现象。② 虽然这些婚礼风俗的改变并不普遍，但仍从中窥见清末民初礼俗的重大改变。

在西学东渐和破除封建迷信的影响下，西医逐渐发展起来，普通百姓不再信奉鬼怪。“近来大明，才知道凡人有了疾病，总是身体失了保养的缘故。并不是神鬼作怪。”③ 封建迷信的破除促进了医学的兴盛，尤其是西医。吴汝纶便极为推崇西医，他认为当时中医为“含混医术”，西医“考核脏腑血脉，的的有据，推论病形，绝无影响之谈，其药品又多化学家所定，百用百效”④。他不仅肯定西医治病之用，同时要求家人也这样做，推崇用西医养育婴儿，“勤问西法，为养婴之要诀”⑤。传统的中医式微，西医开始在清末民初占据一席之位。不可否认的是，中医的式微一定程度上是西学东渐和破除迷信的副作用，中医逐渐被标上迷信和无用的标签，而完全弃之不用。但近年来，中医又有兴盛之趋势，可见中医或西医的推崇并不完全以效果决定，而极大受当时风气潮流所影响。医学的发展也促进了各种医学科目的兴盛，在《慎宜轩日记》中，作者就多次记述了看牙的经历，如“与内人至徐牙医处”⑥、“携儿求罗君方治牙疼”⑦，与洗耳的经历“携康赴院洗耳”⑧等，表现出清末民初医学的发展逐渐惠及百姓，民众可以知医看医。

---

① 休宁县地方志编纂委员会编：《休宁县志》，安徽教育出版社1990年版，第585—586页。

② 安庆市地方志编纂委员会编：《安庆地区志》，黄山书社1995年版，第1157页。

③（清）铁郎：《保养身体的法子》，《安徽俗话报》1904年第8期。

④（清）吴闿生：《桐城吴先生尺牍》，文海出版社1969年版，第1438页。

⑤（清）吴闿生：《桐城吴先生尺牍》，文海出版社1969年版，第1610页。

⑥（清）姚永概：《慎宜轩日记下》，黄山书社2010年版，第1331页。

⑦（清）姚永概：《慎宜轩日记下》，黄山书社2010年版，第1340页。

⑧（清）姚永概：《慎宜轩日记下》，黄山书社2010年版，第1335页。

西装在清末民初逐渐为城市男子所接受，学校的老师、公司的职员等群体成为西装的消费者。男士在出席正式场合时，西装成为大多数人的必要之选。衣服的样式也五花八门，衣领减低，出现圆形领、方形领、鸡心形领等各式各样。中式旗袍、学生装、中山装等不断推广，“爱国礼帽”等文明着装不断出现，显示出服饰变革逐渐实用化、文明化。在安徽官报中，出现了关注城市基础设施建设的文章，公共园林和图书馆被提上日程，为民众提供了公共场所，改变了中国传统的公共娱乐和学习方式，丰富了市民生活。除此之外，“牙牌”也是当时流行的玩意。民国才女张爱玲便喜欢牙牌签书，在《私语张爱玲》中有多处描写。姚永概也喜欢起牙牌占卜吉凶，在其日记中多有记载，“起牙牌数，得‘未来事黑如漆’‘金鸡玉犬报佳音’‘海上蟠桃初结实’之语。内人为占得‘扶舆钟秀气’”[①] 等。特别是在岁令时节，总起牙牌占卜一番，以求顺利，有时也为朋友占卜，“又为康占牙牌，得‘无荣、无辱’之数”[②] 等。这些在百姓日常生活中流行的事物极具时代特色，显示出当时的社会变动。

总体来看，安徽地区受西学东渐的影响相较于南方省份要稍晚一些，这主要与安徽浓厚的儒学传统和地处内陆的地理位置有关。在维新运动时，士绅阶层才开始接触和传播西学，新式学堂、学会、报刊在维新运动后陆续大量出现，为民众思想与风俗的改变打开了缺口。在清末新政时期，安徽开设新式学堂、鼓励实业、设咨议局、办报刊等，培养一批新式知识分子。在革命年代和新文化运动时期，安徽成为支持和宣传新思想、新文化的重要省份，以胡适、陈独秀为代表的知识分子，改良传统风俗，破除封建迷信，风俗为之一新。

清末民初的礼俗风气的重大变革带有当时的时代烙印，与当时西学东渐的时代背景分不开。虽然民众的礼俗生活逐渐文明化，但在趋新下仍有保守一面。清亡之后，传统中的某些无形之体与“现代”价值观念互嵌互激。这

---

① （清）姚永概：《慎宜轩日记下》，黄山书社 2010 年版，第 1320 页。

② （清）姚永概：《慎宜轩日记下》，黄山书社 2010 年版，第 1321 页。

些价值系统在当代仍具有活力，许多传统礼俗与思想经过时代改变而以传统风俗的方式流传下来，在当今的社会仍具有巨大的生命力，内涵于中国人的历史血液之中。

罗志田认为中国古代“郡县空虚”，政府或是儒学对民间社会的控制并不足够，而出现上下不相接或是“儒家文化的不安定层”的现象。宋代以后，以朱熹为代表的理学家开始了礼下庶人的努力，并对安徽地区社会产生深远影响。这些影响包括但不限于宗族的发展、家礼的制定、乡约的推行、书院的兴盛、官方对民间信仰的控制等，似乎都反映出政府和士人对地方社会控制的努力。而这一努力在于构建知善恶、促教化的地方秩序。而这一过程并不是一个单向的过程，只要庶民的“风俗习惯能被解释成符合于礼，他们就能被帝国所容忍和接受，这样也就达到了安定团结”①。而在这一礼与俗、民间与国家的互动中，科举出身的士绅作为中间阶层无疑发挥了巨大的作用。“王朝国家把王朝礼仪推行到地方社会，靠的不是威逼而是利诱。一方面，王朝把士绅的仪态举止奉为百姓之表率，另一方面越来越多人通过科举考试而提升其社会地位，越来越多人攀附这些拥有科举功名的人而提升其自己的社会地位。”② 来自民间的士人阶层成为礼下庶人真正的实践者和推行者。无论是皖南或是皖北，风俗淳朴，有力地促进了社会秩序的稳定。但民间社会的风俗自有发展的路径。受佛道文化与神灵信仰的影响，民间的礼仪风俗显示出复杂性和多样性的特点。这些风俗与地方民众有着更密切的关系，为官方构建地方秩序提供了难题。清末民初，随着国家进程的推进，西学有力地冲击了传统文化，以此为基础的礼俗也开始发生改变。安徽地区受西学东渐的影响相较于南方省份要稍晚一些，这主要与安徽浓厚的儒学传统和地处内陆的地理位置有关。在革命和新文化运动时期，安徽成为支持和宣传新思想、新文化的重要省份，表现出安徽地区风俗的衍变更替。

① 邓尔麟：《钱穆与七房桥世界》，蓝桦译，社会科学文献出版社 1995 年版，第 117 页。

② ［美］科大卫：《皇帝和祖宗——华南的国家和宗族》，江苏人民出版社 2009 年版，第 423 页。

第五章　景观与山中生活世界
——以黄山为中心

“生活世界”（life world）的概念由胡塞尔首先提出，但胡塞尔并没有对该概念有一个清楚的定义。张廷国先生把胡塞尔的“生活世界”区分为“日常生活世界”和“原始生活世界”或“纯粹生活世界”。在胡塞尔的哲学术语中，“日常生活世界”又被称作“生活周围世界”或“周围世界”，它是存在于我们的日常生活之中的精神结构。① 此后，“生活世界”经舒茨引入社会理论的概念，用以指“人所牵连的种种日常事务的总和”。“它既包括一个人所经验到的那个自然界，也包括他发现自己所置身于其中的那个社会的、文化的世界。”② 舒茨认为不应将生活世界作为一个预先存在的领域以对待，应该把探究生活世界借以构成为一个意义整体的过程作为出发点，并进而考察和研究其后果。舒茨对日常生活的强调指出，我们应根据人的常识和活动等加以解释和研究生活世界。

本章借用生活世界是指“人所牵连的种种日常事务的总和”这一概念。所描绘的黄山山中世界既是日常生活史的范畴，也是区域社会史的范畴。就日常生活史的研究来看，具体到人们生活的空间，城镇和乡村构成了不同的生活图景。不过，这种对生活空间的二元区分方法仍然有补充的必要。如鲁

---

① 参见张廷国：《胡塞尔的“生活世界”理论及其意义》，《华中科技大学学报》（人文社会科学版）2002 年第 5 期。

② 李猛：《舒茨和他的现象学社会学》，杨善华主编：《当代西方社会学理论》上卷，北京大学出版社 1999 年版，第 17 页。

西奇提出“滨海地域”[①]的概念，可以视为对二元区分方法的补充。与城市和乡村无时无刻不处于权力和关系交织网络不同的是，山岳独特的地形和风貌成为逃离世俗的重要场所，山岳独特的环境和群体成为区别于城市和乡村的另一个空间。本章以黄山为研究对象，以黄山及其周围的区域（包括太平县、歙县、黟县、休宁县等）为主要研究区域，但不严格限于行政地理空间。深入当时人们的内心世界和日常生活，还原黄山山中的生活世界。讨论黄山与黄山地区社会的互动，探究国家视角下的黄山，以及士绅谋求权利和昭示精英地位的努力，进一步发现地景背后的社会心理和地方认同。

《江南通志》云：“黄山在府西北百三十里，在太平县南三十里，当徽、宁二郡界。”[②]黄山横亘在太平、歙县、黟县和休宁四县之间，是徽州府和宁国府的分界线。黄山全境南北长约 40 公里，东西宽约 30 公里，全山面积约 1200 平方公里，其中约 154 平方公里的精华部分被划入风景区。

黄山的形成有着特殊的自然地理环境。黄山由江南古陆向扬子板块俯冲而形成，整体呈现东北——西南走向。黄山的主要岩石为花岗岩，仅在逍遥溪断裂以南为砂岩、石英岩石等其他岩石。黄山的岩体为两部分，前山称为黄山岩体，岩体节理稀疏，多球状风化，山体浑厚壮观。后山岩体称太平岩体，岩体节理稠密，多柱状风化，山体峻峭。因岩体的不同，黄山形成了“前山雄伟、后山秀丽”的地貌风景。黄山的主要断层为前山的黄山断层，或称逍遥溪断层，该断层自西北向东南延伸，由钓桥庵至汤口，长 14.5 公里。“西南侧（桃花峰一侧）相对上升，东北侧（紫石峰一侧）相对下降，并有数十米水平距离的错动，沿断层线侵蚀成断层谷”[③]，逍遥溪正是主要流

① “滨海地域”是指濒临海洋、居住人群之生计与海洋环境有着密切关系或受海洋环境影响甚巨的地区，包括大陆的沿海地区、沿海诸岛屿及相关水域，生活于其间的人群在生计方式、居住方式与生活方式诸方面依赖于海洋：他们以捕捞、采集、养殖、制盐或海上航行、运输、贸易作为主要的生计手段，靠海为生；以水上生活为主，或者居于舟船，随潮往来，或者虽然上岸定居，亦或耕种土地，养育山林，然海洋资源仍为其家庭生业的主要依赖。参见鲁西奇：《汉唐时期滨海地域的社会与文化》，《历史研究》2019 年第 3 期。

② （清）赵宏恩等：《江南通志》卷 15《舆地志・安徽府》，清文渊阁四库全书本。

③ 刘秉升主编：《黄山志》，黄山书社 1988 年版，第 129 页。

经此断谷层。

黄山四周群山环绕，但皆为低山丘陵，海拔不高。唯有黄山出类拔萃，独自耸立，极为壮观。因黄山独特的地质条件，使得黄山兼有花岗岩石、花岗岩洞室、龙潭瀑泉等地质景观于一体。《方舆胜览》云："诸峰悉是积石，有如削成，烟岚无际，雷雨在下。其霞城、洞室、府窦、瀑泉，则无峰不有，信灵仙之窟宅。"① 群峰竞秀，怪石林立、龙潭瀑泉构成了黄山壮丽的景观地貌。曹鈖在其游记里称文人皆叹："江南之奇，信在黄山；黄山之奇，信在诸峰；诸峰之奇，信在松石；松石之奇，信在拙古；云雾之奇，信在铺海。"②

黄山故名黟山，"黟"一词在《汉书·地理志》作"黝"。"黝"即黑的意思。由此可见，黟山因为峰岩色泽青黑而得名。北魏郦道元的《水经注》在描述浙江水（新安江）时写道"浙江又北历黝山，县居山之阳，故县氏之"③，也可论证黄山之旧名。黄山的改名与黄帝传说息息相关。传说黄帝于黄山炼丹修行，得道成仙。因黄山飞升之传说，秦始皇攻打六国后，将当地的山越一族驱逐，并将此山封禁。直至唐天宝六年（747），唐玄宗李隆基正式将黟山改名为黄山后，黄山才被人知晓。《黄山志》记载黄山"故名黟，其更以黄，自黄帝始，盖缘黄帝与容成诸人采药此山，遂成大道"④。因黄帝、容成之传说，黄山山上许多景名，都与黄帝传说有关，如轩辕峰、炼丹台、洗药溪、黄帝坑、药臼等。

由于地域的阻隔和山势的险峻，明代以前人们对黄山的探索一直较为局限。《水经注》记载汉末"会稽陈业，洁身清行，遁迹此山"⑤，是首位文字

① （宋）祝穆撰，（宋）祝洙增订：《方舆胜览》卷16《徽州》，施和金点校，中华书局2003年版，第282页。

② （清）曹鈖：《游黄山记》，（清）闵麟嗣：《黄山志定本》卷5《艺文下》，清乾隆三十二年刻本。

③ （北魏）郦道元：《水经注校证》卷40《浙江水》，陈桥驿校证，中华书局2007年版，第935页。

④ （清）释弘眉：《黄山志·叙》，清康熙六年刻本。

⑤ （北魏）郦道元：《水经注校证》卷40《浙江水》，陈桥驿校证，中华书局2007年版，第935页。

记载的黄山隐居者。在此后，僧道信众、文人隐士、村野樵夫成了探索黄山、开发黄山、诉说黄山的主要群体。唐代李白曾游历黄山，并在《送温处士归黄山白鹅峰旧居》留有名句，使得黄山的知名度大大提高。在此后，范成大、岛云等文人先后到黄山游历，留下只字片语。黄山早期的开发也与宗教密不可分。唐宋时期，黄山山中逐渐出现寺观，至元代已经有寺庙六十多座。但此时黄山的开发并不充分，险峻的山峰仍使得大多数人望而却步。17世纪初，普门入黄山，初步形成四条登山路线和简易盘道，即南路温泉至天海、北路松谷庵至天海、西路钓桥庵至温泉和东路苦竹溪至北海的四条登山路线和简易盘道，使得黄山的发展迎来兴盛期。受明神宗皇帝敕赐后，普门扩建慈光寺，使得黄山的佛教大大发展。佛教的兴盛促进了僧道信众隐居黄山，成为构成黄山山中世界的重要组成部分。黄山的发展也与黄山周围的区域密切相关。黄山位于徽州北部，黄山秀丽的风景和险峻的山峰成为徽州文人重要的游历隐居场所。不仅如此，从外地到皖地任职的官员，常常仰慕黄山之风景，与好友游历黄山，使黄山与其周围的联系逐渐密切。

第一节　石舍、精舍、寺庙：黄山居住地的变化

魏斌在《六朝名山的生活世界——以〈东阳金华山栖志〉为线索》一文中认为："构成山中生活世界的景观要素——山舍、寺院、道馆等建筑物，是逐渐附加在自然性的山林之中的。"① 因此，考察黄山山中生活世界的形成，应该以原始山林为起点，观察有哪些"变量"——人类活动会逐渐附加进去，从而导致了后来的景观形态和空间格局。若以自然性的山林为起点，建筑物等景观要素的附加表现出从简单到复杂的变化。就黄山而言，石室作为居住地无疑是最简单的景观要素。

① 魏斌：《六朝名山的生活世界——以〈东阳金华山栖志〉为线索》，余欣主编：《中古时代的礼仪、宗教与制度》，上海古籍出版社2012年版，第392—419页。

一、石室：早期的山中居住地

所谓石室是文人对石洞的雅称。黄山的岩石条件和多溪多泉的自然环境，为大量天然石洞的形成创造了条件。江瓘在黄山游玩时，偶遇石洞，其记载道："洞深可三丈，高二寻，广称之。洞彻里崇一级，二尺许，复敞一小洞，可罗胡床四、五居之。然岚重，昼日常黯黯。"[①]这些黄山天然形成的石洞容纳几人居住绰绰有余，是黄山山居者早期的居住地选择。

有关黄山隐居者居住于石室的最早记述大概是黄帝炼丹传说。传说轩辕黄帝为追求得道升天，命驾左右丞相容成子、浮丘公到黄山炼丹。在炼丹峰上，黄帝服下浮丘公所炼丹药后，竟然可以不藉云霭，升空游戏。后黄帝又服下四十二颗丹药，其毛发竟然变得黑润异常，皮肤悉皆皴坼。黄帝浸汤泉七日，故皮随水而去。据《黄山图经》记载"黄帝容成子浮丘公于此汤池。同见一珠函玉壶，持归中峰下石室中。饮壶中甘露琼浆，披函中霞衣，簪宝冠珠履，光辉山谷。"[②]黄帝炼丹的传说是从唐代的《周书异记》中的神话故事开始的，虽然该传说故事存在杜撰的可能，但也侧面表现出黄山山居者早期的居住地情况。传说中，黄帝居住的石室位于石床峰，即布水峰东北方向。石床峰高八百五十仞。"顶上有石床长一丈二尺，阔五尺如白玉琢。成即容成子浮丘公黄帝游息之所。中有碧碗三枚，紫石床三张，下有石室源十余丈如屋。"[③]

为躲避风雨，石室是隐士、道士、僧人最基本的居住地。麻衣洞即麻衣和尚的山居地。"（麻衣洞）在翠微峰间，先是祖师飞锡禅定处，后为隐者念一栖止次或居之未详。"[④]据记载，唐代古印度天竺麻衣和尚由四川下至黄山，来到翠微寺下的石洞，在此修行。麻衣和尚自织麻为衣，挖蕨根、采野

① （明）江瓘：《游黄山记》，（清）释弘眉：《黄山志》卷5《游记》，清康熙六年刻本。

② （清）鲁铨修，（清）洪亮吉纂：《宁国府志》卷10《舆地志》，清嘉庆刻本。

③ （宋）无名氏：《黄山图经》，苏宗仁：《黄山丛刊》，太平苏宗仁百一砚斋，民国二十六年铅印暨影印本。

④ （清）释超纲：《翠微寺志》卷上《古迹》，广陵书社1999年版，第21页。

果为食，并在此处结茅定居。经过一代一代和尚的发展，最终发展成为黄山四大丛林之一的翠微寺。有人作诗《游麻衣洞复拈二绝》赞叹麻衣洞，其内容如下：

翠微深处绿阴多，千里云山一锡过。

特谒上林罄阔略，芒鞋好挂卧烟萝。

巍峨祖窟白云中，策杖扪萝睹室空。

咫尺清泉遗石钵，新茶敲火煮春风。[①]

通过上述诗歌，可见麻衣和尚在山洞之中的闲逸生活。对于山中的隐居者来说，拥有了石室便有了避风遮雨的居住之所。修行者多有辟谷的习惯，如僧人水斋，绝食三年，只靠饮水度日。据史料记载："依博山和尚既久住文殊院，绝粒三年，惟饮水度日，刺血书法华经一部。"[②]修行者虽然对食物要求不高，但水源必不可少。黄山隐居者在石室位置选择上往往靠近水源。水不仅作为人基本的生活需要，也有洁净去秽的意味。因此，石室的附近多有洁净的水源。如在九龙峰上的九龙洞附近便有九龙溪，"下有九龙岩，九龙源，九龙洞，九龙溪，九龙观，观今改为僧院天尊见存焉"[③]。不仅黄山早期的山居石室选择在水源附近，此后建立的寺院和堂庵也大多在石室附近建立，以保证清洁水源的随时获取。

除了僧人在石室中修行外，石室也是文人选择的清净之所。徽州诗人程显爵便在黄山餐霞洞中隐居。程显爵，字天锡，号双桥，歙县人。年少时负有奇志，游历湖海，在年老之时归隐黄山。"（程显爵）归隐天都餐霞洞，自号餐霞子，选黄山白岳诗梓行于世。"[④]程显爵在黄山隐居时，选择有关黄山诗歌刊行于世，对黄山文化做出积极贡献。清代程弘志在编撰黄山山志时，便参考了程显爵所刊诗集。程弘志撰私志《黄山志》。"始作于北宋通守李公

① （清）释超纲：《翠微寺志》卷下《诗》，广陵书社1999年版，第120页。

② （清）释弘眉：《黄山志》卷2《静主》，清康熙六年刻本。

③ （宋）无名氏：《黄山图经》，苏宗仁：《黄山丛刊》，太平苏宗仁百一砚斋，民国二十六年铅印暨影印本。

④ （清）闵麟嗣：《黄山志定本》卷2《人物》，清乾隆三十二年刻本。

錞，至明山人程显爵，凡经八刻然多失之略迨。”[①]除此之外，程显爵也是一位诗人，曾作诗一首《黄山》，描述隐居时的黄山景色。其诗写道：“窈窕春山路不迷，桃花到处锦浮溪。行来半日无人迹，惟有深林一鸟啼。”[②]可见黄山山中生活的悠闲静谧。

二、庵：简单的山中居住地

“有山非人不传，有人非宫室不居。”[③]伴随着对黄山的逐渐开发，简单的居住地——石室显然不能满足人们的居住需要，更为舒适的简单房屋“庵”在黄山大量出现。在《释名》中，“庵”即是“蒲”。“草圆屋曰释。蒲，敷也，总其上而敷下也。又谓之庵。”[④]《礼书通故》有更为简单的解释。“草释曰蒲，又谓之庵，庵，掩也。”[⑤]所谓“庵”就是掩盖之所。从唐代至清代，黄山的“庵”大量出现，为山居者的主要居住房屋。文献可考的黄山山中的居住房屋如下：

表 5–1　黄山主要居住房屋一览表

朝代	主要居住房屋
唐代	翠微寺、祥符寺、九龙观
宋代	普祐院、新兴寺、重兴寺、广福寺、兰若寺、乡林寺、药林寺、兴国寺、升真观、成山观、松古庵、老庵
元代	巢翠庵、大悲庵、吕公庵
明代	御泉庵、水晶庵、香山庵、慈光寺、大觉禅寺、文殊院、大悲顶、大悲院、不立名字庵、掷钵禅院、桃源庵、颖林庵、青莲宇、引针庵、净林居、天海庵、普贤院、慈明庵、双举庵、指象庵、兜率庵、莲顶庵、翠云庵、别峰庵、贝叶庵、水月庵、西明庵、莲花庵、九峰庵、平天院、宝珠庵、石鼓庵、镜台庵、墨浪庵、海潮庵、指月庵、龙蟠坡庵、卧云庵、赵州庵、散花庵、黄谷庵、定空室、石笋矼、云涛庵、莲顶庵、慈愍庵、白沙庵、骊珠室、继竺庵、净林居、喝石居、伽蓝堂、浮丘观、松古寺、洋湖庵

① 安徽通志馆辑：《安徽通志稿》卷 15《艺文考稿》，民国二十三年铅印本。

② （清）闵麟嗣：《黄山志定本》卷 6《赋诗》，清乾隆三十二年刻本。

③ （清）闵麟嗣：《黄山志定本》卷 2《建置》，清乾隆三十二年刻本。

④ （汉）刘熙：《释名》卷 5《释宫室》，中华书局 2020 年版，第 82 页。

⑤ （清）黄以周：《礼书通故》卷 10《丧礼通故》，中华书局 2007 年版，第 534 页。

（续表）

朝代	主要居住房屋
清代	弘济庵、西峰堂、翠云庵、□庵、种德庵、莲华庵、甘露庵、白龙庵、书礼庵、竹林庵、集庆庵、紫云庵（茅蓬庵）、狮子精舍、末山庵、半禅庵、松谷草堂
时间不明	龙吟寺、钓桥庵、弥陀庵、五供庵、掀云牗、黄赛峰、中源庵、新罗庵、芙蓉庵、净土庵、挹翠庵、仙都观、关帝祠、西峰堂

资料来源：（清）闵麟嗣：《黄山志定本》，清乾隆三十二年刻本；（清）释弘眉：《黄山志》，清康熙六年刻本；何建明主编：《中国地方志佛道教文献汇纂·寺观卷》第176、177册，国家图书馆出版社2013年版。

从表5–1中可见，黄山山中居住房屋的出现与宗教的发展密不可分。黄帝、容成子、浮丘公等人的传说促使道教修士游历并居住黄山。据山志记载，在唐代，黄山山中已建有道教的居住房屋，如道教房屋九龙观。史料记载的九龙位置并不统一。据《黄山图经》记载九龙观位于九龙峰下，《一统志》记载九龙观在太平县西南。“旧传汉平九年地涌九泉，因穿九井”① 而被命名为九龙观。唐开元年间为僧人房舍，宋政和五年敕改为九龙观。

宋代道教的发展尤其受益于张松古的到来。张真人，字尹甫，号松谷，浙江人，宋宝祐年间曾在天水任官，被革职后学道，来到黄山。张松古结交黄山太平仙源馆田李氏。在馆田李氏的帮助下建松谷道场。据《馆田李氏宗谱》记载，张松古“遂栖黄山南斗庵，吾祖为外护，饷视不绝，修炼不数年而道成焉”②。明宣德间，为纪念张松古，当地人为其募建寺庙，重名为松古寺，兴盛一时。“历宣、歙、休、池，顶礼云集而祈求祷卜，其应如响。”③

除道教外，佛教也开始在黄山传播。南朝宋元嘉年间，东国（今朝鲜）僧在黄山钵盂峰下建新罗庵，为佛教传入黄山之始。唐开元十八年（730），志满和尚始于桃花峰麓的桃花涧建立汤院，在宋代改名为祥符寺。这是黄山可考的最早佛寺。其寺壁旧有“云谷樵夫”罗洪先所题诗歌两首。其一为：“紫翠林中便赤脚，白龙潭上看青天；药炉丹井知何处，三十六峰烟月寒。”

① （清）闵麟嗣：《黄山志定本》卷10《建置》，清乾隆三十二年刻本。
② （清）李嘉宾等纂修：《馆田李氏宗谱》卷24《松谷真人事略》，清光绪三十一年本。
③ （清）李嘉宾等纂修：《馆田李氏宗谱》卷24《松谷真人事略》，清光绪三十一年本。

其二为："何年何日骑鸾鹤，踏碎天都峰上云；欲起轩辕问九鼎，道衣重侍玉虚君。"①

明代初年，明太祖朱元璋对佛教进行整顿。朱元璋出台了各项佛教管理措施，建立完善教僧和僧官制度。洪武五年（1372），朱元璋下令"给僧道度牒"，完善僧籍管理制度，并且控制寺院和僧侣的数量。在佛教被整顿和控制以及理学兴盛的大背景下，黄山地区的佛教发展极为缓慢，道教在黄山也近衰落，新建的寺庵寥寥无几。

明代中后期至清中期，普门大师感梦黄山，积极进行开山活动，黄山的"庵"急剧增加。大量"庵"的出现大多为僧人修行居住之地。位于天海的卧云庵靠近炼丹台，为明代僧人无相建。天海庵位于平天，为明代僧人心月创建，后僧人在一将其重修。墨浪庵于白龙潭上方，因明僧墨浪在此居住而得名。墨浪庵原有茅蓬数间，久废。兜率庵在合掌峰下，为僧人一心建设。"(一心）从一齐和尚受具戒日，讽华严经，勤持律法。"②僧人一心将杉皮覆盖在屋顶上，故名皮蓬。一心年老时，对自己的要求更加严格，"经从狮子林左畔，曲折而下，山静屐稀，鸟舌简讷"③。清康熙十八年（1679），僧雪庄来到此处，雪庄能诗善画，尤其擅长黄山花卉。雪庄在兜率庵中枯坐三年，绘制黄山图百幅。这些供僧人居住的房屋——"庵"并不大，大多一间或几间，如松古草堂为三间，长宽不过三十步。这些寺庵虽然并不豪华，但已经满足了僧人日常的居住要求。

当然，除了道士、修士外，黄山山中也有隐士、游人在此建立居住地。位于莲花峰月池下莲花顶庵便为明崇祯皇帝时某休宁人"自负一囊来游"④捐金五百建成。因为此庵高危难以居住，所以鲜少有人在此居住，唯有一僧人好奇，"隐此适峰，头险而下，嗣无感楼之者"⑤。距离丞相源十里左右的

① （明）罗洪先：《游黄山题汤院壁》，（清）闵麟嗣：《黄山志定本》卷6《诗赋上》，清乾隆三十二年刻本。

② （清）闵麟嗣：《黄山志定本》卷2《建置》，清乾隆三十二年刻本。

③ （清）闵麟嗣：《黄山志定本》卷2《建置》，清乾隆三十二年刻本。

④ （清）闵麟嗣：《黄山志定本》卷2《建置》，清乾隆三十二年刻本。

⑤ （清）闵麟嗣：《黄山志定本》卷2《建置》，清乾隆三十二年刻本。

黄赛庵，为游黄山者眺望美人峰而建立。徽州地方的文人与宗族也是建立黄山居住地的重要力量。位于石笋缸的颖林庵便是明人余书升兴建，二层楼阁。楼上供佛，楼下为静室。周围峰峦奇异，气象万千。旧悬陶珽题联：“自疑骑日月，我欲小蓬莱。”①

明代中后期至清中期，既是黄山宗教发展的兴盛时期，也是士人、文人隐居黄山的重要时期。尤其是明代后期普门、如本、广寄先后来到黄山，带来了黄山佛教的兴盛，也进一步促进了黄山的开山活动，使得黄山居住地的范围大为扩展。此后，慈光寺、文殊院、掷钵禅院先后兴建，这些建筑相较于简单的房屋——庵，更为富丽堂皇，基本为宫殿式建筑。他们的建立并不是一两人的财力就可修建的，这一问题将在下一节展开论述。至清前期，朝廷对宗教的态度较为积极，黄山的堂庵以修建为主，并新建了弘济庵、翠云庵等。至清代后期，国内外战争频仍，黄山山中生活困苦，大量的堂庵废弃、倒塌。

三、寺院与丛林：山中居住地的扩展

明朝万历年间，三大佛门高僧普门、如本、广寄先后来到黄山。普门来到黄山后，创建了朱砂庵即慈光寺，并创建了文殊院和法海禅院，开辟了文殊菩萨的道场。如本与妙光慧禅同游黄山，后结茅黄山，重建云林道场。广寄入归黄山后，创建掷钵禅院，僧俗归信者日众。三位高僧入住黄山，创建寺院，吸引了一大批信众来到黄山，使得黄山佛教在明末清初达到了鼎盛。黄山佛教形成了以祥符寺、慈光寺、翠微寺和掷钵禅院（即云谷寺）为主的“四大丛林”。其中，对黄山开发影响最大的无疑是普门大师，对慈光寺建造始末的考察可见黄山山中居住地的扩展。

普门，俗姓溪，名淮安，陕西眉县人。入佛门受戒后，普门奔波于五台山、少林寺、普陀岛、太行山、伏牛山等名山禅寺。明万历三十四年(1606)，普门感梦来到黄山，应歙县人吴百昌邀请入黄山，将朱砂庵改建成

① （清）闵麟嗣：《黄山志定本》卷2《建置》，清乾隆三十二年刻本。

法海庵。朱砂庵原为玄阳道士建立，是道教寺院。普门将道教寺院改为佛教寺院，这也预示着黄山道教的衰落和佛教的兴起。普门在法海庵中建立了炼魔场，用以禅修，“非苦行安禅者不得与”[①]。“嗣建华严堂，延善知识，翻诵其间。”[②]万历三十八年(1610)，在徽州士绅的帮助支持下，普门和尚进京请求敕封。窦遴奇在《黄山志·叙》中的记载颇为详细：“自二帝三王历汉唐宋元以逮明之隆万间，始有一帝太后奉浮屠教其谨，乃范金为四面佛，遣中使扈从，供养朱砂庵内。而普门大师遂承中旨，薙棘诛莱，廓清梯栈。不遗心力，开一线鸟道，以达于三十六峰之间，而寻山之屐齿，始络绎不绝。”[③]

万历皇帝明神宗崇信佛教，其母亲李太后亦信奉佛教。尤其在李太后和张居正辅助万历的这段时期，大批寺庙得以建立。《明史》记载：“顾好佛，京师内外多置梵刹，动费巨万，帝亦助施无算。居正在日，尝以为言，未能用也。”[④]李太后与万历黄山信奉佛教有着特定的历史环境。阎崇年在《慈圣太后与永安寿塔》一文有过这样的分析：“其时朝廷上的争局，内廷东宫与西宫，外朝皇帝与宰相，既相互依存，又激烈争斗，而慈圣太后与万历皇帝，则是这场斗争的轴心。他们母子的根本弱点是慈圣太后出身宫人，万历皇帝冲龄登极，为加强太后与幼帝的权力，其办法之一便是借助于神权。”[⑤]无论如何，朝廷对待佛教的积极态度无疑是地方宗教发展的重要助力。普门进京请求敕封得到了万历皇帝、李太后和王皇后的大力支持，并赏赐了大量的佛像、银两和紫衣佛冠布帛等物。所赏赐七层万佛像经过四年之久，才从京城运至慈光寺。朱砂庵得到万历皇帝御书“护国慈光寺”匾额，而改名慈光寺，名声大振。《黄山志》详细记载了朝廷赏赐情况如下：

---

① （清）潘之恒：《敕建慈光寺记》，（清）闵麟嗣：《黄山志定本》卷2《建置》，清乾隆三十二年刻本。

② （清）潘之恒：《敕建慈光寺记》，（清）闵麟嗣：《黄山志定本》卷2《建置》，清乾隆三十二年刻本。

③ （清）释弘眉：《黄山志·叙》，清康熙六年刻本。

④ （清）张廷玉等：《明史》卷114《列传·孝定李太后列传》，中华书局1974年版，第1134页。

⑤ 阎崇年：《慈圣太后与永安寿塔》，蔺新建等主编：《中国考古集成》，哈尔滨出版社1994年版，第534页。

明神宗皇帝，为保国佑民，自批册施银三百两，东宫出银五十两，铸造七层四面毗卢大佛，其余皆王娘娘顺上意出银造完。蔡公奏开黄山因缘，遂允赐黄山，并颁赐藏经一部，经首序文乃帝自制。

慈宁李太后辛亥年三月十六日赐寺名护国慈光寺，复赐银三百两为开山兴工费用之资，壬子年二月初六赐银二百两并紫衣佛冠布帛等物，至三月二十四日赐渗佛金叶子五十一两，并造大悲佛及钵盂锡杖，工价银三十两。

中宫圣后王娘娘壬子年六月初六日赐银五十两，近侍刘公辦齐观音寺四面大佛前，并赐普门和尚鞋帽布帛䞋资等物，三月二十四日赐造佛银五百两，五月初五日，内侍陈恩送佛赐路费银五百两兼至山安佛道场齐银三百两。①

虽然万历皇帝信神佛教，对寺庙建设予以支持，但明朝对宗教的管理并不是松散的。《徽州府志》曰："江南有寺观始于三国吴而本府有寺观则始于晋，历唐及宋元而益炽洪。惟我高皇帝稽古为治，于佛老虽不废其教而给牒度，天下郡邑僧道则有定额，未尝少滥。洪武二十四年又下归并之令，合数寺观各立一丛林，且严私创庵院之律。故本府寺观皆仍前代之旧，未尝少有私创者。"② 可见，朝廷严私创庵院之律，对宗教寺庙的建设是有一定的规制。实际上，徽州重要祠庙和寺观的建立，一般是由地方呈报，皇帝赐御旨敕建。如徽州祭祀汪华及其从神的忠烈庙，齐云山祭祀玄武的玄天太素宫，及其黄山慈光寺，都是皇帝敕建，官员与地方士人共建。朝廷对宗教信仰的管理在于鼓励正祀，打击淫祀。"所谓'正祀'与'淫祀'之间的差异，其实是一个权力分配问题，也就是权力对祭祀合法性的垄断"③，而朝廷无疑将祭祀合法性的垄断把握于自己手中，从而实现对地方社会的管理与控制。

---

① （清）释弘眉：《黄山志》卷2《金汤》，清康熙六年刻本。

② 弘治《徽州府志》卷10《寺观》，弘治十五年刻本。

③ 葛兆光：《中国思想史》第2卷《七世纪至十九世纪中国的知识、思想与信仰》，复旦大学出版社2011年版，第258页。

地方的士人和徽商也是建造慈光寺的重要力量。为建立慈光寺，徽州地方官员和士人多次筹集经费。岳和声写成《为慈光寺募众疏》为黄山募捐。其中写道“当吾生而遇此山，誓将构十方殿，供十方佛，说十方法，建十方堂，安十方僧，化十方众，不虚此山以不虚此生”[①]。此后，方士亮写有《黄山募册疏》记录为慈光寺募捐之人，“上及各官俱有批助”[②]。康熙年间，歙县黄氏家族捐资建设了慈光寺的大殿和“藏经阁”，耗银千万余两。后中州和尚募捐银两百两，维修庙宇。伴随着明清时期商品经济的发展，地少人多的地理环境促使徽州人外出经商。徽州商人因为宗族传统和地方认同形成了独特的商人群体——徽商。他们取得的财富，成为黄山寺庙发展重要的资金来源。华琛曾指出，天后对不同的人意味着不同的东西。对于地方精英来说，修建天后庙是融入主流文化的象征，地方精英能够通过被国家认可的神明与国家进行互动。[③] 对于黄山的佛教而言，地方士人和徽商对慈光寺的捐建正是与国家进行互动的形式之一。通过对慈光寺的捐资，这些地方士人和徽商得以融入主流文化，赢得良好的声誉，与官方产生更为密切的联系。

在朝廷和地方共同努力下，慈光寺得以兴建起来。当时慈光寺有山门，前后大殿，三进庭院，左右设，寺庙富丽堂皇。为贮藏佛教经典，时人想要建造藏经阁，但因无力兴建，“先为鄣亭以迟之”[④]。慈光寺还开拓了大量的土地。“拓地从炼魔场上百步许，开方广十丈地，可置堂五楹，笼以朱砂灵气，足当龙树所游，若天作之矣。”[⑤] 康熙五年（1666），歙人黄氏等捐建大殿，并修藏经阁 100 余间，才使得慈光寺正式修建完成。除了寺院、藏书阁等建筑外，慈光寺还拥有可以耕种的土地，为僧人生活提供基本的保障。潘之恒赞叹慈光寺：“金碧缥缈，珠缨宝珞，袈裟布地，钵杖成林，辉煌几案，

① （清）闵麟嗣：《黄山志定本》卷 2《艺文》，清乾隆三十二年刻本。

② （清）闵麟嗣：《黄山志定本》卷 2《艺文》，清乾隆三十二年刻本。

③ [美] 詹姆斯·华琛：《神明的标准化——华南沿海天后的推广，960—1960 年》，陈仲丹、刘永华译，北京大学出版社 2011 年版，第 124 页。

④ （清）潘之恒：《敕建慈光寺记》，（清）闵麟嗣：《黄山志定本》卷 2《建置》，清乾隆三十二年刻本。

⑤ （清）潘之恒：《敕建慈光寺记》，（清）闵麟嗣：《黄山志定本》卷 2《建置》，清乾隆三十二年刻本。

普门师所膺。”① 康熙南巡之时，慈光寺住持呈《黄山图经》，康熙皇帝御书“黄海仙都”四字，悬于慈光寺佛殿。乾隆二年（1737）三月，慈光寺遭遇火灾，大殿倒塌，藏经阁焚毁，仅有御匾及其佛像抢救出来。在此之后，慈光寺虽然经过多次修建，但已经不复当时辉煌。

图 5—1　雪庄所画慈光寺

图片来源：（清）雪庄：《黄山图》，苏宗仁：《黄山丛刊》，太平苏宗仁百一砚斋，民国二十六年铅印暨影印本。

明清时期，黄山除慈光寺外，与祥符寺、翠微寺和掷钵禅院（即云谷寺）为主的“四大丛林”，表现出黄山山中居住地的扩展。“就道场营造而言，黄山作为佛教名山的区域系统大致形成，一跃成为江南著名的区域性佛教名山，并因此成为明清皖南佛教区域系统的重要组成部分。”② 这些黄山山中的

① （明）潘之恒：《黄海》卷 5《纪游四之二十八》，明刻本。

② 王开队、柳雪：《四众共筑：明清黄山佛教区域系统的构建》，《世界宗教研究》2020 年第 6 期。

居住地为宫殿式建筑，除了主体建筑外，往往还有藏书阁、观景亭等各类配套建筑，可以容纳大量的僧人居住。寺院也往往拥有土地，以供僧人们的日常生活。这些建筑的创建和修建并不是一个人或几个人的财力便可以完成，一般为朝廷和地方共建。

朝廷和地方扶持地区宗教信仰的发展，也有“敬神而爱民”的意味。大抵神道设教，用以诱导愚阴，以翊皇度，圣人所不废。与儒家思想相比，佛道思想更具有亲民性。佛教思想宣扬因果轮回、积善形德，使得百姓得以畏惧，是借以教化百姓的极好方式。在安徽地方乡约的建设中，佛教因果轮回的思想被借用以设立“善恶簿”。“照依乡约事宜，置立簿籍二扇或善或恶各书一籍，每月朔一会，务在劝善惩恶兴礼恤患以厚风俗。”[①]带有善恶观念的措施来源于佛道思想，与民众信仰生活更为贴近而有良好的效果。乡约的实行促进了乡村风俗敦化和秩序稳定，民间社会“俗厚，故罕事争角”[②]。丁希勤在《古代徽州宗教信仰研究》一书中亦认为：“徽州宗教信仰的教育功能比其他地区要相对发达一些，而呈现出明显的教育性，且其教育性与政治性紧密地结合，成为徽州不断地向外发展和输出其大徽州观念的有力武器。”[③]朝廷和地方往往通过宗教信仰达到神道设教、化民正俗的教育目的。通过宗教信仰和宗教仪式以教化百姓、安定地方的作用，这无疑是朝廷和地方都想要达到的。

本节以黄山山中生活世界中的居住地为线索，探讨构成山中生活世界的景观要素——石室、庵、寺院、丛林等建筑物，是如何逐渐附加在自然性的山林之中。对于早期的隐居者来说，水源和石室构成了隐居者简单的居住环境。唐宋以来，随着佛道修行者隐居黄山，和士人、文人的黄山隐居，黄山出现了山居者一般的居住地——“庵”。明代末年，黄山道教销声匿迹，而

① 嘉庆《太平县志》卷 10《艺文》，清嘉庆十四年刊本。

② （清）吴坤修等修，（清）何绍基等纂：《重修安徽通志》卷 34《舆地志 · 风俗》，清光绪四年刻本。

③ 丁希勤：《古代徽州宗教信仰研究》，安徽师范大学出版社 2013 年版，第 6 页。

佛教迅速发展。普门开辟黄山文殊菩萨的道场，如本重建云林道场，广寄建掷钵禅院。在他们的影响下，黄山先后吸纳了一大批僧众，开辟了明清时期黄山佛教发展的新气象，形成了以祥符寺、慈光寺、翠微寺和掷钵禅院（即云谷寺）为主的“四大丛林”。黄山山中居住地的逐渐增加既是黄山山中生活世界逐渐丰富的过程，亦是黄山逐渐被开发的过程。僧人、士人、徽商等群体共同参与到黄山山中居住地的兴建中，客观地促进了黄山进一步的开发，使得黄山山中生活世界更具社会性。

第二节　明清时期黄山山中世界的日常生活

黄山山中风景秀丽，“山灵深自秋惜，远离朝市，不受世人物色”[①]。与城市乡村无时无刻处于权力和关系交织网络不同的是，山岳独特的地形和风貌成为逃离世俗的重要场所，山岳独特的环境和群体成为区别于城市和乡村的另一个空间。本章以黄山山中世界的日常生活为话题，探讨黄山山居者的物质生活与谋生手段。并分别以僧人与文人群体出发，探究黄山山居者的日常生活片段。

一、山居住者的物质生活与谋生手段

（一）黄山山居者的谋生手段

黄山远离朝市，怪石众多。如何在山中生活便成为隐居之人首要考虑的问题。对于僧人来说，辟谷是修行的一种方式。在深山中，物质生活不必丰盛，摘拾野果便可充饥。如僧人万缘居于黄山宝珠庵，“苦行力作，负石砥道，住庵三十年，木食草衣，机缘任运瓢笠，不踰山外一步”[②]。虽然“木食草衣”就可以满足僧人的修行需要，但并不是长久之策，黄山隐居者大多自

① （清）释弘眉：《黄山志·叙》，清康熙六年刻本。
② （明）戴澳：《游黄山记》，（清）闵麟嗣：《黄山志定本》卷4《艺文上》，清乾隆三十二年刻本。

已耕种。黄钺游历黄山时曾遇见九十岁的僧人隐居黄山。记曰："有老僧来窥，客问其年，已九十。日担粪灌园，讫冬夏必具浴。浴巾数十年不易，穿若鱼网。见所作书画，大叫称善，天民也。"① 就生活清贫的隐居者来说，其物质资源基本来自黄山，一块菜园就可以满足个人的基本生活。

对于黄山的隐居者而言，拥有土地耕种就等于拥有了长久的生计。如僧人在别院继竺庵中务农，以供本院掷钵禅院。记曰："多农具，虽庵如农家服田力穑，禾三百缠，输将本院，作供十方"②。在《重修大圣山普佑院碑记》中记载了普佑院修建过程如下：

> 主持者食粥无供，亦非所以传远之计也。又舍土田二十亩，俾为长住之资。由是行者发伟观于苍山古沐之间，居者获美荫于良畴嘉畛之上，兹山得吴君而一旦焕然有加于旧矣。普智感吴君之德谋于其众，立一堂为吴君生祠，世奉香火用报厥德，亦以劝夫世之好义者也，乃请予纪之。③

唐宋时期建立的大圣山普佑院在明代已经倾颓，而僧人不事生产，生活贫困，无法重修寺院。徽州士绅捐资帮助寺院修建并凿石修路。考虑到僧人的生活没有保障后，"又舍土田二十亩"④，普佑院的僧人可以耕种田地，自食其力，使其拥有长期山中居住的资本。

（二）农田的耕种与赋税

普天之下莫非王土，既然有田地，那么就需要照科输纳，将黄山的居住者编户齐民。自明朝建立以来，明太祖对于寺院的土地采取限制的措施。"钦赐田地，税粮全免。常住土地，虽有税粮，仍免杂派。僧人不许充当差役。"⑤ 仅个别土地即"钦赐田地"采取赋役全部免除的措施。对于大多数

① （清）黄钺：《壹斋集》，陈育德、凤文学点校，黄山书社1999年版，第794页。
② （清）闵麟嗣：《黄山志定本》卷2《建置》，清乾隆三十二年刻本。
③ （清）汪铉：《重修大圣山普佑院碑记》，（清）闵麟嗣：《黄山志定本》卷3《艺文》，清乾隆三十二年刻本。
④ （清）汪铉：《重修大圣山普佑院碑记》，（清）闵麟嗣：《黄山志定本》卷3《艺文》，清乾隆三十二年刻本。
⑤ （清）悟明：《敕建报恩寺梵刹志》卷3《前明钦录集》，凤凰出版社2014年版，第120页。

的寺院土地免除杂派差役，征收税粮。黄山并没有“钦赐田地”，但黄山山中的土地并不是所有都需缴纳赋税。黄山三十六峰悬崖峭壁，几乎没有土壤。有人同情于山中僧人生活贫困，便为他们置办土地。但是所谓的土地大多为山麓间的石田，瘠薄不堪，风寒五谷，在缴纳外租税之后，几乎没有遗存，并不能供养山中的僧人。《黄山志》的作者僧人释弘眉深有体会，便在黄山山志中请求对黄山的土地轻徭薄赋。事实上，当地的官员也多次请求对黄山山区免除田税。洪武初年，柳世荣时为太平县县令，“以严黄山峭壁间石田不可耕者，据实申豁，上允其请，免正额一千五百八石，至今民赖其惠”①。万历年间，歙县的令尹“查黄山诸峰石多土少而赋税无出，申免税粮七十余亩。其申详文书贮祥符常在”②。

清朝新建，户部于顺治初年便着手清查田地。顺治四年（1647）二月，休宁县发布《大清国清丈田土告示》，“正堂佟为清丈地土事”③。借由徽州重新丈量土地并新编土地字号的时机，黄山的许多寺庙重新划定所纳田税的土地。慈光寺和祥符寺交纳田税多有不清。清初，两者理清田税，并签订合同议约的问题。其中“除蒙县主豁免石山，仍可业山三十九亩七厘七毛内该慈光寺”④。可见，明朝时期对黄山石田免除田税的制度沿袭到了清代。但并不是所有的寺庙资产都有免除田税的优惠，还需要再论地方官员对土地的划分。《黄山志》虽然记载了黄山地区免除税量一事，但并没有提及黄山具体边界的问题，即黄山哪里不需要征收田税，哪里需要征收田税。只是提及“御泉庵前后山场，先朝朱太祖优免外，其余田地赋税其详归户册。”⑤可见，对黄山土地的征收有统一的户册，不可一概而论。

（三）黄山山居者的土地来源及种类

洪武二十七年（1394），元太祖订立有关僧人的《避趋条例》，其中禁止

---

① （清）释弘眉：《黄山志》卷 1《赋税》，清康熙六年刻本。

② （清）释弘眉：《黄山志》卷 1《赋税》，清康熙六年刻本。

③ 《大清国清丈田土告示》，南京大学历史系资料室藏，转引自夏维中、王裕明：《也论明末清初徽州地区土地丈量与里甲制的关系》，《南京大学学报》2002 年第 4 期。

④ （清）释弘眉：《黄山志》卷 1《赋税》，清康熙六年刻本。

⑤ （清）释弘眉：《黄山志》卷 1《赋税》，清康熙六年刻本。

僧人“以化缘为由”，奔走市村，“交结官府、悦俗为朋”。[①] 实际上，黄山山中的僧人化缘并不兴盛。在上述释弘眉对黄山山中土地减轻田税的请求中，其中有一条原因就是黄山山中不许乞化。即便如此，黄山周围地区的宗族、士人仍是黄山山中居住者的主要资助者。《黄山志》记载部分捐赀、捐租田如下：

戴庸卿居士，休宁县人。崇祯辛未年捐赀造龙蟠石静室，又敬造观音圣像一尊。

程君绍居士，休宁县人。崇祯壬午年捐赀造莲花峰静室，又置斋僧田一十八亩。

焦素先居士，太平县人。弘光元年捐租田五百秤，立契二张，输入翠微慈光二常住作斋僧田，慈光三百秤，翠微二百秤。[②]

在对黄山僧人资助的群体之中，绝大多数是黄山周围的地区，即黄山北面的太平县以及徽州六县。尤其是明清时期徽商的兴盛，使得部分资产流入了黄山山中。对黄山资助的形式各样，有直接赀捐银者，有敬造观音圣像者，也有捐土地者。《翠微寺志》详细记载了“各姓檀越布施香灯土地山场”[③]。“檀越”即施主。表 5–2 列出翠微寺部分山田如下：

表 5–2　翠微寺部分山田情况

时间	施主	类型	租田数
顺治六年	陈光前	土地	10 秤
顺治七年	焦彦	土地、茶园、房屋	123 秤
顺治十三年	焦五祥	茶园、山田	26 秤
顺治十五年	陈廷勈	土地	36 秤
顺治十八年	焦素先等	土地、茶园、房屋	198 秤
康熙五年	章廷应、洪林	茶园、土地	46 秤

资料来源：(清）释超纲：《翠微寺志》卷下《田产》，广陵书社 1999 年版，第 157—164 页。

① （明）葛寅亮：《金陵梵刹志》卷 2《钦录集》，明万历天启刻本。
② （清）释弘眉：《黄山志》卷 2《金汤》，清康熙六年刻本。
③ （清）释超纲：《翠微寺志》卷下《田产》，广陵书社 1999 年版，第 158 页。

翠微寺历史悠久，建设者为天竺僧麻衣和尚。唐中和二年（882），麻衣和尚在翠微峰下建立寺庙。南唐保大五年（947），敕赐寺额，该寺即名翠微寺。明代时期，翠微寺极为兴盛，大量僧人居住于此。万历二十六年（1598），因黄山连降大雨，山洪暴发，翠微寺被淹没毁坏。南明弘光二年（1645），翠微寺进行了较大规模的重建，僧心空重建翠微寺。重建后的翠微寺规模较大，前有山门，中有殿堂，后为僧舍。翠微寺曲径通幽，风景秀丽，吸引了大量的僧人聚居，因此翠微寺的香火旺盛。加之每年农历七月三十日为地藏王圣诞朝会，届时大量的香客前来供奉香火。

如表 5–2 所示，翠微寺的田产多样。除了耕种土地外，还有茶园。黄山的茶叶极其有名，尤以黄山云雾茶最为有名。种植茶树，经营茶园是黄山山中居住者的重要经济来源之一。就田租数来看，砠或秤是徽州府黟县、休宁、婺源一带地方使用的一种粮食计量单位。每砠或秤合 20 斤、25 斤或是 30 斤数量不等，大约为 20 多斤。① 就资助翠微寺的人员来看，多有焦姓人。翠微寺山下即为焦村。焦村地处黄山西南部，自古便是黄山西南两麓的交通要道。宋代的《黄山图经》早有对焦村较为详细的描绘。翠微寺与焦村相望，从黄山的西路上山至翠微寺，需要先经过焦村，翠微寺的建造尤其促进了焦村的发展。明清时期至黄山的僧人、文人与游人，大多在焦村休息一晚后，再出发攀登黄山。如陆锦在其游记中提及其游玩路线，“甲子秋，由仙源经折岭转焦村一宿翠微”②。借助田土广衍和地理位置上的优势，早期黄山的开发，焦村先行一步。焦村主要宗族为焦氏，焦氏与翠微寺关系紧密。翠微寺的修建事宜大多先问焦村，使得焦村成为翠微寺主要的资助者。清代太平居士陈珊瑞还曾捐款修建了紫焦路，即紫云村与焦村的道路，成为登黄山的西路干道。

① 郭汉鸣、洪瑞坚：《安徽省之土地分配与租佃制度》，正中书局 1937 年版，第 14 页。
② （清）释超纲：《翠微寺志》卷上《跋》，广陵书社 1999 年版，第 51 页。

二、僧人日常生活：弘宗、演律、静主、净业与讲经

至明清以来，道教在黄山销声匿迹，佛教却极其兴盛。黄山的山居者尤以僧人为主。僧人释弘眉所撰《黄山志》专辟一卷记录黄山僧人，将僧人分为弘宗、演律、静主、净业与讲经五类进行记载，从中我们可以大概还原出僧人的日常生活。不过，僧人在入佛之前首先要经过出家与受戒。

（一）出家受戒与立寺结茅

明朝初年，明太祖朱元璋下令对佛教僧务进行大规模的整顿，先后颁布了《申明佛教榜册》《知周册》等文书，制定了统一的法事仪式，并下令僧人都要诵读《金刚经》《心经》《楞伽经》等。通过洪武年间的整顿，全国寺院僧人的日常行事和法事仪式，基本得到了统一。

对于一个僧人来说，成为一个僧人需要具备两个条件，一个是出家，一个受戒。出家要求僧人舍弃父母妻子间的亲属，并隔断人世间的财、色与名利，即“剃落须发，释累辞家”①。而受戒即“结师资，遵律度，相与和居，治心修净”②。对于僧人来说，一生要受三次戒，即沙弥戒、比丘戒、菩萨戒。在上述山志中，清心空律僧人“受具”便是受戒中的比丘戒。“受具”是“受具足戒”或是“受具戒”的略语。受具指比丘所受之二百五十戒，比丘尼所受之五百戒。“受具”是僧人进入佛门的必须程序。例如海学僧人“于荆州惠藩供养，僧受具一斋和尚，后嗣紫衣”③；僧人寓安“依云栖莲池大师受具戒示以念佛法”④。释弘眉在黄山志中引用《楞严经》的仪式，提出僧人“欲坐道场”，需要“先持比丘清净禁戒”。《楞严经》规定：“要当选择戒清净者，第一沙门，以为其师。若其不遇真清净僧，汝戒律仪，必不成就。戒成已后，着新净衣，燃香闲居，诵此心佛所说神咒，一百八遍，然后结界，

① （元）马端临：《文献通考》卷226《经籍考五十三·释氏》，中华书局2011年版，第6209页。

② （元）马端临：《文献通考》卷226《经籍考五十三·释氏》，中华书局2011年版，第6209页。

③ （清）释超纲：《翠微寺志》卷上《碑》，广陵书社1999年版，第36页。

④ （清）释弘眉：《黄山志》卷2《净业》，清康熙六年刻本。

建立道场。”①

在“受具”之后，选择修行之地成为重要的问题。明清时期，大量的僧人在黄山结庐。有普门创建慈光寺、大悲院与文殊院，寓安创建掷钵禅院；也有如愚结茅指象庵，一乘开辟狮子林、定空室。这些寺庵的创建和发展也间接区分了僧人的日常生活。普门与寓安创建的寺庵经过长时间的发展，规模宏大，使得僧人的日常生活与所居住的寺庙息息相关。而后者所创建的寺庵，大多只为一人修行生活，条件简陋，他们的日常生活因此更为简单。

释弘眉所撰《黄山志》中，将弘宗放在记述黄山僧人的首位。黄山的佛教发展有赖于道场建立之人，其中尤以普门为重。普门大师感梦黄山创建慈光寺外，尚建有大悲院、文殊院，并确立了僧人修行的清规戒律。许鼎臣在《黄山护国慈光寺开山普门大师塔铭》中写道，普门“放百丈遗风，立清规愿，约独严戒律，防蠹闭邪”②。普门还开通了翻越天都峰直到光明顶的山路，对黄山山道的开通贡献极大。天都峰作为黄山的三大主峰之一，以险峻著称。潘之恒曾写《天都峰代绘记》《天都峰绝顶记》《天都峰三奇记》三篇文章来描述天都峰的景色。明万历四十一年（1613），普门与僧人静庵、融川共同登上天都峰。普门开通的山道由人字瀑起步，翻越天都峰、莲花峰，直抵光明顶，这条山道也成为游览前山的经典线路。

因此，对黄山道路的开发、寺庙等建筑的修建以及寺庙僧人日常生活的管理等都是高僧们的分内之事，也是他们的日常生活。实际上，这些事务往往需要大量僧人的共同努力。阔庵僧人慕名游历黄山，来到慈光寺，遇普门大师，相谈甚为投机，决定协助普门开山。“每当险绝处，二人负粮，踊跃前导，了无难色。”③阔庵还协助普门管理寺庙事务。在普门离开黄山时，接手寺庙的事务。“普公北游阔庵，理治寺务，斩斩有法绳。普公殒临，清复

① （唐）般利密帝译：《楞严经》卷7，日本大正新修大藏经本。

② （明）许鼎臣：《黄山护国慈光寺开山普门大师塔铭》，（清）闵麟嗣：《黄山志定本》卷5《艺文下》，清乾隆三十二年刻本。

③ （清）闵麟嗣：《黄山志定本》卷2《人物》，清乾隆三十二年刻本。

率其徒辇骨还山，历数年始寂。”①

从僧人的生平经历中，我们也能大概窥见僧人的日常生活与所处寺庙的重要联系。《翠微寺志》记载了海学僧人的生平如下：

清心空律师名海学，顺天府大兴人。于荆州惠藩供养，僧受具一斋和尚，后嗣紫衣。崇祯辛巳，领施衣钵锡杖四十八单赴黄山云谷禅院，延本师说戒并启道场四十九日，赐额大宝王镡。曾任慈光院事三载。弘光乙酉秋，应居翠微。本朝顺治年间，复兴古刹。康熙元年，建毗尼坛，授缁素戒，常持秽迹金刚神咒，冥感者多凡来衣资供等，随手脱赠，自甘淡薄处众。惟慈终时，寺后大树风鼓若雷，一众惊恐久之。②

从海学僧人的生平中，我们可以大概勾勒出僧人居住黄山的日常生活。僧人不仅要自我修行还要管理寺院事宜、修缮寺庙、授缁素戒等，并不像北宋仁宗皇帝赵祯《赞僧赋》所描绘的那样闲逸。

然而，对于一乘、一心等僧人所创建的寺庵，大多只为一人修行生活。这些寺庵虽然条件简陋，但胜在没有律规束缚，又无世俗杂事。一乘创建狮子林，后在始信峰绝顶创建定空室。定空室并不大，仅容蒲团。一乘常常诵经狮子林，夜宿始信峰。“僧一乘居三年。每从师子林暮梵毕，虽昏黑大雨雪必孑影归宿室内，绝无倾踬之患。”③一心僧人从一斋和尚受具戒，日后创建兜率庵。“讽华严经，勤持律法，至老愈严。”④老巢僧人在丞相东源建黄谷庵，编竹为篱，见人无交。老巢僧人与他人交友没有无酬答语，惟终日喜笑自得，独居黄谷庵中数十年如一日，人称笑和尚。这些僧人独居山中，没有世俗的打扰，他们的日常生活因此更为轻松简单。

（二）僧人的日常修行

在游客的黄山记述中我们也可见黄山僧人日常修行的片段。吴光胤在游

① （清）闵麟嗣：《黄山志定本》卷2《人物》，清乾隆三十二年刻本。
② （清）释超纲：《翠微寺志》卷上《碑》，广陵书社1999年版，第36页。
③ （清）闵麟嗣：《黄山志定本》卷2《建置》，清乾隆三十二年刻本。
④ （清）闵麟嗣：《黄山志定本》卷2《建置》，清乾隆三十二年刻本。

记中记载道："入院各殿已张灯火，知宾引入灵锡泉，泉上构堂，堂庑轩畅。余与延支盥漱上殿，礼佛喃喃，夜课威严，整肃无易。"① 礼佛是僧人们日常的宗教活动，通过礼佛仪式，忏悔所造之业，以灭障消灾，增加福慧。游客在其熏陶之后，也能万念顿消，达到思想澄澈之境界。《妙法莲华经》认为"若人散乱心，入于塔庙中，一称南无佛，皆共成佛道。"② 人们只要到佛庙里，一称南无佛，我们都可以成就佛道。只要念一声南无佛，就踏上了修行成佛的大道。可见佛教的修行强调的是静心，并不强调烦琐的修行仪式。黄山中僧人的修行方式有很多，除了上述礼佛外，静思、净业、坐禅都是僧人的修行方式。僧人无易在出家受戒后隐居黄山。"瞻礼持诵，若夙习然，寻觐云栖，坚持净业，不相乖异。"③ 而僧人释文斋的修行方式却大有不同。释文斋，年高六十余，寄居于望仙谭昌胤静舍。他不参禅诵经，惟劝人行善。"不谭禅，不持诵，止言万法俱空，一善是实，惟劝人行善而已。"

对于刚入佛门或不入佛门的人来说，领悟佛教意思并不容易，并且世人大多懈怠而不能领会其意。这时，先觉者需为后人予以指导。因此，黄山的僧人有谈经的遗风。在黄山僧人看来，后生"有聆其言而心地频开，闻片辞而义天朗耀，若思人者可不谓如来使耶。"④ 后生如果能通过听经得以顿悟，谈经之人的功德就如同如来在世一般。因此，讲经与听经是黄山僧人日常修行的重要方式。黄山常有僧人开堂讲经。在当时，若法师为旭一大师入室子。顺治六年（1649），受太邑缙绅程飏伯、文学陈足彝等邀请，时若法师来到翠云庵讲演《楞严经》百日。"执经问难者日不下数千，指一称一时胜管云。"⑤

在佛教中，经、律、论特指不同的方面。"经"是以佛陀说教名义流传下来的记录，是佛陀言语的汇编，是佛教教义的基本依据。而"律"是根据

① （明）吴光胤：《黄游记述》，（清）释弘眉：《黄山志》卷 7《游记》，清康熙六年刻本。
② （后秦）鸠摩罗什：《妙法莲华经》卷 1《妙法莲华经方便品第二》，日本大正新修大藏经本。
③ （清）释弘眉：《黄山志》卷 2《净业》，清康熙六年刻本。
④ （清）释弘眉：《黄山志》卷 2《谈经》，清康熙六年刻本。
⑤ （清）释弘眉：《黄山志》卷 2《谈经》，清康熙六年刻本。

经为佛教徒指定的具体的行为规范。“论”是对“经”和“律”的阐释，多是佛教各宗派的自我阐述。因此，除了讲经外，演律也是僧人日常修行的重要方面。见月僧人于华山三昧和尚受具戒，拜其为师，持讲佛经十多年。见月僧人经过黄山之时，“太邑缙绅檀越请至庆云岩，为演律法”①。见月僧人于是在贝叶庵讲经三载，每次来听其讲经演律的有数千人。云外僧人幼时因家中贫困受戒入佛，居住于黄山云谷禅院。顺治九年（1652），云外僧人开堂讲戒法，各地前来听经者甚多。正所谓“戒、定、慧”是佛教的基本内容，而戒律是佛教的基础。至月初或月末，僧人多举行集会，讲说经戒。《翠微寺志》记载：“庚午冬，结制安禅施衣说戒，有翠微语录并本寺。”② 通过演律说戒，促使僧众遵守戒律，达到僧团内部的清净。

正如吴光胤在其游记中所写：“普门和尚依朱砂庵结茆接众，开炼魔场。寓安师建掷钵院修净业。川僧静庵住莲花洞，僧形如老猬。……兹山渐开，游人从此不绝已。”③ 释弘眉在其编写的《黄山志》中也感叹黄山佛教之风的兴盛。其曰：“黄海间，梵呗之声晨夕不辍，专心忆持，不乏净侣。”④ 僧人在黄山中受戒、礼佛、静坐、净业、演律、讲经，或于寺院修行，或隐居一人禅坐，修行方式并不相同。但僧人的日常生活是黄山山中世界的重要部分，僧人的行为与行动促进了黄山进一步的开发，增添了黄山文化的丰富内涵。

三、文人的隐居与游乐

徽州自古文化深厚，文人众多。而黄山位于徽州北部，太平县南部，独特的地理位置和秀丽的风景是徽州文人隐居的极好选择。明代中后期，随着普门的到来，使得黄山不再成为难以踏足之地，吸引了大量的文人、官员居住黄山。这些文人或读书钻研，或隐居著书，或交游唱和，是黄山山中生活的重要部分。

① （清）释弘眉：《黄山志》卷2《演律》，清康熙六年刻本。
② （清）释超纲：《翠微寺志》卷上《碑》，广陵书社1999年版，第38页。
③ （明）吴光胤：《黄游记述》，（清）释弘眉：《黄山志》卷7《游记》，清康熙六年刻本。
④ （清）释弘眉：《黄山志》卷2《净业》，清康熙六年刻本。

（一）读书与隐居

黄山作为歙县和太平县的分界线，为周围区域的读书人提供了清净之地。谢灵运在《游名山志序》中，将山外世界与山中世界分别称为“名利之场”和“清旷之域”[①]。山中隐居避世带来的清旷之感更符合人们读书隐居的需要。因此，黄山幽静的环境成为周围区域文人就近隐居的最好选择。太平人谭学份生而明颖，善属诗文，喜与缁侣游。“有僧文斋精止观之学，迎至馆同居数年。”[②] 谭学份后来在黄山后海子修建了半偈山房读书隐居。“俗人希见其面，所着诗文幽异简峭，有穆天子传焦氏易林风味”[③]。歙县人许国曾经读书于祥符寺，“举南畿辛酉乡试第一，乙丑魁会试。”[④] 可以说，黄山的地理位置，使得歙县和太平县成为黄山山中的文人主要的来源地，这一点在接下来的论述中亦可体现。

为满足山中生活，又避开世俗，文人往往自己建造庐茅。歙县人佘书升非常喜欢山水。他入黄山到药谷，见群峰剌天，罗列其前，白龙潭水澄泓于侧，于是结庐其地，创建桃源庵。桃源庵在桃花峰下桃花源，相传轩辕黄帝在此处采药，所以桃源庵也称为药谷庵。桃源庵建内有静室，佘书升在此隐居读书，依靠五亩土地以供生活。桃源庵前桃花溪中多巨石，浪花飞溅，洪涛直泻，因而名为“狎浪”。陈眉又题“飞白”二字作为桃源庵额。为躲避世俗，避不见客，佘书升有时竟然“山樵”以躲访客。《黄山志》记载了佘书升闲情逸致的生活。“莳竹种梅拭，梧弄石常，卧狎浪阁，内客来多不见，间有见者惟啜茗默对而已。尤爱笋峰一带，奇秀因筑一高楼，往来其中。四时间桃源居其三，而石笋矼居其一，至家室则逆旅视之矣。”[⑤] 除桃源庵外，佘书升还兴建了颍林庵、青莲宇和石笋矼。佘书升大多时间居住在桃源庵，少部分时间居住在石笋矼，往来其中，隐居避世。佘书升对黄山山中的记述

① 顾绍柏：《谢灵运集校注》，中州古籍出版社 1987 年版，第 272 页。
② （清）释弘眉：《黄山志》卷 2《隐逸》，清康熙六年刻本。
③ （清）释弘眉：《黄山志》卷 2《隐逸》，清康熙六年刻本。
④ （清）释弘眉：《黄山志》卷 2《文苑》，清康熙六年刻本。
⑤ （清）释弘眉：《黄山志》卷 2《文苑》，清康熙六年刻本。

极为丰富，但因为其不肯存留字稿，所以在世间流传的诗文极少。后来桃源庵坍塌，但观其曲径通幽，规制宏大，“犹可想见其大雅风流焉”①。

同时，部分文人隐居黄山，他们通过讲学的方式以供生活，使得皖地的理学传统进入黄山。崔涯，号笔山，太平人，嘉庆年间，登进士，授御史巡视河东及其福建地区，皆中时弊。崔涯尤其崇尚程朱理学。“尝从湛甘泉游叙古文小学，构考亭书院，奏入罗豫章、李延平从祀孔庙。晚岁筑室桐山，赋诗自娱。尝与郡守罗盱江、邑人周太常游卧黄山，酬唱有诗。”②太平人邵樸元亦悉洞理学微旨，多次被举荐而不应，居家惟以讲学课子为事，期间应江右督学蔡懋德的聘请，主教白鹿洞书院。邵樸元晚年居住于黄山，“亲操锄畚，莳茶种菜，朝夕不倦”③。从断山老人往来杉山黄海之间，“咨决疑微益深，禅理一时，理学宗风赖以不坠，次君晃文章行业能承家学，所着黄海诗记甚富”④。

明清易代，朝廷的覆灭是当时文人心中之痛，这也促使文人返回家乡。黄山迎来了不少明遗民。《歙事闲谭》记载：“黄山在明、清易代时，逃世之士皆归焉。不止官球、渐江诸人，如沈眉生亦其一也。”⑤沈眉生，名寿民，别字耕岩，宣城人。沈眉生的文章道极为出色，为词坛领袖数十年。崇祯年间，张国维荐沈眉生入朝，但沈眉生连疏陈时弊，不被任用，于是隐居。弘光时，避地金华山中，以有物色之者，遂入黄山。沈寿民严冬之际，踏雪携持十口至黄山翠微之麓，与旧友陈辅性比邻而居。沈寿民的旧友陈辅性亦是明遗民，于云门峰下的无闷斋讲业。沈寿民的黄山山中生活并不奢靡，“爨烟常绝，间有见饷，只受薪米，稍涉甘美，必坚却之”⑥，一派渔樵的田园图景。沈寿民常常闭门谢客，著书不辍。“远近向慕执经问业，共构屋数，楹颜为畊岩书院讲道其中，俨然文中之在河汾也。暇时常与陈辅性扶筇至祥

① （清）释弘眉：《黄山志》卷2《文苑》，清康熙六年刻本。
② （清）释弘眉：《黄山志》卷2《理学》，清康熙六年刻本。
③ （清）释弘眉：《黄山志》卷2《理学》，清康熙六年刻本。
④ （清）释弘眉：《黄山志》卷2《理学》，清康熙六年刻本。
⑤ 许承尧：《歙事闲谭》，李明回等点校，黄山书社2014年版，第425页。
⑥ （清）释弘眉：《黄山志》卷2《理学》，清康熙六年刻本。

符寺结夏读易，到处俱有诗记。”[①] 沈寿民在黄山接待朋友，有《黄山秋夕喜崔凤若见过》一诗，写道：“把酒今何夕方秋，合到山世情湍水，逝君意岭云间。”[②]

（二）山中交友

文人、士人虽然隐居黄山，但免不了与朋友之间的交游。在《歙事闲谭》中记载了佘书升的交友情况，其内容如下：

> 罗逸与潘之恒、佘书升、王之杰、鲍正元，号“山中耐久朋”；盖与天都后社相先后也。罗逸字远游，呈坎人。闲情逸致，见赏于钟退谷。又与之恒同为李维桢客。家贫，岁尽瓶无宿舂，道拾遗金，守其人还之。之恒字景升，岩镇人。少入白榆社知名，贫而任侠，好结客，曾搜集山志。书升字揄仲，亦岩镇人。于桃花源建狎浪阁，又建楼于石笋矼，为游客主。尝为朱白民鹭破雪扫途，俾其登山。又尝与钱牧斋有唱和。之杰字于凡，志称其“有许掾玄度风”。正元字元则，高迈绝俗，于桃花源建莲花庵，与僧印我及郑重、郝壁诸人，结社参禅。鼎革后为僧，法名真休，以所置黄山诸产，悉归慈光常住。按元则于甲申后为僧，是亦感宗社之痛，为明遗民之一，所当表章者也。[③]

罗逸、潘之恒、佘书升、王之杰、鲍正元皆为长期居住、游历黄山的人，他们互为朋友，彼此交游，而被称为“山中耐久朋”。这五人均为歙县人，关系极好，常常一起游览黄山。《黄山志定本》中记有罗逸与王之杰夜宿炼丹台，遇到山光如昼、山谷震动的经历。其记曰：“夜分启窗见山光如昼，诸峰咸碧天，乐隐奏若笙吹声。又宿喝石居与僧照微夜话，闻山谷震动，窥牖见有兽如马，而角目光如电，两足着地，有若火色殊属罕见。”[④]《黄海》中有收录五篇罗逸所写黄山游记，其中便记载了其与潘之恒、郝公

① （清）释弘眉：《黄山志》卷2《理学》，清康熙六年刻本。
② （明）沈寿民：《黄山秋夕喜崔凤若见过》，（清）徐璈：《黄山纪胜》卷4，清道光刻本。
③ 许承尧：《歙事闲谭》，李明回等点校，黄山书社2014年版，第425页。
④ （清）闵麟嗣：《黄山志定本》卷2《人物》，清乾隆三十二年刻本。

琰同游黄山的见闻。在《由白龙潭至莲花庵》一篇中，罗逸记曰："早出寺门，遥望石瀑，风拂若沫，濛濛而丽者飞雨泉也。"①罗逸从飞雨泉至白龙潭、丹井、鸣弦泉，最后至莲花庵，"息倦间，谈数品水不觉，俗缘顿尽"②。山僧于是汲水煮茗以供，罗逸一行人各啜一杯才离开。鲍正元也常与这几人游历黄山。"赍粮于天都良常之，间或期岁或数月，啸咏自得，杖履飘然，见者咸诧为神仙中人云。"③罗逸五人被称为"山中耐久朋"，不仅是黄山同游的经历，更在于其背后千丝万缕的关系。

罗逸与潘之恒同为李维桢的门客，且潘之恒少年时曾加入白榆社。白榆社是汪道昆与龙膺共同组织建设，汪道昆为白榆社社长。李维桢与潘之恒皆为白榆社社员。当时文坛盛行复古思潮，而白榆社的成立与建构徽州地区的诸子复古思潮有极大关系。郑利华认为"作为活跃于嘉、万文坛的重要人物，汪道昆在维护七子派文学地位及传导其文学影响，包括建构所在徽州地区与流行于中心文坛的诸子复古思潮之间关系上，扮演了重要角色，同时也表现出谋求另辟门户的努力，企图调整或变通七子派诗文复古的某些传统策略。"④李维桢继承了汪道昆的精神，为继王世贞、汪道昆之后的"七子派盟主"。盛行于嘉庆、万历年间，由七子派主导的复古风潮展现出强势的复古思想，同时也吸收了其他的文学思潮，其中最为重要的即是阳明心学。

徽州作为理学集大成者朱熹的故乡，极为崇尚理学。但至明代中后期，阳明心学的传播使得学术产生了分流之势。"学术之分，则自陈献章、王守仁始。宗献章者曰江门之学，孤行独诣，其传不远。宗守仁者曰姚江之学，别立宗旨，显与朱子背驰，门徒遍天下，流传逾百年，其教大行，其弊滋甚。嘉、隆而后，笃信程、朱，不迁异说者，无复几人矣。"⑤也就是说，明

① （明）罗逸：《由白龙潭至莲花庵》，（明）潘之恒：《黄海》卷5《纪游二之十三》，明刻本。

② （明）罗逸：《由白龙潭至莲花庵》，（明）潘之恒：《黄海》卷5《纪游二之十三》，明刻本。

③ （明）罗逸：《由白龙潭至莲花庵》，（明）潘之恒：《黄海》卷5《纪游二之十三》，明刻本。

④ 郑利华：《汪道昆与嘉、万时期文坛的复古活动——以其与七子派关系考察为中心》，《求是学刊》2008年第2期。

⑤ （清）张廷玉等：《明史》卷282《列传第一百七十一儒林》，中华书局1974年版，第7222页。

代后期，陈献章和王守仁打破了理学独尊而产生了学术之分流。受其影响，徽州崇尚理学的风气被打破，徽州的文人与书院多讲心学而不谈理学。“星溪汪氏曰，自阳明树帜宇内，其徒驱煽薰炙，侈为心学，狭小宋儒。嗣后，新安大会多聘王氏高弟阐教，……自此新安多王氏之学，有非复朱子之旧者矣。”① 新安大会为徽州的讲学集会，讲会不讲理学而聘用王氏子弟，可见阳明心学在徽州的流行。在明代后期，大量的文人隐居黄山，这与佛教在黄山发展和朝廷的动荡有关，也与阳明心学禅修思想和隐逸文化不无关系。

回看“山中耐久朋”这一论述，也能看出阳明心学对徽州文人的影响。罗逸与潘之恒加入白榆社，潘之恒后来又创建天都社，均有禅修的性质。王之杰有“许掾玄度风”。许掾即许询，字玄度。许询是东晋时期有名的征士，玄言诗的代表人物。许询好道，喜欢研究黄老之学，后又崇禅和当时高僧支遁接席讲经。王之杰有“许掾玄度风”，也可见王之杰对禅玄的擅长。不仅如此，王之杰与潘之恒、鲍正元还共同结成禅修性质的社团——天都后社。鲍正元也尤其喜爱释道之学。鲍正元年少时喜欢读书，自经外凡释道二藏及牧官黄衣之类没有不涉猎的。明清易代后，鲍正元入佛为僧，法名真休，所置黄山诸产，悉归慈光常住。鲍正元尤爱黄山之幽静，所以买山筑室为莲花庵，与僧人印我及郑重、郝壁诸人，结社参禅。鲍正元用树根做成博古架，“香几、钟、鼓架皆以树根为之。又有龟状形模逼肖，朝夕摩挲，不啻古玩器”②。

黄山山中世界的文人交友并不是简单的黄山同游，其背后是较为复杂的关系网络。潘之恒、罗逸等五人的交往可以窥见黄山主要社团——白榆社和天都社的雏形。潘之恒等人物依靠黄山交友构成了晚明徽州文化繁荣的重要方面。他们的学术活动，无不与黄山有密切关系。同时，我们可见周围区域文化对于黄山文化的重要影响，心学、理学、佛学的相互交织，共同建构了黄山文化的丰富面向。黄山文化在一定程度上是徽州文化的缩影，黄山文人

① （清）施璜：《紫阳书院志》卷16《会纪》，清雍正三年刻本。
② （清）释弘眉：《黄山志》卷2《隐逸》，清康熙六年刻本。

之间的交往与结社无不体现出晚明阳明心学和禅修文化在徽州的兴盛。

（三）著书与绘画

著书是黄山山中生活的重要部分。明清时期，大量的文人隐居黄山，或为儒释道之学，或为避世之道，或因鼎革之痛，他们或居于寺院或自筑居所，游历黄山山水，著书不辍，构成了隐居黄山的文人群体基本的山中生活面向。程诰生平好游，晚年归隐黄山著书。“历游梁宋楚蜀，偕十六子结社天都，终隐黄山，所著有《霞城集》二十四卷行世。”① 朱鸿祥年少时常常读书于黄山松谷，诗文极富，“晚岁着理学诗一册”②。曾祖训在明朝时期曾登贤书，“乙巳冬与兄灿垣同至黄山，遍游峰壑徘徊不欲去。春月兄返，独留芙容峰下，筑松谷草堂，自作草堂记以见志”③。文人隐居黄山促进了黄山山中世界的开发，而且大大地提高了黄山的知名度。

绘画也是黄山山中生活的重要部分。黄山风景秀丽，吸引了大量的画家隐居黄山。在画家眼中，黄山的高峰、怪石、奇松都是黄山绘画的主要来源，但是如何将这些风景的美感表现出来，又不陷于临摹与相似，是黄山画家需要思考的问题。“凡远山皆作草书，画眉笔意，而黄山独作隶书，势铁画崚，赠百里外便回与诸峰异予。”④ 黄山的山居者通过长期的观察和体验，往往更能够抓住黄山景观的神韵，将黄山“独作隶书”而不作草书。

雪庄绘黄山图百幅，得黄山山灵真面。其中画黄山山产异卉 120 种，均着色彩，命名皆从诗中来。雪庄还为黄[illegible]庵评定黄海真形图。⑤ 吴廷羽从小师从丁云鹏学画佛像，所绘佛像，精雅绝伦。“因遍穷三十六峰名胜，图松绘石奇幻异常神。”⑥ 黄山绘画的大成者还属渐江。渐江，歙县人，俗姓江。渐江年少时孤贫，后以绘画为生。明清易代，渐江游武夷为僧，后归黄山，往来于云谷寺、慈光寺二寺间。渐江深爱黄山之胜，每到达一个地方，就作

① （清）释弘眉：《黄山志》卷 2《隐逸》，清康熙六年刻本。
② （清）释弘眉：《黄山志》卷 2《隐逸》，清康熙六年刻本。
③ （清）释弘眉：《黄山志》卷 2《文苑》，清康熙六年刻本。
④ （明）吴廷简：《黄游纪略》，（清）释弘眉：《黄山志》卷 7《游记》，清康熙六年刻本。
⑤ 参见刘秉升主编：《黄山志》，黄山书社 1988 年版，第 238 页。
⑥ （清）释弘眉：《黄山志》卷 2《画苑》，清康熙六年刻本。

一小图。“(渐江）长栖静黄山，杖履所径，辄作一小图，层峦耸秀，淡远萧疏，悉备诸家体制，有超然尘外之趣味。”[①]渐江深得松、石、云、岩、壑之精髓，作品风格多层峦陡壑，伟竣沉厚之感。渐江创新安画派，与孙逸、查士标、王之瑞合称“海阳四家”。所作《黄山图册》《黄山真景册》《黄山天都峰》，写山中名胜五十处。[②]渐江的《黄山始信峰图》是渐江晚年之作，是《黄山真景册》中最为精美的作品。该作品尤能体现渐江的绘画风格。山石以几何形表现陡峭瘦削，在山石之间穿插奇松，表现错落之感，以线的框廓手法来表现黄山的形态。渐江虽师法倪瓒，但又能于“极瘦削处见腴润，极细处见苍劲”。

明清时期，黄山绘画在徽州、江南一带极其兴盛。黄山秀丽风光和出色的绘画技巧固然是黄山画受到欢迎的重要原因。徽籍画家大多通过画作表达对家乡浓厚桑梓情结也是重要原因。王东杰在研究清代四川移民社会的地域认同时指出，移民后裔对新身份的认同，未必就意味着他们完全放弃了原乡的身份。[③]江南地区是徽商移居的主要城市，江南地区的文化往往给予徽商以文化落差。而黄山便成为徽商需要构建身份认同的重要工具。考察明末清初江南地区徽籍画家的作品，就会发现大量有关“黄山”主题的画作。这些“黄山图”以“黄山”为中心，包括徽州地区的山川，涉及歙县、黟县、婺源、绩溪等地区，而黄山凭借山水风光，成为黄山图的主要意象之一。如石涛受吴南高的邀请而作《溪南八景图》，为石涛晚年时期的重要作品之一，作品中描绘的八景是徽商吴氏故乡歙县溪南的景色，其中一图便为《黄山图》，他的画作以师法大自然的创作态度，经过实地游历，仔细地观察，在画幅中将黄山的气魄和特点很好地表现出来。这些“黄山图”描写徽州风景，表达乡土之情，满足了寄居在外的徽商的情感需求。

① (清）释弘眉：《黄山志》卷2《画苑》，清康熙六年刻本。

② 参见刘秉升主编：《黄山志》，黄山书社1988年版，第237—238页。

③ 王东杰：《“乡神”的建构与重构：方志所见清代四川地区移民会馆崇祀中的地域认同》，《历史研究》2008年第2期。

不少学者认为徽商与徽籍画家的这些举动客观上顺应了17世纪下半叶“徽州意识的重建”这一社会文化思潮。① 其实，清代时期对黄山山志的编纂更是“徽州意识的重建”的重要体现。文人、士人、旅客在黄山居住、游历，留下了大量的诗词歌赋，为黄山山志编写提供了基础。至清代，释弘眉撰写《黄山志》，闵麟嗣撰写《黄山志定本》，汪士铉撰写《黄山志继集》，程弘志撰写《黄山志》，这些山志的编纂扩大了黄山的知名度，也使得黄山文化得以留存。“如果说府县志的编纂是由官方发起、地方官员以及乡绅配合完成的‘政府工程’，那么关于徽州的专志著述如林、私撰成风的现象则无疑是徽州本帮人地方意识抬头的强烈表现。”②

隐士、僧人、山民共同构成了黄山山中的居住群体。黄山山居者依靠山中的水源、山产和土地为生。黄山山中的物质资源是山居者主要的生活来源。徽商的捐资也是黄山山居者生活来源的重要部分。弘宗、演律、静主、净业、讲经是僧人的日常生活，而读书、游乐、著书、绘画构成了文人的日常生活世界。僧人与文人虽然身份、经历、文化并不相同，但共享黄山山中空间，而和谐共处。黄山位于徽州的北部，使得歙县和太平县成为黄山山中文人主要的来源地。黄山山居者与徽州形成了较为密切的联系。这种密切关系的建立，促进了徽州文化与黄山的相互促进。黄山山居者将阳明心学与理学等思想引入其中，体现出了地方文化在黄山山中的强大生命力。同时，黄山山中世界的文人隐居并不是独立的个体，文人僧人间的相互交友也形成了较为复杂的关系网络。这些关系网络构成了徽州结社的雏形，也是晚明徽州文化繁荣的重要方面。至清代，黄山著书和绘画的兴盛顺应了“徽州意识的重建”这一社会文化思潮，也促使黄山文化得以总结和兴盛。

---

① 何民、蔡敏：《“桑梓情结”与“故土山川”——清初徽州籍画家作品中的故乡》，《美术教育研究》2019年第4期。

② 邱才桢：《黄山图17世纪下半叶山水画中的黄山形象与观念》，文化艺术出版社2013年版，第107页。

第三节　交流与联系：明清时期黄山的山中世界与山外世界

"清冷静邃，已隔尘杂"[①]是黄山旅游者对黄山山中生活的想象。黄山山峰陡峭，紫翠如沐，罕有人至，给山居者带来了远尘避世的清净之感，使黄山山中的日常生活与山外世界有着较大的不同。实际上，黄山山中生活并不是隔离尘世的"桃花源"。与之相反，山中世界与山外世界一直是紧密联系的。本章以黄山山中世界与山外世界的交流与联系为话题，分析山中山外的物质交流和社会交流，并以天都社为例，探讨山中生活有多大程度上远离山外世界，山中生活世界的形成受到山外世界怎样的影响。

一、黄山的山中世界与山外世界的物质交流

黄山山中世界与山外的联系首先体现在简单的物质交流上。黄山的山产十分丰富，如松树、黄连、白术、党参、毛峰茶等，这些山产是山中山外交流的重要基础。丰富的植物和药材促使大量的山外人员入山采摘。元代的方书诚曾写《黄山采药图为汪仙人赋》。汪仙人采摘的药物有菖蒲和茯苓等，其中"菖蒲青斗大，千年茯苓赤"[②]。明代陈于王曾写《游文殊院天都峰逢采药者》一文，赞叹黄山山中的药材"双术赤白色，二苓龟蛇形。柏叶含贞性，蓡花至阳精"[③]。黄山的采药者一般是山脚或山外的百姓。采药者入山采药前往往会准备好粮食。"采药者裹三日粮，达天都顶。"[④]采药者准备三日的粮食，便可以一路采药到天都峰顶。

除此之外，木材也是黄山主要的山产之一。黄山丰富的林场资源使得樵夫这一职业在黄山极为兴盛。樵夫常年进出黄山，熟悉地形，往往成为黄山

① 弘治《徽州府志》卷12《记》，明弘治刻本。

② （元）方书诚：《黄山采药图为汪仙人赋》，（清）闵麟嗣：《黄山志定本》卷6《赋诗》，清乾隆三十二年刻本。

③ （明）陈于王：《游文殊院天都峰逢采药者》，（清）汪瑾：《黄山导》珠璧集卷二上，清乾隆二十六年刻本。

④ （清）钱谦益：《游黄山记》，刘秉升主编：《黄山志》，黄山书社1988年版，第319页。

游玩者的导游。谢肇淛的《游黄山记》中便记载了樵夫引路的经历。其记曰："诘旦，易履而上，山路始穷，樵夫前导。"[①] 这些樵夫和采药者频繁地进出黄山空间，成为黄山山中世界与外界世界物质交流的主要载体。

黄山尤以奇松闻名，受到文人热烈追捧，是山中世界与山外世界物质交流的重要物品。黄山松造型奇特，"夭矫飞舞，曲折苍秀，如龙形"[②]。黄山松生石罅中，没有土地也能存活。"山松，无寸土而能老其材者，上得天阳，云雾冒之，雨露滋之，浸灌渐渍，腾于托根下土者多矣。"[③] 黄山松在徽州和江南一带颇受赞赏。明代人张岱在建造庭院时，便堆磥了石坪用以种植黄山松。张岱的《陶庵梦忆》中记载道："余欲造庑，堂东西向，前后轩之，俊磥一石坪，植黄山松数棵，奇石峡之。"[④] 对黄山松的追捧催生了黄山松砍伐和移植的成熟。黄山松移植"宜瘠土，稍肥不活"[⑤]。黄山松耐暑耐冻，夏天只需每日清晨浇清水，检去虫蚁，防其侵蚀。冬则不必浇水，黄山松便可存活。

黄山的山中世界与外界的联系还体现在更为日常的方面。衣物食粮、笔墨纸砚、他人书信等都需要从山外获得。黄山山中的生活环境较为恶劣，仅依靠山中资源往往不能满足生活所需。徐霞客游历黄山时遇到大雪，比丘对徐霞客说："山顶诸静室，径为雪封者两月。今早遣人送粮，山半，雪没腰而返。"[⑥] 可见，就日常食粮也需要从山外获得。同时，黄山的山居者也会通过物物交换、以劳换物的方式，与山外世界产生最直接的联系。方拱乾在游历黄山时遇到了黄山中人乞求笔墨的情形。方拱乾回答说："诱我趋光明。"[⑦] 方拱乾以僧人引导至光明顶为条件，交换了笔墨。可见，黄山山中的居住者与山外世界的物质联系是非常多样的。

---

① （明）谢肇淛：《游黄山记》，（清）释弘眉：《黄山志》卷5《游记》，清康熙六年刻本。
② 许承尧：《歙事闲谭》，李明回等点校，黄山书社2001年版，第1015页。
③ （清）程瑶田：《通艺录·修辞余钞》，陈冠明等点校，黄山书社2008年版，第363页。
④ （明）张岱：《陶庵梦忆》卷8《琅嬛福地》，马兴荣点校，中华书局2007年版，第103页。
⑤ 许承尧：《歙事闲谭》，李明回等点校，黄山书社2001年版，第1015页。
⑥ （明）徐宏祖：《徐霞客游记》卷1上《游黄山日记》，清嘉庆十三年增校本。
⑦ （明）方拱乾：《游黄山记》，（清）闵麟嗣：《黄山志定本》卷4《艺文》，清乾隆三十二年刻本。

黄山山中世界与山外世界的物质交流是市场和村庄形成的前提。黄山物产丰富，木材、茶叶、黄精等物产的种植和利用均促进了黄山地区市场的形成。物产丰富、市场发展、人口众多，村庄和城镇也得以形成。如上一章所述，翠微寺的兴建促进了黄山山脚下焦村的形成与发展。与之相似，汤口也是依靠地理位置和地理环境发展起来的。汤口镇处在黄山的东南端，西北隅即是黄山风景区的前山，是从南线进入黄山的必经之路。汤口尤以温泉为名，文人旅客在汤口沐浴，购买地图，聘请导游，再出入黄山。徐霞客游历黄山时也在汤口沐浴。“以雨不止，乃下山，入汤院，复浴。由汤口出，二十里抵芳村，十五里抵东潭，溪涨不能渡而止。”① 物品的交换和人口的流动导致了山中世界与山外村庄的联系，也促进了市场和村庄的形成。清末民初，许承尧呼吁开发黄山，汤口镇迅速发展，成为黄山的主要生活服务基地和旅游接待中心。

二、黄山的山中世界与山外世界的社会文化交流

黄山山中世界与外界的联系还体现在文人、宗教徒和旅客的黄山游历上。时称“南北两司马”之一的明代文学家、史学家王世贞在明嘉靖年间，曾带一百余位三吴两浙的文人宾客游览黄山。歙县人汪道昆以黄山主人自居，赁名园数处接待王世贞及其三吴、两浙的文人旅客。富商查伊璜携家伎游玩黄山，歙县人许楚的《青岩集》中有赠查伊诗。其序云：“查伊璜孝廉，携家使来游黄山，童仆车马甚都，同人簇酒西干，余浪作《醉歌行》以赠。”② 大量的游客游玩黄山，使得黄山的山中世界与山外世界产生了广泛的社会交流。

文人墨客游览黄山往往携带大量的行李。但黄山山路崎岖，背负行李耗时耗力，所以需要雇佣当地百姓肩负行李入山，当时人称其为“海马”。黄山多险境，“海马”还能在不好行走的险境负人前行。黄钺游览黄山时，遇

---

① （明）徐宏祖：《徐霞客游记》卷1上《游黄山日记》，清嘉庆十三年增校本。

② 许承尧：《歙事闲谭》，李明回等点校，黄山书社2014年版，第1页。

到了黄山山下汤口镇的程氏父子。程氏父子便是“海马”。其记曰：“有海马之子小名冬生者，为雇役夫肩行李入山。王辰春，朱竹君师挟之游，呼为海马，以其渡云海如马之驶也。”[①]海马之子冬生的技能不如他的父亲，他人遂以“海驴”相称。黄钺认为“海驴”并不好听，提议以“驹”替换“驴”字，同行之人皆赞叹。袁枚的《游黄山记》中也记载了黄山抬夫。乾隆四十八年（1783）袁枚游历黄山，浴汤泉。次早，僧人告曰：“从此山径仄险，虽兜笼不能容，公步行良苦，幸有土人惯负客者，号海马，可用也。”[②]袁枚点头答应，僧人“引五六壮佼者来，俱手数丈布”[③]。袁枚不禁嘲笑自己如同“繈褓儿”。但随着黄山游览，逐渐疲惫，袁枚还是缚跨背上，让“海驴”背负前行。“且步且负各半，行至云巢，路绝矣。”[④]这些黄山挑夫、抬夫多为当地的山民。文人旅客游览黄山为他们提供了养家糊口的途径，也变相地实现了山中山外世界的社会联系。

除了雇佣挑夫、抬夫，旅客在游览黄山时通常会选择向导。而对黄山极为熟悉的莫过于黄山山中的僧人。黄山僧人往往被聘请为向导，与文人旅客共游黄山。袁中道在游览黄山时，便遇到了两峰争相招揽宾客的情况。记曰：“已登山，朱砂峰出其右，老人峰出其左，如相介以引宾客者。”[⑤]而各峰招揽宾客的群体大多是黄山中的僧人。僧人还携茶具，泡茶招待宾客。“老僧指问携茶具候客，因坐观九龙山飞瀑。”[⑥]不仅如此，山中的寺庵也常常为旅客提供食宿。吴光胤在其游记中记载了太史在黄山寺庙中设施食道场的经历。其曰：“师来话，旧是夜，金正希太史设施食道场，随喜至二鼓就榻。佛声禅板交接，万念顿消，余辈登山虽倦，夜竟不欲眠矣。”[⑦]僧人招待宾客、引为向导，与游客产生了直接的交往。

---

① （清）黄钺：《壹斋集》，陈育德、凤文学点校，黄山书社1999年版，第793页。
② （清）袁枚：《游黄山记》，刘秉升主编：《黄山志》，黄山书社1988年版，第327页。
③ （清）袁枚：《游黄山记》，刘秉升主编：《黄山志》，黄山书社1988年版，第327页。
④ （清）袁枚：《游黄山记》，刘秉升主编：《黄山志》，黄山书社1988年版，第327页。
⑤ （明）袁中道：《游黄山记》，（清）释弘眉：《黄山志》卷5《游记》，清康熙六年刻本。
⑥ （清）黄钺：《壹斋集》，陈育德、凤文学点校，黄山书社1999年版，第793页。
⑦ （明）吴光胤：《黄游记述》，（清）释弘眉：《黄山志》卷7《游记》，清康熙六年刻本。

除了僧人外，游玩者来到黄山，也会与黄山的隐居者产生接触。黄钺来到黄山游览时遇到了胡成浚与吴鸣凤两人。在当时，黄钺为紫阳书院的山长，而两人曾经在紫阳书院读书，如今正读书于黄山龙峰。黄钺遇见胡成浚与吴鸣凤两人甚是欢喜，一起行走到“云谷寺之证源堂”①。所谓云谷寺就是普门大师建立的掷钵禅院。几人相谈甚欢，“剧谈约三鼓，乃就枕”②。篁南山人江瓘应程六峰的邀请游历黄山。在游玩至祥符寺时，江瓘遇到在祥符寺居住的方叔玉、罗尚纲等人。其《游黄山记》记载道：“亭午抵祥符寺，逢罗尚䌹，方子叔玉、路子子美，藏修山房，结伴偕往，风雨凄其，登临兴阻。日且晡，联岚含晖，仰瞻诸峰，紫翠如沐。”③在江瓘的游历队伍中，有游伴罗尚䌹、方叔玉等人，还有僧人明章、道常以及童仆数人。由此可见，黄山的居住者看似隐居避世，但并没有完全脱离原本的社会关系网络。通过原本的社会关系网络，黄山的游历者与隐居者能够迅速地再次建立联系，相伴游玩，互相唱和。并且，通过交往游玩的方式，游历者往往能很快地融入黄山山中，这一点在黄山的社团上体现得更为明显。

文人旅客游历黄山不仅将黄山外的信息和物质带入黄山的山中世界，也一定程度上改变了黄山山中世界的景观与生活。如黄山的狮子林便是方便游客所建。狮子林在后海狮子峰下，除了一位名叫梁辰海的人自盖茅房外，就没有别的房屋可以居住。当时，一乘僧人游历黄山，非常喜爱黄山狮子林，想要在此处结庐，却因种种原因没有成功。“睡庵先生喜而为唱导，犹未能告成事也。”④狮子林风景秀丽，却没有安榻之所，对于僧人或旅客来说，皆为一大憾事。后在当地多方的募捐下，狮子林得以建成。汤宾尹感叹：“倡募诸檀非为僧谋，盖为士之偕游偕隐者。”⑤

① （清）黄钺：《壹斋集》，陈育德、凤文学点校，黄山书社1999年版，第794页。
② （清）黄钺：《壹斋集》，陈育德、凤文学点校，黄山书社1999年版，第794页。
③ （明）江瓘：《游黄山记》，（清）释弘眉：《黄山志》卷5《游记》，清康熙六年刻本。
④ （清）钱谦益：《师子林小疏后题》，（清）闵麟嗣：《黄山志定本》卷3《艺文》，清乾隆三十二年刻本。
⑤ （明）汤宾尹：《师子林小疏》，（清）闵麟嗣：《黄山志定本》卷3《艺文》，清乾隆三十二年刻本。

实际上，黄山山中山外世界的社会交流并不是文人旅客单纯的游历活动，这种社会联系背后的文化交流和文化影响也有深挖的必要。魏斌认为："由于山居者的文化宗教优势，使其具有特殊的影响力，是朝廷、官府重点关注的一类人群。"① 黄山所具有的道教和佛教传统使得黄山具有较强的宗教文化影响力，而文人的隐居和对黄山的描绘使得黄山拥有了特殊的文化内涵。文人和官员游历黄山，也是提高自己文化声望和社会地位的重要方式。前文所提到的黄钺时为徽州紫阳书院山长，课诵多暇，借机游历黄山。在当时，文人、官员等群体游历黄山是非常普遍的，这些人之所以来到黄山，源于黄山的特殊影响力。他们游历黄山后撰写游记，吟诗作赋，不仅借助黄山的影响提升了自己的名气，也真实地参与到了黄山文化和黄山景观的建构中。

文人、士绅和官员是黄山景观建设和黄山文化建构的重要力量，他们为黄山寺观撰写的碑记就是典型的例子。如田艺衡为祥符寺撰写《修复祥符寺碑记》。田艺衡，字子艺，明末钱塘人。田艺衡为田汝成之子，曾任应天府学教授。后在徽州任职，以岁贡生为徽州训导。在其碑记中写道："古之仕于其地而善为山水游者，莫如谢永嘉柳柳州。"② 柳柳州即为柳宗元，柳柳州担任地方官职，在任期间，游山玩水，留下诗歌文赋。田艺衡以柳宗元自比，借此抒发感情。地方官员往往具有文人身份，与黄山山中世界产生文化联系是非常普遍的。不仅如此，他们撰写寺庙修建的募捐书，并捐资支持黄山景观的修建。除了外地人于皖任职，皖人入朝为官，也会参与到家乡的建设中来。鲍应鳌为歙县人，明万历二十三年（1595）进士，授户部主事，历任礼部郎中。鲍应鳌虽不在家乡做官，但也参与到黄山的建设中，为御泉庵题写碑记。可见，黄山山中世界与山外世界是紧密联系的，黄山山中世界也是文人和官员千丝万

① 魏斌：《六朝名山的生活世界——以〈东阳金华山栖志〉为线索》，余欣主编：《中古时代的礼仪、宗教与制度》，上海古籍出版社2012年版，第406页。

② （明）田艺衡：《修复祥符寺碑记》，（清）闵麟嗣：《黄山志定本》卷3《艺文》，清乾隆三十二年刻本。

缕关系网中的一环。

黄山的山中世界与朝廷也密不可分，明朝荆州惠王与黄山关系密切。惠王即明惠王朱常润，他是万历皇帝第六子，“天启七年之藩荆州”①。惠王极为信仰佛教。一斋律师得到五台山成芳和尚体钵，开坛于白衣庵。当时荆州惠王听闻他德行高洁，便派遣身边侍从鲁公将一斋迎至荆南率合宫，执弟子礼，求其教授优婆塞优波夷戒。然而，没有几日，一斋便告辞惠王隐居黄山。惠王资助了云谷禅院大量的佛教经书和佛教用品，使得一斋声名大噪。“王敬造衣钵锡杖律部等件四十八，单令送云谷禅院，建立道场。四十九日大演毗尼，僧俗皈投者日众。”②不久之后，一斋被请入慈光寺主方丈。皇权的介入无疑提高了僧人个人的声望，也会对整个黄山山中世界产生重要影响。明清易代之际，惠王将泥金所书《金光明最胜于》藏于黄山云谷寺中。“是时明祚将终，王乃托迹空门，可为不恤国患者。”③

黄山的山居者虽隐居山中，绝非孤立的个体，也没有完全脱离原本的社会文化网络。黄山凭借特殊的文化影响力，吸引了大量的群体游历黄山。黄山隐居者与山民、文人、官员、朝廷等群体形成一环一环的交际圈，使得山中世界与山外世界联系在一起，促进了山中山外的交流与联系。而黄山山中世界与山外世界的物质和社会交流将在黄山的文人社团中体现得更为明显。

三、文人社团与黄山影响的扩大

黄山山中世界与外界的联系尤其体现在文人社团上。明朝中后期，结社风气盛行，促使大量的文人社团得以产生。黄山诞生了第一个文人团体——天都社，对天都社的梳理，我们可以讨论黄山居住者与黄山外文人的交往，了解黄山山中世界与山外世界的联系，以及这些联系带来的黄山山中世界的

① （清）张廷玉等：《明史》卷120《列传第八》，中华书局1974年版，第3653页。
② （清）释弘眉：《黄山志》卷2《演律》，清康熙六年刻本。
③ （清）黄钺：《壹斋集》，陈育德、凤文学点校，黄山书社1999年版，第794页。

改变。

（一）天都前社

在《歙事闲谭》中，专列天都社一条如下：

《黄山志》王寅传：嘉靖寅重九，倡社天都峰下。践约者，为程自邑诰、程汝南应轸、陈达甫有守、江廷莹瓘、江民璞珍、余元复震启、汪玉卿瑗、王子容尚德、方际明大治、方子瞻霓、方定之弘静、郑思祈玄抚、郑子金铣、郑文仲懋坊、郑思道默，合王仲房寅为十六人，乃效谢灵运邺中七子、颜延年五君咏，为十六子诗。又万历庚戌，岩镇人潘之恒与鲍正元、王之杰、黄玄龙诸子重举天都社，赋诗桃花溪上。盟曰："有旷岁不游天都者，为轩辕叛臣。"时前十六子中，惟方定之尚在，仍推定之为盟主。定之年九十有四，两主山盟。

又《歙志》称：唐心庵之孙汝龙，字一字，工诗，与王十岳结社天都。是十六人之外，尚有人也。①

许承尧将天都社分为天都前社和天都后社。天都前社为嘉靖二十一年（1542）结社，成员有17人，即上述16人加孙汝龙。万历三十八年(1610)，天都社复社，被许承尧称为天都社后社。

天都前社和天都后社的性质并不相同。天都前社是诗社性质的社会团组织，陈有守、郑思祈、王亮卿为社团发起者，十六人皆为徽州人。陈有守有写一文《天都社盟词》，介绍了天都前社成立原因与基本情况。其文曰："维天都之崇高，萃灵秀于万古。挺贤豪以亿百，侈兹游其不数。矧风雅之间作，属伊谁而接武。幸并生于熙朝，复同怀于乡土。舒吟咏以飞迅，凌苍虚而阔步，矢夹持于周行，毋愿陪其莫睹。"② 黄山风景秀丽，而集会结社是歌颂风景、文人交往、增加同乡联系的重要方式。而王寅作为天都社主盟，组社经验丰富，曾参与到"西湖八社"的组建中。王寅有感于"唱社天都峰

① 许承尧：《歙事闲谭》，李明回等点校，黄山书社2001年版，第421页。

② （明）陈有守：《天都社盟词》，（明）潘之海：《黄海》卷5《纪游》，明刻本。

下，同乡合志而声”[①]，特意效仿“灵运邺中七子，颜延年五君咏”[②]而作《十六子诗》。所谓“灵运邺中七子”即谢灵运的《拟魏太子邺中集诗》，“颜延年五君咏”即颜延之的《五君咏》。王亮卿为每人量身定作了一首推介诗，最后一首为王亮卿本人自我介绍而题。《十六子诗》结合天都社社员们的身世、品行、学养等，或感叹人生遭遇，或赞叹德性品行。这便是天都社“十六子”称谓的由来。《十六子咏》大大提升了天都社的知名度，后被潘之恒收录到《黄海》中。

作为诗社性质的社团，天都社的成员基本为徽州地区的文人，除了文人结社抒发性情外，也有推崇家乡的意味。但天都前社的社团活动仅有一次游历黄山的活动，社员们吟诗作赋，其主要黄山诗歌均收录于潘之恒《黄海》一书的《纪游》卷中。实际上，天都前社社团性质较为纯粹，且黄山游历结束后社团便趋于解散，对黄山山中世界的影响有限。万历三十八年（1610），天都社在潘之恒和方弘静的牵头下重新建立，被称为天都后社。天都后社与黄山山中世界的联系更为密切，甚至天都后社成为黄山山中世界与山外世界联系的重要渠道。

（二）天都后社

潘之恒《天都社记》载：“先是普门禅师自五台来，一见黄山而不忍去，将以是为菩提场，而鲍仪部山甫、于比部中甫实倡之。其明年，同志二三，友人鲍元则、郑无著、丁自宣、虞采兄弟，过余有芑堂，遄定此社。”又，“今之入社者，黄仪部贞父、洪奉常平叔、吴学宪无奇与鲍、于两公，皆慧业文人……万历庚戌九日。”[③]由此可知，普门来到黄山后建立法海庵，即后来的护国慈光寺。鲍山甫、于中甫各作《法海庵疏》以为倡议。天都后社的社员除鲍山甫、于中甫外，还有潘之恒友人鲍元则、郑无著、丁自宜、丁虞采、黄贞父、洪平叔、吴无奇等。而方弘静“以国老两主山盟”为天都主盟。但实际上，方弘静作为当时天都前社十六子中唯一在世的，以“国老两主山

① （清）释弘眉：《黄山志》卷8《五言古诗》，清康熙六年刻本。
② （清）释弘眉：《黄山志》卷8《五言古诗》，清康熙六年刻本。
③ （明）潘之恒：《天都社记》，（清）释弘眉：《黄山志》卷4《祀》，清康熙六年刻本。

盟”为称呼以表尊敬。天都后社的实际盟主其实为潘之恒。

潘之恒，字景升，号山史、驾生。戴县岩镇人。潘之恒游走于黄山四十余年，在其《天都峰代绘记》中自述：“余认此峰四十余年，凡向背转仄，晴雨寒暑变态，皆得其神情。”[①] 当时文人旅客来游黄山，大多由潘之恒导游。潘之恒走遍黄山，将黄山的山水、地形、建置详细地记载在《黄海》一书中，并附有个人见解。不仅如此，潘之恒还参与到普门的开山中，四处奔走，筹措资金，组织人力。潘之恒与黄山的密切联系，使得其作为天都后社的盟主再合适不过了。

天都后社的社员成分相当复杂。潘之恒《天都社记》载：“伽陀至者三千余人，真信之士百二十有三，称高贤者十八，而渊明康乐交往虽密名不与焉。”[②] 在天都后社中有官员士绅，有文人学士，亦有僧人，具有禅修与艺文相结合的特点。这一点在天都后社的入社规定上也能体现出来。天都后社规定，“入社须主者会众延请，择其贤否，然后书名，毋得滥及。是社以禅诵念佛，称净业为常规；以诗画作文，称慧业为游息。非是二者，不敢延人”[③]。可见，天都后社与同乡间吟诗歌赋的前社不同，天都后社是一个僧俗一体，具有民间性质的团体。

天都后社有基本的社规。其规定“主会”入社“各出银二十两入社，建屋买田”[④]。每年需要推举一人主管社团事务，如果主事需要出山，则请人代管社中事务。而与会僧俗“各出银伍两至十两止，至社如归，即久住不费资粮，社外事不得与闻支销”[⑤]。社规规定了入社的费用与开支，建构起具体的社团架构。

天都社提供游客接待服务。“游僧、游客如上二流者，至则受供。”[⑥] 游

① （明）潘之恒：《天都峰代绘记》，（清）闵麟嗣：《黄山志定本》卷3《艺文》，清乾隆三十二年刻本。

② （明）潘之恒：《天都社记》，（清）释弘眉：《黄山志》卷4《祀》，清康熙六年刻本。

③ （明）潘之恒：《天都社记》，（清）释弘眉：《黄山志》卷4《祀》，清康熙六年刻本。

④ （明）潘之恒：《天都社记》，（清）释弘眉：《黄山志》卷4《祀》，清康熙六年刻本。

⑤ （明）潘之恒：《天都社记》，（清）释弘眉：《黄山志》卷4《祀》，清康熙六年刻本。

⑥ （明）潘之恒：《天都社记》，（清）释弘眉：《黄山志》卷4《祀》，清康熙六年刻本。

僧、游客如果能够参照社员之例交费，天都社则提供住宿。天都社社规还规定了成立社团的目的在于个人的静修净业，若无提前告知，不得借由请师之名占用社团空间。天都社规还明细了各寺庵的购买者和界限，任何人不得私自占有财产。“莲花庵地，鲍元则买建；西连云涛庵，东至祥符寺界；并云涛庵地，南至云门峰脚，丁自宣买建，俱入法海禅院，为下庵。其地，鲍、丁二家喜施，永远皈法海道场，不许居停自私，妄生分别。如僧俗人利己背公者，共摈之。”①

就上述天都社社规来看，天都后社有确定的社址场所，且制度比较完善，规定了天都社运行的基本方面。天都社为游僧、游客提供食宿，部分地承担了黄山接待的职责，将黄山山中世界与山外世界联系起来。作为一个僧文兼修的民间社团，不仅吸引大量的僧人修行，也使得大量的文人汇聚于此。皖地文人士绅如方弘静、佘书升、鲍山甫、于中甫、王之杰等，亦有他地文人如黄汝亨、朱鹭、戴澳等。众多的文人僧人汇集于黄山，游历山水、吟诗作赋、静修习禅，共同丰富了黄山文化的内涵。不仅如此，他们也打开了黄山与外界交流的渠道，吸引了大量的群体游历、居住黄山，并形成合力，有力地促进了黄山的开发。

同时，天都后社与普门社联系密切，天都后社是普门社的“外护”，两社的宗旨各有侧重，普门社更为侧重禅修。普门社由法藏和尚提议。潘之恒在《普门缘起》中写道：“余过法海庵，法藏开士语余：‘普门禅师之号普门，盖定自五台山，在澄公精舍；受其约束，至今无易。请得从法海建二堂，如五台行之。居士幸为之倡。’余敬诺，为刊布《普门品》于首，以澄公例继之。”② 简单来说，普门大师创建慈光寺之前，在五台山修行。所谓“普门”也应该继承云台山。所以说，普门社是继承五台山的修行条例，用以禅修的社团组织。其发起人即为潘之恒，其社团成员主要为僧人。普门社设立其条例如下：

① （明）潘之恒：《天都社记》，（清）释弘眉：《黄山志》卷 4《祀》，清康熙六年刻本。

② （明）潘之恒：《普门缘起》，（清）闵麟嗣：《黄山志定本》卷 3《艺文》，清乾隆三十二年刻本。

一入社者各授此册，每日三时诵普门品一遍或三遍七遍，并诵佛号一百八遍，无定数。

一五台旧例入例奉行不敢增损，但增到会例一款，愿附社中者量出资若干，随一两至五两皆得列名社中。如不愿者，不强，亦不得列空名以防滥进。

一用无门洞例五流同源，令各从其类，以相安俾，无讥议，实会而通之，初无分别心也，众宜谅之。

一普门社建立养老、延寿二堂，如五台山例。入社出资，书名五缘中，权付主天都社者料理。俟二堂已完，得人主持，即交与之。

一天都社即普门外护。除二堂人，不以烦累。惟从五缘至者，俱合作供。①

从潘之恒的《普门缘起》等相关史料可以大致确定，普门社的成立时间与天都后社的时间相近。普门社与天都后社关系紧密，天都后社即普门社的“外护”，潘之恒在两个社团之中均发挥了巨大作用。普门社不仅组织僧人禅修，也对僧人的生活给予帮助。天都后社规定“老僧、病僧、老病居士无依者，俱送普门院二堂收养。此社不侵其事，令遵普门(社)例行”②。老人或生病的僧人可以在普门社中得到帮助。天都后社和普门社各有侧重，相互补充，对黄山山中山外世界均产生了积极影响。

记载天都后社社团活动的直接史料并不多，但该社团持续时间长，影响范围广。我们可以从潘之恒所接待的人员，感受到天都社在黄山的重要作用。潘之恒的同乡他奂游览黄山，必与潘之恒同游。“凡游屐至止黄山必拉先生与景升为侣，否则不畅。”③ 谢肇淛游览黄山，潘之恒同游接待，提供食宿，把酒交谈。“又翼日，宿景升，有芑堂，余酒中语

① （明）潘之恒:《普门缘起》，（清）闵麟嗣:《黄山志定本》卷3《艺文》，清乾隆三十二年刻本。

② （明）潘之恒:《天都社记》，（清）释弘眉:《黄山志》卷4《祀》，清康熙六年刻本。

③ （清）释弘眉:《黄山志》卷2《文苑》，清康熙六年刻本。

三君。”① 黄汝亨游览黄山时，潘之恒也接待同游。“踞其下云前有髯客蓬蓬然，冲风而待，余笑曰此必景升也。”② 天都社的交游活动，将山中隐居者与山外游客联系起来，从而在黄山地区形成了一个特殊的关系网络。即使是新的隐居者，也可以凭借这样的关系网络，快速地融入黄山的山中生活。

总之，天都社作为联系黄山山中世界与山外世界的重要渠道，不仅吸引了大量的文人僧侣，丰富了黄山的文化内涵，提高了黄山的地位，更重要的是为黄山自身的开发带来了实在的好处。天都社的社员有相当的比例为士绅和徽商，资金丰盈，天都社“皆岁争辇金，修磴路，构兰若，以护法名山为己任”③，为普门等大师的开山活动和寺庙修建提供了重要的资金来源。可见，黄山山中世界的形成并不是孤立的，在一定程度上，黄山山中世界的形成有赖于山外世界的影响与资助。

山中从来不是一个孤立的世界，山中与山外有着相互联系与交流的通道。黄山多物产，山居者通过以物换物的方式，使得他们与山外的世界发生了最简单、最直接的联系。山居者并非是孤立的个体，山居者与山民、文人、官员、朝廷等群体形成一环一环的交际圈，使得山中世界与山外世界联系在一起。文人和官员游历黄山，是提高自己文化声望和社会地位的重要方式，并使得其成为影响世俗社会乃至朝堂皇权的重要资本。他们撰写游记，吟诗作赋，捐资修庙，不仅借助黄山的影响提升了自己的名气，也真实地参与到了黄山文化和黄山景观的建构中。而黄山山中世界与山外世界的物质和社会交流在黄山的文人社团中体现得更为明显。山居者往往因志同道合，或是各种目的而结成或大或小的隐士团体，并进行游览山水、集会等各种活动。黄山的天都社是黄山山中世界与山外世界联系的重要渠道。天都社的交游活动，将山中隐居者与山外游客联系起来，从而在黄山

① （明）谢肇淛：《游黄山记》，（清）释弘眉：《黄山志》卷 5《游记》，清康熙六年刻本。
② （明）黄汝亨：《游黄山记》，（清）释弘眉：《黄山志》卷 5《游记》，清康熙六年刻本。
③ 许承尧：《歙事闲谭》，李明回等点校，黄山书社 2001 年版，第 692 页。

地区形成了一个特殊的关系网络，这也使得山中隐居者能迅速地融入山中生活。

第四节　利益、文化与国家：黄山山中世界的权力网络

无论是黄山山中的生活世界，或是黄山山中与山外的交流，都免不了利益与权力的交织，所以以利益、权力与国家的视角重新审视黄山的山中生活实属必要。本节第一部分将以较小的视角，分析黄山山中几个寺院之间的权力纠葛，探讨黄山山中生活世界的权力、利益与国家影响。伴随着黄山影响的扩大，黄山山中生活也一步步扩展到世俗社会，甚至对朝廷产生影响。本节第二部分将关注与黄山山中生活相关的宏大背景——明清易代，以更为宏大的视角分析黄山山中生活与朝廷的联系，探讨黄山山中世界所处的权力网络。

一、寺院竞争与黄山山中的利益纠纷

黄山山中生活世界看似悠闲避世，但大量的人员居住于黄山，免不了利益与权力的纠纷。寺院与寺院之间的纠纷，是黄山山中生活世界利益斗争的重要体现。同时，黄山也是国家管理的重要一环，国家权力的介入将影响黄山的山中世界。本小节将以慈光寺及其周围的寺庵为中心，探讨黄山山中生活世界的权力、利益与国家影响。

（一）慈光寺的地产

位于紫云峰下的祥符寺为唐代开元天宝年间志满禅师创建，后经过多人的重建，发展相当规模。普门大师来到黄山后，为建立寺庙，购买祥符寺前头山地内新立的朱砂庵及其周围的虎头岩、汤岭头、云门峰等地，成为慈光寺的基本地产。在此之后，慈光寺与祥符寺签订买卖条约。但是，这个买卖的条约只规定了土地的四至，并没有明确土地的赋税如何缴纳。“是以

慈光寺贴纳山粮，历年祥符寺领讫。”[①] 这导致了慈光寺与祥符寺赋税缴纳的纠纷。

清朝新建，颁行土地丈量并新编土地字号，慈光寺与祥符寺借此机会厘清各自土地和赋税。“除蒙县主豁免石山，仍可业山三十九亩七厘七毛内该慈光寺，二十七亩七厘七毛该祥符寺。”[②] 除此之外，较为混乱的十二亩土地凭“檀越里册排”，将新丈量的字号与原有的买卖条约合并，划出各自土地的四至，各自签名，确定各自土地的赋税，使其“后而无相混扰”[③]。通过清初的清丈，祥符寺还理清了豪强所占土地。“万历九年，（李邦和）宰歙政孚化，恰因清丈至黄山，知祥符寺地产为豪强久占税贻。僧供公按图经清保牒，复田若干亩归寺。”[④] 李邦和将豪强所占土地归还祥符寺，并捐俸禄用于寺院修理。

除此之外，檀越所捐慈光寺土地也重新得以明确。丁自宣捐云门峰周围土地给慈光寺，“万历三十六年已付慈光寺为柴薪之资”[⑤]。鲍元则也购买莲花庵周围土地，捐慈光寺。两块土地俱入法海禅院，为法海禅院下庵。天都社社规对两块土地的获得有较为详细的记载。其记曰：“莲花庵地，鲍元则买建；西连云涛庵，东至祥符寺界；并云涛庵地，南至云门峰脚，丁自宣买建，俱入法海禅院，为下庵。”[⑥]

经由清初的土地清丈，两寺的土地和赋税得以明确，两所寺院的地产纠纷得以解决。由此可见，国家管理对黄山山中世界的介入，成为解决两所寺院地产纠纷的契机，也使得黄山山中世界得以纳入新建国家的管理之中。

（二）紫云庵的初建

乾隆二年（1737），祥符寺被山洪冲毁，使得慈光寺下面的汤泉一带空了出来。五年后，慈光寺的僧人悟千来到汤泉一带，想要建立新的寺庵。据

① （清）释弘眉：《黄山志》卷 1《赋税》，清康熙六年刻本。
② （清）释弘眉：《黄山志》卷 1《赋税》，清康熙六年刻本。
③ （清）释弘眉：《黄山志》卷 1《赋税》，清康熙六年刻本。
④ （清）释弘眉：《黄山志》卷 1《赋税》，清康熙六年刻本。
⑤ （清）释弘眉：《黄山志》卷 1《赋税》，清康熙六年刻本。
⑥ （明）潘之恒：《天都社记》，（清）释弘眉：《黄山志》卷 4《祀》，清康熙六年刻本。

记载："其祖师悟千昔主慈光方丈，垂老爱汤泉之胜，退席下山，于泉右高阜驾茅蓬以居。游客往来，多托宿焉。"[①]汤泉位于慈光寺下面，与慈光寺相距不远。此处尤其以温泉为胜，游客从徽州登黄山，多在此处沐浴休整。悟千"垂老爱汤泉之胜"，选择紫云峰上的一块空地结茅紫云庵。紫云庵位于汤泉右上方，沿着汤泉百步便可以到达。

其实，祥符寺被毁已经过去几年了，悟千急忙退席下山并结茅紫云庵是有原因的。其原因是游僧的到来。悟千下山前，一位游僧游历至此，想要在汤泉一带建立寺庵。可是汤泉一带有慈光寺的土地。慈光寺的土地为丁自宣和鲍元则购买建立，两部分土地俱入法海禅院，上面所建为法海禅院下庵，这在天都社社规中明确规定。"其地，鲍、丁二家喜施，永远皈法海道场，不许居停自私，妄生分别。如僧俗人利己背公者，共摈之。"[②]悟千亦知法海禅院的土地不可被私自占用，因此悟千急忙建立紫云庵是为了本寺土地不被他人占用。

一开始悟千所建立的寺庵只是随意搭建的茅棚。该茅棚并没有具体的名称，悟千在竹子上手刻"黄山一茅棚"，成为该庵的名称。时人也多以"茅棚"称呼此地，"茅棚"一词逐渐成为该地的名称。茅棚虽然建立起来，附近的汤泉和小补桥都需要修建。恰逢徽商黄廷泗来到黄山游历，捐资修补汤泉。据记载："洎今天子御宇之初年，泉为蛟水所圮，适潭渡黄君廷泗来游，慨然解橐，俾悟千疏葺以复其旧。悟千讫事而归其余资于黄，黄弗受。悟千不敢没黄君之德，遂易茅为瓦，中奉大士。"[③]在黄廷泗的帮助下，悟千将茅棚改建为一室三厅的寺庵，并供奉观音像，使得此处建筑初具规模。

其后，野云与戒严师徒继续募捐。"得许村许君襄宁成左室，雄村曹封公映青、西溪南吴君文衣、邑城程君虚谷成右室，稠墅汪君芳六起前轩。"[④]茅棚新建了东西厢房，面积大大增加。张南华学士来到黄山，将茅棚命名为

① 许承尧：《歙事闲谭》，李明回等点校，黄山书社2001年版，第958页。

② （明）潘之恒：《天都社记》，（清）释弘眉：《黄山志》卷4《祀》，清康熙六年刻本。

③ 许承尧：《歙事闲谭》，李明回等点校，黄山书社2001年版，第958页。

④ 许承尧：《歙事闲谭》，李明回等点校，黄山书社2001年版，第958页。

紫云庵，茅棚才拥有了正式的名字。紫云庵依靠汤泉，游客往来，多寄宿在此，使得紫云庵得以发展起来。许承尧在《疑庵诗》中记载了紫云庵竹声琅琅，溪水涓涓的景色。其记曰："孤庵占泉窟，万竹声琅琅。门外碧成海，冻雨生晚凉。浴罢踏溪石，湿云满衣裳。过桥访祥符（祥符寺在小补桥南，今记矣），萝薜倚败墙。归扪壁间字（壁上有汪弢庐师题句），秋气森虚廊。于兹寄一宿，细挹百合香。异书此开卷，学佛此初桄。"①

（三）紫云庵与慈光寺的争斗

紫云庵位于黄山南线游历的必经之路上。黄山游玩者从歙县到汤口镇芳村，从芳村便可以进入黄山。紫云庵即为黄山游玩的第一站，从紫云庵向上便可以到达慈光寺和文殊院。黄炎培来到黄山旅游便是这样的路线。《黄山游记》记载道："汤泉与紫云庵俱临青龙潭，其上为紫云峰，庵当其腰，泉其趾焉。自汤口来，西北缘潭左行，将至庵，有桥跨潭，曰小补。过此右行，即抵汤泉。泉深三尺，池长一丈五尺，广半之，洼山腹，覆池之半，外蔽以亭。凡温泉多含硫磺质，相传此独含朱砂质。池旁壁罅注入冷泉一缕，故温度不高，恰适于浴。既浴，向文殊院进发。"②

相传紫云庵一带的汤泉独含朱砂质，因此极其受到游客的欢迎。黄山的游玩者多在此处沐浴休整，并在此食餐住宿。紫云庵作为黄山的第一站，逐渐承担起招待的职能。由于黄山的景观分布分散，地形复杂，因此在山下需要了解黄山的游玩信息，如有必要，还可以聘请导游。黄炎培在游历黄山时便在紫云庵聘请了导游、挑子等人，"僧果证，挑子二，临时雇挑子一，导游者一，僧系童子一，与余辈三人而九"③，组成了九人队伍。"皆足芒鞋、手竹杖，鼓气首途，向庵后右偏行。"④紫云庵占据良好的地理条件，使得紫云庵迅速地发展起来，香火日盛，而与慈光寺不遑多让。

寺院的游客越多，往往能给寺院带来更多的经济来源。尤其是香客捐

① 许承尧：《疑庵诗》，黄山书社 2014 年版，第 15 页。

② 黄炎培：《黄山游记》，《小说月报》第五卷二十号。

③ 黄炎培：《黄山游记》，《小说月报》第五卷二十号。

④ 黄炎培：《黄山游记》，《小说月报》第五卷二十号。

献的香火钱等捐资没有标准的数目，全靠香客的意愿，无疑是寺院极其重要的经济来源。紫云庵与慈光寺相距不远，紫云庵迅速的发展使得紫云庵具有了与慈光寺竞争的资本，两寺争夺香客的战斗不可避免。乾隆末年，两寺的关系还能勉强维持。当时，紫云庵的住持是僧人戒严，他的师父就是重建紫云庵的悟千。在僧人悟千和野云的教诲下，戒严坚持维持着两寺的关系。但在悟千和野云圆寂后，僧人之间的关系逐渐淡薄，很快就反目成仇了。紫云庵和慈光寺都派人到虎头岩和小补桥接客，相互斗争、挤兑几近百年。后来，经人调解，紫云庵和慈光寺达成协议，两寺都不在寺院之外的小补桥等地接客，仅在岔路口设置路碑，由游客自主选择。咸丰年间，太平军在安徽燃起战火，黄山的寺庙受到严重的破坏。紫云庵和慈光寺都元气大伤，两寺之间的斗争也得以缓解。民国时期，紫云庵式微，慈光寺住持脱尘将紫云庵的管理权收归，兼任两寺，紫云庵和慈光寺的争斗终于彻底停止。

悟千来到慈光寺下建立紫云庵本是为了保护本寺的土地，却不想紫云庵的发展导致了两座寺院走向分裂。黄山的山中生活世界看似宁静避世，但利益的纠纷也有可能使得不同群体之间产生争斗。可见，黄山的宁静避世也是相对的，伴随着黄山山中世界与山外世界联系而加深，黄山山中世界不可避免地产生权力与利益的争斗。

二、黄山山居者与明清易代

“阴风惨雾驱黄昏，马蹄踏空神鬼奔。豹牙吏卒持大薄，冥官点鬼收新魂。”[①] 这是歙县人黄生描写明清战争场面的诗歌。明清易代，伴随清朝的铁骑南下，士人们或积极抗清，或逃离避世。黄山作为徽州的北面山峰，是抗击敌人的关键之处，也是寄情山水的极好选择，这使得黄山与明清鼎革紧密相连。从黄山的抗清活动和对归隐黄山明遗民的考察，可以窥见当时文人的情感与心态，探究黄山山中生活世界的丰富面向。

---

① （清）黄生：《一木堂诗稿》，安徽大学出版社 2009 年版，第 348 页。

（一）黄山与抗清活动

江天一，字文石，号淳初，安徽徽州歙县江村人。江天一出身于书香门第，自小热爱读书。当时，休宁人金声讲学于复古书院，江天一便拜金声为师。江天一曾隐居黄山始信峰上的定空室。定空室由僧人一乘创建。僧人一乘曾采茸于黄山三年，从狮子林出发，暮宿定空室，风雨不止。在此后，定空室被空置下来，江天一便隐居于此，石壁上有江天一所刻“寒江子独坐”五个大字。据《黄山领要录》记载“（江天一）负奇气，喜佳山水，常登峰兀坐，终日题名石壁以见志。”① 在黄山隐居时，江天一作《朱砂庵》一首，可见其闲逸生活。《朱砂庵》内容如下：

曲磴千盘尽，何曾任凿穿。
本来超色相，不假幻因缘。
翠滴松稍雨，岚开嶂外天。
此中饶静解，何事问栖禅。
古刹犹金碧，乾坤等劫灰。
息机原在悟，彼岸本无媒。
转梵猿常下，传经鸟自来。
他年返初服，结庐向丹台。②

弘光元年（1645），清军南下，攻破池州，逐步蚕食南明的疆土。金声奉太祖高皇帝像，率士民拜哭，江天一帮助其老师金声共同起兵抗清。江天一认为徽州地形崎岖，可作抵抗清军的屏障。“徽州形腾地，诸县皆阻隘可守，独绩溪平迤，常孔道，宜筑关隘以重兵据之，与他县为砥柱。”③ 金声与江天一遂筑丛山，屯军分守六个山岭。“于是宁国邱祖德、泾县尹民兴、徽州温璜、贵池吴应箕多应之。”④ 隆武帝授金声右都御史兼兵部右侍郎，总督

① （清）汪洪度撰：《黄山领要录》卷下，清乾隆三十七年至道光三年长塘鲍氏刻知不足斋丛书本。

② （明）江天一：《朱砂庵》，（清）闵麟嗣：《黄山志定本》卷7《赋诗》，清乾隆三十二年刻本。

③ （清）钱仲联：《清诗纪事》，江苏古籍出版社1987年版，第54页。

④ （清）钱仲联：《清诗纪事》，江苏古籍出版社1987年版，第54页。

南军务。金声总领军队，抵抗清军，“使南中知闽地之有主也”[①]。江天一与金声先后收复旌德、宁国诸县。后率领军队攻打绩溪，江天一登陴守御，与敌人杀伤相当。后邱祖德、尹民兴等人多败死，江天一败退绩溪，固守丛山关，因御史黄澍降清，引清军从小路偷袭，断金声后路，金声被俘。金声被俘后虑及江天一有老母在世，劝他逃走。江天一坚决不逃，回家拜别母亲后追上金声，一块成了清兵的俘虏。

在江天一与金声一同被清军捕至南京时，两人亦有唱和。金声作《过山溪石壁》七律诗一章：“祖宗功德沁肝肠，安忍腥膻秽土疆。九死靡他悲列庙，一师无济负南阳。山势嵯峨难再见，泉声呜咽若为伤。相从患难唯文石，厉鬼犹能诉帝乡。”天一亦步原韵和诗一首：“乾坤覆激刚肠，拟天骄复故疆，日月胸中怀北阙，旌旗海上望南阳！书生力竭犹甘死，冠佩逢迎了未伤。矢共文山终令节，青虬同驾白云乡。”[②]两首诗歌尽显国破后的文人气节，希望死后还能为明代效忠，可见两人当时的尽忠之情。降将洪承畴劝金声和江天一投降，遭拒。江天一与金声被杀于南京通济门外。

在钱仲联的《清诗纪事》中记载了福王朝时，金声来到黄山，与僧人檗庵即熊开元与相见，两位明代遗民感触颇深，一起痛哭。感叹曰：“碧血何曾洒，丹心不可砭。谁人呼马角，舆子泣能髯。半壁留吴越，辈奸布网箝。吾将披发去，长向海山潜。”[③]胡春生亦有《怀凌井心》一首，赞叹金声与江天一的民族气节，其曰：

督师从贼辱疆场，御史魂归是国殇。
生畏西雍歌振鹭，死留双庙祀睢阳。
金江故里名相识，父子同时姓亦香。
漫把封书重洒泪，伍胥涛尚涌钱塘。[④]

诗歌通过变节降清行为对比金声、江天一等人的英雄气概和牺牲精神，

① （清）钱仲联：《清诗纪事》，江苏古籍出版社 1987 年版，第 54 页。
② 张恺：《歙故丛谭》，安徽师范大学出版社 2016 年版，第 54 页。
③ （清）钱仲联：《清诗纪事》，江苏古籍出版社 1987 年版，第 54 页。
④ 许承尧：《歙事闲谭》，李明回等点校，黄山书社 2001 年版，第 1074 页。

将他们比作伍子胥，高度赞扬其英勇战斗、为明牺牲的精神。

金声与江天一作为徽州人，与黄山关系密切。江天一曾独隐黄山，金声也多次游历黄山，使得黄山与明清易代的民族气节紧紧地联系在了一起。江天一于始信峰所刻“寒江子独坐”也成为明代遗民的缅怀之处。1957年，李一氓重书“寒江子独坐”五个字，并刻有碑记。记曰：“明末抗清烈士江天一，曾于始信峰上题此五字，或云书于紫扉，或云镌于石壁，今已佚失，特为补书。按烈士于弘光年随其师金声起义守绩溪。兵败被执不屈，十月八日就义于南京。其弟天表迎葬于双枝坞。烈士字文石，亦字涵灏，又字淳初，歙县江村人。吾人于流连风景之余，幸识民族斗争中壮烈有如江天一烈堵。”①

（二）明遗民与黄山隐居

明清之际，黄山地区不少明遗民或为躲避战乱或为民族气节而避世不出，这些人正是隐居黄山的重要群体。许承尧在《歙事闲谭》中，论述了歙县的明遗老三僧最著，论述如下：

一汪沐日，字扶光，石冈人。崇祯癸酉举人，甲申乙酉入闽。为僧后自名曰宏济，或作正济，号益然。著有《友林漫言》，府志以为王芦人著。《易解》《庄通》诸书。与江文石至契，曾为闵宾连审定《黄山志》。死于扬州，汪扶晨归其丧，葬青鸾峰下。黄宗羲为作塔铭。

一凌世韶，字宫球，或作官球，号苍舒，沙溪人。崇祯甲戌进士，授宁化令，升户部郎中。甲申弃家隐黄山，后居白门天界寺之万松庵为僧，名大时。著有《汭沙草》。殁于庵中。士人私谥为文节先生。

一即渐江，渐江事母纯孝，赴闽后始为僧也。彼时吾乡以金、江之殉难，又黄石斋亦被执干徽，忠愤激发，节义之十，以其磅礴郁积之气，寄之诗、书、画者尤众。乾、嘉以后，以禁网严密，一

① 刘秉升主编：《黄山志》，黄山书社1988年版，第126页。

时科举中人，各取仕，遂以遗老为不祥物，无敢表章，湮没多矣。如渐江之高洁，程垢区之郁愤，乃但以画称、以刻印称。其生平志行，俱不见于志乘。吾友汪鞠卣言，曾见垢区诗歌长卷，与杨廷麟有关，疑其曾参江西义军。①

在歙中遗老三僧中，凌世韶与渐江皆为黄山的隐居者。凌世韶，以进士授宁化令，历迁户部郎中。凌世韶少时家中困难，甲申年间弃家隐黄山。《徽州府志》记载："（凌世韶）后往白门寓天界寺之万松庵，落发为僧。"② 凌世韶入佛为僧，号称白毫大师。凌世韶尤善佛法，年少时便，长斋事佛。"做秀才时即长斋事佛。登第后，布衣蔬食清操愈严。"③ 乙酉年，凌世韶来到黄山，"寓文殊院数载，寻以旧知在白门策杖往访。"④

凌世韶所作《慈光寺梅花咏怀兼忆家叔龙翰》，可见其遗民情结。其一句云："冻花开落懒樵书，老向慈光顶上居，阁事大悲云不住，香闻离垢梦何如。青天皓月盟穷岁，冷壑疎泉纵野癯。进破寒山无漏智，千峰处处见文殊。"⑤ 凌世韶所作此诗是为家叔悼念凌龙翰。凌龙翰为抗清义士，曾游历黄山，作诗《文殊院》。凌世韶借慈光寺梅花咏其傲骨，赞其气节。诗文的最后一句"千峰处处见文殊"，乃说黄山山中处处可见像凌龙翰一样的人。黄山山中遗民众多，气节高昂，可见一斑。

除凌世韶外，黄山隐居者中还有很多的明遗民。前文所提沈寿民便是重要人物之一。明遗民沈寿民隐居黄山，严冬之际，踏雪携持十口至黄山翠微之麓，与旧友陈辅性比邻而居。在清初，沈寿民与徐枋、巢鸣盛同属"海内三遗民"。在其《姑山遗集》中，沈寿民多次表达对清政府的痛恨之情。在《张氏族谱序》中写道："于戏！国家用兵数十年，肥虏劲寇跆藉边腹，天横辱而陵园霞，名城大邦相继沦遗。"⑥ 文人在用词时，多注意词的重要意思。沈

① 许承尧：《歙事闲谭》，李明回等点校，黄山书社 2001 年版，第 228—229 页。
② （清）马步蟾修，（清）夏銮纂：《徽州府志》卷 12《隐逸》，清道光七年刊本。
③ （清）闵麟嗣：《黄山志定本》卷 2《人物》，清乾隆三十二年刻本。
④ （清）释弘眉：《黄山志》卷 2《静主》，清康熙六年刻本。
⑤ 许承尧：《歙事闲谭》，李明回等点校，黄山书社 2014 年版，第 424 页。
⑥ （清）沈寿民：《姑山遗集》卷 12《张氏族谱序》，有本堂清康熙刻本。

寿民用“虏”与“寇”来代指清军，无疑是对清朝的正统之意的否定。用“肥”与“劲”来形容清军，也表达出沈寿民对清军的憎恨之情。沈寿民隐居黄山也使得部分文人感同身受，并赠以诗文。程非二多有感叹，写诗赠给沈眉生。诗云：“家人从不拜邮筒，言念松楸始一通。性命孤存钩党外，文章半付铁函中。周遭石势分迎拒，顷刻云光变始终。自有此山初避诏，他年凭吊指众。”[①] 释弘智亦有诗，赠沈耕岩先生住黄山。诗云：“天地为林薮，容君笔种田。千秋谁脱劫，山径早亡年。”[②] 两者均表现出沈寿民隐居避世之意。

画家也是黄山明遗民的重要群体。“黄山画派”创始人弘仁、石涛、梅清、江注等人皆为明遗民。弘仁号渐江，歙人，少贫性癖，在其母亲去世后来到黄山。“返新安岁必数游黄山，每叹武夷之胜，胜在方舟泳游。而黄山之奇海市蜃楼幻于陆地，殆反过之师。”[③] 弘仁《画偈》五言第十一首“林树原有姿，山云各为族。烽火未即消，自筑袁闲屋”[④]，表达了明清鼎革战乱之间，自筑闲屋，隐居避世的想法。在其所画《始信峰图》中也可见弘仁的遗民思想。如图 5—2 所示，在其画作中间偏右处有一个空亭。空亭是渐江的师父倪瓒绘画的一个重要特征，倪瓒绘画多用空亭。而师承倪瓒的弘仁以空亭入黄山图有着特殊的涵义。《始信峰图》中可见“癸卯春弘仁为旦先居士作于番阳之且读斋”几个字。旦先居士为吕应昉，此画是为吕应昉所作。考其生平，吕应昉的父亲与江天一和金声为好友。而渐江曾经参与江天一和金声的抗清活动，江天一曾隐居于始信峰定空室，并刻“寒江子独坐”几个字。所以《始信峰图》中所画空亭之意思便可想而知了。所谓空亭不仅是物是人非之感，也是对已逝明朝的叹息。

明清之际，黄山成为明遗民们避世的极好选择，既有凌世韶、沈寿民、汤燕生、陈辅性、熊开元等文人，亦有弘仁、石涛、梅清、江注等画家隐居黄山。在黄山山中汇集了不少明遗民，他们对新政府采取“非暴力不合作”

① 许承尧：《歙事闲谭》，李明回等点校，黄山书社 2014 年版，第 425 页。
② 许承尧：《歙事闲谭》，李明回等点校，黄山书社 2014 年版，第 425 页。
③ （清）闵麟嗣：《黄山志定本》卷 2《人物》，清乾隆三十二年刻本。
④ 许承尧：《歙事闲谭》，李明回等点校，黄山书社 2014 年版，第 390 页。

图 5—2 黄山《始信峰图》现存于广州艺术博物院

的态度，以山中隐居的方式避世不出，表现出对明代身份认同与清朝新立之间的矛盾。

（三）黄山与遗民情结

清朝建立后，采取了一系列的措施加强统治。首先对明代身份认同进行打击的无疑是剃发。顺治二年（1645）清兵进军江南后，多尔衮下令再次颁发“剃发令”。“乙酉清兵及徽，剃发令下。国焕闻之，为移时不语，既闻口作咄咄怪事。”[①] 剃发是满族独有的文化。清政府将剃发作为归顺的标志，实有征服之意。陈辅性不愿剃发而隐居黄山。“鼎革后令剃发迫之，不从，遂遁黄山以老。”[②] 对于明遗民来说，不愿剃发意味着对清政府统治的拒绝，体现着明朝遗民的身份界定和身份认同。

自清军入关至康熙年间，清政府一方面推行文字狱，一方面通过征辟山林隐逸、招纳旧臣、恢复科举等手段，吸纳明遗民。在此措施下，明遗民群体逐渐分化，或避世不出，或效力清廷。而黄山聚集了一些避世不出之人，他们面对清政

① （明）张岱：《古今义烈传》卷 8《明二·方国焕》，丁红点校，浙江古籍出版社 2018 年版，第 299 页。

② （清）曹梦鹤修，（清）孔传薪纂：《太平县志》卷 6《隐逸》，清嘉庆十四年刊本。

府的招纳和征辟，选择隐居避世。清初，国相陈名夏“以书招之”，沈寿民不应。“足迹不履城市者三十年已。”[①] 这些避世之人隐居黄山，形成了黄山独特的遗民文化和遗民情结。

“我还有一个比较神秘的猜测，就是那时黄山位置偏僻，山深林茂，明清之交那些江南反清分子都把黄山作为联络点。譬如有记载说清顺治朝还在慈光寺举行过追悼崇祯的道场；而熊鱼山死在苏州，却非要求埋葬在黄山不可；烈士江天一在始信峰上要题什么‘寒江子独坐’之类的话。这也不过随便说说，无待深考。”[②] 李一氓在《明清人游黄山记钞》的序中有这样的猜测并不奇怪。如前文所述，黄山聚集的这些明遗民，他们基本都经历过明清易代的战乱，对明代有着特殊的感情，在黄山举行追悼崇祯的道场无不可能。虽然这些事迹已经不可考证，但黄山中依稀可见亡明之痛。

程非二曾游历于黄山慈光寺，遇到僧人雪藤“为位哭烈皇帝”，表达对已逝明朝的追忆。在黄山文殊院后石壁上，刻有“日月自明”四个大字。许承尧认为“日月自明”是明遗民为表达亡明之痛，怀念明朝而镌刻的。在清初大兴文字狱的背景下，明遗民恐“日月自明”几个大字招惹事端，于是在四个字上刻上一横。这一横一加，使得“日月自明”又有了“日月自丽”的解释，即可避开文字狱的祸事。

无论是黄山的人或事，都使得黄山与遗民文化、遗民情结联系了起来。因此，不少明遗民特意将黄山作为自己的埋葬地。古人对埋葬地的选择多有讲究。不少明遗民死在外地，却选择埋葬黄山。这背后不仅是对黄山遗民情结的认同，也是对自己身份的界定。汪沐日死于扬州，汪扶晨归其丧，归葬黄山。明遗民黄宗羲为其撰写《吴山益然大师塔铭》。其中写道：“泣绪如缘。讵能仰视。佛号常啼。苍天呼只。山有大苦。”[③] 汪沐日为何而哭，为何而泣，就一目了然了。明遗民熊开元也是相同的境遇。熊开元崇祯时吏科给

---

① （清）赵宏恩等：《江南通志》卷164《人物志》，清文渊阁四库全书本。

② 李一氓编：《明清人游黄山记钞》，安徽人民出版社1983年版，第2—3页。

③ （清）黄宗羲著，陈乃干编：《黄梨洲文集》卷2《碑志类·吴山益然大师塔铭》，中华书局2009年版，第297页。

事中。明亡出家，法号檗庵、正志，常住云谷寺。熊开元死在苏州，却要求埋葬黄山，其埋葬地就在黄山丞相桥边。

明清易代，不仅是政治上权力的转移，也是不同文化的相互碰撞。面对新政府政治、文化的统治手段，明遗民面对着身份归属与清朝新立之间的焦虑。为了寻求心灵的寄托，明遗民聚集黄山，将情感寄托于山水，在山水之间寻求身份和文化的认同。对于黄山而言，明遗民的文化和活动使得黄山成为遗民情结的重要载体和象征，这丰富了黄山的多元面向，也使得黄山与朝廷权力密切相关。

黄山的山中既是隐居避世的清旷之场，也是权力与利益的角逐之场。悟千和尚创建紫云庵后，紫云庵因其地理位置成为黄山游玩的第一站。庙宇生存靠香客，紫云庵与慈光寺相距仅二千米，竞争态势不可避免。两座寺庙间的争抢香客之战，体现出黄山山中的利益角逐。山居生活看似是一个远离世俗权力的世界，而事实上，黄山与朝堂皇权有着密不可分的关系。在明清易代的宏大背景下，黄山是明朝抵抗清军的一道屏障，也是清政府统治下的一块避世之所。这其中，是明遗民挥之不去的身份界定和身份认同。黄山山中汇集的明代遗民群体对新政府持有拒绝态度，采取山中隐居的方式避世不出，可见其身份归属与清朝新立之间的焦虑。就黄山而言，明遗民的文化和活动使得黄山成为遗民情结的重要象征，他承载着明遗民的利益、权力与选择，也使得黄山成为朝廷权力网络中不可或缺的一环。

第六章　宗教信仰：乡神建构中的在地思想与认同

第一节　近世安徽中的“乡神”建构

“乡神”一词带有强烈的地域色彩，一般泛指本“乡”所祀之神。其中，“乡”字并非专指固定的行政区划，而是泛指民众生长的地方或祖籍，有家乡之意。因此，此处的“乡”字也就具有了极强的伸缩空间，其所指的地域范围也会随着个人经历和心态的改变而改变。同样，“乡神”这一概念而言亦是如此。对此，王东杰在探讨清代四川移民社会与地域认同的问题时就曾指出，地域并非决定信仰的根本因素，而“乡神”的“能指”与“所指”也会随着信仰者心态认同的改变而改变。在此基础上，其进一步指出“乡神”并非一定就是“其乡所产之神”，相反，“其或是出自本乡，或是曾仕宦本乡，或是有功于本乡，甚至本乡只是其受惠者之一”。[①] 总而言之，由于民间信仰的多元性和模糊性，有关“乡神”概念的诠释可以从多方面的角度进行展开。就本章节而言，文中所采用的“乡神”概念具体是指某一地域范围内本乡之人所祀的与当地或自身具有密切关系的神祇。并且，这类神祇无明显的宗教派别和地区之分，既可以是儒释道三教信仰中的神祇，也可以是民间信仰中的神祇，既可以是本乡所产之神，也可以是他乡所祀之神。

近世以来安徽地域社会中的宗教信仰十分繁荣，举凡儒、释、道三教信

① 王东杰：《“乡神”的建构与重构：方志所见清代四川地区移民会馆崇祀中的地域认同》，《历史研究》2008 年第 2 期。

仰以及民间信仰都在这一独特的时空背景下得到了长足的发展，并在相互间交流和影响的过程中形成了各自的特色。因而，在此宗教环境的影响下，一大批带有安徽地域色彩并与安徽地方及其民众日常生活密切相关的“乡神”信仰应时而生。然后在漫长的岁月洗礼过程中，因为种种不同的原因，一部分“乡神”信仰逐渐走向了消亡，而另一部分“乡神”信仰则保留了下来并变得比以往更加兴盛，但与此同时更多新的“乡神”信仰也在不断诞生和发展。及至明清时期，一个相对稳定的、普遍获得安徽民众认可的“乡神”信仰圈正式建构起来。

在这个信仰圈内，既有诸如观音、地藏等佛教神祇，亦有诸如真武、文昌等道教神祇。需要指出的是，这些释道神祇之所以能够成为近世安徽地域“乡神”信仰圈中的一员，其根本的原因不在于它们所属的宗教派别，而是在于他们与安徽地域社会以及民众间的紧密关系。换言之，这些释道神祇都是已在安徽民间实现了世俗化，并与民众的日常生活有机地融为一体。当然，除释道神祇之外，安徽地域“乡神”信仰圈中更多的还是诸如皖伯、汪华、张巡、许远、祠山大帝等土生土长或与地方密切相关的民间神祇。这类“乡神”从产生的背景和性质来看，其更容易为安徽民众所接受和认同，并在“乡神”信仰圈中占有着重要的地位和发挥着更大的影响。接下来，就让我们从神祇在地方的产生、发展和成熟出发对近世以来安徽地域社会中的“乡神”建构进行系统论述。

一、佛教色彩的安徽“乡神”

近世以来，佛教在安徽境内的发展经历了一个从兴盛到成熟与固化的阶段。在此阶段内，由于受士俗文化分野的影响，佛教的发展逐渐呈现出向世俗社会靠拢的趋势，具体则表现为佛教原有神祇、仪式和信仰模式在不同程度上的世俗化或民间信仰化。其中，尤以九华山地区的地藏信仰最为突出。地藏信仰是九华山佛教的核心，而新罗僧人金乔觉则是地藏信仰能够在九华山地区以及整个安徽地域内繁荣发展的关键人物。在金乔觉死后，其不仅被当地民众视为地藏在人间的化身而予以广泛认可和崇祀，同时也奠定了九华山作为地藏道场、佛教名山的重要地位。在地藏之外，观音同样也是安徽地域社会中广受民众崇拜的佛教神祇。作为一个宗族社会，血脉的传承向来是一个宗族生存、发展和延续的重中之重，安徽亦不例外。对此，观音作为具有送子职能的神祇则恰恰迎合了安徽社会的这种需求，这也是其为什么能够在当地社会中广为流传的一个重要原因。总而言之，地藏与观音作为佛教在近世安徽发展过程中世俗化色彩最为浓厚的两位神祇，其与当地及民众间的密切联系最终使得他们融入到了近世安徽地域的"乡神"信仰圈内，成为其中一员。

（一）地藏

"地藏"为梵文意译，有"安忍不动如大地，静虑深密如秘藏"[①]之意。在汉传佛教当中，地藏与观音、文殊、普贤一起并称四大菩萨。据《地藏菩萨本愿经》中记载，地藏曾为婆罗门女，婆罗门因造"恶业"而堕入无间地狱。为救其母，地藏一心向佛并发下宏愿，立志"为是罪苦六道众生广设方便，尽令解脱，而我自身，方成佛道"[②]。地藏发愿救母的行为不仅宣扬了一种孝道思想，同时也将其与地狱紧密地联系在了一起。就前者而言，其与中国传统宗法社会中的伦理观念和文化心理不谋而合。就后者而言，地藏逐渐被塑造成了一个"幽冥教主"的形象，并与民间社会中地狱信仰相互融合。因此，二者的存在无疑增强了地藏在中国古代民间社会中的亲切感和认同感。此外，《地藏菩萨本愿经》中又言地藏能为崇拜它的人们带来"十种利益"，即土地丰壤、家宅永安、先亡升天、现在益寿、所求遂愿、无水火灾、虚耗辟除、杜绝噩梦、出入神护和多遇圣因（供佛的善事）。[③]这十种利益可以说是最大限度上满足了人们的各种美好愿望，同时也为地藏崇拜在中国古代民间社会中的传播、发展和兴盛奠定了良好基础。

---

① （唐）段成式撰：《酉阳杂俎校笺·前集》卷11《广知》，许逸民校笺，中华书局2015年版，第856页。

② （清）顾禄撰：《清嘉录》卷7《七月·地藏王生日》，来新夏点校，中华书局2008年版，第156页。

③ 陈利权、伍玲玲释译：《中国佛学经典宝藏》，东方出版社2015年版，第158页。

就安徽而言，自唐代以后，随着九华山作为地藏道场的声名渐起，地藏崇拜在安徽境内的发展日趋兴盛。九华山又名陵阳山或九子山，今位于安徽省池州市青阳县境内。东晋龙安五年（401），天竺僧人杯渡禅师来此传道并于当地筑室为庵，名曰“九华”，由此成为九华山佛教的开端。但直至唐开元末年，新罗僧人金乔觉在此传道之时，九华山佛教才算真正意义上的兴起。据《宋高僧传》记载，金乔觉，释地藏，为“新罗国王之支属也”①。唐开元年间，金乔觉以留学僧的身份自新罗来华访学。期间，其先后云游各地，“振锡观方”，想要寻得一处理想的修行之所来钻研和弘扬佛法。后经过一番辗转，其最终对池州九华山“心甚乐之”，于是便决定隐居于此。初到九华山时，金乔觉常常独自一人栖居于岩洞之中，过着渴饮涧水，饥食白土的清苦生活。但这并没有使他放弃自身的修行，反而激励着其不断加深对佛法的钻研。鉴于山中缺乏必要的佛教典籍，金乔觉常独自下山邀请信士缮写经文，以便其带回山中作进一步的钻研。久而久之，金乔觉高洁的品行和深厚的佛学修养逐渐为当地人所知。

唐至德初年，邑人诸葛节在率领当地村父游览九华山时遇见了独自修行的金乔觉。众人皆为其清苦的生活和坚韧的意志所折服，于是决定在原杯渡所建九华寺的基础上为他重新修建道场。是时，“近山之人闻者四集，伐木筑室，焕乎禅居”②。至建中初，时任池州刺史的张岩也对金乔觉推崇备至，并曾上表请敕赐额，易“九华”为“化成”。化城寺落成之后，因仰慕金乔觉而前来访问的各方人士络绎不绝，其中甚至包括了一些来其自家乡新罗的人。与此同时，随着金乔觉声名鹊起，越来越多的僧俗信众开始追随其在此修行。史载其众“请法以资神，不以食而养命，南方号为枯槁众，莫不宗仰”③。自此，在金乔觉的带领下，九华山佛教开始逐渐兴起。贞元十年

① （宋）赞宁撰：《宋高僧传》卷20《感通篇第六之三·唐池州九华山化城寺地藏传》，范祥雍点校，中华书局1987年版，第515页。

② （清）董诰等编：《全唐文》卷694《九华山化成寺记》，中华书局1983年版，第7129页。

③ （宋）赞宁撰：《宋高僧传》卷20《感通篇第六之三·唐池州九华山化城寺地藏传》，范祥雍点校，中华书局1987年版，第516页。

(794)，九十九岁的金乔觉已在九华山修行、传道了近七十五年。是年农历七月三十日，其在与弟子告别之后便安然圆寂。相传，其死之时“但闻山鸣石陨、扣钟嘶嗄”①。

自金乔觉来九华山修行、传道以来，当地民间社会中就一直流传着其为地藏化身的传说。首先，如历史上众多被神化的英雄人物一样，出生和外貌的与众不同是地藏神化过程中的一个关键因素。据文献资料记载，金乔觉“慈心而貌恶，颖悟天然，七尺成躯，顶耸奇，骨特高，才力可敌十夫”②。唐时池州青阳人费冠卿《九华山化城寺记》中则言其“项耸奇骨，躯长七尺而力倍百夫”③。据说，金乔觉的这种形貌与佛教典籍记载中的地藏形貌极为相似，这就为其作为地藏的化身从形貌上奠定了基础。其次，如前所述，金乔觉在早年出家之时就以“地藏”作为自己的法号。而当地民众也常因此称其为“金地藏”，这无疑又从名称上进一步加强了民众对其地藏化身身份的心理认同。

再次，也是最为关键的是，九华山地区经常流行着许多有关地藏神异的神话故事。其中，最为有名的当属其与当地一位名叫闵公的士绅之间发生的故事。相传，九华山的山主姓闵，名让和，家财甚富且乐善好施。适值众人要为金乔觉修建道场，急需土地，于是便向闵公求助。闵公自身也非常敬仰金乔觉的为人，便问其需要多少土地。金乔觉则回答：“我只求一袈裟之地”。说罢便将袈裟往空中一抛，顷刻便将整个九华山全部笼罩于其袈裟之下。闵公见之，猛然醒悟，称其非菩萨之力所能及也，遂将整个九华山赠予其作为修行之所。闵公则成为金乔觉忠实的护法，其子更是追随金乔觉出家，法名道明，为金乔觉侍者。据说，现今九华山上供奉地藏的寺院当中，

① （宋）赞宁撰：《宋高僧传》卷20《感通篇第六之三・唐池州九华山化城寺地藏传》，范祥雍点校，中华书局1987年版，第516页。

② （宋）赞宁撰：《宋高僧传》卷20《感通篇第六之三・唐池州九华山化城寺地藏传》，范祥雍点校，中华书局1987年版，第516页。

③ （清）董诰等编：《全唐文》卷694《九华山化城寺记》，中华书局1983年版，第7129页。

地藏菩萨像两旁站立的一老一少像即为闵公父子。[①] 总之，相比于枯燥的文字记载而言，神话故事总是那么容易吸引人们的注意，并在潜移默化之中将其所塑造的神祇形象深深地印刻在民众心中。

最后，金乔觉坐化后的种种异象也进一步强化了其作为地藏化身的形象。如前所述，金乔觉去世之时九华山中“但闻山鸣石陨、扣钟嘶嗄”[②]。随后，其弟子按照佛教习俗将其遗体置于坐化缸内。三年后，化城寺僧众欲于寺右建一佛塔用以安葬金乔觉的遗骸。然据《宋高僧传》记载，在众人将其遗骸从原来的坐化缸中取出之时，其“颜貌如生，举舁之动骨节，若撼金锁焉”[③]。按照当时佛教的说法，这种现象一般只有“菩萨降世”之时才有。如此一来，金乔觉作为地藏化身的说法似乎又得到了进一步的印证。此外，据光绪《青阳县志》中记载，新塔落成之后地方民众多称其为金地藏塔，并言其珠墩常于傍晚时分绽放五色光芒。故其所在地又有“神光岭”之称。[④]

总的来说，在上诉诸多因素——如形貌、名称、传说、异象等——共同作用下，新罗僧人金乔觉的形象已经被塑造成了地藏在世间的“应化之身”，并深深地印刻在了当地民众的心中，进而波及全国。从此，地藏崇拜成为九华山佛教的精神核心，而九华山也开始作为地藏道场而声名渐起，并不断推动着地藏崇拜在青阳、池州、安徽以及在全国范围内的广泛传播和发展。

如上所述，自唐时新罗僧人金乔觉至九华山修行、传道以来，九华山佛教日趋兴盛。并且，随着金乔觉作为地藏“应化之身”身份的确立，地藏信仰逐渐成为九华山佛教的核心思想。而九华山也因此享有了地藏道场的美誉，及至明清时期更是成长为了与浙江普陀山、山西五台山、四川峨眉山相齐名的中国四大佛教名山之一。不过，就总体而言，九华山佛教并不是一个

① 安徽省政协文史资料委员会编，张轼、杨玉华编著：《九华山史话》，中国文史出版社1996年版，第28页。

② （宋）赞宁撰：《宋高僧传》卷20《感通篇第六之三·唐池州九华山化城寺地藏传》，范祥雍点校，中华书局1987年版，第516页。

③ （宋）赞宁撰：《宋高僧传》卷20《感通篇第六之三·唐池州九华山化城寺地藏传》，范祥雍点校，中华书局1987年版，第516页。

④ 光绪《青阳县志》卷1，《中国地方志集成·安徽府县志辑》第60册，江苏古籍出版社1998年版，第45页。

严格的佛教宗派概念，而只是一个地域性的佛教概念。纵观其发展历程，世俗化始终是其发展的一个重要趋向和特征。这一点，从金乔觉的神化以及地藏日的集会和进香活动当中即可看出。可以毫不夸张地说，九华山地藏信仰是安徽民间地藏信仰的一个缩影。

除九华山的影响以外，地藏崇拜在安徽民间社会中的流行很大程度上还可归结于其所展现的职能。不过，与其他一些民间神祇不同的是，地藏作为"幽冥教主"，地狱信仰是其崇拜的主体。因此，在一般情况下，地藏的职能更多的仍是体现在对亡灵的保护、解救和超度之上。如在安徽民间社会中，以地藏名义而开具的冥界"路引"和"通关"文书就大量存在。这种"路引"和"通关"普遍被视为亡灵从阳间到阴间的凭证。相传，唐贞观年间，太宗李世民因丞相魏征梦斩泾河龙王一事而被阎王传讯到了地府之中。在经过一番询问过后，阎王念其功德兼隆于是决定准其回归阳世。临行之前，阎王委托李世民将鬼国护照"路引"带回阳间发放给善良的臣民，以使他们死后能够凭此进入鬼国首都——丰都，并免受地狱众鬼的欺凌和刑罚折磨。[①]自此以后，为死人购买通往冥界的"路引"逐渐成为古代社会中的一项重要丧葬习俗，安徽也不例外。

值得注意的是，现实社会之中也存在使用路引的现象。明清时期，随着商品经济的发展，商人的流动性日益增强。于是，为了加强对各地流动商人的有效管理，政府通常会实行一种"路引制度"。该制度规定，各地商人在外出经商之前均需到当地的税课部门申请路引，并等到获得官府批准并签发路引之后方可远行。如明人丘濬所撰《大学衍义补》中所载："凡商贾欲赍货贿于四方者，必先赴所司起关券。"[②]其中所谓"关券"即指路引。在当时，路引对于商人而言至关重要。如在新安商人所编的《士商类要》当中，诸如"凡外出，先告路引"、"但凡远处，先须告引"[③]等类似的话语曾不止一次的

① 梁清诲：《历代公文文种大全》，巴蜀书社 2011 年版，第 282 页。

② （明）丘濬撰，金良年整理，朱维铮审阅：《大学衍义补·治国平天下之要（上）·制国用·征榷之课》，上海书店出版社 2012 年版，第 255 页。

③ （明）程春宇辑：《士商类要》卷 2《客商规略》，南京出版社 2019 年版，第 292 页。

出现。并且，就政府而言，其对于那些无引或持假引者往往也都会予以严厉惩治，“重则杀身，轻则黥窜化外”①。在此，本书并无意对明清时期的路引制度进行过多深究，只是想借“路引”为例来说明当时社会中存在的一种普遍现象——宗教信仰与社会制度之间的相互渗透和影响。

回到地藏“路引”上来。与现实社会中的路引需要政府签发一样，地狱世界中的“路引”同样也需要相应的冥界权威予以开具。在道教神祇体系当中，丰都大帝、灵宝大法司以及城隍等神担任了这一职责。而在佛教神祇体系当中，则以地藏菩萨首屈一指。如前所述，地藏为救其母曾立下大愿，发誓要为“罪苦六道众生广设方便，尽令解脱，而我自身，方成佛道”②。如此一来，地藏大愿不仅为地藏树立了“幽冥教主”的形象，同时也使其具备了签发冥界“路引”的职能。在安徽民间，地藏“路引”发放的对象主要为“善男信女”。使用之时则需家人自念或请僧人到场念诵“阿弥陀佛或百千万声”，如此方能使死者于死后往生极乐。此外，从内容上来看，地藏“路引”当中一般都会交代清楚死者的姓名、出生日期、死亡日期以及其要前往西方所携带的物品。并且，“路引”的末尾常常还会注明其签发的日期和机构。一般而言，地藏“路引”的签发机构通常为某一地区供奉地藏的寺院。其中，作为地藏道场，九华山地区所发放的“路引”无疑是当时所有地藏“路引”当中最具权威和最为灵验的一种。

在庇佑亡灵之外，地藏同样也会对活着的人予以神佑。如成书于道光年间的《繁昌县志》当中就记载了这样一件有关地藏为人治病延寿的故事。邑人吴三辅年少之时就十分懂得孝顺父母。一次，母亲身患重病，其便于地藏神像之前默默祈祷，愿舍身报母。不久之后，母亲的病情就已痊愈。于是，为了报答地藏的神佑，吴三辅决定在当地金峨山上建立一座地藏殿，用以虔诚供奉地藏，并长期在此为其母亲祈求平安长寿。最终，吴母直到九十余岁

① （清）沈家本撰：《历代刑法考·明大诰峻令考·死罪》，邓经元、骈宇骞点校，中华书局1985年版，第1919页。

② （清）顾禄撰：《清嘉录》卷7《七月·地藏王生日》，来新夏点校，中华书局2008年版，第156页。

之时方才逝世。在这则故事当中，地藏感于吴三辅的孝行，不仅治好了吴母的病情，同时也使其益寿延年。① 同时，与佛教典籍中所载地藏发愿救母的事迹类似，此则故事当中也宣扬了一种孝道思想。总的来说，地藏信仰中的这种与传统中国伦理观念和文化心理相契合的思想，无疑是其能够在安徽民间社会中获得广泛传播的一个重要因素。

总而言之，地藏信仰在安徽境内的传播和发展由来已久。在漫长的历史发展过程中，新罗僧人金乔觉被塑造成了地藏在世间的“应化之身”，安徽境内的九华山也因此成为了地藏道场，并借此进一步跻身于中国四大佛教名山之列。尤其是自近世以来，以九华山为中心，带有明显地域特色的地藏信仰开始从青阳逐渐扩散至整个池州、安徽乃至全国。与此同时，作为“幽冥教主”，地藏既治人，又可治鬼。由其所签发的冥界“路引”更是在安徽民间得到了广泛传播和使用。总之，在人物与神祇、历史与神话、时间与空间的各自交汇之下，地藏信仰在安徽民间社会中的发展渐趋世俗化，并与当地文化相互渗透、融合和影响，从而形成了一种独具安徽特色的民间信仰文化。

（二）观音

佛教自东汉由楚王刘英传入安徽以后，诸多佛教神祇渐为当地民众所熟知和崇拜。其中，除地藏之外，与民众联系最为密切、信众更为广泛的神祇莫过于观世音菩萨。观世音为梵文意译，泛指其能观察世间众生的心声并救拔其苦。唐时因避太宗名讳，故又简称观音。据佛教经典《妙法莲花经》中载，观音具有“大慈与一切众生乐，大悲与一切众生苦”的德能，能现三十三种化身，救十二种大难。每逢民众遇难之时，只需心念其名，让其“观”到“世音”，便可获救。所以，观音又享有“大慈大悲救苦救难广大灵感观世音菩萨”的尊称。隋唐以来，随着佛教的日趋汉化和世俗化，观音的形象逐渐脱离了印度佛教中“勇猛丈夫”的刻画而代之以中国化的女性形象。

① 道光《繁昌县志》卷12，《中国地方志集成·安徽府县志辑》第41册，江苏古籍出版社1998年版，第201页。

与此同时，其职能也不再只是停留于笼统的救苦救难层面，而是开始不断细化，拥有了送子、治病、祛灾、预言、保护农业生产等多样职能。这也是其能在中国古代民间社会中获得普遍崇拜的主要原因。

明清时期，安徽民间社会中的观音崇拜极为普遍。是时，其境内各府州县及乡里广泛建有大量崇祀观音的宗教场所，或曰寺、或曰庙、或曰庵、或曰堂、或曰殿、或曰阁、或曰院、或曰祠。这些宗教场所的存在不仅仅为观音崇拜提供了一个物质载体，同时它们也从侧面反映了观音崇拜在安徽民间的盛行。美国著名汉学家芮乐伟·韩森（Valerie Hansen）在探讨南宋时期民间信仰的变迁时曾指出，人与神之间其实是一种共存的状态，人需要神的庇护与显灵，神则需要人的承认与报答。在这种承认与报答当中，祠庙是一个很重要的因素。韩森认为，祠庙对于神祇的作用，就像房屋对于人类一样。因此在人们看来，居住条件的好坏不仅影响着神祇的福气，还影响着神祇的威灵。一般而言，最灵验的神祇理应得到最大的回报，于是便有了最为辉煌的像身与最为铺张的庙宇。反之，像身最辉煌、庙宇最铺张的神祇必然是最灵验的。从这一逻辑出发，以安徽民间的观音崇拜为例，我们同样可以说一个神祇在地方所拥有自身祠庙数量的多少，也在一定程度上体现了它的灵验和受崇拜的程度。①

此外，通过深入到安徽民间社会中去可以发现，观音崇拜已与当地民众的日常生活有机地融为一体。首先，在安徽社会中，以观音命名的地方或景观大量存在。据方志资料显示，常见的有观音岩、观音桥、观音泉、观音洞、观音崖、观音港、观音坊、观音亭、观音山、观音井、观音湾、观音尖、观音壩、观音坂、观音寨、观音铺、观音匽、观音堤、观音堨等。值得注意的是，这些地名的存在绝不只是一个空洞的称呼。以观音作为某些地方或景观的名称，无论是出于有意还是无意，其背后都蕴含了一种观音崇拜的意味在其中。同时，这些地名的存在也是当地观音崇拜这段历史的容器和见

① ［美］芮乐伟·韩森：《变迁之神：南宋时期的民间信仰》，包伟民译，中西书局2018年版，第54—58页。

证。正如著名作家冯骥才所说："地名是一个地域文化的载体，一种特定文化的象征，一种牵动乡土情怀的称谓。"①

其次，除地名以外，安徽民间社会中还存在大量以观音命名的植物。在这些植物当中，既有用于观赏性的也有用于食用性的。就前者而言，常见的有观音莲、观音竹、观音柳、观音松等。至于后者，则有观音粟、观音白、观音薯、观音乳、观音帚、观音秈、观音糯、观音脸、观音茶等。众所周知，古代中国是一个以农业为本的传统社会。在这样的社会当中，"民以食为天"，食物是广大民众安身立命的根本，其重要性自不必多言。然而，在安徽民间社会中，作为能够维持民众生存发展的食物很多却都以观音命名，这不能不说观音崇拜对地方民众生活的影响之深以及当地民众对它的尊崇之盛。在此之外，安徽民众还会用观音来为一些动物和气象命名。如绩溪地区有一种柳叶鱼，当地民众又常称其为观音鱼。相传此鱼为观音掷柳叶所化，故为此名。又如五河地区，每逢二月十九日、六月十九日、九月十九日观音诞前后，当地有风，其民众常称其为观音暴，"船户、渔人忌之"②。

观音之所以能在安徽民间获得如此广泛的崇拜并对其产生深刻影响，很大程度上仍是源于它自身的职能与灵验。在安徽民间，观音普遍具有送子、治病、祛灾、预言吉凶以及保护农业生产等多种职能，并且十分灵验。

具体而言，在送子方面。据《法华经》记载："若有女人设欲求男，礼拜供养观世音菩萨，便生福德智能之男；设欲求女，便生端正有相之女。"③故在安徽民间，观音又常被称作"送子观音"或"送子娘娘"，从而吸引了大量女性信众的崇拜。这也是观音与其他以男性信众为主体的神祇崇拜大为不同的地方之一。此外，安徽妇女在礼拜观音娘娘时，常有所谓的"借鞋"之举。认为将观音脚下的一只鞋"借"回家后便可怀子。若事后真的成功怀子，则

① 冯骥才：《思想者独行·地名的意义》，花山文艺出版社 2005 年版，第 51 页。

② 光绪《重修五河县志》卷 3，《中国地方志集成·安徽府县志辑》第 31 册，江苏古籍出版社 1998 年版，第 422 页。

③（明）蕅益智旭撰，释明学主编：《妙法莲华经台宗会义》卷 7，巴蜀书社 2014 年版，第 313 页。

再亲自绣得一只新鞋，以偿菩萨，作为还愿。对此，歙县纪俗诗有云：“礼佛先持数日斋，不将心事诉同侪。爇香悄向莲台上，借得观音一只鞋。”① 由此观之，观音的送子职能不仅早已深入人心，而且还衍生出了许多新的形式。

在治病方面，同治《霍邱县志》当中记载了这样一件有关观音为人治病的故事。霍邱人吴光美之妻黄氏，素来孝顺公婆。一次，黄氏的婆婆身染疾病，久不能愈，即使吃药也是全然无效。于是，黄氏便到观音座前进行祷拜，并割下自身的股肉来治疗她的婆婆。不久之后，婆婆的疾病便已痊愈，而黄氏自身也是活到了八十四岁。② 在古代社会中，“割股”常被视为忠孝之举。故事中黄氏的婆婆之所以能够获得观音的帮助并很快痊愈，恐怕很大程度上也与其儿媳的“割股”孝行有着密切的关系。众所周知，近世以来，随着儒释道三教合一趋势的不断增强，佛教在世俗社会中的发展也表现出了强烈的世俗伦理化的趋向。在上述黄氏的例子当中，儒家伦理思想与佛教因果报应说的糅合清晰可见。因此，民间佛教神祇中的观音，在其治病之余又兼具了教化地方的职能。

在祛灾方面。作为“普度众生，悉超苦难”的观音，“超拔群生，解除灾恶”是其义不容辞的职责。如在清代石埭地区，每年九月、十月之时，其境内各个坊乡的民众都会选择吉利的日期醵钱设醮，以迎请观音大士。是时，祭祀仪式将由僧人主持，并且需要他们到各户行香。每至一户，家长往往会令小辈们往僧人的衣服上泼水，直至其全部湿透为止。当地人称此为“送火”。在此之外，会期之时当地还会举行一种名为“演火戏”的舞蹈表演，相传是用来防止回禄的危害。所谓回禄，原指中国古代神话传说中的一位火神。《左传·昭公十八年》载：“郊人助祝史除于国北，禳火于玄冥，回禄。”③ 杜预注：“玄冥，水神；回禄，火神。”④ 后世之人则又在其基础上将

① 胡朴安：《中华全国风俗志》，河北人民出版社 1986 年版，第 272—273 页。

② 同治《霍邱县志》卷 12，《中国地方志集成·安徽府县志辑》第 20 册，江苏古籍出版社 1998 年版，第 318 页。

③ （清）阮元校刻：《十三经注疏·春秋左传正义》，中华书局 2009 年版，第 4530 页。

④ （元）马端临：《文献通考》卷 88，中华书局 2011 年版，第 2694 页。

其引申为火灾。因此，无论是往僧人衣服上泼水还是举办“演火戏”，其目的都是为了避免火灾的侵害，而这所有的一切又都是在对观音的崇拜中进行并实现的。

在预言吉凶方面。安徽民间社会中素有向观音问卜的习俗。如明清时期，南陵地区就流行一种名为“签占”的占卜术。据民国《南陵县志》载：“下北乡北陡门有观音庵，签诗从乩仙出。每元旦，占岁者求签以断丰歉，虽易数人而签不变，乡人皆信为神异。”① 其中，“签诗”是指为民众卜问吉凶而所编的诗句。一般多写于竹制签牌之上，贮于签筒内，由问卜者抽取，而后再由相关的宗教人员等据诗意附会人事吉凶。在这里，民众向观音问卜的目的乃是为了判断农业收成的丰歉与否，而数人求签结果的一致则平添了观音在预言吉凶祸福方面的神异。此外，据安徽境内现存的观音签诗来看，除农业生产以外，每遇动土、生育、生病、诉讼、婚姻、失物等事之时，民众也会来向观音问卜。值得注意的是，安徽民间中的一些观音签诗也会与观音仙方相结合。这种签诗专为病人所制，求签与求药同时进行。如在张孝进所藏的徽州文书当中就有一篇名为《观音仙方》的签诗，现摘录如下：

观音仙方第七十九签上九

遂吾初服志方舒，济困扶危莫如我。天下倾颠犹已溺，目今夏禹有还无。

解曰：大冬麦（手去心）、云茯苓（手去皮），井水煎服三帖。②

在保护农业生产方面。如前所述，安徽民众会为了询问农业收成的丰歉与否而去向观音问卜。这虽然体现了观音在预言吉凶祸福方面的能力，但它也从侧面反映了观音对农业生产的涉及。事实上，在安徽民间，观音同样承担了农业保护神的职责。以安徽境内流行的一篇《保熟祭观音文》为例。在该祭文当中，民众祈求观音佑护农业生产的意愿跃然纸上，其曰：

---

① 民国《南陵县志》卷4，《中国地方志集成·安徽府县志辑》第47册，江苏古籍出版社1998年版，第63页。

② 《观音灵签》，转引自樊嘉禄等：《徽州民间信仰》，安徽大学出版社2016年版，第77页。现存于安徽黄山学院徽州文化资料中心。

> 切望神功浩大，圣泽汪洋。雨顺风调，五谷皆资化育；民安物阜，三农悉俾盈宁。降福穰穰，比户咸歌大有；显灵赫赫，村居乐享太平。歌舞迓修，爰吹瑟而击鼓；稷跄洽礼，遂进醴与陈肴。俯伏庭墀，仰瞻韵格。厶等不胜祈祷之至。①

由此可以看出，在安徽民众的心里，观音显然被塑造成了一个“神功浩大”，能够确保当地风调雨顺、民安物阜的神祇。

总之，职能的多样性与灵验性为观音崇拜在安徽民间社会中的传播奠定了广泛的信众基础，从而使其获得了当地广大民众的接纳和认可，并最终成为当地“乡神”信仰圈中的一员。

二、道教色彩的安徽“乡神”

道教是中国传统社会中的本土宗教。近世以来，道教在安徽社会中的发展虽然不如佛教兴盛，但也形成了自己的特色，并与佛教一样逐渐走上了世俗化的道路，对当地民间信仰的发展也产生了深刻的影响。在安徽社会中，真武与文昌是道教在当地发展过程中本土化色彩最为浓厚的两位神祇。其中，真武信仰在安徽境内的传播主要得益于境内道教名山齐云山的推动。齐云山素有“江南小武当”的称号，向来被人们视作是真武的行宫所在，而真武信仰在当地的发展很大程度上则是与地方民众的日常生活有机地结合在一起，由此形成了极具当地特色的真武信仰。然而，与真武不同的是，文昌帝君作为道教当中掌管功名利禄的神祇，其与安徽民众的联系要远远大于与安徽地方的联系。近世安徽，作为一个文教昌明之地，“读书而登科第，居官而为显宦”② 越来越成为广大士子所希冀的图景。因而，世俗社会之中的文昌帝君崇拜也是盛行不止，“凡从事于举子业者，咸托命焉”③。文昌帝君俨

---

① 《丛杂为则应酹·保熟祭观音文》，转引自樊嘉禄等：《徽州民间信仰》，安徽大学出版社 2016 年版，第 75 页。

② 嘉靖《铜陵县志》卷 8，《天一阁藏明代方志选刊》第 25 册，上海古籍书店 1982 年版。

③ 光绪《宿州志》卷 31，《中国地方志集成·安徽府县志辑》第 28 册，江苏古籍出版社 1998 年版，第 570 页。

然成为安徽地域“乡神”信仰当中不可或缺的一位神祇。

(一) 真武帝君

真武帝君是道教神祇当中负责镇守北方的尊神，全称“镇天真武灵应佑圣帝君”，又称玄天上帝、佑圣真君玄天上帝、九天荡魔祖师、无量祖师等。在中国传统社会中，真武帝君拥有多个面相。宋代以前，真武称之为玄武。玄武一词最早来源于上古星象信仰。众所周知，古代天文学家常将天上星宿按方位划分为东、南、西、北四个区域，名为四象。每象之中又包含七个星宿，合为二十八宿。其中，北部斗、牛、女、虚、危、室、壁七宿所在区域即为玄武。并且，由于玄武七宿状如龟蛇，所以玄武又常常被人们臆想成为一种龟蛇合体的神兽，镇守着北方天地。此外，受传统阴阳五行学说思想的影响，古代民众普遍认为北方属水，而北方之神自然也应为水神。于是，在原来的基础之上，玄武又被赋予了水神的属性。对此，《重修纬书集成》卷六《河图》中载：“北方七神之宿，实始于斗，镇北方，主风雨。”① 与此同时，在此背景下，玄武又逐渐与五帝信仰中的北方之神黑帝相融合。史载：“北方黑帝，神名叶光纪，精为玄武。”② 所以，当时的玄武又有玄帝之说。玄武与黑帝的融合进一步巩固了其作为水神和北方尊神的身份和地位。

在此之后，经过漫长的历史演变，至宋时玄武崇拜的发展步入了关键时期。首先，在此时期，玄武因避赵宋“圣祖”赵玄朗的名讳而易“玄”为“武”，改称真武。如《朱子语类》之中就有“真武本玄武，避圣祖（赵玄朗）讳，故曰真武”之语③。其次，宋代也是真武从星象神、动物神向人格神转化的关键时期。事实上，早在隋唐之时，世人就有以真武为天上大将的说法。如《四圣延祥观碑铭》中就言“四圣之奉，著于隋唐”④。而所谓四圣，即指天蓬元帅、天猷副元帅、黑煞将军和真武将军四位天神。

① 宗力、刘群：《中国民间诸神》，河北人民出版社 1986 年版，第 63 页。

② （梁）陶弘景纂，（唐）闾丘方远校订，王家葵校理：《真灵位业图校理·上第一·第四·右位》，中华书局 2013 年版，第 195 页。

③ （宋）黎靖德编：《朱子语类》卷 125《老氏·庄子书·论道教》，王星贤点校，中华书局 1986 年版，第 3006 页。

④ 李修生主编：《全元文》卷 584《四圣延祥观碑铭》，凤凰出版社 1998 年版，第 448 页。

及至宋代，当时的许多文献资料记载当中，往往也将真武描绘成一个道服羽梳，披发仗剑，脚踏龟蛇的威猛形象。如宋人赵彦卫所著笔记《云麓漫钞》中就言真武“被发黑，衣仗剑，蹈龟蛇，从者执黑旗”①。此外，这一时期流行的道教典籍也对真武进行了人格化，称其生前曾为净乐国的王子。如《元始天尊说北方真武妙经》中载：

净乐国王与善胜夫人，梦吞日光而有娠。怀胎十四个月，于第五劫，名开皇劫。初元年甲辰三月初三日午时（一云甲寅日也），生于王宫。神灵勇猛，不统王位，唯务修行。摄离坎真精，归根复位，得玉清圣祖紫虚元君之传。道成后于黄帝五十七年甲子九月初九白日升天。②

对此，《明一统志》中又言其在获得紫虚元君的传授之后，曾遇天神授以宝剑，入武当山修炼。死后则“奉上帝命，往镇北方，被发跣足，蹑离坎真精，建皂纛玄旗，统摄玄武之位，神威赫然”③。类似的记载仍可见于《道藏》《续文献通考》《三教搜神大全》《历代神仙通鉴》等书之中。由此观之，至迟到宋代之时，真武就已出现了人格化的趋势，并延之后世。

值得注意的是，自宋代开始真武就逐渐受到了统治阶级的关注，并获得了政府的大量封赐，从而载入祀典。如据相关史料记载，宋靖康元年（1126），政府诏封真武为“佑圣真武灵应真君”，此后又加号“佑圣助顺真武灵应真君”。元大德中，成宗铁穆耳再封其为“元圣仁威玄天上帝”。及至明初，太祖朱元璋、太宗朱棣更是以其有相之功，从而对它崇祀有加。如朱棣在即位以后，即诏封真武为“北极镇天真武玄天上帝”，立庙崇祀于武当山中，并遣专官监督祀事。明宪宗时，“复范金为像，备极尊奉，后各处多立庙宇”。可以毫不夸张地说，明代是真武信仰发展的鼎盛时期。有清一代，政府对真武的尊崇虽弗如前代，但亦礼待有加。如据《大清会典》中载，世

① （宋）赵彦卫撰：《云麓漫钞》，傅根清点校，中华书局1996年版，第148页。
② （明）伍守阳撰：《仙佛合宗语录》，《藏外道书》，巴蜀书社1994年版，第639页。
③ （明）李贤等撰：《明一统志》卷60，三秦出版社1990年版，第926页。

祖顺治帝曾敕封真武为“北极佑圣真君”，准其列如祀典，岁时致祭。[①]总而言之，自近世以来直至帝制时代的结束，真武一直都是王朝统治者重点关注和封赐并力图控制的神祇之一。

由于政府的尊崇和道教的推动，真武崇拜不仅在上层社会里站稳脚跟，同时也在民间社会中获得极大传播和发展，并逐渐被世俗化和民间信仰化。就安徽而言，其民间社会中的真武崇拜十分普遍。诸如真武庙、真武观、真武庵、玄真宫、玄极殿之类供奉真武帝君的宗教场所各地可见。并且，从其兴衰演变的历史进程中来看，安徽民众对于真武崇拜往往是持一种积极的态度。

以全椒县真武观为例。全椒地处安徽东部，介于省会合肥与南京之间，古来素有“江淮背腹”“吴楚冲衢”之称。据方志资料记载显示，全椒县真武观位于当地州门桥河滨附近，创建时间无考。明正德年间毁于红罗女之乱。万历二十年（1592），县令樊玉衡应当地庠生曹海与善士金柱之请，乃复建于襄河之东。时人称其“崔嵬为一邑冠”[②]。此后，乡贤李彭南、吴道昌等又于真武观旁创建楼宇以祭祀真武父母。及至清顺治四年（1647），乡贤叶正蓁深感真武观的日渐倾颓，曾言：“莫为之助，谁其成之。莫为之倡，谁其助之，今其以余为倡可乎。”[③]遂与好友金光壁、金光昊、吴国缙等人商议捐资修葺。是时，邑人闻之亦“相率以来助，得金二百余两”，于是众人“彻其旧而新之”[④]。而在此之后，全椒真武观的发展少见于史。但从今天的结果来看，可以想见，随着时间的推移以及天灾人祸等因素的影响，其最终仍是泯灭于历史长河之中。

不过，若从明正德年间到清顺治五年这段有史可依的历史来看，全椒

① （清）伊桑阿等编著：《（康熙朝）大清会典》卷66，杨一凡、宋北平主编，关志国、刘宸缨校点，凤凰出版社2016年版，第896页。

② 民国《全椒县志》卷14，《中国地方志集成·安徽府县志辑》第35册，江苏古籍出版社1998年版，第275页。

③ 民国《全椒县志》卷14，《中国地方志集成·安徽府县志辑》第35册，江苏古籍出版社1998年版，第275页。

④ 民国《全椒县志》卷14，《中国地方志集成·安徽府县志辑》第35册，江苏古籍出版社1998年版，第275页。

真武观之所以能够在饱经岁月洗礼之下而长期存在并愈加兴盛，全然离不开当地官员、士绅以及民众的共同参与。如上所述，在这一段时间内，参与到全椒真武观维护中的人员主要有樊玉衡、曹海、金柱、李彭南、吴道昌、叶正蓁、金光壁、金光昊、吴国缙等人。从这些人的身份来看，樊玉衡为当地县令，乃一地父母之官。其他人则或为庠生、或为举人、或为进士、或为善士，无论是从功名还是社会地位上来讲，这些人都属地方士绅一流。① 在此之外，我们仍需关注那些被称之为历史“失语者”的普通民众。历史关于他们的有效记载往往少之又少，但至少在此案例之中，从情理和事实的角度推断，地方民众确实参与了其中。或许，限于经济水平的影响，他们能够为修葺真武观所捐赠的钱财微乎其微。但他们也以自己的方式表达了他们对此活动的参与——有钱出钱，有力出力。很明显，对于一座庙宇的实际建造或修葺，总不能去期望于那些士绅们亲力亲为。这时候，“富者乐助以赀，贫者乐效以力”②，各尽其能理应是一种合乎情理的事实。

再者，从动机上来看，真武作为载入国家祀典的正统神祇，地方官员对其进行祭祀并维护其庙宇的安危实乃职责所在。但对于地方士绅而言，他们之所以参与当地真武观的维护很大程度上仍是出于一种利益的驱使。在他们眼中，真武观俨然成为一种可观的“象征性资本”。正如法国著名社会学家皮埃尔·布尔迪厄（Pierre Bourdieu）所说，对于“象征性资本”的投资不仅为精英们赢来了许多好的名声，提高了他们的声望，同时也把纯粹的经济手段转变成了更为抽象的权力形式，从而加强了他们对地方的控制，并且彰

---

① 其中，李彭南为万历年间举人，官至云南府判；吴道昌为天启年间进士，曾任御史巡按；叶正蓁为顺治年间进士，官至户部主事；吴国缙亦为顺治年间进士，曾任江宁府学教授。此外，金光壁、金光昊兄弟二人皆为金九陛之子。金九陛乃万历年间举人，曾位列崇祯戊辰会试副榜，官至广西右参议。长子金光壁年少时曾以恩佑入太学，成年以后更是追随其父为官治民。次子金光昊则为崇祯年间经魁，康熙时曾任山西长子县令。这些人大部分均有功名及官位在身，且全为全椒人士，有些甚至死后入祀于当地乡贤祠内。

② （明）程敏政撰：《篁墩文集》卷 14《绩溪县城隍庙记》，上海古籍出版社 1991 年版。

显了其在地方社会中的精英地位和身份。① 对此，卜正民在探讨晚明士绅捐赠佛教寺院的动机时亦曾指出，寺院的捐赠为士绅提供了一种引起公众注意并维持和强化其统治地位的机会。②

不过，佛教寺院与该处所要探讨的真武观仍有不同之处。应当注意到的是，自近世以来，佛教神祇一直未被正式载入祀典，并且长期处于一种"正祀"与"淫祀"之间的特殊状态。而与其相比，道教神祇则要好得多，这也就使其具有了佛教神祇不曾具备的官方化色彩。从这一点来看，全椒地方士绅对真武观的捐赠除上述因素以外，又多了一层与官方合作的意味在其中。正如杜赞奇在探讨关帝信仰中所描述的那样，乡村精英通过参与修建或修葺关帝庙从而使自己在意识形态和行动上与国家保持一致，并由此进入世俗政治结构。③

当然，对于真武观来说，它首先和最重要的仍是一个宗教信仰的场所。人们对于真武崇拜的热忱是其得以维持和发展的一个重要原因。并且，这种宗教上的吸引力明显超越了阶层的等级，始终贯穿于地方的官员、士绅和普通民众的脑海之中。如前所述，由于真武崇拜与传统阴阳五行学说的融合、渗透，因而其明显具有了水神的属性，能够操控雨水、蕴养万物。如明凤台县令张佩芳曾言真武为"水德之精，育养万物，水旱之司，与有责焉。寿州洊饥之余，入冬以来，雨雪应候，不可谓非神之庇也"④。康熙年间，时任广德知州的周在建亦言："郡县之内必祀元帝（真武），此五行之正位，三才之定理也。"⑤ 因此，正是由于真武的这类职能，其才能够获得地方民众的普遍崇祀，其庙宇宫观也才能够得到地方绅民的一致维护。

然而，值得注意的是，作为道教名山，安徽境内齐云山地区的真武崇拜

---

① Pierre Bourdieu, *In Other Words, Essay Towards a Reflexive Sociology*, Stanford: Stanford University Press.

② ［加］卜正民：《为权利祈祷佛教与晚明中国士绅社会的形成》，张华译，江苏人民出版社 2005 年版，第 212 页。

③ ［美］杜赞奇：《文化、权力与国家：1900—1942 年的华北农村》，王福明译，江苏人民出版社 2008 年版，第 133 页。

④ （清）李师沆修，（清）葛荫南纂：《凤台县志》卷 5《营建》，光绪十九年刊本。

⑤ （清）胡有诚修，（清）丁宝书纂：《广德州志》卷 14《寺观》，光绪七年刻本。

同样别具特色，是安徽地域文化的一大特色和亮点，不得不提。齐云山地处安徽最南端的休宁县境内，古有“白岳”之称，后因遥观山顶与云齐平故得名“齐云”。在诸多道教名山当中，齐云山与江西龙虎山、湖北武当山、四川青城山并称中国四大道教名山。清乾隆年间，高宗弘历更是赞誉其为“天下无双胜地，江南第一名山”。回顾齐云山的发展历史，其作为道教名山始于唐代，而真正开始崇拜真武则启于宋代。据明弘治《休宁志》记载，南宋宝庆三年（1227），游方道士天谷子自黟北来居齐云山弥陀岩。时有异人前来拜访，并告其曰：“前山高空，可移隐于彼。”天谷子乃如约前往，发现该地已有塑像存在。寻之当地人，他们看后亦皆为惊异，纷纷言其像所塑乃真武之神。于是，天谷子便决定在此创建道院，取名佑圣真武祠，以供奉真武之神。①

关于此事，当地民间社会中还流传着一个与此相关的神话故事——“百鸟衔泥塑玄帝”②。故事的内容大概讲的是玄武在外云游之时，曾降临齐云山，因见当地山势秀美，瑞气氤氲，一派人间仙境之色，甚是满意，留恋难舍，于是便决定在此建造行宫，获取香火。但又思及其乃无形之神，若要在此山定鼎还须有个偶像寄托才好。是时，忽有白鹤仙子前来参拜，其在得知真武的意图之后便立即传召全山百鸟，即日兴工。不几日，一尊玄帝偶像便已塑成，并且威严夺目。据说，当时天谷子所遇真武之像即为此时百鸟衔泥所塑。自此以后，真武每天白天之时便在道场武当修行，晚上的时候则回到齐云显灵，来去自如。时至今日，休宁地区仍然流行着“玄帝香火，日在武当，夜在齐云”的说法。这也是为什么齐云山会被人们称作“江南小武当”的一个重要原因。③总而言之，百鸟衔泥塑玄帝的故事不仅进一步推动了真

① （明）程敏政纂修，（明）欧阳旦增修：《休宁县志》卷19《附文》，弘治四年刻本。

② 胡冬发主编：《神山灵语》，合肥工业大学出版社2014年版，第229—230页。

③ 齐云山被称作“江南小武当”大约始于明代。是时，随着齐云山道教活动的日趋兴盛，其与武当道教之间的交流也在日益增多。永乐年间，齐云山先后修复和扩建了一大批道教宫观，而这些宫观建筑则在形制上多仿效于武当道教。在此之外，随着两地道士相互交流的频繁，齐云山道教的很多道规道制也都源自于武当山道教。因此，除了文中所述齐云山为真武行宫所在地的原因之外，这两点也是其被称作“江南小武当”的重要原因。

武崇拜在齐云山地区的传播与发展，同时也初步奠定了齐云山在当时全国真武崇拜中的地位。自此以后，佑圣真武祠的香火日渐旺盛，道士的数量也逐渐增多，进而反过来又为整个齐云山道教的发展起到了添砖加瓦的作用。

明代是真武崇拜在全国发展的鼎盛时期，同时也是齐云山真武崇拜发展的关键时期。嘉靖十一年（1532），正一教真人张彦頨率众于齐云山为世宗祈子，获得灵验。为此，嘉靖皇帝特意降旨，敕令在原天谷子所建佑圣真武祠的旧址之上兴建玄天太素宫。① 自此，由于祈子灵验的事迹以及政府的推崇，齐云山名声大振，真武崇拜在当地获得了极大传播。是时，前来太素宫中祈福求嗣者络绎不绝。其中，尤以每年的九月初九最为繁盛。相传，这一天是真武得道升天的日子。届时，各地香会便会组织香客前来进香。他们往往穿着整洁简朴，肩背黄布香袋，上写“齐云香火”，下写某香会字样，由会首带领，肩负进香大旗，鸣锣开道，徒步上山。行进途中，遇神拜神，遇庙烧香。至太素宫时，道房会有专人前来为香客们的香袋加盖“齐云香火”印鉴。香袋上的印鉴越多，则表明其进香的次数也就越多。相应地，其能够得到神祇佑护的概率也就越大。一般而言，像这样的进香活动往往会持续一整天的时间左右。在临近结束之时，按照惯例，香客们要到登封桥回香亭（今毁）处将剩余香烛纸箔全部烧化，然后下山。至此，整个进香活动才算正式宣告结束。②

值得注意的是，除了接纳各地前来进香的香客以外，山上的道士们往往也会主动下山前往各地传播真武信仰。如清人刘汝骥在《陶甓公牍》中就言：“休宁齐云山主持负元帝像到处蹂躏，名曰‘园经’，愚夫愚妇无不卑躬屈膝。”③ 此语虽明显带有贬低之意，但对于像刘汝骥这样一个进士出身，饱受儒家思想浸染并曾担任过徽州知州的官员来说，持有这样的立场在所难免。因为从儒家传统礼制的角度上来讲，齐云山住持携带元帝之像下山传道的行为明显与之不合，而民众对此的“卑躬屈膝”则更加坚定了刘汝骥将其

① （明）何东序修，（明）汪尚宁纂：《徽州府志》卷 2《山川》，嘉靖四十五年刊本。

② 樊嘉禄等：《徽州民间信仰》，安徽大学出版社 2016 年版，第 83—84 页。

③ （清）刘汝骥：《官箴书集成·陶甓公牍》，黄山书社 1997 年版，第 598 页。

视为“蹂躏”之举的态度。不过，若反过来从民众的反应上来讲，这是否也恰恰证明了齐云山道士在当地真武信仰传播中的重要性以及当地民众对真武崇拜的热忱。有关这一点，明万历年间广德州石巅真武庙的创立一事进一步印证了我们的观点。据乾隆《广德州志》载：

> 州南二十五里，土名石巅，旧有茶亭，无帝庙。万历十五年，齐云道士持真武像募缘至此，遗之而去。居停主人为张之茶亭，神著显灵，祀之者咸得福田利益，而祈嗣尤验。二十五年，州庠生、濮阳榛偕兄棘，捐地醵金，构庙五楹，奉帝像。居之约庠友春时作神会，岁以为常。①

从上述记载中可以明显看出，石巅真武庙的兴起是诸多因素共同作用的产物。首先，齐云道士的到来以及其所遗留的真武之像分别从精神和物质上奠定了当地真武崇拜的基础。其次，真武于当地的屡屡灵应则吸引了越来越多的人参与到对它的崇拜之中，从而具有了深厚的信众基础。最后，出于对真武崇拜的热忱以及祈福求嗣的意愿，地方民众乐意为其捐地醵金，构建庙宇。而在庙宇落成之后，由当地精英发起的一年一度的神会则又进一步推动了真武崇拜在当地社会中的深入和发展。由此观之，在石巅真武庙的整个兴起和发展过程中，齐云道士、真武神祇以及地方民众都各自扮演了重要的角色，三者缺一不可。

（二）文昌帝君

文昌帝君是道教当中掌管士人功名禄位的神祇。文昌本为天上星宿的名称，即文昌宫。《史记·天官书》言：“斗魁戴匡六星，曰文昌宫。一曰上将，二曰次将，三曰贵相，四曰司命，五曰司中，六曰司禄。”② 此六星汇成一宫，居于北斗之上，有“欲明天理”，“文命敷于四海”之意，故文昌又常被视作主持文运功名的星宿，是古代社会中星象崇拜的重要组成部分。文昌向文昌帝君的转变发生在其与梓潼神相融合之后。梓潼神原本是流行于四川

① （清）胡文銓修，（清）周应业纂：《广德州志》卷13《寺观》，乾隆五十九年刊本。

② （汉）司马迁：《史记》卷27《天官书第五》，中华书局1982年版，第1293页。

北部梓潼地区的一个民间神祇。其本身就是当地蛇神、雷神与张育信仰混合的产物。据《明一统志》记载，梓潼神姓张，讳亚子，“其先越巂人，因报母仇徙居是山（七曲山），自秦伐蜀以后，世著灵应。宋建炎以来，累封神文圣武孝德忠仁王。”①

南宋时期，梓潼神的神格发生了重大变化，开始拥有了掌管文治科第的职能。时人洪迈所著笔记《夷坚志》中收录了大量有关梓潼神显灵的故事，如“席帽覆首”“梓潼梦”“歌汉宫春”“何丞相”② 等。在这些故事当中，梓潼神充分展现了其在掌握科举方面的能力。现以“何丞相”一事为例，其文曰：

> 何文缜丞相初自仙井来京师，过梓潼，欲谒张王庙而忘之。行十里，始觉，亟下马还望，默祷再拜。是夕，梦入庙廷，神坐帘中，投文书一轴于外。发视之，全类世间告命，亦有词语。觉而记其三句，云：“朕临轩策士得十人者。今汝袖然为举首。后结衔具所授官。”何公思之，廷试所取无虑五百而言十人，殆以是戏我也。及唱第，果魁多士。第一甲元放九人，既而傅崧卿以省元升甲，遂足十数，盖梦中指言第一甲也，所得官正同。③

梓潼神在科举方面的能力及灵验为其从地方走向全国提供了巨大帮助。是时，文天祥在其所作的一篇有关梓潼神的祠记中写道：“江湖以南，神迹多著，此固士之所富数崇而景仰者”④。这表明，当时梓潼神的信仰已经从蜀中扩展到了江南，并隐隐呈现出成为全国性神祇的趋势。

在此背景下，由于梓潼神的职能与民众传统观念中掌管文运的文昌神极为相近，因此二者之间不可避免地出现了一些混合的现象。元仁宗延祐三年

---

① （明）李贤撰：《明一统志》卷68，清文渊阁四库全书本。

② （宋）洪迈撰：《夷坚志・夷坚甲志卷第十八・席帽覆首》，何卓点校，中华书局2006年版，第158、223、247、606页。

③ （宋）洪迈撰：《夷坚志・夷坚甲志卷第十八・席帽覆首》，何卓点校，中华书局2006年版，第606页。

④ 曾枣庄、刘琳主编：《全宋文》第三百五十九册，上海辞书出版社、安徽教育出版社2006年版，第175页。

(1316）七月，政府下令敕封梓潼神为“辅元开化文昌司禄宏仁帝君”。至此，梓潼神与文昌神正式合而为一，统称文昌帝君。值得注意的是，道教在梓潼神与文昌神的融合过程中扮演了重要角色。据《皇明名臣经济录》中记载，元朝政府加封之举乃“道家谓上帝命梓潼神掌文昌府事及人间禄籍”之故。①此外，众多道家典籍的记载当中也都将梓潼神与文昌神视为一体，认为张亚子乃二十八宿中的文昌星，主文运，司科举。如《文帝本传》《文昌帝君本传》《梓潼帝君化书》《文昌帝君宝诰》等。

当然，从本质上来讲，梓潼神与文昌神完全是两个不同的神祇。这一点，当时的学者就有所关注和强调。为此，他们也曾多次向政府请求废除对文昌帝君的崇祀。如明弘治年间，尚书周洪谟等就以“文昌六星与之（梓潼神）无涉”②为由请求敕罢。又嘉靖中，倪文毅请正祀典疏中言“文昌之星与梓潼无干，乃合而为一，诚出附会”③，请求罢祀，但都收效甚微。因为对普通民众来说，文昌帝君的身份到底如何并不重要，重要的是它所拥有的掌管功名禄位的能力以及灵验程度。尤其是自明清以来，随着科举制度的发展和成熟，“读书而登科第，居官而为显宦”④越来越成为广大士子所希冀的图景。因此，世俗社会之中的文昌帝君崇拜也是盛行不止，“凡从事于举子业者，咸托命焉”⑤。

在此环境背景下，安徽地域社会中的文昌崇拜极为盛行。据方志资料显示，至迟到南宋时期安徽境内就已出现了文昌崇拜。是时，滁州、合肥建有梓潼观，当涂建有文昌宫，皆奉祀文昌之神。及至明清时期，文昌崇拜在安徽得到了进一步发展。清宿州知州王锡蕃在《重修文昌祠记》中言：“今海内率尊事，次昌帝君杰阁崇宫所在皆是。”⑥值得注意的是，明清时期安徽境

① （明）黄训编：《皇明名臣经济录》卷12《礼部三・会题正祀典事》，于景祥、郭醒点校，辽海出版社2009年版，第1283页。

② （清）张廷玉等：《明史》卷50《志第二十六礼四・诸神祠》，中华书局1974年版，第1308页。

③ （清）赵翼撰：《陔余丛考》卷35《文昌神》，中华书局1963年版，第765页。

④ （明）李士元修，（明）沈梅纂：《铜陵县志》卷8《艺文》，嘉靖刻本。

⑤ （清）何庆钊修，（清）丁逊之等纂：《宿州志》卷31《艺文》，光绪十五年刊本。

⑥ （清）何庆钊修，（清）丁逊之等纂：《宿州志》卷31《艺文》，光绪十五年刊本。

内崇祀文昌的场所尽管称谓有所不一，或曰宫，或曰庙，或曰祠，或曰阁，但大都位于当地学宫内外。对此，明宁国教谕傅以智更言“是文昌凡学校皆不可无”①。事实上，文昌崇拜与学宫之间的密切关系主要是建立在文昌掌管文治科第的职能之上。众所周知，科举制的产生和发展与儒家思想之间有着密切的关系。儒家德化尚贤和读书入仕的思想为科举制的产生提供了理论基础，而科举考试的内容也主要以儒家经典为主。明清以来，学宫作为儒家思想的主要传播场所，其对学生科举入仕的重视自不必多说，因此崇祀文昌也就在所难免。由此观之，文昌虽为道教之神，但带有浓厚的儒教色彩。

明清时期，安徽社会中的文昌崇拜按祭祀的时间可划分为两类。一类为固定性的祭祀，一类为临时性的祭祀。就前者而言，祭祀者主要为地方官员和士人。按清嘉庆六年定制，各地每岁春秋仲月遣官致祭文昌，礼同关帝。其中，“二月三日圣诞为春祭，其秋祭诹吉行事”②。在祭祀之前，各地旧有文昌祠庙者，于前殿“设神像，仍制牌位，红饰金字，面题文昌帝君神位”③。后殿则祀帝君先世，但因上溯三代查无姓名，未便加封，于是“请立龛制牌，一分红饰金书，面题文昌帝君先代神位”④。若地方未有文昌庙祠庙者，则选择干净的公所设位致祭。如嘉庆年间，旌德县就以该邑尊经阁为前殿，阁后为后殿进行祭祀。至于祭祀所用的祭品、祭器，前殿有绢帛一匹，爵三尊，牛、羊、豕各一头，果品五盘，核桃、荔枝、园眼、枣、栗各一。后殿则减牛一头，其余不变。

祭祀之时，前殿行三跪九叩首礼，“燎以纸扎，盔袍全副”⑤，并宣读祝文。钦颁前殿祝文内容如下：

> 维年月日具官某致祭于文昌帝君之灵曰：
>
> 维神绩著西垣，枢环北极。六匡丽曜，协昌运之光华；累代垂

① （清）梁中孚纂修：《宁国县志》卷10《艺文》，道光五年刊本。
② （清）陈炳德修：《旌德县志》卷4《典礼》，嘉庆十三年修民国十四年重刊本。
③ （清）陈炳德修：《旌德县志》卷4《典礼》，嘉庆十三年修民国十四年重刊本。
④ （清）陈炳德修：《旌德县志》卷4《典礼》，嘉庆十三年修民国十四年重刊本。
⑤ （清）陈炳德修：《旌德县志》卷4《典礼》，嘉庆十三年修民国十四年重刊本。

灵，为人文之主宰。扶正久彰，夫感召荐馨，宜致其尊崇。兹届仲春（秋），用昭时祀，尚其歆格，鉴此精虔。尚飨。①

后殿行两跪六叩首礼，余如前殿。钦颁后殿祝文内容如下：

维年月日具官某致祭于文昌帝君先代之灵曰：

祭引先河之义，礼崇反本之思。矧夫世德弥光，延赏斯及。祥锺累代，炯列宿之精灵；化被千秋，纬人文之主宰。是尊后殿，用答前庥。兹值仲春（秋），肃将时事，用申告洁，神其格歆。尚飨。②

祭毕，“彻位，随祝帛送燎”③。值得注意的是，按照政府规定，各州县每年领有祭银三十两，用以置备上述一切仪物开销。仍以嘉庆旌德县为例，其春祭之时，额支地丁银一两五钱。

除了固定性的官方祭祀之外，每逢会期、当试之时，安徽士子也会举行一些临时性的祭祀活动。明休宁人程敏政所著《祈神奏格》之中收录了一篇名为《请文昌帝君》的祭文。在这篇祭文当中，安徽士子对文昌帝君的尊崇以及渴望获得神佑的希冀展露无遗。现摘录部分内容如下：

伏念惟神身登天府，聪明正直。声光赫奕，恍揭日月行天；灵响宣昭，若迅风雷应地。掌文衡之柄，握爵禄之权。后学攸关，斯文倚赖。言念某幸继书香，志图簪绶。埋头习学有年，举手附攀弗获，兹遇会期、当临试，特悃敷功，仰冀圣慈，俯从士愿。

……

伏愿文星拱烛，魁名福耀，照临科甲。律五星聚命宫，人文显达；俾三台映官禄，文运亨通。词锋横剑气，笔端风扫千军；文彩焕奎光，纸上云端五色。阅卷举逢青眼，点头先看朱衣，一举成名，三元连捷。凡干祈祷，悉仗匡扶。火化信钱，俯垂受纳。④

① （清）陈炳德修：《旌德县志》卷4《典礼》，嘉庆十三年修民国十四年重刊本。
② （清）陈炳德修：《旌德县志》卷4《典礼》，嘉庆十三年修民国十四年重刊本。
③ （清）陈炳德修：《旌德县志》卷4《典礼》，嘉庆十三年修民国十四年重刊本。
④ （明）程敏政：《祈神奏格·乐卷》，上海图书馆藏，明刻本。

从摘录的内容中可以看出，安徽士子对文昌帝君的尊崇源于它“聪明正直”的品质、“恍揭日月行天”的威望、“若迅风雷应地”的灵应以及“掌文衡之柄，握爵禄之权”的职能。在这些因素的综合影响下，文昌帝君成为了士子文运的“攸关”和“倚赖”。同时，借助文昌帝君，安徽士子也表达了他们对“照临科甲”“人文显达”“文运亨通”“一举成名”的向往。此外，仍需指出的是，文昌帝君崇拜在安徽士子中的盛行也从侧面反映了在当时的社会之中，科举入仕的道路同样充满了不确定性和曲折性。

三、民间色彩的安徽“乡神”

在安徽地域的“乡神”信仰圈中，除了诸如地藏、观音、真武、文昌等三教神祇之外，更多的还是那些广泛存在于民众日常生活当中，没有明确宗教派别之分的民间信仰神祇，如皖伯、汪华、张巡、许远、祠山大帝等。这些神祇或为安徽本土所产之神，或为他乡流入之神。但就整体而言，与三教神祇相比，这类神祇身上的世俗化、本土化色彩更为浓厚，也更容易为安徽民众们所接受和认同，并与之保持密切的联系。从某种程度上说，他们才是近世安徽民众信仰中最具地方特色的“乡神”崇拜。

(一) 皖伯

皖为安徽别称，考其源流则可追溯至三代之时的古皖国。据相关史料记载，古皖国位于今安徽潜山市及其附近一带，都城就在今潜山市境内。相传，古皖国的开创者乃是伯益部族，但其真正的发展则开始于皖伯主政时期。皖伯，又称皖公或皖伯大夫，偃姓，皋陶之裔，晏子之后。乾隆《潜山县志》卷六《名宦》中载：

> 周大夫皖伯，史逸其姓氏，故止称为周大夫。周封大夫于皖，而皖之名始著。大夫则周之贤者也，是以得封于皖。凡周之封爵，无弗贤者。同姓之臣，或以亲封。异姓受封而不贤者，鲜矣。其在皖志逸其政迹然。皖山之阳有庙焉，五尺童子莫不知为皖伯庙，加礼敬焉。无政与惠而有是乎，不贤与才而有是乎，可以觇皖伯矣。入为大夫，出为伯奄。有皖地，地与山皆以大夫名天下，传后世。

大夫之泽之流不既长哉。[①]

如上所述，皖伯乃周之贤者，以异姓而得封于皖。其在主政皖国期间，不仅政绩斐然，而且还使得皖地、皖山之名传之天下、流芳百世。其中，皖山即指潜山，又称天柱山或皖伯台。以皖伯之名称之皖山，足见皖伯在当地民众心中的地位以及他们对于皖伯的追思之情。此外，为了感念皖伯治皖的功德，当地民众还专门于皖山之阳建造了一座祭祀皖伯的祠庙，并加礼敬焉。对此，五尺之童莫不知之。及至隋大业八年，“县令辛公义移就皖水之阴吴陂堰侧，号曰吴陂神祠”[②]。后唐刺史张万福又向上奏请加封皖伯为金紫光禄大夫，获准。在此之后，当地民众对于皖伯的崇祀一直延续不断，直至明清之时皖伯祠仍然存在。

期间，时任安庆知府的胡缵宗更是对皖伯极为推崇。其在所撰《鸟鼠山人小集》中言：“于乎得为三代之臣，而任其政以临其民，其去尧舜之怛不远也。太公之伯于齐，周公之长鲁，不既卓越哉。下此而太守专城，刺史分符以贤良称者，代不多见。唐不如魏，魏不如汉，况三代邪。皖伯身际治世而有治迹，儋爵于朝，侈封于国，岂愧于齐鲁邪。”[③]在胡缵宗看来，皖伯对于古皖地区的治理为该地区今后的发展奠定了基础，无论是就贤能而言或是就功绩而言其都理应获得人们的尊重和崇拜。而这种崇拜，及至清代安徽独立建省以后表现得更加明显。是时，安徽民众普遍将皖伯视为安徽地区的开创者，全省以皖作为简称，不仅体现了皖人对于古皖国的追溯，同时也是对皖公另一种更高规格的纪念。

值得注意的是，除了专门祭祀皖伯的祠庙以外，安徽境内的皖伯崇祀还普遍存在于安庆、潜山府县两级行政区域内的乡贤祠与名宦祠之中。其中，作为古皖国的所在地，潜山地区以及潜山民众与皖伯之间的联系相较于安徽其他地区来说更为紧密。总而言之，皖伯作为古皖国发展的奠基者以及安徽地域开创者，普遍获得了当地民众的认可和崇拜。换言之，在安徽民众

① （清）李载阳修，（清）游端友纂：《潜山县志》卷6《轶官》，乾隆四十六年刊本。

② （清）穆彰阿撰：《大清一统志》卷110《祠庙》，四部丛刊续编景旧钞本。

③ （明）胡缵宗撰：《鸟鼠山人小集》卷10，明嘉靖刻本。

心里，皖伯既是安徽地域的象征，也是安徽地域的守护神祇，是属于自己的“乡神”。

（二）汪华

汪华，字国辅，唐时安徽绩溪人。隋大业年间，因起兵保据郡境之功，不仅获得了唐代政府赐予的越国公的封爵，并且还于死后受到了当地民众的普遍崇拜，成为徽州各地共同尊奉的地方守护之神。对此，宋人王象之《舆地纪胜》中载：“大业之乱，保据郡境，并有宣、杭、睦、饶、婺五州，带甲十万。建号吴王，凡十余年。唐武德四年，纳欵于唐，就拜持节，总歙、宣、杭、睦、饶、婺等六州诸军事，歙州刺史，封越国公。七年朝京师。贞观中卒，归葬于歙。土人祠之，号为汪王神。”① 需要指出的是，由于受汪华的影响，汪氏家族在徽州地区的地位十分显赫。是时，徽州民间有俚语称“四门三面水，十姓九家汪”②，其族之大可想而知。祖先崇拜与宗族社会向来都是密不可分的。因而，作为徽州汪氏家族第四十四世显祖，汪华崇拜这一信仰现象在徽州民间又具有了祖先崇拜与“乡神”崇拜的双重性质。此外，仍需注意的是，汪华作为徽州历史上的著名人物，其由人到神转变的背后实际上是多方势力共同作用的结果。具体而言，在这一过程中，国家的倡导，地方势力与宗族势力的推动以及地方民众的参与都是必不可少的因素。同时，这也是汪华崇拜之所以在徽州民间变得更为普遍和巩固的重要原因。

首先，政府的倡导为汪华崇拜在徽州的发展提供了制度性的基础。

《左传》有言：“国之大事，在祀与戎。”③ 由此可见，古代统治者早就认识到了鬼神信仰在维护自身统治以及国家长治久安方面所具有的重要作用。因而，封建统治者对于民众信仰的控制历来重视。并且，为了便于加强这种控制，历代政府相继制订了一系列与之配套的制度和政策。在这些制度和政策的影响之下，政府一方面大肆打击淫祠，从而维护祀典的正统性和权威性，另一方面又大行分封，试图通过对民间庙宇的封号赐额来使得更多的地

---

① （宋）王象之撰：《舆地纪胜》卷 20，清影宋钞本。

② （宋）范成大撰，孔凡礼辑：《范成大佚著辑存》，中华书局 1983 年版，第 142 页。

③ （清）阮元校刻：《十三经注疏》，中华书局 2009 年版，第 421 页。

方性神祇纳入到国家的正祀体系之内，从而为其所用。至于政府选取封赐对象的标准，一般如元人倪从《蟂矶灵泽夫人庙记》中所言：“庙得赐额而通祀者，必其初有捍灾御患之功也。”① 在此之外，神祇的灵验与否也是某一神祇能否获得政府封赐的一个重要因素。毕竟，“惟灵是信”是中国传统民众信仰中的一个基本原则。

就汪华崇拜而言，自宋代起国家对其相关的封赐就已逐渐兴起。南宋时期达到高峰，明清之时各朝仍有封赐。对此，康熙《徽州府志》中载：“宋政和四年，赐庙额曰忠显。德祐元年，赐庙额曰忠烈。元至正元年，改封昭忠广仁武烈灵显王。至国朝洪武四年，大正祀典，凡昏淫之祠一切报罢。徽之所存，惟越国汪公之神，命有司春秋致。” ② 详细封赐情况可参见下表③：

表 6–1 历代敕封表

朝代	纪年	帝王	庙额或封号	备注
北宋	大中祥符二年（1009）	宋真宗	灵慧公	赐封之始
	政和四年（1114）	宋徽宗	庙号显忠	
	政和七年（1117）	宋徽宗	英济王	王号之始
	宣和四年（1122）	宋徽宗	加封为显灵英济王	
南宋	隆兴二年（1164）	宋孝宗	加封为信顺显灵英济王	
	乾道四年（1168）	宋孝宗	加封为信顺显灵英济广惠王	
	嘉定四年（1211）	宋宁宗	改封为昭应显灵英济广惠王	
	淳祐八年（1248）	宋理宗	改封为昭应显灵英济威信王	
	淳祐十二年（1252）	宋理宗	更封为昭应广灵显德英烈王	
	宝祐二年（1254）	宋理宗	改封为昭应广佑显圣英烈王	
	宝祐六年（1258）	宋理宗	更封为昭忠广仁显圣英烈王	
	德祐元年（1275）	宋恭帝	特封为昭忠广仁武神英圣王，改赐庙号忠烈	
元	至正元年（1341）	元顺帝	改封为昭忠广仁武烈灵显王	
清	咸丰七年（1857）	清文宗	加尊号襄安	

① （清）梁启让修，（清）陈春华纂：《芜湖县志》卷 20《艺文》，嘉庆十二年重修民国二年重印本。

② （清）马步蟾修，（清）夏銮纂：《徽州府志》卷 3《坛庙》，道光七年刊本。

③ 转引自樊嘉禄等：《徽州民间信仰》，安徽大学出版社 2016 年版，第 123—124 页。

近世以来，政府对于汪华崇拜的倡导与封赐，一方面符合了自身统治的需要，对于其稳定地方社会秩序、加强地方教化具有潜移默化的作用，另一方面也为汪华崇拜在徽州乃至整个安徽地区的发展提供了合法保障和制度基础，避免了其沦为淫祀而被打击或取缔的风险。因而，在政府的鼓励之下，汪华崇祀迅速在安徽地域内发展起来，并形成了一股风潮。

其次，地方势力的支持有力地推动了汪华由人到神的转变以及其崇拜在地方社会中的发展。

近世以来，安徽社会中祭祀汪华的祠庙名目众多，或称汪王庙、汪圣庙，或称显忠庙、忠烈庙。据弘治《徽州府志》中记载显示，当地祭祀汪华的祠庙名为忠烈庙，在乌聊山东。相传，此山曾为汪华屯兵之所。贞观二十二年，汪华于长安去世之后归葬于家。是时，郡人于刺史宅西建祠祭祀。直至大历十年，刺史薛邕将该祠迁于乌聊山之东峰，改名忠烈庙。元和三年时，刺史范传正又迁于山之南阜。及至天复二年，陶雅为刺史之时又重修其庙。时郡人汪台符记曰："天不欲盖，地不欲载，两曜不欲凝，万根不欲生。玉石一尘，贤愚一血，则神人不得不降，圣人不得不作，我唐不得不兴，越公不得不起。起而不失进退存亡者，越公得之矣。"[①]端平改元，时任郡守刘炳因山路崎岖并加甃砌，扁庙楼，曰"神光"。在此之后，以地方官员为首的地方势力针对乌聊山忠烈庙又进行了反复修葺与维护，并一直延续到了明清时期。

除徽州府外，徽州各县地区亦建有专门祭祀汪华的庙宇。据康熙《徽州府志》中记载显示，歙县有六所，分别位于棠樾、龙山、新馆、龙阁山、龙屏山、信行等地；休宁县亦有六所，主要分布于古城岩、县治东山、汪溪、溪口汪村、斗山、乌龙山等地；婺源县汪华庙宇最多，共计十一所，分别处于当地大畈、天泽门、县南、丰田、赤朱岭、高安、剑溪、绣溪、沱川、坑头、甲路；祁门县仅有一所，在县百重兴寺旁；黟县则有四所，一在县治东、一在东霭冈、一在黄冈、一在黄陂；绩溪县共有五所，分别位于县东汪华故

① （明）彭泽修，（明）汪舜民纂：《徽州府志》卷5《祠庙》，弘治刻本。

宅遗址、县北门白鹤、一都外坑、坑口、六都冷坦等地。值得注意的是，近世以来除汪华本身之外，其后世子孙亦受到了徽州民众的广泛崇祀。如歙县地区有忠助八侯庙、福惠庙，绩溪地区则有徽溪庙。此三庙所祀之对象均为汪华第八子汪俊，当地民众则常称其为“八灵王”。此外，歙县又有忠护侯庙，绩溪又有乳溪庙，俱祀汪华第九子汪献，即民间所谓之“九相公”。①

与府城的忠烈庙一样，上述这些庙宇的兴废存亡同样有赖于地方及宗族势力的维持。如休宁古城岩忠烈庙毁于明弘治十二年，时知县翟静命里人张用伦等处置，助僧惠端重建。又如绩溪登源忠烈庙乃始建于北宋太平兴国五年知县范阳、卢远之手。及至南宋绍兴二十九年之时，知县曹训对其进行了重修。此后，宋邑尉汪裴赞、里人吴煊，明知县李芳、郁兰等又相继对其进行了修葺与维护。

关于神祇庙宇的修护活动，美国著名汉学家韩森曾在探讨南宋时期民间信仰变迁的问题时指出，庙宇建筑的新旧好坏不仅影响着神祇的福气，而且还影响着神祇的威灵。如果一座庙宇簇新壮观，那么位于庙中的神祇也就能够显示足够威灵，从而吸引更多的信众。与之相反，如果一座庙宇破旧颓败，那么则说明此中神祇已被人们所忽视，无法再为人们消灾解难。因而，如果某人或某一群人想要崇奉一个新的神，或扩大他们所信奉的某一神祇的声望，只需要塑造新的神像，建造新的庙宇就行了。同理，就本书而言，上述官员、士绅、宗族等地方势力对于各自当地汪华庙宇的修葺维护行为也是一种对汪华崇拜支持和认可的表现。并且，在这些行为的驱动下，无形中还增加了汪华作为“乡神”的威灵，推动了汪华崇拜在徽州乃至整个安徽地区的传播和发展。

再次，汪华显灵的事迹进一步增添了其自身的神祇色彩和威灵，从而使其在安徽民众心中的形象更加高大和巩固。

神祇的产生源于人们对于未知事物和超自然现象的忧虑和无力。于是，在这种现象的驱使之下，人们的脑海中产生了原始的鬼神观念，并开始按照

---

① （清）丁廷楗修，（清）赵吉士纂：《徽州府志》卷2，清康熙三十八年刻本。

自己的需求和意愿创造出了各式各样的神祇。这些神祇与人的根本区别在于它们不受自然规律的限制，具有人们所希望其具有的各种神力。现实生活中所出现的诸多无法解释的特殊现象无疑就是他们展示各自神力最好的舞台。因而神迹对于一个神祇信仰的发展极为重要。正是因为有了神迹，一个人才有了神化的可能，一个神才有了信众的基础。总而言之，“惟灵是信”向来是中国古代民众选择神祇崇拜时所遵循的一个重要原则。就本书所述的汪华信仰而言，其自近世以来由人到神的转变必然也是伴随着诸多与之相关的神迹而完成的。

文献可见关于汪华显灵的事迹自其出生之时就已产生。这一点显然符合大多数历史人物神化的过程。如宋代徽州婺源人胡伸所撰《越国公行状》中就言汪华之母怀孕之时曾做异梦，“梦黄衣年少以长丈余，拥五云自天而下”①，以此暗示汪华乃天兵所将，日后必将占据宣、杭、睦、饶、婺五州，拥兵称王。

及至汪华死后成为徽州地区的守护神祇，其于当地的显灵事迹更是不绝于史。如据《新安歙邑西沙溪汪氏族谱》中记载，南宋绍兴二十三年与乾道二年，“邻邑疾疫大作，罹灾害者不可胜数。邑人相与祈安于王，遂荷其阴阳，疾疫不作，民无夭折者，福惠于民彰著”②。在治病救人之外，汪华还被赋予了保境安民重要职责。如清乾隆歙县邑令张佩芳《重修汪王庙碑记》中言：“庙祠久经千岁而神惠之保民者，一如其生，使民瞻仰如云日，而感戴之靡涯也。非甚盛德，其孰能如此乎。”“自王之没千百年来，此州之人所以荷王御灾，厉而庆丰年者，固其常。而每有兵警，辄赖王神威攘却。既暴者至境，咸震慑不敢逞，民获以安。”③对此，当地还传言太平天国之乱时，当太平军入侵至歙县乌聊山忠烈庙附近时，汪华曾化身白衣神人，身长丈余，手挥巨刃，兵马拥护，助战靖民。此外，祁门人汪克宽《横冈重修汪王庙碑

① 光绪《文溪汪氏支谱》，光绪十八年刻本。

② （清）汪志琦：《新安歙邑西沙溪汪氏族谱》卷3《小传》，麟书堂藏版，清康熙四十七年修，清道光二十九年补刊，黄山学院图书馆藏。

③ （清）劳逢源修，（清）沈伯棠纂：《歙县志》卷9《艺文》，道光八年刻本。

记》中更言汪华“不忘水旱疫疠，有祷辄应”[①]。由此可见，在徽州民众的心里，汪华早已成为了一位无所不能的神祇，守护着徽州地区的安宁。

（三）张巡和许远

张巡，字巡，蒲州河东人。唐开元二十四年进士，历任太子通事舍人、清河县令、真源县令、河南节度副使等职。安史之乱时，起兵守卫雍丘，抵抗叛军。许远，字令威，杭州盐官人。唐开元末年进士，历任侍御史、睢阳太守等职。至德二年（757），安庆绪派部将尹子琦率军南侵江淮屏障睢阳，张巡与许远二人在内无粮草、外无援兵的情况下死守睢阳，前后与敌交战四百余次，致使叛军损失惨重，有效阻遏了叛军南犯之势，庇佑了江淮地区，保障了唐朝东南的安全。然终因粮草不济、外援不至二人相继遇害。死后，张巡、许远分别被政府追赠为扬州大都督和荆州大都督，并绘像于凌烟阁内，立庙睢阳，岁时致祭。

与汪华一样，张巡、许远同样是真实的历史人物，同样因保障之功而在死后受到了地方民众的普遍崇祀，并且在这一过程中完成了由人到神的转变。但与汪华不同的是，从身份与事迹上来说，张巡、许远二人与安徽之间的联系并不那么紧密和直接。首先，二人的籍贯均不属于安徽境内任何一地。其次，二人也并未在安徽境内的任何地方担任过官职。最终，二人的英灵事迹也并未与安徽发生任何直接的关联。不过，尽管如此，近世以来有关张巡、许远二人的崇祀仍然在安徽地域社会中得到了广泛的传播和发展，并以外乡人的身份获得了当地民众的认可，从而成为了他们心中的守护“乡神”。究其原因，很大程度上则可归功于二人于安史之乱时的表现。换言之，是时二人在睢阳地区的抵抗，有效地遏制了叛军的南犯之势，保障了江淮地区的安宁，而安徽正好就是其中的主要受益者之一。

对此，道光《徽州府志》中言：“时江淮之不亡，实二公之力。史所谓以疲卒婴孤，墉鲠强虏之喉牙，使不得搏食东南者，其功在生民也。”[②]又明

① （清）吴甸华修，（清）俞正燮纂：《黟县志》卷14《艺文》，道光五年刻本。
② （清）马步蟾修，（清）夏銮纂：《徽州府志》卷3《坛庙》，道光七年刊本。

万历宿州知州崔维岳云："宿无论睢阳，而居江淮之北，则其荷保障之功多矣。祀典功施于民则祀，两公者其当之祠。"[①]明泾县邑人施景时亦言："凡兹大地，咸钦张许之英风，况属我泾亦系江淮之保障，昔已鼎建乎。"[②]因此，为了感念张、许二人对于江淮以及安徽地区的保障之功，安徽民众对其进行崇祀顺理成章。此外，如前文所述，王东杰在给"乡神"进行定义时就曾指出，所谓的"乡神"，"或是出自本乡，或是曾仕宦本乡，或是有功于本乡，甚至本乡只是其受惠者之一"[③]。很显然，近世安徽地域中的张巡、许远崇拜明显是属于王东杰说的最后一种。当然，作为两个外乡人，张巡、许远之所以能够在安徽境内获得普遍的崇祀并成为当地"乡神"信仰圈中的成员，其原因肯定是复杂多样的。接下来，就让我们详细地探讨一下张巡、许远崇拜在安徽地域内的发展和建构。

张巡、许远死后，朝廷感其功德，念其忠义，乃于睢阳之地为其立庙合祀，号为"双忠"。在此之后，历代追封，罔不崇敬。就张巡而言，宋元丰年间，封嘉应侯。政和二年，封灵祐侯。政和六年，封祐顺显灵公。宣和七年，赐庙额，加封昭烈二字。建炎二年，封忠靖王。绍兴十七年，封其妻为协惠夫人。绍兴二十二年，封忠靖威显王。隆兴九年，封忠靖威显灵祐真君。元至正元年，封护国忠靖威显景祐真君。至正七年，封护国忠靖威显洪济景祐真君。及至有清一代，封赐不减。乾隆十二年，封浮梁张巡神为显佑安澜之神。四十五年，改司水张公之神。嘉庆八年，封丹徒张巡神为显佑安澜宁漕助顺之神。就许远而言，宋时政府尊其为保仪尊王，元顺帝之时加封其为护国忠靖威显景祐真君。明洪武四年（1371），封许远为"睢阳太守许公之神支"，春秋致祭。及至清代，许远更是被允许附祀于太庙之中，成为41位陪臣之一，与历代帝王共享皇家祭祀。总而言之，在政府的推动之下，有关张、许二人的崇拜开始在全国范围内流行起来。其中，尤以江淮地区为

① （清）何庆钊修，（清）丁逊之等纂：《宿州志》卷30《艺文》，光绪十五年刊本。

② （清）李德淦修，（清）洪亮吉纂：《泾县志》卷9《坛庙》，民国三年重印本。

③ 王东杰：《"乡神"的建构与重构：方志所见清代四川地区移民会馆崇祀中的地域认同》，《历史研究》2008年第2期。

最。及至明清之时，“大江南北，几于家祀户祷”①。

就安徽而言，近世以来当地民间社会中崇祀张、许二人的祠庙数量众多，既有诸如双忠庙、双忠祠、张许庙、睢阳祠等合祀祠庙，亦有诸如棠梨庙、东平庙、集福庙、威显庙等专祀祠庙。据相关方志资料记载显示，安徽境内最早崇祀张、许二人的双忠庙建于宋时芜湖地区。嘉庆《芜湖县志》中载：“双忠庙又名天曹庙，一在县河南来远坊。相传宋民詹寿三得睢阳张公木像于河立庙以祀。元至正间毁。明洪武三年，耆民李兴发重建，成化间复修。”②又万历年间，改建北门桑枣园内社仓基址之上。时邑令曾帙作有《重建双忠庙碑记》一文以记之，现原文摘录如下：

古之圣人，虑民心易恣，非惟政刑不足以革其心。即道德齐礼，亦未能一道同风，故以神道设教。俾举事动念，罔不兢兢戒惧，恐累清修。即玷雅化，并无以对神明贤者，益勉不肖者知改，而畏上与畏神明无二。视良有司，身先之化超然于声色外矣。若然凡建庙立祠，皆可以慑服民志，感发人心，况忠臣义士，人争仰慕，又复以尊神祀之，有不足以劝善激忠者耶。余膺民社之寄于芜，芜民浑朴敦厚，有醇庞遗风。然亦欲以是意行之，令民风愈悫，浑朴不雕。故凡可以因事劝善，纳民于轨物者，无不与民乐为之。岂但曰事之无害于义者，从俗可也。

唐御史中丞张公，侍御史许公，值安史之变，尽忠死节，天下相沿庙祀。始芜于唐宋间，建庙于河之南，刻像祀之，俗曰瘟司庙，亦名煖庙，凡有疾疫必祷，祷必应，赫然尊奉之。至我朝，河北居民以庙隔河，祷祠未便。另建一庙于县后新兴街，神像、庙名一如其南。崇祀多年，于万历四十四年岁丙辰五月初二夜，偶被火灾，神像俱烬。幸止毁后正殿一层，前侯王大殿犹存。当有祖道会首王承宗、刘应麟等随各捐赀，备沉香，雕天曹神像一尊，暂祀东

① （清）马步蟾修，（清）夏銮纂：《徽州府志》卷3《坛庙》，道光七年刊本。

② （清）梁启让修，（清）陈春华纂：《芜湖县志》卷3《祀典》，嘉庆十二年重修民国二年重印本。

能仁寺后佛殿。方图建庙，而所存前殿中梁，忽尔断坠。众议或旧基褊浅，不足以妥神，故火灾、梁断叠见。况止二层旁系民居，不能拓充。即未焚之先，南礼部祠祭司魏公令芜时，亦欲重建，未果。会有居民呈求卜基重建，余踏勘果隘，详择间，惟北门内桑枣园新置社仓，虽设无用，距旧基数十武，深而且宽，意将欲彼此更换。民俱曰：善。然人谋协矣，未知神谋若何。先令会首请阄新庙，是宜。继委乡耆前阄，相袭。犹虑始之不慎，终何允臧，复于二公前自阄之，果从新基。

随备文申府转详，院道俱允，即仓地建庙。乃出示给簿，谕令除河南另有庙不募外，北自东河，迄江口，遍各街巷悉行劝募。凡乡绅士民多寡不等，听其乐助，为木石砖瓦匠作人工等费。重建新庙于仓基上，面北坐南。董作伊始，仓后东手有三五民居，后房参差不齐，亦谕用价买地折取。方正基址阔三间，深四层，督造三载，至戊午工始告竣。

穆然深远，伟然壮观，所谓跂翼矢棘，鸟革翚飞，不是过也。今而后，芜中贤士良民，涵濡德礼之化者，睹新庙之奕奕，固无不踊跃懽忭。时伻临保其余亦默牖其衷，易行为善，悉归雅化，共凝福祉矣。落成之日，邑人士趋庭称谢，谓魏公题其匾曰：双忠。乞碑记于余，余以二公忠义载史册，仅以重建庙宇始终叙述之，宁质无文，令观者易见云。①

碑记开头，作者围绕“圣人以神道设教”而展开论述，点明了神祇信仰在“慑服民志，感发人心”方面所具有的伦理教化意义。在此基础上，其进一步指出了世俗社会中忠臣义士崇祀行为的合理性与必要性，同时也交代了其重修当地双忠庙的动机，即在于教化民心，劝人向善，维护地方秩序的稳定。随后，作者又对张、许二人的生平事迹以及芜湖地区双忠庙的历史进行

① （清）梁启让修，（清）陈春华纂：《芜湖县志》卷20《艺文》，嘉庆十二年重修民国二年重印本。

了简单介绍，并强调了张、许崇拜在芜湖地区的灵验，指出每遇疾疫灾患，民众必祷，祷则必应。正文部分，作者对此次双忠庙重建的始末进行了详细介绍。从其记述中可知，此次芜湖双忠庙的重建乃是因为原来的庙宇遭受了火灾的破坏。事后，当地祖道会会首王承宗、刘应麟等人为不使神祇香火中断，便共同捐资重塑了一尊天曹神像，暂时附祀于当地东能仁寺后的佛殿之内。及至重建之时，又因原来庙基褊浅，不足以妥神而未能在原来的基础上完成重建。后应当地居民请求，乃重新勘定庙址，最终决定于北门内桑枣园新置社仓基址之上进行重建。

值得注意的是，在初步选定好了新的庙址之后，曾帙并未马上动工，而是以“未知神谋若何”为由，相继令人于神前请阄，以此询能否重建于此。前后两次结果显示均为宜行，然曾帙仍不放心，乃亲自于二公神像之前请阄，仍获为宜之后方才最终决定重建于此。曾帙的这一系列请阄行为无不展现出了其对此次双忠庙选址重建的慎重，同时也间接地反映出了其对张、许二神的敬重之情。及至庙址确定之后，作为邑令的曾帙随即备文申府转详，在获得了批注之后便着手准备重建工作。是时，出示给簿，下令“北自东河，讫江口，遍各街巷悉行劝募。凡乡绅士民多寡不等，听其乐助，为木石砖瓦匠作人工等费”。在当地绅民的共同支持下，历时三年，双忠庙最终于新址之上顺利竣工，并由当地邑人魏公题其匾，曰：双忠。新建成的双忠庙穆然深远，伟然壮观。对此，曾帙不免感叹道：“所谓跂翼矢棘，鸟革翚飞，不是过也。”① 在此之外，碑记结尾，作者仍不忘提及新的双忠庙宇对于当地人心风俗所起到的教化作用。

从万历年间芜湖双忠庙的整个重建过程来看，参与此次重建活动的人群按身份主要可分为三类。第一类是以曾帙为代表的地方官员。他们在双忠庙的重建过程中起到了组织与领导的作用，并赋予其合法的性质。第二类是以王承宗、刘应麟等为代表的地方士绅。如上所述，正是由于他们的呼吁与捐

① （清）梁启让修，（清）陈春华纂：《芜湖县志》卷 20《艺文》，嘉庆十二年重修民国二年重印本。

赠，芜湖双忠庙宇的重建才能够顺利开启，才能够拥有充足的资金保障。第三类是以木石砖瓦匠等为代表的普通民众。其中，技术工匠是庙宇重建的实际执行者和参与者，而在此之外的那些普通民众也或多或少地为庙宇的重建进行了捐资，保障了重建工作的顺利进行。由此可见，万历年间芜湖双忠庙的重建是地方不同群体相互合作的产物。在这一合作的背后，不同群体的目的各不相同。官员主要是为了通过利用张、许崇拜及其所代表的忠义思想来达到其教化人心、稳定地方社会秩序的目的。地方士绅则主要是通过捐资修建庙宇来彰显其士绅的身份和地位，并借此获得一定管理地方事务的权力。至于普通民众，他们对于庙宇重建的参与很大程度上则是源自对张、许二神威灵的信仰与需要。在他们身上，张、许崇拜的宗教色彩表现得更加浓厚。

此外，与大多数神祇一样，安徽民众对于张、许二神的崇拜除了感念其保障之功以及敬佩其忠义精神之外，很大程度上仍是看中了其在捍灾御患方面的灵应。这既切于民间实用，同时也符合神祇信仰"惟灵是信"的基本原则。具体而言，在安徽社会中，张、许二人普遍被视为瘟疫之神。如明人程敏政《祈神奏格》中所收录的祭祀张巡的祝文中就言，"伏念惟神英气凌风，掌善恶之柄，精威贯日，握祸福之权"，"握清万里之妖氛，镇肃一方之瘟疫"，"神医一宅，祯祥叠见于家庭"。[①] 此外，在安徽民间民众普遍视每年的七月二十五日为张巡诞日。是日，乡人举行游神赛会，祀祝祈祷极为繁盛。对此，当地民众谓之"似古驱傩之意"[②]。"傩"，即古代社会中流行的一种驱疫逐鬼的仪式，亦指疫鬼。由此观之，在当地民众心里，崇祀张、许二神有助于祛除疾疫，保佑一地平安无事。因此，出于这种需求，张、许二神与安徽民众的联系变得更为紧密。

值得注意的是，近世以来安徽社会中多神合祀的现象非常普遍。就崇祀张、许二人的祠庙而言，其内一般多以雷万春、南霁云、姚訚三人附祀。雷、南、姚三人均为睢阳之战中靖节而死之人。对此，宋人王明清《摭青杂

---

① （明）程敏政：《祈神奏格·乐卷》，上海图书馆藏，明刻本。

② （明）范镐纂修：《宁国县志》卷2《祀典》，明嘉靖刻本。

说》中曾记载过这样一件事。

> 南宋绍兴辛巳冬，北人南侵，朝廷遣大军屯淮东，每遣小校数队候望。有何兼资者，领五千人至六合县，西望见军马自西北来，兼资敛所部隐芦荻中，闻一人言荻林中有生人，知为鬼兵，乃免胄出见，拜问神号，答曰：某唐张巡。指对坐者曰：此许远。指下坐者曰：此雷万春，此南霁云。①

如上所述，雷、南二人在死之后仍为张巡、许远的部下。因而，其从祀张、许也就理所应当。又赵吉士《徽州府志》中载黟县有五侯阁，在二郎桥上，祀张许二侯及贾、南、雷三将军。② 此亦为诸神合祀之例。在此之外，安徽民间仍有将张、许二人与本地“乡神”合祀的现象。如绩溪暮霞地区有三王庙，县志载其今合祀汪华、张巡、许远三人。张、许二人与汪华的合祀无疑表明了他们已经融入到了当地的神祇信仰之中，成为与汪华一样的守护“乡神”。

（四）祠山大帝

祠山大帝，相传姓张名渤，武陵龙阳人，乃其父张秉与一女仙所生。西汉末年时，曾游历于苕、霅二溪之间，后“欲自长兴之荆溪凿河至广德，以通舟楫之利。工役将半，俄化为异物，驱役阴兵。夫人李氏见而怪之，遂隐形遁去。居民思之不已，即横山立祠以祀之，祈祭不辍”③。由此，横山便成为了张渤信仰的重要发源地，而山上所立之祠庙亦为其信仰的祖庙所在。横山乃古代安徽广德境内山峰。嘉靖《广德州志》中言其：“垂州治西北五里许，其山高出群峰，四面望也，皆横，故曰横山。”④ 唐天宝年间，此山又被封为祠山，当地民也径称张渤为祠山，故其又有祠山大帝之称，而山上所祀之祠庙亦以祠山为名。近世以来，由于政府的尊崇以及自身的灵应，祠山信仰在

---

① （清）梁章巨撰：《浪迹续谈》卷6《双忠传》，陈铁民点校，中华书局1981年版，第357页。

② （清）马步蟾修，（清）夏銮纂：《徽州府志》卷3《坛庙》，道光七年刊本。

③ 曾枣庄、刘琳主编：《全宋文》第二百六册，上海辞书出版社、安徽教育出版社2006年版，第375页。

④ （明）朱麟修，（明）黄绍文续纂：《广德州志》卷3《舆地》，嘉靖十五年刊本。

广德地区的发展日益稳固和深入，并逐渐成为当地民众的信仰中心，同时又向外发展扩散至安徽宁国、池州、旌德、来安、繁昌等其他地区，构成了安徽民间“乡神”信仰的重要组成部分。

如上所述，祠山大帝因引苕、雪二溪之水通至广德之举受到了当地民众的立庙崇祀。同时，也因其在当地的灵应显赫，有捍灾御患之功，从而受到了历代政府的尊崇与封赐，并载入祀典。据相关史料记载，祠山大帝受封之始始于唐明皇天宝年间。是时，政府封其为水部员外郎，后又相继加封其为司农少卿、礼部尚书兼广德侯。南吴时，进仆射。南唐时，册司徒，进封广德公，后又改封广德王。及至宋代之时，政府对于祠山大帝的封赐愈加频繁和隆重。据《宋史·礼制》中载，元丰三年（1080）六月十七日，时任太常博士之职的王古曾上奏请言：“自今诸神祠无爵号者，赐庙额，已赐额者加封爵，初封侯，再封公，次封王。生有爵位者从其本封。妇人之神封夫人，再封妃。其封号者初二字，再加四字。如此，则锡命驭神，恩礼有序。”[①]在此封赐制度下，祠山大帝于宋时初封为灵济王，后又相继加封忠祐、昭烈、正顺等号，为八字王。绍熙时，改灵济为威德。开禧时，改正祐显应威德圣烈，又改显应为昭显。淳祐五年，改正祐圣烈真君，又加昭德昌福四字。德祐元年，又加崇仁辅顺为十二字符，世诰敕并存。元泰定元年二月，又加封广德路祠山神张真君，曰普济。元末之时，朱元璋曾率兵经过广德，“幸其祠，掣籤得天下和平之兆，诗以赠之”[②]。及至明朝建立以后，又特赐其真君封号，“岁遣中官进香，因扰民遂罢，改春秋二祭”[③]，清代袭之。政府的封赐为祠山信仰的发展赋予了浓厚的官方色彩，从而为其在地方社会中的立足提供了合法的保障。

与此同时，祠山信仰自身的灵应也为其吸引了更多信众的参与。是时，

① （元）脱脱等：《宋史》卷150《志第五十八礼八·诸神祠》，中华书局1985年版，第2561页。

② （明）朱麟修，（明）黄绍文续纂：《广德州志》卷3《舆地》，嘉靖十五年刊本。

③ （明）朱麟修，（明）黄绍文续纂：《广德州志》卷3《舆地》，嘉靖十五年刊本。

“庙据一方之胜，神有灵应，州人弗问远近，多贡香祈禳者”[①]。具体而言，在安徽民间，祠山大帝普遍被视为具有操控雨水能力。如光绪《广德州志》中就言：“其神最灵，水旱有祷辄应”[②]，而民国《广德县志稿》中亦言其：“祈晴祷雨，求无不应”[③]。此外，宋人陈造于繁昌任职之时，亦“尝旱祷于祠山昭烈王，即大雨。有年建庙，偕民事之，所欲必请，请必酬。王威灵烜赫，应感昭著，自江而南，咸所依怙”[④]。除操控雨水之外，祠山大帝在安徽社会中还普遍具有治病救人的职能。如宋人袁甫在其所作《池州重建祠山庙记》中就讲述了他此次修庙的原因乃是因为祠山神先后两次治愈了他的父亲。一次是在他十岁之时，其父“大病中梦与神遇，神驻马熟视伟先公，先公寤而病差”。一次是在此后三十一年，其父“复病，迺卜医于神，良验”[⑤]。祠山神的灵应在此可见一斑。

此外，在广德地区，祠山大帝还被民众赋予了农业保护神的形象。这一点，我们从明代嘉靖年间的一篇《祈麦文》中即可看出。其原文如下：

广德州知州朱麟偕同寮学属以及概州众庶等祈麦于祠山张王之神曰：

昔诗传所载，岳降神生，甫及申此土此民，岂惟守令之司而神亦均有其责焉者。今者连年荒旱，百姓告饥，是诚守令之不良而神亦均有其责焉者。某以菲才来守兹土，所谓因之饥馑，虽昔人之贤尚以为难，某何人而适际此耶。民所赖者予，予所赖者神。如其夏麦不熟，则民不聊生。民不聊生，神岂能食德于兹土矣乎。予乃纠合庶士、庶民，与凡耆老子弟暨有职于兹土者，斋戒布悃于神祠。神其明发降灵潜回地脉，承顺天时，则麦可望

① （清）胡有诚修，（清）丁宝书纂：《广德州志》卷13《坛庙》，光绪七年刻本。

② （清）胡有诚修，（清）丁宝书纂：《广德州志》卷13《坛庙》，光绪七年刻本。

③ 钱文选纂修：《广德县志稿》，民国三十七年刻本。

④ 曾枣庄、刘琳主编：《全宋文》第二百五十六册，上海辞书出版社、安徽教育出版社2006年版，第351页。

⑤ 曾枣庄、刘琳主编：《全宋文》第三百二十四册，上海辞书出版社、安徽教育出版社2006年版，第44页。

收，而民得以生。我有同亦得以良称，而神之灵誉益光矣。自我太祖渡江策马，神亦效灵，则神之有心于国亦云旧矣。神□□□惟比之故，乃今饥歉至极，而神不加之念，岂□之心耶。伏愿效灵以济众生，某当加之红袍，刻石庙门，用征神灵。神其鉴兹，齐生景象预告。①

从朱麟的叙述中可以看出，政府此行的目的乃是为了祈求张王保障当地麦子的顺利生长，以顺利度过饥荒。并且，在朱麟看来这本就是张王应当负有的责任，因为人与神之间的关系本身便是相互依存的。换言之，人需要神的庇佑，而神也需要人的供奉。由此观之，正是因为这种相互依存关系的存在，人与神的利益被牢牢地绑在一起。相应地，二者之间的关系也在这种相互依存中变得更为紧密。总而言之，由于自身职能的多样性与灵验性，祠山信仰不仅吸引了大量信众的参与和支持，同时也拉近了其与地方民众之间的距离，从而使其在当地的发展更加稳固和深入。

在上述因素的影响下，近世以来祠山信仰已经成为广德地区民众信仰的中心。具体主要则表现为两个方面，一是祭祀张渤祠庙的普遍存在，二是相关祭祀活动的普遍盛行。就祠庙而言，除横山之上的祖庙之外，境内仍有大量支庙存在。

如横山西麓建有张王庙，州治北二十三里处的冈头庙、三十里处的臧巷庙，州南七十里处的高庙，州西南二十里处的张真君庙等皆奉祀祠山之神张渤。其中，高庙为张渤行祠所在，相传“静夜屡有火光出八庙中，祈祷多应，居人耿姓每岁元宵前后，张灯设宴，习以为常”②。除张渤以外，广德地区仍有专门祭祀其夫人李氏的庙宇存在，名为昭妃庙，位于州治东二里之处。又有方山庙，所祀之神乃是曾经辅佐过张渤治水的邑人方通。对此，祠山祖庙后殿之中亦有附祀。祠庙是一个神祇信仰的物质载体。一般而言，我们既可以通过某一祠庙的新旧存废状况来判断与之相关的神祇信仰的发展状况，同

① （明）朱麟修，（明）黄绍文续纂：《广德州志》卷 10《艺文》，嘉靖十五年刊本。
② （清）胡有诚修，（清）丁宝书纂：《广德州志》卷 13《坛庙》，光绪七年刻本。

时也可以通过某一神祇信仰所拥有的祠庙数量来判断其发展的状况。在此，近世以来广德地域社会当中大量存在的祭祀张渤以及与之相关人物的祠庙，无疑在一定程度上反映了祠山信仰在当地发展的兴盛。

就祭祀活动而言，广德地区民众通常以每年的农历二月初八作为祠山大帝张渤的诞日。是时，游神赛会已经成为当地社会中必不可少的活动之一。据明代广德人夏良心《重修祠山行宫记》中载："我桐汭之神，祠山最著，殿颜广惠，在横山麓，距郡治五里，而近高皇驻跸，叩神筶以协赞，如响致天，语第一山之贶。行宫距郡治东郭外一里许，每春中八日，郡甿舆神，出广惠，下行宫，为会，宴娱胪欢，以迓蕃厘。"① 从其记载中可以看出，每逢农历二月初八日时，广德当地的民众都会将横山之上祠山庙中的祠山大帝神像请出，然后再抬至山下行宫，暂时主祀于行宫之内，受当地百姓祭拜。一般情况下，祭拜完成之后，相关的游神活动便正式开始。在游神的过程中，随行队伍中也会举行一系列娱乐表演活动，如"耍龙灯""舞狮子""旱船""地戏""马灯""秋千""抬阁""高跷""耍云"等②。此外，据当地州志中记载，是日祠山大帝在出行的过程中还会被请至当地的昭妃庙之中与其夫人李氏合祀。游神完毕之后，被请出来的祠山大帝神像又会被护送至横山之上的祠山庙内。③ 整个的游神赛会过程中，既娱人，也娱神，人与神之间的关系在此时变得更为紧密。值得注意的是，在上述夏良心所作的《重修祠山行宫记》一文开头，作者以一个广德人的身份写到"我桐汭之神，祠山最著"。从其表述中我们可以清晰地体会到，在其心里，祠山大帝已经成为广德地区当之无愧的"乡神"。

综上所述，通过对以上八位典型安徽"乡神"的探讨可以发现，近世以来安徽境内"乡神"信仰的建构实际上是多方势力共同作用的结果。具体而言，在这一建构过程中，官方力量、民间力量以及宗教力量的渗透清晰可

---

① （清）胡有诚修，（清）丁宝书纂：《广德州志》卷13《坛庙》，光绪七年刻本。

② 详细参见《广德文史资料》第1辑，安徽人民出版社1986年版，第60—72页。

③ （清）胡有诚修，（清）丁宝书纂：《广德州志》卷13《坛庙》，光绪七年刻本。

见，并在不同程度上发挥着各自的作用。首先，就官方力量而言，其又可细分为国家与地方两个层面。在国家层面上，统治阶级已经意识到了宗教信仰在维护国家长治久安以及教化人心风俗方面所具有的特殊作用，并依靠着国家机器的强大力量确立了其在该领域当中的统治地位和权威，制订了一系列与之相关的制度和政策。在地方层面上，作为国家制度和政策的实际执行者，地方官员往往肩负着打击淫祀和维护正祀的重要职责。淫祀与正祀的标准则由国家制定。以宋代为例，是时遭到政府打击的淫祀现象主要有杀人祭鬼、迷信巫觋、僭越礼制、违法乱纪、敛财害民、道德败坏、庙貌不端等。① 至于正祀则是指那些载入祀典或受到国家封赐的神祇信仰。封赐的标准同样由国家制定，一般多是对那些有功于民，能捍灾御患或事迹昭著的神祇进行封赐。上文所述的十位神祇皆是如此。此外，地方官员也同样具有向上请求国家封赐地方神祇的权力。换言之，国家对于某一神祇的封赐是需要由地方官员逐级上报申请。② 因而，官方的认可和支持便成了影响某一神祇信仰发展的重要因素。一方面，它可以避免某一信仰因被视为淫祀而遭取缔的风险。另一方面，在官方力量的介入之下，上行下效，某一神祇信仰也会迅速发展起来。

其次，就民间力量而言，按身份的不同，其也可进一步划分为士绅、商人和普通民众三类。如前文所述，除了日常的祭拜之外，这三类人群的身影还普遍活跃于庙宇的修建以及相关的祭祀活动之中。从他们参与这些活动的动机来看，宗教信仰的因素或许始终贯穿于他们的脑海之间，但其对各自影

---

① 详细参见王见川、皮庆生：《中国近世民间信仰宋元明清》，上海人民出版社 2010 年版，第 54—56 页。

② 以宋代为例，宋代国家对于神祇的封赐从地方到中央也有着一套严格的既定程序。具体而言，地方一级的转运司负责对符合封赐标准的神祇进行审查。一旦某一神祇的情况得到证实之后，便会上奏政府，请求国家赐额封号。就具体的过程而言，转运使的奏请到达京城之后，便会先被送到尚书省，“尚书省将它发至礼部，限期契勘。一经核实，再送由太常寺书判，拟定封号。然后太常寺将其送回礼部复准，接着又送回尚书省。尚书省起草赐封敕文，以及一份包括地方、省部勘合情况的详细报告”。如此一套程序下来，地方的神祇才算真正获得了国家的认可，步入了正祀行列。详细参见［美］芮乐伟・韩森：《变迁之神：南宋时期的民间信仰》，包伟民译，中西书局 2018 年版，第 88 页。

响的大小则各有不同。其中，士绅阶层之所以参与此类活动的目的很大程度上是出于彰显其作为士绅的身份与地位。正如卜正明曾经所指出的那样，在中国古代这样一个对地位和身份差别如此敏感的社会中，地方精英必须时刻使自己能够引起公众的关注以便维持和强化他们的统治地位。在此方面，宗教信仰作为一种文化的权力象征恰好为其实现这一目的提供了新的渠道。因而，通过对此类信仰活动的参与和领导，士绅不仅获得了公共的名声，同时也彰显了自己作为士绅的身份标识及在地方事务管理中的领导地位，实现了其在国家体制内得不到的那种公共权力。与之相比，商人参与其中的目的则显得更加多样。既有借机提高其身份地位的尝试，也有祈求神佑平安发财的意愿。同时，每逢岁时节日之时，热闹的庙会对他们而言也是巨大的商机。至于普通民众，他们参与其中的目的则相对简单，主要是处于宗教信仰的考虑，希望能够得到神祇的庇佑。但就整体而言，无论三者的目的究竟如何，他们对于地方宗教信仰活动的参与都从不同方面上推动了相关信仰的发展，使其在当地变得更加稳固和深入。

再次，就宗教力量而言。如前所述，近世以来安徽地域内的“乡神”信仰不仅包括了大量民间神祇，同时也吸收了一部分三教神祇。这些三教神祇之所以能够被当地民众当作“乡神”进行崇祀，很大程度上则是因为它们已经实现了自身的世俗化转变，成为了具有地方特色的神祇信仰。众所周知，近世以来由于受到世俗文化分野的影响，释道二教内部的发展也呈现出了两种不同的趋势。其中一种趋势就是开始向下层的世俗文化靠拢，与地方的民风民俗相结合形成了所谓的“民间佛教”和“民间道教”。相应地，其所尊奉的神祇也在这一过程中有了不同程度的世俗化或民间信仰化，与当地民众之间的联系也日益紧密，从而成为当地“乡神”信仰中的一部分。

总而言之，在上述多方力量的综合作用下，众多的“乡神”信仰在近世以来的安徽大地上被建构了起来，从而形成了一个稳固而多样的信仰空间，彰显着安徽地域宗教文化的独特魅力。

第二节　信仰：乡神建构与地方认同
——以芜湖蟂矶夫人信仰为例

今安徽省芜湖市二坝镇长江沿岸坐落着一座凸向江心的矶山，名为蛟矶山。据文献记载显示，蛟矶山旧称蟂矶，原为古芜湖县西南七里大江中的一座孤岛，后因河道变迁，泥沙淤积，遂逐渐与长江北岸的二坝相连。旧时相传其上有蟂，能害人，故名蟂矶。关于蟂，宋人黄庭坚《书蟂矶》云："蟂似蛇，四足，能害人。"① 又祝穆《方舆胜览》中言："蟂，毛蛟也。"② 此外，明清各类地理志书中也常将蟂称作老蛟。从多方记载来看，蟂在古代社会中显然属于蛟类，这也解释了为什么今人称蟂矶为蛟矶的缘故。蟂矶之名的由来虽然不是那么美好，但是其真实的自然风光却十分壮丽。由于蟂矶地处大江之中，四周又崖壁如削，江流湍急，故其地常有煎盐叠雪、喷雨嘘云之景。同时，每逢阴雨，蟂矶周围也会产生大量烟雾，烟波浩渺，使人置身其中宛在仙境。因此，古代蟂矶素有"蟂矶烟浪""蟂矶烟锁"之美称，并被时人列入芜湖八景之中。明代时，芜湖县尹李承节更是赞誉其为"江心第一境"。是时，蟂矶之名不说人尽皆知，但也远近闻名。值得注意的是，古代蟂矶的声名鹊起最早也是明代以后的事情，在此之前，人们对于蟂矶的关注和认识很大程度上是受到蟂矶夫人的影响。所谓蟂矶夫人，即是指存在于蟂矶山上一位女性神祇。当地人们向来视之为守护神，并予以崇祀。及至今日，蟂矶山上仍然存在着供奉蟂矶夫人的庙宇。古代社会中的蟂矶夫人究竟是谁？其信仰的发展和变迁又经历了哪些过程？

一、蟂矶夫人的原形和职能

蟂矶夫人作为古代芜湖地区的一位民间神祇，其起始的确切年代至今

① （宋）黄庭坚：《豫章黄先生文集》卷 25，商务印书馆 1929 年二次影印本，第 22 页 a。
② （宋）祝穆：《方舆胜览》卷 15《太平州・山川》，中华书局 2003 年点校本，第 267 页。

已不可考，但据《宋会要辑稿》中记载显示："蟂矶夫人祠在太平州芜湖县。神宗元丰元年（1078）十一月，赐额'灵泽'，仍封'灵泽夫人'"[①]。其中，元丰元年十一月正是目前文献可考蟂矶夫人出现的最早时间。据此可知，至迟到北宋神宗时期芜湖地区就已经存在蟂矶夫人信仰，并且还获得了国家的赐额和封号。这里需要指出的是，宋代国家对于民间信仰的封赐主要依据的是神祇的灵应与否。如《宋史·礼八》中就载："州县岳渎、城隍、仙佛、山神、龙神、水泉、江河之神及诸小祠，皆由祷祈感应，而封赐之多，不能尽录云。"[②]在此背景下，元丰元年芜湖蟂矶夫人的获封应当也是因为自身的"祷祈感应"。至于这种"祷祈感应"具体体现为哪些方面，换言之，蟂矶夫人的职能究竟是什么。想要回答这一问题，首先必须要弄清楚蟂矶夫人的原形问题。

关于蟂矶夫人的原形问题，学界中已有学者进行过探讨，并认为其原形为黑龙神。[③]主要依据是宋时五龙神敕封之事。据马端临《文献通考》记载，大观四年（1110）"八月诏天下，五龙神皆封王爵。青龙神封广仁王，赤龙神封嘉泽王，黄龙神封孚应王，白龙神封义济王，黑龙神封灵泽王。"[④]从中可以明显看出，是时五龙神中黑龙神所获得的国家封爵为"灵泽王"。据此一些学者认为，作为同样拥有"灵泽"庙额、封号的芜湖蟂矶夫人，其原形就是黑龙神。同时，据《芜湖县志》记载："嘉靖二十六年（1547）七月，有黑龙见蟂矶山下，水暴涨二丈许，忽涸见底。"[⑤]方志中提及的黑龙在相关学者看来也是蟂矶夫人，此事也由此成为蟂矶夫人即为黑龙神的又一佐证。但事实真是如此吗？

---

① （清）徐松辑：《宋会要辑稿》不分卷《礼二》，上海古籍出版社2014年点校本，第1017页。

② （元）脱脱等：《宋史》卷150《礼八·诸神祠》，中华书局1985年版，第2561—2562页。

③ 张莉：《旧志所见中国古代地方传说的流变——以安徽芜湖灵泽夫人庙为例》，《上海地方志》2018年第2期。

④ （元）马端临：《文献通考》卷90《郊社考·杂祠淫祠》，中华书局1986年点校本，第824页。

⑤ 余谊密修，鲍实等纂：《芜湖县志》卷57《祥异》，成文出版社1970年影印本，第1206页。

首先，针对“灵泽”这一庙额来说，有宋一代，“灵泽”作为一种国家赐额并非是黑龙神和蟂矶夫人所独有。仅《宋会要辑稿·礼二〇》中所见地方神祇获赐“灵泽”庙额的事例就有二十余处。具体情况，如表 6–2 所示。

表 6–2　《宋会要辑稿·礼二〇》所见获赐“灵泽”庙额情况表①

神祠名	所在地	获赐时间	庙额
朝那湫龙祠	东山寨硖山	天禧二年（1018）四月	灵泽
曹村埽神祠	澶州濮阳县	元丰元年（1078）	灵泽
蟂矶夫人祠	宣州芜湖县	元丰元年（1078）十一月	灵泽
山湫神祠	张义堡	元丰三年（1080）十月	灵泽
洪泽镇龙祠	楚州淮阴县	元祐八年（1093）	灵泽
梨山神祠	荣州荣德县	元符元年（1098）十月	灵泽
黑水神祠	光州光山县	崇宁元年（1102）二月	灵泽
克胡寨龙女祠	石州定胡县	崇宁二年（1103）十月	灵泽
龙宫神祠	果州南充县	崇宁四年（1105）三月	灵泽
峡江龙祠	成都府金堂县	崇宁四年（1105）七月	灵泽
赤龙潭神祠	淮宁府宛丘县	崇宁四年（1105）	灵泽
鱼潭神祠	建昌军南城县	大观元年（1107）五月	灵泽
瑶泉神祠	定边军城西	政和三年（1113）十二月	灵泽
清潭龙祠	长沙府宁乡县	政和五年（1115）八月	灵泽
龙湫神祠	岷州怀远乡	政和六年（1116）正月	灵泽
广泽神祠	复州景陵县	宣和三年（1121）	灵泽
风伯潭龙王祠	衡州耒阳县	宣和三年（1121）十一月	灵泽
古湫神祠	高州南宁县	绍兴八年（1138）五月	灵泽
龙井神祠	临安府临安县	绍兴八年（1138）五月	灵泽
三洞神祠	衢州西安县	绍兴十六年（1146）十一月	灵泽
龙岩神祠	南安军大庾县	绍兴十七年（1147）四月	灵泽
东山龙渊神祠	黎州汉源县	绍兴二十八年（1158）八月	灵泽
官池龙洞神祠	嘉庆府巴渠县	绍兴二十九年（1159）正月	灵泽
龙洞龙神祠	忠州垫江县	乾道二年（1166）八月	灵泽
龙神祠	洋州兴道县	乾道三年（1167）八月	灵泽
东关滩龙洞祠	涪州武龙县	乾道三年（1167）八月	灵泽
雾池龙神祠	襄阳府襄阳县	乾道四年（1168）三月	灵泽

① （清）徐松辑：《宋会要辑稿》不分卷《礼二〇》，上海古籍出版社 2014 年点校本。

如表6–2所示，从天禧二年到乾道四年，宋廷先后对全国各地27所祠庙赐予了“灵泽”庙额。这27所祠庙的背后代表着的是27位民间神祇。并且，从它们各自祠庙的名称来看，这27位民间神祇显然并非都是同一神祇，其中有些甚至不属于龙神之列。这足以表明，仅靠具有相同的庙额或封号就来判定蟂矶夫人为黑龙神的做法是不可取的。

其次，按照宋代礼制规定，国家对于男性神祇与女性神祇所赐予的爵号是完全不同的。据《宋史·礼八》中记载，元丰三年（1080）六月十七日，时任太常博士之职的王古曾上奏请言：

> 自今诸神祠无爵号者，赐庙额，已赐额者加封爵，初封侯，再封公，次封王。生有爵位者从其本封。妇人之神封夫人，再封妃。其封号者初二字，再加四字。如此，则锡命驭神，恩礼有序。①

从历史的实际情况来看，王古所言基本为宋代国家采纳施行，并延之后世。按其所言，侯、公、王等爵位应为男性神祇所有，而夫人、妃等爵位则为女性神祇所有。这一方面既是古代封爵制度在民间神祇信仰中的映射，另一方面也证明了作为“灵泽王”的黑龙神与作为“灵泽夫人”的蟂矶夫人，至少从性别上来看就是两个完全不同神祇。此外，对于《芜湖县志》所载黑龙一事，下文中我们也将会讲到，古代芜湖蟂矶夫人的形象并不是一成不变的。至少在嘉庆时期，蟂矶夫人就已经摆脱了作为自然神的龙神形象，成为了人格化的神祇。如此一来，是时蟂矶山下出现的黑龙与蟂矶夫人之间的关系显然也就不是很大。

宋时芜湖蟂矶夫人的原型既然并非黑龙神，那么其究竟为何呢？查阅方志文献后笔者发现，是时芜湖蟂矶夫人的真正原形应为龙女。据康熙《太平府志》卷四十《杂辩》中记载：“隆兴二年（1164），御前降祝板云：‘致祭太平州蟂矶山灵泽庙龙女灵泽夫人。’”② 隆兴乃南宋孝宗赵昚之年号。可见，是时官方祝板之中就已经明确指出了芜湖蟂矶夫人的原型为龙女。并且，在

① （元）脱脱等：《宋史》卷150《礼八·诸神祠》，中华书局1985年版，第2561页。

② （清）黄桂修，（清）宋骧纂：《太平府志》卷40《杂辩》，成文出版社1974年影印本，第715页。

宋代，朝廷以“灵泽”作为庙额赐予龙女的做法也是早有先例。如表 6–2 所示，东山寨硖山的朝那湫龙祠就曾于真宗天禧二年（1018）四月获得过朝廷“灵泽”庙额的封赐。从这一角度来看，龙女作为宋时芜湖蟂矶夫人原型的说法也是成立的。

芜湖蟂矶夫人的原型既然为龙女，那么其所具有的职能从根本上来讲应当是与普通龙神无异的。众所周知，龙神是古代先民对于蛇、鱼、鳄、猪、马、鹿等动物以及云雾、雷电、虹霓等自然天象模糊融合而产生的一种神物。著名龙文化研究专家庞进认为，这种神物集合了种种“水物”的特性，并与雨水紧密相连，从而在传统的农业社会中获得了民众的普遍崇拜。[①] 由此可见，龙神显然是具有操控雨水的职能，而作为龙女的蟂矶夫人显然也不应例外。这一点从其获赐的“灵泽”庙额中也能看出。在古代社会中，国家赐予地方神祇的庙额在内容上往往都与神祇自身的特性相契合，以此来彰显它们的功绩和灵应。就“灵泽”一词而言，其本义泛指滋润万物的雨水。如《楚辞》中就有“思灵泽兮一膏沐，怀兰英兮把琼若”[②] 之语，并注曰：“灵泽，天之膏润也”[③]。对此，宋廷以“灵泽”一词作为庙额赐予蟂矶夫人，显然也是为了褒奖它在操控雨水之上的功绩和灵应。

除操控雨水外，蟂矶与芜湖所处的特殊地理位置也决定了蟂矶夫人负有平风定浪、护航河运的职能。其中，芜湖，地处长江沿岸，境内水网密布，河运业发达。而蟂矶则在芜湖“西南七里大江中”[④]，“屹峙江流，枕临地险，近对芜湖关口，实为粮舳通津”[⑤]。从动机上来看，当初邑人在蟂矶山上创建蟂矶夫人祠的目的很有可能就是希望龙女能够在此起到捍灾御患的作用，以保佑这一带风平浪静和往来舟楫的安全。对此，宋人洪迈所著《夷坚志·芜湖龙祠》中就曾记载了一件龙女显灵的事迹。

① 庞进：《中国龙文化》，重庆出版社 2007 年版，第 41—42 页。
② （宋）洪兴祖：《楚辞补注》，中华书局 1983 年点校本，第 320 页。
③ （宋）洪兴祖：《楚辞补注》，中华书局 1983 年点校本，第 320 页。
④ （宋）王象之：《舆地纪胜》卷 18《太平州·芜湖》，文选楼影宋钞本。
⑤ 余谊密修，鲍实等纂：《芜湖县志》卷 40《庙祀志》，成文出版社 1970 年影印本，第 513 页。

> 绍熙五年（1194）春，江西安抚司将官林应趾部豫章米纲往金陵。抵芜湖，内一舟最大，所载千斛，中夜忽漏作，水入如涌，舟中之人惶窘无计。林具衣冠向龙祠拜祷曰："应趾以贫为此役，今若是将大有损失，何力以偿，势须尽徙出，又非仓卒可办。舟有七仓，辄用甲乙次叙书七阄以卜所向，愿大神威灵曲垂昭告。"遂得第二阄，未及搬运而漏自止，于是安寝。至旦后三日晚，至采石，舟复漏，乃集纲众如神告之证空第二仓，见底板正脱一节，一小鱼当漏处帖，帖如遮护，然已腐矣。盖前者漏止，正以鱼故，神之赐祐大矣哉。①

林应趾此次行程由江西出发，沿长江一路顺流而下，直抵金陵。据上述记载显示，当船队在行驶至长江芜湖段时，其中最大的一艘船发生了漏水事故，并且不知位于何处。是时正值中夜，情况十分危急，于是林应趾便向附近龙祠进行祷拜，祈求其能告知船内漏水所在。龙祠之内所祀之神予以感应，不仅为他们指明了漏水所在，而且还帮助他们用小鱼堵住了缺口，从而使得一行人最终平安抵达目的地。故事中林应趾所拜之芜湖龙祠应当就是指当时蟂矶山上的蟂矶夫人祠。蟂矶夫人庇佑航运的职能在此可见一斑。

综上所述，芜湖蟂矶夫人信仰在宋代的发展基本上是处于一个兴起阶段。期间，蟂矶夫人的原型明显属于龙神之类，但并不是某些学者所说的黑龙神，而是龙女。同时，在芜湖地区，蟂矶夫人也具有操控雨水，兴云布雨，平风定浪，护航河运等诸多职能，并因此获得过国家的赐额和封号，拥有着合法的身份和正统的地位。

二、蟂矶夫人形象的转变与"蟂矶传说"

宋代以后，芜湖地区仍然存在蟂矶夫人信仰，但其神祇形象却已发生了根本性的转变——从龙女变为了孙夫人。所谓孙夫人，即是指汉昭烈帝刘备之妻，吴大帝孙权之妹也。考诸正史，其中有关孙夫人的记载并不详细，对

① （宋）洪迈：《夷坚志》丁卷第7《芜湖龙祠》，中华书局2006年点校本，第1025页。

其结局的交代更是含混不清，仅言“先主既定益州，而孙夫人还吴”[①]。至于还吴之后的历史，则不见于史载。如此一来，历史上的孙夫人就成为了一个极具模糊性和争议性的人物。当然，也正是因为如此，蟂矶龙女与孙夫人之间的融合和转变才有了足够令人遐想的空间。

据史料记载显示，自南宋隆兴二年以后，文献有关蟂矶夫人的记载首见于元人倪从[②]所撰之《蟂矶灵泽夫人庙记》。其内言：

> 蟂矶山庙神灵泽夫人孙氏，世相传大帝妹，蜀先主之配。还省其母，居于滦江。闻先主崩，以哀慕殒绝，今之庙盖藏所也。芜湖县治，一望而近，兀然卷石江之心，而庙据其境，凡雨旸愆期，必于是血祷焉，其感未尝不应。舟之往来，卒遇风险，莫不叫呼，委命于神。其幸而济者曰：神之休也。有宋赐今庙额、封号，而神益以贵显，信于观听矣。[③]

是时芜湖蟂矶夫人的形象已非昔日御前降祝板中所言的龙女，而是转变为了“孙氏”，即孙夫人。并且，孙夫人这一新形象不仅仍然沿用了宋时龙女获封的庙额和封号，仍称“灵泽夫人”，而且也拥有了与龙女相同的职能和灵应，以此享受着地方民众的普遍崇祀。考察这种转变发生的原因，其显然与倪从口中所言孙夫人殒葬蟂矶的传说故事密切相关。

如前所述，正史中对于孙夫人结局的交代极为模糊，而这无疑就为有心之人臆想孙夫人的结局提供了可乘之机。据文献记载，早在南宋后期，世俗社会中就已开始流传着孙夫人死于蟂矶的传说，下文简称“蟂矶

① 《三国志》卷34《蜀书四·二主妃子传第四·先主穆后》，中华书局1982年点校本，第906页。

② 据《全元诗》记载：“倪从，字里不祥。至治二年（1322）七月，王都中母亲去世。泰定三年（1325），倪从以门生身份参与为其《孝感白华图》题诗。”至治、泰定分别为元英宗、泰定帝在位时期所采用的年号，是时正值元代中期。由此推之，倪从所处之年代范围，前后应该不超过元代。杨镰主编：《全元诗》，中华书局2013年版，第246页。

③ 余谊密修，鲍实等纂：《芜湖县志》卷40《庙祀志》，成文出版社1970年影印本，第510页。

传说”[1]。如南宋名臣吴渊《蟂矶》一诗中曰：

恨别刘郎一水悬，真孤此际月婵娟。
山留拳石归吴女，神映峨眉望汉川。
霜骨千年灯火在，香魂四下水云连。
才添彤史登题句，又被芦花一缆牵。[2]

诗中所言“刘郎”和“归吴女”显然分别是指刘备与其夫人孙氏，而“山留拳石归吴女”中的“山”则是指蟂矶山。从其创作背景来看，该诗明显是受到了当时社会中“蟂矶传说”的影响。及至元代，随着小说、戏曲等通俗文学的迅速发展，“蟂矶传说”也在世俗社会中得到了进一步的传播和发展，并涌现出了两种不同的版本。一种如上引倪从《蟂矶灵泽夫人庙记》中所讲，孙夫人还省其母，在经过滦江（位于芜湖县西南方向，靠近蟂矶）时，因为听闻丈夫刘备去世的消息，哀伤思慕，遂自沉于江中追随亡夫而去，死后则被当地民众安葬于蟂矶山上，予以祭祀。另一种版本的故事时间则发生于刘备西进益州之际。是时，孙权听闻刘备西征，于是便请其妹归返东吴，并派遣舟船前来迎接。然而因为吴蜀各自为国，“孙夫人舟及矶，且近建业，自喟不忍见兄，遂没于矶”[3]。对比上述两种版本，其中孙夫人沉江的时间、原因虽各有不同，但其最终结果却是一样，皆是死于蟂矶，可谓大同小异。

不过，作为一种传说故事，“蟂矶传说”的真实性势必大打折扣。对此，明清时期的一些学者就曾针对“蟂矶传说”的真伪问题进行过细致考证。如

① 关于“蟂矶传说”，学者符丽平认为其能够存在和成立的基础主要由三大要素构成，即孙夫人的死亡原因、死亡方式和死亡地点。首先，罗贯中在《三国志通俗演义》中对孙夫人形象的再造为其殉夫提供了可能。其次，当时民间社会中流传的关于孙夫人投江而死的传说则为其死提供了方式。再次，“蟂矶”与“枭姬”（戏曲中孙夫人的绰号）的音同又为孙夫人之死提供了地点。详细参见符丽平：《“蟂矶传说”考析》，《成都大学学报》（社会科学版）2007 年第 6 期。这里需要指出的是，符丽平认为“蟂矶传说”出现的时间为明清时期，但从本书的论述来看，南宋后期时“蟂矶传说”就已存在。因而，符丽平关于“蟂矶传说”产生和成立原因的论证在内容上是有一定偏差的，不过其论证角度对后人的相关研究仍具有借鉴价值。

② （清）柯愿撰：《蟂矶山志》卷下《七言律诗》，上海图书馆 1997 年影印本，第 1 页 b。

③ 余谊密修，鲍实等纂：《芜湖县志》卷 40《庙祀志》，成文出版社 1970 年影印本，第 512 页。

明人王宗圣在其《蟂矶纪事》一文中就从纲常大义的角度出发对孙夫人之死进行了辨析，认为“使孙果为刘而死，则其轰轰然贞心嫮节可垂后世”，然而正史却无记载，为何？“大都孙氏死事莫详，意必有近似者，是以国人义之，俎豆血食”[①]。与之相比，顾炎武则从文献与史实的角度出发，先后借助《蜀志》和《云别传》中有关孙夫人的记载指出，“孙夫人自荆州复归于权，而后不知所终，蟂矶之传殆妄”[②]。与此类似的考证还有很多，如刘淮的《灵泽辨疑记》、张宗泰的《蟂矶辩疑》等。在这些考证类的文章当中，“蟂矶传说”的真实性显而易见。

“蟂矶传说”既为殆妄，那么它为什么还会在世俗社会中广为流传，并在某种程度上受到不同社会群体的认可呢？笔者认为，这一方面是因为神话传说自身巨大的吸引力和说服力。对此，美国著名汉学家柯文（Paul A. Cohen）就曾指出，“历史的任何一个侧面都有以神话的形式在现实中继续存在的潜在可能”[③]，而神话相较于事实而言有时更容易使人相信，更具有说服力。另一方面，对于士大夫们来说，“蟂矶传说”背后宣扬的实际上是一种女性的贞节思想，并附带有相应的忠义精神。这无疑与以儒学为主导的社会主流文化思想相契合。因此，尽管“蟂矶传说”的真实性仍有待商榷，但这并不影响其在士人群体中的传播和发展。是时，孙夫人“隆受封号，享蟂矶之祀，与天地同终，盖自贞烈之所致已矣”[④]。此外，对于一些文人雅士来说，类似“蟂矶传说”这样的“以无考之人乃相与祀之，亦其地之佳话，正不必务辟其非，类伧父之煞风景也”[⑤]，只需“心终疑之”即可。所以，出于多方面的原因，“蟂矶传说”最终还是成为了世俗社会中的一种既成事实，并广为流传。

---

① 余谊密修，鲍实等纂：《芜湖县志》卷40《庙祀志》，成文出版社1970年影印本，第512页。

② （清）顾炎武：《日知录》卷31《蟂矶》，商务印书馆1934年点校本，第410页。

③ ［美］柯文：《历史三调作为事件、经历和神话的义和团》，杜继东译，江苏人民出版社2000年版，第181页。

④ （清）柯愿撰：《蟂矶山志》卷上《灵泽辨疑记》，上海图书馆1997年影印本，第11页a。

⑤ （清）张宗泰等：《质疑删存》卷中《蟂矶辩疑》，中华书局2006年版，第46页。

在“蟂矶传说”的影响下，孙夫人开始逐渐取代旧时龙女成为芜湖地区新的蟂矶夫人。从时间上来讲，虽然“蟂矶传说”至迟到南宋后期就已出现，但目前可见当时的文献记载中并未将其与蟂矶夫人联系在一起。因此，出于史实上的考虑，笔者暂将这种转变发生的时间定于元代。是时，芜湖地域社会中的蟂矶夫人已然与历史上的孙夫人重合在了一起。值得注意的是，元时芜湖蟂矶夫人形象的转变并不是一种非此即彼的结果。换言之，在这一过程中孙夫人并没有完全取代或者抛弃旧时龙女所具有的一些特征。相反，如上所述，其不仅继承了原来龙女获封的庙额和封号，同时也拥有了与之相同的职能和灵应。这种类似的现象在古代关帝的神化过程中也同样出现过。对此，美国著名汉学家杜赞奇（Prasenjit Duara）认为，“当神话和形象随着时间而改变，各群体争相对神的作用及其主要形象做出自己的解释时，新的解释并没有完全消除旧的解释，而是被‘写上去’（written over），以致重要的东西仍延续了下来”[①]。在本书中，孙夫人显然就是那个后来被“写上去”的“新解释”，而旧时龙女所拥有的庙额、封号和职能则是那些被她延续下来的重要东西。至于这些东西为什么重要，这就涉及了当时整个民间信仰发展的一个重要取向。

众所周知，中国古代社会中民间信仰素有正祀与淫祀之分。合法即为正，非法即为淫。故而，“正祀”常常会受到国家的支持和保护，但“淫祀”却随时可能面临国家的打击和取缔。不过，不同时期人们对于正祀与淫祀的认识也是不同的。[②]宋代以前，国家判断某一信仰正淫与否的标准是祀典。载入祀典即为正，不入祀典即为淫。然而及至宋代，随着地方社会力量及其信仰的崛起，加之国家的需要，朝廷开始对民间信仰进行大肆封赐，希望以此来加强其对地方社会的掌控和管理。芜湖蟂矶夫人信仰的获封正是处于这样一种背景之下。值得注意的是，宋廷大肆封赐民间信仰的行为也

① ［美］杜赞奇：《刻划标志：中国战神关帝的神话》，［美］韦思谛编：《中国大众宗教》，陈仲丹译，江苏人民出版社2006年版，第59页。

② 关于古人正祀、淫祀观念的探讨，详细可参见皮庆生：《宋人的正祀、淫祀观》，《东岳论丛》2005年第4期。

拓宽了民间信仰成为正祀的途径。换言之，在当时社会中，除了载入祀典外民间信仰还可通过获得国家的封赐来成为正祀，以此避免被打击和取缔的风险。从历史发展的实际情况来看，因为获得国家封赐的条件相较于载入祀典来说更为容易，所以后者很快就取代前者成为民间信仰纳入正祀的主要途径。在此影响下，向国家靠拢，争取国家封赐已然成为宋代以来民间信仰发展的一个基本取向。对于这种取向，我们可以称之为民间信仰的正统化或官方化。

就芜湖蟂矶夫人信仰而言，其在宋时就已获得过国家封赐。是时，“灵泽”庙额与“灵泽夫人”的封号就是其合法与正统的最好证明。然而待发展到元时，蟂矶夫人的形象却发生了巨大改变，而这势必会对其信仰本身的合法性和权威性产生影响。因此，在这种情况下，为了维持自身的合法地位和权威，继续使用宋时龙女获封的庙额和封号无疑是一个快速而有效的方法。正如倪从所说，因为“有宋赐今庙额、封号，而神益以贵显，信于观听矣”[①]。与此同时，为了能够继续获得民众的信仰和国家的封赐，孙夫人势必也要继续承担起曾经龙女所具有的职能，重新庇佑一方水土平安，捍灾御患。从这一角度来看，宋时龙女所拥有的庙额、封号及职能对于元时蟂矶孙夫人的重要性不言而喻。

三、明清蟂矶夫人信仰的兴盛及缘由

明清时期是古代芜湖蟂矶夫人信仰发展的兴盛期。在此期间，孙夫人作为蟂矶夫人的形象日益深入人心，并逐渐获得了广大官民的一致认可和崇祀。在此背景下，芜湖蟂矶夫人信仰的发展迎来了新的繁荣。具体则可表现为三个方面：一是官方的尊崇；二是信仰声望和影响力的显著提高；三是庙宇规模与层次的不断扩大和丰富。当然，从根本上来讲，这三方面的出现和存在都是建立在蟂矶夫人的灵应显著和捍灾御患的基础之上。

---

① 余谊密修，鲍实等纂：《芜湖县志》卷40《庙祀志》，成文出版社1970年影印本，第510页。

（一）官方的尊崇

明人边维垣曾言：“我朝灵泽之封尤灼灼焉，龙章揭咏，烂赫汉垣，仰锡珍褒。”[①] 这段话清楚地反映了当时官方对于蟂矶夫人信仰的推崇和认可。其中，“龙章揭咏”一事的背后还隐藏着一段朱元璋与孙夫人之间的传奇佳话。据明人周士佐《蟂矶碑记》中记载：

洪武初，太祖亲征江西陈友谅，战于鄱阳湖。夫人助阵于康山，一时士气十倍。其事与蒋子文类。回銮幸其庙，赐红段过肩衮龙袍一件。暨仁后赐黄罗九龙袍一件，降香三炷与御制七言诗一首。[②]

类似的事迹还见于万历《续道藏·搜神记》中，言：

（灵泽夫人）历著灵异，我太祖高皇帝龙飞波江，阴兵冥助。既登极，动封灵泽夫人，益新庙貌，有御制律诗刻于庙额。[③]

综合多方记载来看，早在洪武初年，芜湖蟂矶孙夫人就曾因在鄱阳湖大战中帮助过朱元璋的缘故，而获得了来自官方“红段过肩衮龙袍”“黄罗九龙袍”“降香”等诸多赏赐。其中，朱元璋甚至还亲自为其题咏了一首御诗，具体内容如下：

龙车凤辇出皇都，蟂矶烟锁在芜湖。
千林红叶秋来扫，万里江山一样模。
荡荡长江俱左右，明明日月照东吴。
梅花绕报春消息，瑞气纷纷到处无。[④]

显然，凭借着这段佳话，蟂矶夫人信仰很快与当时的统治阶级取得了联系，并因此受到了官方的格外赏赐和优待。纵使是在此之后，明朝统治者也未曾放弃过对蟂矶夫人信仰的关注和支持。如弘治十四年（1501）时，明廷

① 余谊密修，鲍实等纂：《芜湖县志》卷3《地理志》，成文出版社1970年影印本，第69页。
② （清）黄桂修，（清）宋骧纂：《太平府志》卷37《艺文三》，成文出版社1974年影印本，第607页。
③ 《搜神记》卷6《道藏》第36册，天津古籍出版社1988年影印本，第290页。
④ （清）柯愿撰：《蟂矶山志》卷下《七言律诗》，上海图书馆1997年影印本，第2页b。

就曾派遣御用监太监陈玄、内官监太监王瑞、御马监太监魏伦三人作为钦差前往蟂矶，“赍颁御银”。又如正德十六年（1521），兴献太后蒋氏在从承天府返回京城的途中经过蟂矶，遂“遣太监高忠赐玉带一条，与前蟒龙等件俱存”[①]。官方的这种种行为，无不彰显着蟂矶夫人信仰在明朝世俗社会中的尊崇地位。

及至清代，在官方力量的推动下，芜湖蟂矶夫人信仰有了进一步发展。考诸文献，这一时期官方对于蟂矶夫人信仰的尊崇莫过于嘉庆二年（1797）的封赐之举。据《芜湖县志》记载：“嘉庆二年，中丞大兴朱公题奏敕封崇节惠利灵泽夫人，钦赐英灵惠济额，春秋致祭如仪。”[②]从这则史料中可以看出，是时蟂矶夫人不仅获得了国家的认可，而且还正式载入了地方祀典之中。因为只有地方祀典之中的神祇，才能够享受来自地方官员一年两次的“春秋致祭”。同时，此时蟂矶夫人的封号在字数上已多达六字，庙额也增至四字。按照古代礼制的传统来说，神祇封号和庙额的字数越多，往往代表着其等级和地位也就越高。如有清一代，金龙四大王的封号就增加至五十字，而天后妈祖的封号更是加至六十字。国家这样做的目的主要是为了“锡命驭神”，而使“恩礼有序”。但无论如何，对于芜湖蟂矶夫人信仰来说，嘉庆二年的封赐之事无疑是其地位在整个民间信仰体系中的又一次巨大提升。

当然也需要看到的是，此次获封的背后同样也离不开地方官民的共同参与和支持。考察整个封赐事件的始末，发现其最初的发起者是芜湖地方士民。嘉靖二年丁巳，芜湖地方士民龙士彩等为感谢蟂矶夫人的素著灵异和庇佑之功，于是联合向地方官府提出了请求，“吁请圣慈敕加天宠，庶几宝珞金幢，益妥幽宫之祀”[③]。时任芜湖县令的吴嗣蕙在接到地方士民的吁请后，便根据实际情况写下了《代士民吁请褒封蟂矶灵泽夫人状》一文，并向上转

① （清）黄桂修，（清）宋骧纂：《太平府志》卷37《艺文三》，成文出版社1974年影印本，第607页。

② 余谊密修，鲍实等纂：《芜湖县志》卷40《庙祀志》，成文出版社1970年影印本，第509—510页。

③ 余谊密修，鲍实等纂：《芜湖县志》卷40《庙祀志》，成文出版社1970年影印本，第513页。

呈级州府。在这篇诉状文中，吴嗣蕙着重强调了蟂矶所处地理位置的重要性和蟂矶夫人的灵应显著，称：

今河海效灵，神祇受职，凡昭亮节，皆锡崇褒。况此矶为粮艘佑舶所必经，多决帆摧樯，之是惧而戒心者，无苦于海童、马衔坚额者，邀福于龙螭荷盖，戕风不起，迅澓皆恬，何莫非夫人之灵爽式凭，于以昭盛世之安澜永庆。[①]

是时，州府官员在收到这篇诉状后又继续向督抚作了汇报。最终此事受到了时任安徽巡抚朱珪的亲自过问，并由其撰写了《灵泽夫人褒封疏》一文，正式向朝廷提出吁请。至此，芜湖地方士民的舆情才得以上达天听，进而才有了嘉庆二年的封赐之事。

值得注意的是，在《灵泽夫人褒封疏》中，朱珪间接表达了他对孙夫人即为灵泽夫人之说的质疑，言：

粤惟灵泽之神，流传起于蜀汉。考之陈寿、裴松所述，志有未详。封于政和、洪武之年，今犹为烈。如明臣王守仁、徐渭之题句及本朝、王士祯、宋琬之诗篇，虽皆指实蜀吴，未敢据为典则。[②]

但随后其又写道：

其风帆浪舶，灵应屡彰，祷雨祈晴，舆情共戴，有卫民之功德，实江渎之灵祇，祀典允宜褒加有待，可否仰恳天恩，锡予崇封扁额，以广皇仁，以慰民望，臣不敢壅于上闻，谨会题请旨。[③]

从朱珪包括上述吴嗣蕙的话语中不难看出，对于蟂矶夫人，二人看重的并不是她作为孙夫人的身份，而是她捍灾御患的职能和灵应，因为这些东西才是她能够真正获得国家封赐的主要原因。对此，《清史稿》中关于清代国家神祇封赐政策的记载更加印证了这一点。是时，“若夫直省御灾捍患有功

① 余谊密修，鲍实等纂：《芜湖县志》卷40《庙祀志》，成文出版社1970年影印本，第512—513页。

② 余谊密修，鲍实等纂：《芜湖县志》卷40《庙祀志》，成文出版社1970年影印本，第513页。

③ 余谊密修，鲍实等纂：《芜湖县志》卷40《庙祀志》，成文出版社1970年影印本，第513页。

德于民者，则锡封号，建专祠，所在有司，秩祀如典”①。此外，结合前文蟂矶夫人在宋、明时期获封的原因可以发现，民间神祇的职能和灵应始终都是其信仰发展的根本所在。

（二）声望和影响力

众所周知，“惟灵是信”是中国古代民众信仰取向的一个基本原则。在此原则的影响下，人们很容易就从一种神祇信仰转移到了另一种更加灵应的神祇信仰中去，或者干脆同时信仰多个不同的神祇。因此，一个神祇的灵应与否及其能力的大小也就成为决定它信众多寡的一个关键因素，进而会影响到它在世俗社会中的声望和影响力。就蟂矶夫人信仰而言，如前所述，因为自身的职能和灵应，蟂矶夫人不仅很快在芜湖地区建立起了深厚的信仰传统和广泛的信众基础，而且还先后受到了来自宋元明清四代王朝的推崇。可以想见，在国家与地方的共同作用下，蟂矶夫人信仰在世俗社会中的声望和影响力必然也是与日俱增。这一点，在明清时期体现得尤为明显。

是时，随着蟂矶夫人信仰声望和影响力的日渐上升，世俗社会中开始涌现出了大量题咏蟂矶的诗文。对此，清人柯愿在其《蟂矶山志》中这样写道：“兹山自宋以前，名或未著，人或罕登。即有品题，亦多湮没。逮明太祖颁赐宸翰，肆发幽潜，而山神日或效灵，以故登游者既众，则题咏者益多，因有是集。”② 从柯愿的话中我们可以看到，明代以前蟂矶或许并不出名，不仅人迹罕至，而且少有品题。但是到了明代之后，由于太祖朱元璋对蟂矶夫人的封赐及其信仰的兴盛，蟂矶随蟂矶夫人迅速跃入了广大世人的眼帘。在此背景下，越来越多的文人墨客、商旅达宦开始慕名来到蟂矶，在此游览观光，凭吊题咏，从而留下了大量赞美蟂矶及蟂矶夫人的诗文。其中，较为著名的题咏者有解缙、徐渭、王守仁、吴廷翰、顾炎武、李贽、曹贞吉、宋琬、朱彝尊、陈维崧、袁枚、赵翼、姚鼐、钱大昕、赵怀玉、汪学金、黄钺等。

① （清）赵尔巽：《清史稿》卷84《礼三·京师群祀》，中华书局1977年点校本，第2546页。
② （清）柯愿撰：《蟂矶山志》卷上《凡例》，上海图书馆1997年影印本，第1页b。

纵观这些名人大家的题咏，其内容中不乏对于蟂矶风光的描绘和赞美。如解缙《蟂矶》一诗就称其近观“万顷波光镜面开，穹窿鳌背负楼台”[①]，远观则“水连天色无边阔，风递潮声不断来”[②]。如前所述，蟂矶在明清时期素有“江心第一境”的美誉，位列芜湖八景之一，号称“蟂矶烟浪”“蟂矶烟锁”，其风光的壮丽优美自不必多说。而在此之外，题咏者也常常感叹于“蟂矶传说”的凄美动人，对孙夫人的遭遇多报以无限哀念和追思。如清初著名词人曹贞吉《金菊对芙蓉·和锡鬯蛟矶吊孙夫人》一词云：

蜀国夫人，孙郎小妹，腰间龙雀刀环。叹东南人物，弱女登坛。锦帆摇曳江如练，望瞿塘道路漫漫。永安龙去，蚕丛梦杳，红粉凋残。

灵泽遗庙江干，有云车风马，雾鬓烟鬟。怅西风白帝，鸾驭难还。千寻铁锁消沉后，家何在？两地悲酸。千帆落照，渔歌唱晚，露白枫丹。[③]

其中，“凋残”“悲酸”等字词的运用无不透露着词人对于孙夫人结局的伤心和同情。当然，与这种悲伤的情绪相比，一些题咏者也表达了他们对于孙夫人的钦佩和敬仰之情。如汪学金在《蟂矶夫人庙》中就称孙夫人：

依然女侍佩刀弓，飒爽神威肃闭宫。帝子千秋存义烈，使君一世匹英雄。

独凭正气幽灵慑，合表精禋显号崇。毕竟二乔难媲美，枉将国色擅江东。[④]

总之，怀着不同的目的，不同的心情，众多题咏者们来到蟂矶，并以他们的诗文诉说着蟂矶风景的壮丽和文化的魅力。值得注意的是，这些诗文作

---

① 余谊密修，鲍实等纂:《芜湖县志》卷59《杂识》，成文出版社1970年影印本，第1280页。

② 余谊密修，鲍实等纂:《芜湖县志》卷59《杂识》，成文出版社1970年影印本，第1280页。

③ （清）曹贞吉:《瑶华集》卷11，中华书局1982年影印本，第696页。

④ （清）汪学金:《静厓诗后稿》卷4，嘉庆六年至七年井福堂精刊本。

为一种文学形式的赞辅，[①] 无形中也起到了推动蟂矶夫人信仰对外传播和发展的作用，进而反过来间接地提高了它在世俗社会中的声望和影响力。

（三）庙宇的规模与层次

庙宇是世俗社会中供奉神祇的场所，是神祇信仰的物质载体。关于庙宇对于神祇的作用，西方汉学家韩森（Valerie Hansen）认为它就像房屋对于人类一样。并且，神祇“居住条件的好坏不仅影响着神祇的福气，还影响着神祇的威灵。祠庙簇新壮观，位于庙中的神祇也就能够显示灵迹。若住所破旧颓败，说明此中神祇已被人们所忽视，他就无法再为人们降雨、治病”[②]。在此，笔者想说的是，一座庙宇的新旧好坏、规模大小，除了影响着神祇的福气和威灵外，还在一定程度上反映了该神祇信仰的兴衰存亡。

就芜湖蟂矶夫人所在庙宇而言，据文献记载显示，其地唐时为水心禅院，宋时禅院“岁久僧绝，羽流居之”，道士们则在原来水心禅院的基址上创建了蟂矶夫人祠，蟂矶夫人信仰由此开始。元丰元年，蟂矶夫人获封“灵泽夫人”，故后人又常常称其庙宇为灵泽夫人祠或灵泽夫人庙。南宋之时，灵泽庙宇继续存在，并于隆兴二年获得朝廷致祭。随后，据陆游《入蜀记》中载，“蟂矶在大江中，耸拔特起，有道士结庐其上，政和中，赐名宁渊观”[③]。同样，张孝祥《宁渊观》诗中亦曰：“江心分殿宇，敕赐号宁渊。”[④] 据此推之，是时蟂矶山上道士结庐之所应当就是昔日供奉灵泽夫人的灵泽庙宇。南宋政和年间，朝廷敕封灵泽夫人及其庙宇，赐金匾，题名“宁渊观”，取其能宁息深渊蛟怪之意。此后直至元代，灵泽庙宇多以宁渊观的称呼见于文献。

宋元之交，受战乱的影响，宁渊观毁于兵燹。如《大明一统志》中所载：

---

① 是时，除诗文以外，世人对于蟂矶及蟂矶夫人的文学赞辅还包括大量匾额和对联的题刻。参见（清）柯愿撰：《蟂矶山志》卷 2《匾额》《对联》。

② ［美］芮乐伟·韩森：《变迁之神——南宋时期的民间信仰》，包伟民译，中西书局 2016 年版，第 54 页。

③ （宋）陆游：《入蜀记》卷 3，中华书局 1985 年点校本，第 22 页。

④ （宋）张孝祥：《张孝祥诗文集·补遗》，黄山书社 2001 年点校本，第 403 页。

“宁渊观，在蟂矶山，宋建元毁。”[①] 不过据倪从所言，“未几，道士谢德仙捐力起废，始为正殿设李老君诸天神像，以尊春教。置别室位夫人于中，前为门，后为楼，而祀神女于傍。募和阳邑民翁氏，众施田四百二十余亩，资香灯供祀之费。辛勤三十年，始复其旧而有加焉”[②]。需要指出的是，此时重建起来的庙宇并未继续采用宁渊观的名称，而是恢复了此前灵泽夫人庙的称呼。这一时期，灵泽庙宇逐渐恢复的背后同样也是蟂矶夫人信仰的再次兴起和发展。待至正十一年时，蟂矶夫人信仰的发展又迎来了一个高潮。是时，元廷应礼部尚书汪泽民之请于蟂矶敕建灵泽大殿，“龙榱凤桷，制拟王宫，盖以后礼尊之”[③]。汪泽民本人也在此“立前轩三楹，题以‘蟂矶胜景’”[④]。在此背景下，灵泽庙宇一时蔚为壮观。

明清时期，随着蟂矶夫人信仰的兴盛，灵泽庙宇不仅在规模上进一步扩大，而且还涌现出了许多新的信仰景观。如上所述，明初之时朱元璋为感念蟂矶夫人的冥助之恩曾为其益新庙貌，同时还令锦衣卫指挥同知王隐山及其妻贾氏，子王道仙，孙王礼、王诚、王经等留守此地，以负责灵泽庙宇的管理。在此之后，朝廷与地方官员、士民一道从未停止过对灵泽庙宇的修缮和增益。详细情况如表 6–3 所示：

表 6–3　明清官民增修灵泽庙宇情况表

时间	人物	活动	出处
洪武六年（1373）	芜湖县令黄朝弼	置床一张，陈诸左夹室为夫人偃息之所。	周士佐《蟂矶碑记》[①]
永乐六年（1408）	芜湖邑令雷燧	建水府殿三楹，在大殿左南向，中祀三元大帝。	周士佐《蟂矶碑记》

① （明）李贤、彭时等撰修：《大明一统志》下册卷 15《太平府》，三秦出版社 1990 年影印本，第 238 页。

② 余谊密修，鲍实等纂：《芜湖县志》卷 40《庙祀志》，成文出版社 1970 年影印本，第 510 页。

③ （清）黄桂修，（清）宋骧纂：《太平府志》卷 37《艺文三》，成文出版社 1974 年影印本，第 607 页。

④ （清）柯愿撰：《蟂矶山志》卷上《图考》，上海图书馆 1997 年影印本，第 4 页 b。

（续表）

时间	人物	活动	出处
天顺四年（1460）	侍御李文瑞	建真武楼三楹，在水府殿之前。	周士佐《蟂矶碑记》
成化元年（1465）	芜湖县令陈侯源	于清风楼（在芜湖治北）立蟂矶孙夫人行祠，祀三国汉昭烈妃。	邱濬《清风楼记》②
弘治十四年（1501）	冬官莫息	督建牌坊一座，在大殿前，匾曰：中流砥柱。又右殿三楹，与真武楼相对。	周士佐《蟂矶碑记》
正德七年（1512）	参将苟谋施	筑石埠二所，西北各数十级。	周士佐《蟂矶碑记》
正德七年（1512）	休宁义商程阳	于殿前坊外造石栏，一带自是登临者有凭借矣	周士佐《蟂矶碑记》
嘉靖二十一年（1542）	冬官沈鏊	更右殿为涵虚楼，四面洞达，可以眺览。	周士佐《蟂矶碑记》
嘉靖二十二年（1543）	太监张镕 冬官毛恺	建涵碧楼，位于涵虚楼后。	周士佐《蟂矶碑记》
嘉靖二十二年（1543）	冬官钟恕	建水晶宫，负楼面江，水天一色。	周士佐《蟂矶碑记》
嘉靖二十七年（1548）	冬官许用中	重建三门。	周士佐《蟂矶碑记》
嘉靖二十八年（1549）	冬官凌云翼	相继成之，匾曰：仰节坊。	周士佐《蟂矶碑记》
隆庆四年（1570）	冬官郑宣化	水晶宫之前构一亭，而匾以“水心”。扩景哲亭之址，起数楹而额以“回澜”。石埠之卑者高之，石栏之圮者易之。画栋琼台，焕然一新，而庙貌为之愈肃。	柯愿《蟂矶山志》③
万历四年（1576）	冬官郭子章	筑蜀望台，基高二丈六尺，广八丈，中祠奉玄德、孙夫人，左祠关云长、张翼德，右祠卧龙先生诸葛孔明。	郭子章《蜀望台记》④
万历四十五年（1617）	芜湖关政刘锡元	重修涵虚楼，尽撤其壁，易置踈棂，更名为水心楼。	刘锡玄《水心楼记》⑤
天启二年（1622）	芜湖关政陈维鼎	募修灵泽庙宇。	柯愿《蟂矶山志》⑥
崇祯元年（1628）	芜湖县尹雷起龙	募修灵泽庙宇。	柯愿《蟂矶山志》⑦
崇祯十一年（1638）	户部主政陆自严	募修灵泽庙宇。	柯愿《蟂矶山志》⑧

（续表）

时间	人物	活动	出处
乾隆五十四年（1789）	原芜湖观察张士范	鼎新栋宇。	民国《芜湖县志》⑨
道光十六年（1836）	邑人黄钺	见灵泽庙宇渐有不蔽之势，言于有司，谋重新之。	黄钺《壹斋集》⑩
同治五年（1866）	安徽巡抚彭玉麟	咸丰中，灵泽庙毁于兵，后彭公捐廉重建，道员杨荣炳、邑人鲍桢等监修。	民国《芜湖县志》⑪

注：①（清）黄桂修，（清）宋骧纂：《太平府志》卷37《艺文三》，成文出版社1974年影印本，第607页。表内其余相同出处，皆同此处。②余谊密修，鲍实等纂：《芜湖县志》卷36《古迹志》，成文出版社1970年影印本，第482页。③（清）柯愿撰：《蟂矶山志》卷上《记》，上海图书馆1997年影印本，第19页b。④（清）黄桂修，（清）宋骧纂：《太平府志》卷37《艺文三》，成文出版社1974年影印本，第607页。⑤（清）黄桂修，（清）宋骧纂：《太平府志》卷37《艺文三》，成文出版社1974年影印本，第606页。⑥（清）柯愿撰：《蟂矶山志》卷上《募引》，上海图书馆1997年影印本，第29页a。⑦（清）柯愿撰：《蟂矶山志》卷上《募引》，上海图书馆1997年影印本，第29页b。⑧（清）柯愿撰：《蟂矶山志》卷上《募引》，上海图书馆1997年影印本，第31页b。⑨余谊密修，鲍实等纂：《芜湖县志》卷40《庙祀志》，成文出版社1970年影印本，第509页。⑩（清）黄钺：《壹斋集》卷37，黄山书社2014年点校本，第706页。⑪余谊密修，鲍实等纂：《芜湖县志》卷40《庙祀志》，成文出版社1970年影印本，第510页。

从表6-3可以看出，明清时期芜湖蟂矶灵泽庙宇的发展虽有盛衰存废，但其整体规模相较于前代而言却有了很大发展。是时，灵泽庙宇内楼阁林立，殿宇巍峨。以灵泽大殿为中心，四周分布着诸如水府殿、真武楼、涵虚楼、涵碧楼、水晶宫、仰节坊、水心亭、回澜亭、蜀望台、水心楼等大量建筑物。这些建筑物如众星拱卫般的簇拥着灵泽大殿，衬托着它的威严和肃穆。时人称："凡挂帆江上，俨游白帝城边。临眺蟂头，不减永安宫里。真可谓鸟革翚飞，镇跋浪鲸鲵之影者矣。"①明清芜湖灵泽庙宇的规模和层次由此可见一斑。此外，随着石埠、石栏等基础设施的相继建立，慕名到此凭吊游览的人们也越来越多，从而间接推动了当时灵泽庙宇和相关信仰的繁荣和兴盛。当然，我们也需要看到的是，明清时期灵泽庙宇增修者的主体是官员，这种现象的背后无疑是官方对蟂矶夫人信仰遵从的另一种表现。

① （清）柯愿撰：《蟂矶山志》卷上《图考》，上海图书馆1997年影印本，第4页b。

话至于此，明清时期芜湖蟂矶夫人信仰发展兴盛的三个方面就都已交代清楚。通过对这三方面的论述我们可以发现，无论是官方的尊崇，还是庙宇规模的扩大，抑或是声望和影响力的提高，它们都不是孤立存在的，而是处于一种相互影响、相互作用、互为因果的多重循环之中。

具体而言，是时官方对于蟂矶夫人信仰的尊崇已经将其塑造成为了一个由国家承认的权威象征。在此背景下，官方不仅带动了灵泽庙宇规模的扩大和层次的丰富，同时也提高了其在世俗社会中的声望和影响力。反之，随着蟂矶夫人信仰声望和影响力的不断提高，不同社会群体对它的关注也变得更为密切。就官方而言，相关的封赐行为仍在继续，官员对其庙宇的修缮和增益也未曾停止。对文人墨客来讲，蟂矶及蟂矶夫人则成为他们借景抒情、怀古伤今的新地点和新对象，进而不断地为其提供着文学上的赞辅。至于普通民众，此时在他们心中，蟂矶夫人的形象已然变得更加高大和具有权威，对它的信仰和崇拜自然也就更加虔诚和投入。由此可见，在明清时期芜湖蟂矶夫人信仰发展的过程中，国家的尊崇、庙宇规模的扩大以及声望和影响力的提高，既是其兴盛的外在表现，也是其兴盛的内在缘由，而这一切则是蟂矶夫人的灵应显著和捍灾御患。

近世以来安徽境内“乡神”信仰的建构实际上是多方势力共同作用的结果。具体而言，在这一建构过程中，官方力量、民间力量以及宗教力量的渗透清晰可见，并在不同程度上发挥着各自的作用。首先，就官方力量而言，其又可细分为国家与地方两个层面。在国家层面上，统治阶级已经意识到了宗教信仰在维护国家长治久安以及教化人心风俗方面所具有的特殊作用。朝廷并不吝啬于对那些符合国家标准的地方神祇予以封赐。因为在其看来，通过对民间信仰的大肆封赐可以有效地帮助它加强对地方社会的控制和管理。正如沃森（James L. Watson）① 在探讨天后信仰中所说的那样，国家总是借由

① ［美］詹姆斯·沃森：《神的标准化：在中国南方沿海地区对崇拜天后的鼓励（960—1960年）》，［美］韦思谛编：《中国大众宗教》，陈仲丹译，江苏人民出版社2006年版，第57—92页。

鼓励官方允许的神明信仰，把中央认可的象征系统强加于地方层次的崇拜，从而使国家权力和意识形态贯彻到地方。而这种透过宗教和地方阶层仪式来强化团结的行为则很难让民众意识到国家的干预。

在地方层面上，作为国家制度和政策的实际执行者，地方官员往往肩负着打击淫祀和维护正祀的重要职责。淫祀与正祀的标准则由国家制定。为了避免沦为淫祀，进而遭到国家的打击和取缔，努力向国家靠拢，争取纳入正祀便成为当时民间信仰发展的一个基本取向。尤其是在宋代以后随着神祇纳入正祀途径的拓宽，民间信仰的这一正统化取向变得更加明显。以蟂矶夫人信仰为例。自宋代以来，芜湖蟂矶夫人信仰先后两次争取到了来自国家的封号赐额，并获得了大量赏赐。同时，为了进一步加强其与国家之间的联系，芜湖地方社会中也涌现出了众多有关蟂矶夫人与当朝统治者之间的传说故事。这些传说故事创造的背后，无疑是蟂矶夫人信仰努力向国家靠拢的一个表现。

其次，就民间力量而言，按身份的不同，其也可进一步划分为士绅、商人和普通民众三类。如前文所述，除了日常的祭拜之外，这三类人群的身影还普遍活跃于庙宇的修建以及相关的祭祀活动之中。从他们参与这些活动的动机来看，宗教信仰的因素或许始终贯穿于他们的脑海之间，但其对各自影响的大小则各有不同。其中，士绅阶层之所以参与此类活动的目的很大程度上是出于彰显其作为士绅的身份与地位。正如卜正明曾经所指出的那样，在中国古代这样一个对地位和身份差别如此敏感的社会中，地方精英必须时刻使自己能够引起公众的关注以便维持和强化他们的统治地位。在此方面，宗教信仰作为一种文化的权力象征恰好为其实现这一目的提供了新的渠道。因而，通过对此类信仰活动的参与和领导，士绅不仅获得了公共的名声，同时也彰显了自己作为士绅的身份标识及在地方事务管理中的领导地位，实现了其在国家体制内得不到的那种公共权力。与之相比，商人参与其中的目的则显得更加多样。既有借机提高其身份地位的尝试，也有祈求神佑平安发财的意愿。同时，每逢岁时节日之时，热闹的庙会对他们而言也是巨大的商机。至于普通民众，他们参与其中的目的则相对简单，主要是处于宗教信仰的考虑，希望能够得到神祇的庇佑。但就整体而言，无论三者的目的究竟如何，他们对于地方宗教信仰活动的参与都从不同方面上推动了相关信仰的发展，使其在当地变得更加稳固和深入。

再次，就宗教力量而言。如前所述，近世以来安徽地域内的“乡神”信仰不仅包括了大量民间神祇，同时也吸收了一部分三教神祇。这些三教神祇之所以能够被当地民众当作“乡神”进行崇祀，很大程度上则是因为它们已经实现了自身的世俗化转变，成为了具有地方特色的神祇信仰。众所周知，近世以来由于受到世俗文化分野的影响，释道二教内部的发展也呈现出了两种不同的趋势。其中一种趋势就是开始向下层的世俗文化靠拢，与地方的民风民俗相结合形成了所谓的“民间佛教”和“民间道教”。相应地，其所尊奉的神祇也在这一过程中有了不同程度的世俗化或民间信仰化，与当地民众之间的联系也日益紧密，从而成为当地“乡神”信仰中的一部分。总而言之，在上述多方力量的综合作用下，众多的“乡神”信仰在近世以来的安徽大地上被建构了起来，从而形成了一个稳固而多样的信仰空间，彰显着安徽地域宗教文化的独特魅力。

第三节　庙会：集体信仰活动与地域认同
——以游神赛会为例

在安徽社会中，每逢特定岁时节日之时民众都会举行集体性质的游神赛会，且名目众多。如清代建平邑令贡震就曾对当地的神会现象感慨道：“建邑人民好鬼，祠祭纷繁。祠山之庙，城乡多至数十处，每岁元宵有会，二月初八有会，而各处神会集场，无月不有。张灯演剧，宰牲设祭，每会数十百金不等。此外，如五猖会、龙船会俱系妖妄之鬼；观音会、地藏会亦大开戏场，名目极多。”[①]通过建平一县的情况可以想见，在整个安徽社会当中，游神赛会可谓是当时民众日常生活里的一种常态。值得注意的是，在游神赛会期间，由于集体的信仰活动和共同的宗教体验，世俗社会中不同阶级、不同

① （清）胡有诚修，（清）丁宝书纂：《广德州志》卷52《艺文》，光绪七年刻本。

身份、不同性别的群体或个人之间的界限都在一定程度上得到了松动。民众在娱悦身心的同时，彼此间情感的交流和沟通都得到了进一步的增强。随之而来则是集体凝聚力的提高和地域归属感和认同感的加深。对此，美国著名汉学家韩书瑞（Susan Naquin）在探讨明清时期北京的寺庙与城市生活的问题时就曾指出，以“寺庙”为中心而展开的一系列信仰活动，尤其是在岁时节庆时期举行的信仰活动，在明清时期北京城市认同方面起到了巨大的作用。① 同样，国内学者赵世瑜在《狂欢与日常》一书中也认为神灵信仰在社区整合与凝聚中有着重要的作用，会使当地居民对本族的认同情感加深。② 由此可见，集体性质的游神赛会在强化民众心中的地域认同方面确实发挥着有效的作用。接下来，就让我们具体地了解一下安徽境内游神赛会的风貌以及其中所蕴含的地域认同。

一、城隍会

在中国古代社会中，城隍信仰作为一种深深扎根于世俗社会中的民间信仰，其在不断发展和演变的过程中也早已逐渐与民众的日常生活紧密地结合在了一起，并产生深刻影响。对此，一个重要的表现就是城隍祭祀成为地方民众日常生活中的常态。明清时期，安徽地方社会中的城隍祭祀极为普遍。并且在特定时期，地方民众还会将城隍神像从城隍庙中请出，抬着它绕城巡游。在城隍出巡游的过程中，地方民众还会自发地组织起来表演各种歌舞、百戏，以达到娱神的效果。对于这种城隍出巡赛会的活动，当地百姓通常称之为城隍会。城隍是中国传统社会中的城市守护神，是民间信仰的重要组成部分。具体而言，在安徽社会中，城隍祭祀活动按照性质的不同主要分为官方和非官方两种。其中，非官方性质的城隍祭祀活动主要是指由安徽当地绅

① [美]韩书瑞：《北京：寺庙与城市生活 1400—1900》，朱修春译，稻乡出版社 2014 年版。需要说明的是，韩书瑞所谓的“寺庙”（temples）并非我们一般意义上所理解的佛道寺庙，而是泛指各种用来敬奉神灵的建筑，如“庙、寺、庵、祠、观、宫、禅林、院、殿、堂、阁和坛”等。

② 赵世瑜：《狂欢与日常：明清以来的庙会与民间社会》，生活·读书·新知三联书店 2002 年版，第 41 页。

民自发举行的各种城隍祭祀活动。并且，与官方性质的城隍祭祀活动相比，非官方性质的城隍祭祀活动在时间和内容上更加灵活、多样。

明清时期，安徽境内城隍会举行的时间一般集中在当地城隍诞日和厉祭之时。其中，城隍诞日是古代安徽民众每年祭祀城隍的一个重要时期。不过由于各地所祭城隍身份不一，因而安徽境内各地城隍诞日的时间也不尽相同。按时间先后顺序来看，安徽广德地区的城隍诞日最早，为农历四月十五日。据乾隆《广德州志》记载："州人以四月十五日为城隍生日，市人迎赛，递历四城，四日而徧，优人演剧，或至匝月。"①广德城隍诞日之后紧接着就是建平城隍诞日。据雍正《建平县志》记载，当地城隍"专祀之辰则以四月望后一日，相传为神诞辰。是日，官属诣庙，陈设祭品，焚献祝帛，告虔而退。其居民于是日前后，张灯结彩，演剧牵牲，肩摩踵接，然皆各效趋跄，不相纠合，非他处烧香聚众可比，亦不禁也"②。每年的农历五月十五是安徽境内城隍诞日最为集中的一天。安庆、和州、怀宁、巢县、潜山、当涂、合肥、临泉等地城隍就均以此日作为自己的诞辰。是时，安庆地区"民无贫富、男女、旄倪，空巷闾出乐神。吹箫伐鼓，张百戏，游像舆于国中"③。此外，据皖省方志记载，广德城隍诞日为四月十五，怀宁城隍诞日为五月十五，旌德城隍诞日为五月二十七，宿松城隍诞日为五月二十八，宁国城隍诞日则为六月初六。除城隍诞日的专祀以外，每年厉祭之时也是安徽绅民进行城隍祭祀的固定时间。据光绪《重修五河县志》中载：

> 三月建辰清明民间祭祠扫墓，官祭厉坛，请城隍出巡，百戏竞作，举国若狂，歌舞灯采，三日始毕。
>
> 七月建申十五日为中元节，官祭厉坛，民间延僧诵伽瑜经，祭无祀之鬼，请城隍出巡，亦有祭墓扫坟者。

---

① （清）胡有诚修，（清）丁宝书纂：《广德州志》卷52《艺文》，光绪七年刻本。

② 雍正《建平县志》卷15《典礼》，《中国地方志集成·安徽府县志辑》第38册，江苏古籍出版社1998年版，第493页。

③ 康熙《安庆府志》卷26《艺文》，《中国地方志集成·安徽府县志辑》第10册，江苏古籍出版社1998年版，第668页。

十月建亥朔为十月，朝官祭厉坛，民闲请城隍出巡逐疫。[①]

从五河县民众每年祭祀城隍的时序中可以看出，每年清明、七月十五、十月初一三日，地方官府在举行厉祭的同时，当地绅民也在按照自己的方式进行着相关的城隍祭祀活动。祭拜仪式完成之后，相关的城隍巡城赛会活动随即展开。如在明代五河地区，清明节时“民间祭祠扫墓，官祭厉坛，请城隍出巡，百戏竞作，举国若狂，歌舞灯采，三日始毕”[②]。七月十五则“延僧诵伽瑜经，祭无祀之鬼，请城隍出巡”[③]。及至十月初一，当地民众仍“请城隍出巡逐疫”[④]。从这一点来看，城隍会的举行在地方社会中似乎还具有去除疾疫的功效。

所以，非固定的城隍祭祀一般发生于灾患危机之时。如前所述，安徽境内的城隍神祇普遍具有捍灾御患的职能。因此，当地方爆发诸如战乱、水旱、洪涝、火灾、兽患等灾患危机时，安徽绅民一般都会举行一系列与城隍信仰相关的祭祀活动，以此来祈求城隍保佑地方顺利渡过危机。正如余阙所言：“出必祈，反必报，水旱灾疫必祷。一岁之中，奉膋萧、膏镫、幡幢于庭者无虚日。”[⑤]清人秦蕙田亦云：“偶有水旱，鞠跽拜叩，呼号祈请，实唯城隍。”[⑥]此外，值得注意的是，在安徽社会中，除灾患危机之时的临时祭祀以外，每当家庭遇有亲人去世之时，家人也需要到当地城隍庙宇中进行祭祀。如乾隆《阜阳县志》中所载：“旧时颍俗有丧之家，尽室往上谷城隍神祠。供饮食、焚纸钱，三日内日三往，谓之报庙。”[⑦]

就内容而言，游神赛会是安徽民间城隍祭祀活动中的重要组成部分。道

---

① （清）赖同宴修，（清）俞宗诚纂：《重修五河县志》卷3《风俗》，光绪二十年刊本。

② 光绪《重修五河县志》卷3《风俗》，《中国地方志集成·安徽府县志辑》第31册，江苏古籍出版社1998年版，第422页。

③ 光绪《重修五河县志》卷3《风俗》，《中国地方志集成·安徽府县志辑》第31册，江苏古籍出版社1998年版，第423页。

④ 光绪《重修五河县志》卷3《风俗》，《中国地方志集成·安徽府县志辑》第31册，江苏古籍出版社1998年版，第423页。

⑤ （清）张楷纂修：《安庆府志》卷26《碑记》，康熙六十年刊本。

⑥ （清）魏源：《皇朝经世文编》卷55《礼政二大典上·城隍考》，岳麓书社2004年版，第97页。

⑦ （清）潘世仁修，（清）王麟征纂：《阜阳县志》卷1《风俗》，乾隆二十年刻本。

光《繁昌县志》中载“祭礼惶在官者有定制，民间惟神会最盛”①。在安徽社会中，与城隍信仰相关的游神赛会通常被称为城隍会，主要于城隍诞日和厉祭之时举行。其中，由于厉祭每年共举行三次，故厉祭之时的城隍会普遍又被称为“三巡会”。一般而言，城隍会开始之时，地方民众都会举行城隍出巡的活动，即抬着城隍神的塑像按照一定路线在社会中进行巡游。如怀宁“岁以五月望日为神诞，巡城为会以乐神者”②，芜湖“向例五月初一，出城隍会，杂扮神鬼，舁神巡游街市至金马门外行宫为止”③，繁昌则于季春之时“城中士民舁城隍神，遍游城内外”④。除游神以外，城隍会中还会举行各种娱乐活动。如巢县城隍会于每年五月中举行，是时乡人“扮郭光、田郎等戏，揶揄伎俩，各竞为奇集”⑤。又和州城隍会时“土人扮平台会，或举灯会，夜燃如昼”⑥。通过这些游神赛会，安徽地方的绅民积极地参与了当地的城隍信仰当中，并表达了他们对其的情感和态度。

清末凤阳和阜阳地区城隍会的始末为我们了解安徽地方社会中城隍会的发起和运行提供了一个很好的案例。凤阳城隍会一般于每年春秋农闲之时举行。届时，参与庙会的人数常达数千之多。据民国《凤阳县志略》中记载，凤阳城隍出游巡城之时，随行队伍需挨班列。其中，“数人为前导，头戴盔冠，身着彩服，足系铜铃，手执毛帚，步行于前”⑦。当地人称其为“报探”。其后则“鱼贯游行街市，旗旃蔽日，鼓乐喧天，极其壮丽”⑧。再后则为城隍仪驾。其中，城隍神像之前陈设有刀、剑、斧、钺、旃、幡、牌、扇、香

① （清）曹德赞原本，张星焕增修：《繁昌县志》卷2《风俗》，道光六年增修民国二十六年铅字重印本。

② 朱之英修，舒景蘅纂：《怀宁县志》卷9《祠祭》，民国七年铅印本。

③ 余谊密修，鲍实等纂：《芜湖县志》卷8《风俗》，民国八年石印本。

④ （清）曹德赞原本，张星焕增修：《繁昌县志》卷2《风俗》，道光六年增修民国二十六年铅字重印本。

⑤ （清）邹埕纂修：《巢县志》卷17《艺文》，清雍正八年刻本。

⑥ （清）朱大绅修，（清）高照纂：《直隶和州志》卷4《风俗》，光绪二十七年刊本。

⑦ 民国《凤阳县志略》不分卷，《中国方志丛书·华中地方·安徽》第245号，成文出版社1936年版，第45页。

⑧ 民国《凤阳县志略》不分卷，《中国方志丛书·华中地方·安徽》第245号，成文出版社1936年版，第45页。

炉、法物等仪仗。并另选文武功名在身的精壮子弟若干，“冠带骑马，随驾前导”①。当地百姓谓之“护驾”。此外，在城隍出游巡城的路途中，每隔数条街道便有一处歇驾亭，以供巡游队伍驻足休息和表演节目之用。是时，“士绅信众，争以香帛虔诚致祭。男女观众，人山人海，大有歌舞升平之气象”②。

关于阜阳城隍会，民国《阜阳县志续编》中详细介绍了清末阜阳地区城隍出巡赛会的始末。内容如下：

> 光绪年间，人民于咸同以后休养生息，日臻富庶，商业中多有主张出会者。其法每日按商业之大小捐钱，积少成多，至次年十一月一日以前，出城隍会。出时先盘义会，续帚哥（人顶孩童，中有铁条，如站刀尖，极危险）二十余架，台哥（如帚哥，然在桌上台着）四五架，高脚三四对。次三仙会、次鬼会、次十殿阎罗及面前油锅锯解，各鬼魔之变像，皆由人扮。又次旗伞銮驾，提炉烧苦香者，最后即木雕城隍神像，乘八台之肩舆由城隍庙（即现在之中山纪念堂）转鼓楼南大街，经大隅，首往东，出东门走老牛市，往北经顺河街至双柏寺西停。域隍回宫。越一日晚，各故事上再加灯彩，进北门回城。每次出会，各处来观者动一二十万人，商贩旅店均获利甚丰。③

很显然，上述光绪年间阜阳地区城隍会的发起者是本地社会中的商人群体。其运行的方法则是根据每个商人产业的大小，分别捐赠相对数量的资金，积少成多。等到资金充足以后，再由商人出面购买、招募城隍赛会所需的道具和人员，以此保证城隍赛会的顺利进行。无独有偶，清代建平地区城隍会的发起者也是商人群体。如相关史料记载显示，“建俗每至孟夏之月，

① 民国《凤阳县志略》不分卷，《中国方志丛书·华中地方·安徽》第245号，成文出版社1936年版，第45页。

② 民国《凤阳县志略》不分卷，《中国方志丛书·华中地方·安徽》第245号，成文出版社1936年版，第45页。

③ 南岳峻修，李荫南纂：《阜阳县志续编》卷5《风俗》，民国三十六年石印本。

铺户居民，醵钱敬戏，多至四五十台”[①]。事实上，除了商人群体以外，地方官员有时也会充当城隍会的发起者。如民国《黟县四志》中载：“嘉庆八年，知县陈之撰从省中见有此会，乃出示令衙役，合乡民好事者，沿街敛钱，定于每年十月初一，迎城隍神像出游。”[②]当然，地方官员充当城隍会的发起者只是少数。通常情况下，地方官员更多的还是站在城隍会的对立面，扮演了一个约束者的角色。

如上所述，城隍出巡与演剧百戏共同构成了安徽城隍赛会的主要内容。首先，在城隍出巡方面。明清时期安徽境内各地城隍出巡时通常具有肩舆和仪仗。其中，肩舆一般为八抬大轿，仪仗则包括写有“肃静”“回避”字样的虎头牌以及刀、剑、斧、钺、旃、幡、牌、旗、锣、伞、扇等。同时，城隍出巡的队伍中也有“报探”和“护卫”。“报探”一般由民众装扮的黑白无常和牛头马面等阴间吏卒组成，居于出巡队伍前端，负有向导的职责。“护卫”则通常选取年轻男子或有文武功名在身之人担任，居于城隍肩舆附近，起到保护城隍的作用。从这一点来看，明清时期安徽地方社会中的城隍出巡俨如官员视察地方，甚至还有过之而无不及。其次，在演剧百戏方面。由于受风俗、文化、资金等因素的影响，安徽境内各地城隍赛会中的演剧百戏在内容、形式和规模上也各不相同。但总体来说，其自身所具有的娱乐性却是永恒不变的。

值得注意的是，除了城隍出巡与演剧百戏之外，商业买卖也是安徽地方城隍赛会的一个重要内容。如上述阜阳地区“每次出会，各处来观者动一二十万人，商贩旅店均获利甚丰”[③]。这也解释了为什么商人群体总是扮演着城隍会的发起者和组织者的原因了。

明清时期，安徽境内各地城隍会的发展具有明显的宗教性、全民性、功能性和叛逆性，这些特性的存在深刻地影响着安徽民众的日常生活。

首先，就宗教性而言，如前所述，安徽城隍会的举行主要是受到地方社

---

① （清）胡有诚修，（清）丁宝书纂：《广德州志》卷43《艺文》，光绪七年刻本。

② 民国《黟县四志》卷3《风俗》，《中国地方志集成·安徽府县志辑》第58册，江苏古籍出版社1998年版，第27页。

③ 南岳峻修，李荫南纂：《阜阳县志续编》卷5《风俗》，民国三十六年石印本。

会中城隍出巡风俗的影响。就城隍出巡的目的而言，其最初主要是在于娱神，以此表达民众对于城隍庇佑的感激之情。如上述宿松地区，“每岁于五月二十八神诞日，官民致祭极盛，亦感神之功德以为报也”①。其次则是借助城隍出巡祛除疫疠。如五河地区城隍会，“及至溽暑熏蒸，易成疫疠。其于阛阓辐辏之地，宣泄尤难，得此金鼓火爆之声，亦可以驱除时疹，是即周礼乡傩之遗意也”②。又如巢县地区，万历二十年时“疫疠大行，而里中民多缘旧城隍社会于五月中，扮郭光、田郎等戏，揶揄伎俩，各竞为奇集”③。以上有关五河、巢县两地城隍会的记载，进一步为我们解释了明清时期城隍出巡的目的。事实上，在娱神与超度亡魂、祛除疫疠宗教性目的之后，城隍出巡的内容才逐渐融入娱人与经济等因素。

其次，就全民性而言，在安徽社会中，城隍会的宗教性和娱乐性吸引了大量不同阶级、不同职业、不同性别、不同年龄、不同区域的人们共同参与。如上所述，安徽境内每逢一地举办城隍会时，闻风而动者常常成百上千。如五河地区清明时节“请城隍出巡，百戏竞作，举国若狂，歌舞灯采，三日始毕”④。需要指出的是，此处所谓的“国”并不是指王国或国家，而是泛指地域、地方。由此可见，在人们的共同参与下，城隍会已然成为安徽地方社会中一种全民性的宗教狂欢。

再次，就功能性而言，作为一种宗教狂欢，城隍会也具有明显的功能性。作为宗教的一面，城隍会的举行在精神层面上满足了安徽民众对于城隍信仰的感激之情和期望之情，从而减少他们对于未知危险的恐惧和担忧，增强了生活的信心。作为狂欢的一面，城隍会的举行又在现实社会中起到了调节器的作用。对此，赵世瑜在探讨明清以来庙会与民间社会关系的问题时指

---

① 民国《宿松县志》卷9《典礼》,《中国地方志集成·安徽府县志辑》第14册，江苏古籍出版社1998年版，第194页。

② 光绪《重修五河县志》卷5《祀典》,《中国地方志集成·安徽府县志辑》第31册，江苏古籍出版社1998年版，第460页。

③ (清) 邹瑆纂修:《巢县志》卷17《艺文》，清雍正八年刻本。

④ 光绪《重修五河县志》卷3《风俗》,《中国地方志集成·安徽府县志辑》第31册，江苏古籍出版社1998年版，第423页。

出，庙会活动“一方面，它是平日单调生活、辛苦劳作的调节器；另一方面，也是平日传统礼教束缚下人们被压抑心理的调节器”①。就安徽城隍会而言，在时间上，其通常举行于农闲之时。在内容上，城隍会中大量带有娱乐性质的演剧百戏，不仅起到了娱神的目的，而且也起到了娱人的作用。并且，随着城隍出巡仪式的结束进行，城隍会中的演剧百戏更多的还是为了娱人。因此，身处这样环境氛围下，地方民众的身心都得到了极大的放松。与此同时，彼此间情感的交流和沟通都得到了进一步的增强。

最后，就叛逆性而言，明清时期，安徽境内各地举行的城隍会也对现实社会中的秩序规范进行了挑战。城隍会所具有的全民性极大地冲淡了传统社会中的等级制度。城隍会中男女混杂，聚观献笑，以人貌鬼等现象，“既不遵功令之明肃，复不畏神道之尊严”②，严重破坏了地方社会风化。城隍出巡时所使用的肩舆和仪仗同样违背了传统礼制的要求。如前所述，明清时期安徽境内各地城隍出巡时通常乘坐八抬大轿，随行使用“肃静”“回避”字样的虎头牌以及刀、剑、斧、钺、旃、幡、牌、旗、锣、伞、扇等依仗。这些规格的肩舆、仪仗明显是只有朝廷和官府才能使用。现象的出现无疑是对现实社会秩序规范的一种挑战，具有明显的叛逆性。

如上所述，城隍会作为安徽社会中的一种信仰活动和大众聚会，不仅吸引了来自社会上不同群体和阶层人员的参与，同时也融入了更多的世俗情感在其中。具体而言，在与会的过程中，不同阶级、不同身份、不同性别的群体的情感因共同的宗教体验和喧闹的娱乐氛围而得到了极大的沟通和交流，从而使彼此之间的凝聚力大为增强。与此同时，在心满意足的情绪当中，民众对于自己长期生活的这片土地的情感也变得更加深厚。

二、观音会和地藏会

近世以来，观音与地藏作为世俗化了的佛教神祇，凭借着其职能的多样

① 赵世瑜：《狂欢与日常：明清以来的庙会与民间社会》，生活·读书·新知三联书店2002年版，第135页。

② （清）胡有诚修，（清）丁宝书纂：《广德州志》卷43《艺文》，光绪七年刻本。

性以及灵验性已经在安徽民间获得了广泛崇祀，并拥有着深厚的信众基础。在此环境下，与二者相关的游神赛会或进香活动也在安徽地域内普遍地开展起来，并与当地民众的日常生活紧密地联系在了一起。

就观音会而言。明清时期，世俗社会中通常以每年二月十九日、六月十九日和九月十九日分别作为观音的圣诞日、得道日和出家日。是时，在安徽民间，地方民众多会醵钱设醮以迎请观音，并举行一系列娱乐活动，称为“观音会”，既娱神也娱人。如前文所提及的清代建平县地区，邑人好鬼神，多祠祭，“各处神会集场，无月不有。张灯演剧，宰牲设祭，每会数十百金不等”①。其中，“观音会、地藏会亦大开戏场，名目极多，浮费尤夥”②。又如和州地区，每年三月十九观音诞日之时，当地男女皆礼拜观音。六月十九日时，妇女们又多集于观音庵中焚香膜拜。与此同时，和州民众亦“厂灯棚，召弹唱、杂流、说书”，以迎请观音，作观音会。③此外，值得注意的是，若逢地方遭遇大规模的瘟疫疾病之时，当地民众也会举行观音会。如明万历四十年夏，贵池地区寒民有疾，六邑几遍，民间亦作观音盛会。④

除上述三日之外，每年的元宵节前后安徽境内也会举行崇祀观音的集会。其中，尤以徽州地区的观音灯会最为壮观。与其他地区不同的是，徽州观音灯会一般于正月十三日晚就已开始。相传，这一习俗起源于明代，并与徽州当地的砖雕师傅们密切相关。故事大概是这样的：

> 徽州地区有一个名叫鲍四的富商。其早年以烧窑为生，后弃窑经商并取得了成功，一跃而成为徽州首富。一年，鲍四准备在江苏淮安修建一条商业街，并取名为“鲍四街”。建街之前，其又于当地建立了一座“鲍四庙”，用以供奉自己。是时，街上走来了一个手抱插着杨柳枝的瓶子的妇人，问道：“鲍老板，你有多少钱财，竟敢夸海口修一条鲍四街？你又有多大德行，敢建庙塑像，受万民

① （清）胡有诚修，（清）丁宝书纂：《广德州志》卷52《艺文》，光绪七年刻本。
② （清）胡有诚修，（清）丁宝书纂：《广德州志》卷52《艺文》，光绪七年刻本。
③ （清）朱大绅修，（清）高照纂：《直隶和州志》卷4《风俗》，光绪二十七年刊本。
④ （清）李愈昌辑，（清）梁国标辑：《贵池县志略》卷2《风土》，康熙三十一年刊本。

香火？”鲍四说：“我有数不尽的钱财！”妇人哈哈大笑，接着说：“此言差矣，天下只有技艺没有尽头，哪有钱财数不尽的事，皇帝佬儿也不敢说这样的话！”鲍四听后不服气，便要和她打赌。双方约定，只要妇人在地上放一朵莲花，鲍四就放一锭元宝。如果鲍四输了，元宝就白送给淮安人，并砸庙毁像；但如果妇人输了，莲花则要送给鲍四装饰街面，且准许其建庙受万民香火。结果，在妇人的莲花还没放完之前，鲍四的元宝就已用完。鲍四最终输了，只好灰溜溜地逃走，而那妇人在其走后也消失不见。当地人则用地上的元宝在有莲花的路面盖起一条街，并起名叫莲花街。

鲍四输后身无分文，只好回徽州重新烧窑。后来经人点拨，鲍四知晓了那个妇人便是观音菩萨，其意在教诲他“技艺无穷，钱财有限”的道理。清醒后的鲍四从此开始一心一意地烧砖，还在砖上雕刻莲花，烧起莲花砖来。后来，他又在砖上刻上花木、虫鱼、风景和人物故事。鲍四的技术慢慢地远近闻名，他的砖雕生意也日益兴旺。有所成就的鲍四为了感谢当初观音的指路，便与徒弟们共同发起了一个灯会，以祭祀观音并借此考校徒弟们的手艺。从此，徽州的石刻、木雕也越来越好，灯会也越办越红火，一代一代的传了下来。①

历史上鲍四是否确有其人至今已难以考证，但时至今日，“观音灯会看砖雕”仍是徽州地区的一个重要习俗。

就地藏会而言，在安徽民间社会中，民众常以每年的农历七月三十日作为地藏诞日。在他们看来，这一天既是作为地藏化身的金乔觉的坐化之日，同时也是地藏涅槃的得道之日。正如佛教经典中所云，生是死的延续，死是生的转换，“前识灭时名之为死，后识续起号之为生”。是时，安徽各地多会举行一些宗教性质的集会和进香活动，以祭祀地藏，祈求获得神佑②。如南陵地区“（七月）三十日为地藏诞辰，设斋供佛，灯烛辉煌，士

① 陈婧编：《中国节日故事》，河北少年儿童出版社 2015 年版，第 30—31 页。

② 据方志资料记载显示，安徽境内并不是所有地区的地藏会都会于这一天进行。如怀宁地区的地藏王会就提前了一天，于农历七月二十九进行。

女聚观，通宵不寐"[①]。广德南乡盆形山有地藏殿，"每岁七月之末，本道及邻境进香者日数千人"[②]。又芜湖赭山广济寺中素来崇祀地藏，每逢地藏诞日，"烧香者百十为群，夜则人人持一灯，鱼贯而上，望之若烛龙"[③]。对此，邑人黄钺《于湖竹枝词》中云："尽拓经楼看佛灯，烛龙冉冉照山升。笑他僧俗忙如蚁，谁解烟霞伴老僧。"[④]词中"老僧"一词代指金乔觉。金乔觉所作《送童子下山》诗中有"好去不须频下泪，老僧相伴有烟霞"[⑤]之句。黄钺于词尾发问"谁解烟霞伴老僧"，意在提醒人们莫因眼前的浮华而忘却金地藏的初心。

此外，作为地藏道场，安徽九华山地区所举行的地藏集会和进香活动在全国范围内都是首屈一指的。据乾隆《池州府志》中记载："七月晦日庆地藏王生辰，青阳九华山化城寺为地藏道场，是日顶礼者最盛。"[⑥]作为地藏道场，九华山逐渐成为全国地藏崇拜的中心，并且不断吸引着来自全国各地的地藏信徒们前来进香朝拜。如明青阳邑令蔡立身在其所书《九华山供应议》中称，九华山"以地藏王香火灵异得名，远近烧香者日牵连如蚁而上，每队不下数十人，无冬无春，肩摩不绝于道"[⑦]。再具体的如明清时期，凤阳地区七月三十有地藏王会。是时，城乡人士咸赴九华山焚香祷祝，热闹非凡。和州地区土人亦"结群呼佛，朝九华山"[⑧]。此外，江西、浙江、江苏、河南、湖北等省亦有大量地藏信徒存在。每逢地藏诞日，哪怕千里迢迢，人们也会不辞辛苦地前来朝拜。对此，民众通常将这种在地藏诞日前往九华山进香的活动称之为"朝九华"。

总而言之，无论是观音会还是地藏会，作为一种集体性质的信仰活动，

---

① 余谊密修，徐乃昌纂：《南陵县志》卷4《风俗》，民国铅印本。

② （清）胡文铨修，（清）周应业纂：《广德直隶州志》卷43《艺文》，乾隆五十九年刊本。

③ 余谊密修，鲍实等纂：《芜湖县志》卷59《杂识》，民国八年石印本。

④ 余谊密修，鲍实等纂：《芜湖县志》卷59《杂识》，民国八年石印本。

⑤ （清）彭定求等编：《全唐诗》卷880《金地藏·送童子下山》，中华书局1960年版，第9122页。

⑥ （清）刘权之修，（清）张士范纂：《池州府志》卷5《风土》，乾隆四十三年刊本。

⑦ （清）华椿修，（清）周赟等纂：《青阳县志》卷12《艺文》，光绪十七年刊本。

⑧ （清）朱大绅修，（清）高照纂：《直隶和州志》卷4《风俗》，光绪二十七年刊本。

二者都起到了一个平台的作用，不同程度上增加了不同群体和个人之间交流、沟通的机会，无形中增强了集体间的凝聚力以及对神祇和地域的认同。

三、上九会

上九会徽州岩寺地区流行的祭祀唐朝忠烈张巡、许远二人的庙会活动。如前文所述，张巡、许远二人因于安史之乱时坚守睢阳，有效地阻遏了叛军的南犯之势，庇佑了江淮地区，从而受到了江淮民众的普遍崇祀。就安徽地域而言，当地民众为了感念张、许二人的保障之功，不仅建有固定的祭拜场所，同时还成立了专门的信徒组织，或称“张王会”“保安会”，或称“神船会”“车公会”，并且定期举办庙会，以祛除瘟疫，保佑一方平安。就会期而论，各地不尽相同，甚至一县之内也是各有不同。如歙县潜口为六月初二，则呈坎为六月二十四、磕坑则为七月二十。然而，在众多崇祀张、许二人的庙会当中，尤以徽州岩寺地区流行的上九会最负盛名。该地会期为每年农历正月初九日，故而俗称上九会。相传这一天是张、许二人的殉难日。

具体而言，岩寺地区的上九会一般从正月初八日开始到初十日结束，整个会期持续三天。需要注意的是，在举行庙会之前，村转需要净街、民众则需要斋戒，而当地双烈庙内要日夜点香灯，并请和尚依仪作法。初八日时会期开始，当天的主要活动为迎神，又称“大王、二王菩萨上阁”。具体过程则是先为当地双烈庙内张巡、许远等神像沐浴、更衣、点光，然后再将纸扎的张、许及其手下两员大将雷万春、南霁云的神像迎至下街大夫祠内。沿途过程中则要敲锣打鼓，燃放鞭炮。及至初九日时，游神活动正式开始。一般情况下，游行队伍前方有鼓锣十对、大小钹十八对和众多龙、凤、虎旗开道，后有黄罗伞帐和几十面杏黄旗、五彩刀旗簇拥，纸扎龙舟行于中。船舱中则放置张巡、许远二人神像；舟首挺立雷万春将军像，蓝面赤须，狮鼻环眼；舟尾竖立南霁云将军像，红面黑须，竖眉怒目，手持银色长戟。整个游神队伍要绕镇三周，沿途仍需鸣放硝铳、爆竹，并散发利市纸。至游神结束后，再将神像抬至广惠祠中，供当地百姓祭拜。初十为送神日。是日，要将纸扎的龙舟、神像等神物送至文峰塔下焚化，至此庙会正式结束。[①]

值得注意的是，徽州地区的民众也从对张巡、许远二人的崇祀过程中创作出了多样的文学艺术作品，从而丰富了当地民众的日常生活。如徽州民间抄本《禳瘟科》中就记载了一段有关恭请张、许二人的戏文，名为《东平王出身》。现摘录部分内容如下：

引：气吐虹霓立大功，忠臣报国震乾坤。不负吾王恩宠德，从后疫鬼杀贼兵。

自家吾乃张巡、许远是也。只因安乐（禄）山胡寇作叛，绝粮难敌，困守睢阳。感得吾王大唐敕封张巡□□忠靖平王都元帅，许远封为千圣慈副元帅，南霁云、雷万春封为燕、铁二将军。胡朝尹子奇收服，但降封为豪杰先锋。又有护国二先锋。将下兵卒，但有封赠。那是神广大，法力无边。抖擞精神，听俺道来：

混江龙唱：俺只理为国家赤胆忠。

白：生则金忠节义，殁则护国安民。

唱：剿胡群胆丧魂飞，却把奴谩夷扫荡，到如今乐享雍熙。

又白：今则江边已尽，方可太平。不想州邑城隍，奏上天曹，道俺兄弟二人有护国安民之志，赏善罚恶之功。竟着张、刘、赵、史、钟五人之兄弟，多符金阙，检察人间。

唱：遇凶恶剿灭狼亡，为善的兴地赐善祯祥，作恶的惹祸灾殃。

又白：后差二十四气天兵、七十二候瘟神，结成一党，难逢善恶。

唱：就把葫芦而天放。霎时间现五色瘟□。

又白：后来观音菩萨化为劝善太师，太乙真人化为和瘟道士，清和老丈秘教同行。

唱：那匡阜先生推算性命，不害忠良。

---

① 樊嘉禄等：《徽州民间信仰》，安徽大学出版社 2016 年版，第 153—154 页。

又白：军下后来和人答救。禀上主帅，感得三老爷答救可。

唱：为有三老爷发起慈悲之心，把瘟□收尽。四舍人把疫气收藏。又五瘟使者皆回散，敕命回天奏玉皇。

尾：从今后但愿行者安，坐者乐，众真路路归天阙，保佑出财人口一个个百福祯祥。

粉蝶儿：玉旨差巡，人统瘟兵，巡游帝京。逢善家名为五福，遇恶者即是瘟神。睢阳城赤心报国，奉玉旨封受东平。张爷爷除灾赐福，许爷爷布德施仁。燕老爷千斤之勇，铁老爷八面威风。老禅师名为劝善，太真人字号和瘟。三太子把瘟□收起，四舍人把疫疠收征。稍子们把蓬帆担起，众水手哟彩声频送。龙舟、轮车归湖出海，保合家大小康宁。从今后永不相侵。①

从这段戏文中可以看出，当地百姓举行游神赛会的目的之一乃是为了祛除疾疫。并且，就戏文而言，其除了娱乐目的之外，本身也是安徽地域文化的重要组成部分。此外，需要指出的是，直至今日上九会仍然在安徽岩寺地区存在，并在当地百姓的经济文化生活当中占据着重要的地位。这表明，张、许二人的崇拜已经借助游神赛会的形式与当地民众的日常生活有机地融为了一体，并成为当地社会中一种稳定的风俗习惯。从本质上来讲，这种风俗习惯同样也是安徽地域文化的特色和魅力所在。

值得注意的是，集体性质的游神赛会除了有助于增强地方民众间的凝聚力和对地域的认同感之外，有时也会对地方社会的秩序和经济的发展造成破坏。换言之，作为一个集体性质的大众聚会，游神赛会当中同样也蕴含着大量“颠覆与暴力”的因子。对此，清代建平邑令贡震所书的《禁淫祠》一文中对于地方神会的负面因素表述得极为清晰。现部分摘录如下：

建邑人民好鬼，祠祭纷繁。祠山之庙，城乡多至数十处，每岁元宵有会，二月初八有会，而各处神会集场，无月不有。张灯演剧，宰牲设祭，每会数十百金不等。此外，如五猖会、龙船会俱系

① 转引自樊嘉禄等：《徽州民间信仰》，安徽大学出版社2016年版，第154—155页。

妖妄之鬼；观音会、地藏会亦大开戏场，名目极多，浮费尤伙。至城隍神为一邑之主，聪明正直，福善祸淫，不可干以私情，岂宜近于儿戏。乃建俗每至孟夏之月，铺户居民，醵钱敬戏多至四五十台。男妇杂沓，晓夜不散。复于是月十三日迎神赛会，扮演丑怪，使村农妇女聚观献笑，既不遵功令之明肃，复不畏神道之尊严，以此求福，适足取祸。

况山僻之邑，地瘠民贫，所产惟稻麦、棉花，衣食交际，昏丧费用俱出其中。虽加意撙节，尚虞冻馁，何堪有此无益之费。尽有温饱之家，一经值会，举债破产，数年间家资因而荡废者。若家本贫乏不能赔垫，同会即百般凌辱，其受累更何可言。尤可恨者，神会一兴，奸棍乘机开赌，招致匪窃、酗酒、打降，扰害乡闾。值巡保甲，渔利容奸，其縻费又十倍于酬神矣。然此非必鬼神之说，人人信奉也。直缘地棍把持勒派，希图醉饱，倡此蛊惑人心。而邑中大姓公堂，租利颇多余积，足供挥霍。商农之家，每会必有羁脚银两，重利盘剥亦悉用以谄鬼，遂致积习相沿，牢不可破。不思人鬼，初无二理，果为正直之神，必不因奉承而降福。若淫昏之鬼，彼亦何能为祸，譬如乡保，调处一事，得几文钱，吃几杯酒，任意左袒，颠倒是非，人如此则不成人，鬼如此岂复成鬼，而乡民惑于邪说，胁于棍徒，宁使妻子饥寒，不顾官私逋欠，而必不敢短少神会一文，噫何其愚也。

夫阀阅名家，举动为一乡取法，果其公费赢余，用以设义学、请师训、课子弟、赈鳏寡、恤孤独、周贫乏，使通族秀者踊跃功名，朴者优游耕凿，家声从此丕振。较之以前人，蓄积族姓脂膏浪费于神庙，中博数日酣嬉之乐，其得失何啻万里。望族果能行此，众姓自必从风。神会银穀，原系众姓赀财，即以分借众姓，薄收利息，积少成多。公择乡党中忠厚老成人主其事，有无可以相通，丰凶由此有备。古者乡邻，风俗之美不难再见。地方去一大害，兴一大利，自足感召天和，吉祥毕集，何用穷奢极侈，徼福于渺茫之鬼神为也。[①]

从贡震的叙述中可以看出，游神赛会当中的负面因素是多方面。首先，神会一兴，所费靡多，而这些经费又多取自当地百姓身上，无论贫富。有些甚至是带有强迫性质，这无疑对当地社会经济以及民众的日常生活造成了极大破坏。其次，一些神会正如作者所说，俱系妖妄之鬼。这样的神会如果不加以控制，长此以往将会不利于当地人心风俗的教化。再次，神会举办的过程中，男女混杂，聚观献笑，逾越礼制，既违背了敬神的本意，同时也是对传统伦理道德的一种挑战。最后，神会一兴，鱼龙混杂，“奸棍乘机开赌，招致匪窃、酗酒、打降，扰害乡闾”[②]，不利于地方社会秩序的维护与安定。因此，综合考虑，作为邑令的贡震对于建平地区的这些神会基本上是持消极的态度，坚决主张予以打击和禁止，并积极呼吁地方宗族势力首做表率，由神会转而从事慈善事业，以开风气之先。当然，也并不是所有的神会都是如此，都要被禁止。在贡震的叙述中我们也可以发现，对于那些城隍、土地之类的正祀之神，以及像张王这样在当地拥有深厚信仰基础的“乡神”，他是允许祭祀并举行适当的祭祀活动的。这实际上反映的是国家与地方在宗教信仰上的一种相互合作与相互妥协。同时，他也从侧面体现了民间信仰在地方社会中的根深蒂固，以及他们对于地方社会和地方民众所具有的重要象征意义。

四、祈神活动

近世以来，安徽社会中的集体信仰活动除了游神赛会之外还主要体现在灾患时刻的祈神活动，如旱涝之时的祈晴、祈雨等。众所周知，传统中国是一个以农业为主导的小农社会。在这样的社会当中，由于农业技术水平的有限，农业生产的丰歉与否很大程度上取决于自然环境的好坏。对此，北宋儒学大师邢昺就曾感慨道：“民之灾患大者有四：一曰疫，二曰旱，三曰水，四

① （清）胡有诚修，（清）丁宝书纂：《广德州志》卷52《艺文》，光绪七年刻本。
② （清）胡有诚修，（清）丁宝书纂：《广德州志》卷52《艺文》，光绪七年刻本。

曰畜灾。岁必有其一，但或轻或重耳。四事之害，旱暵为甚，盖田无畎浍，悉不可救，所损必尽。”[①] 由此可见，疫、旱、水、畜等四种自然灾害对于传统农业生产的破坏向来是巨大的。在传统社会当中，为了应对这些自然灾患的侵袭，民众往往求助于神祇的庇佑。因此，祈晴、祈雨等祭祀活动成为当时地方社会中的一种普遍现象。然而，由于自然灾害影响的广泛性，每一个身处其中的个人或群体都不可避免地与其利益相关。由此，相应的祈神活动自然也就不可能只是一家一户的单独行为。事实上，在此类祈神活动当中，地方社会中的不同阶层群体都被无条件地整合到了一起，为了共同的目的而投身于这场祈神活动之中。

其中，地方官员在此类祈神活动当中扮演了重要角色。每逢重大自然灾患发生之时，地方官员往往会身先士卒亲自带头向神灵祈祷以求度过危机。随行参与的人员主要包括地方僚属以及乡绅耆老等人。这类人一向是地方社会中权力和威望的代表。对于普通民众来说，由他们进行相应的祈神活动往往能够收到更好的效果和及时的灵应。在祈神过程中，祈文或告文是必不可少的。一般情况下是要由地方官员亲自撰写，内容视具体的灾患情况而定。近世以来，安徽方志文献当中保存了大量类似的官方祈文和告文。现依此摘录万历六安知州杨际会所作《祈雨文》[②]、嘉靖广德判官邹守益所作《祈晴文》[③]、康熙安徽巡抚靳辅所作《旱蝗告城隍文》[④] 以及雍正庐江知县陈庆门所作《疫疠告城隍文》[⑤] 等四篇祈文如下：

《祈雨文》 杨际会

穷惟天生五谷以养民，民资五谷以立命，五谷之所赖者，曰雨泽，而极备，极无皆为谷灾，其名曰异。某闻之和气致祥，乖气致异，感召之机，捷若影响也。某以不肖之身，叨守兹土，赋

① （元）脱脱等：《宋史》卷431《列传第一百九十》，中华书局1985年版，第12799页。
② （明）李懋桧纂修：《六安州志》卷7《艺文》，万历十二年刻本。
③ （清）胡有诚修，（清）丁宝书纂：《广德州志》卷56《艺文》，光绪七年刻本。
④ （清）张祥云修，（清）孙星衍纂：《庐州府志》卷52《杂文》，嘉庆八年刻本。
⑤ （清）钱鑅修，（清）俞燮奎纂：《庐江县志》卷15《艺文》，光绪十一年刻本。

质既薄，政事日非，一身之气常乖百姓之和，未致其召之固，自有由故。念神司御捍之责，其黻宙修宰祸福之权，其施贵当使神而以余为可宥也。则当默佑其衷使之改过图新，使神以余恶通于天罪在不赦亦当降戾厥躬以彰祸福之公哀此下民实有何辜神既靳其二麦矣兹复屯膏弗施戕我禾稼诚使神以余之故而降此异也。某虽百其身，何能偿万姓之命？而神其涂丹肖像，俨然终日受百姓之享，亦将何以对我百姓也。敬率僚属，请祷于神，惟神其念之图之。

《祈晴文》　邹守益

惟神与吏，实相表里。凡民之休戚，吏食其禄而神歆其祭，举相流通者。去秋螟虫害稼，米价腾贵，民将望麦为命，而淫雨不止，麦苗就伤，万口嗷嗷，无所控诉。吏之不职无以弭灾，是用肃诚以祷于神。神其干化机时雨旸，使麦获有秋，是吏得借以逭其责，而民感御灾之功，永永无疆矣。谨告。

《旱蝗告城隍文》　靳辅

今天子英明圣武，抚绥万邦，百神受职。其外府州郡，既设良司，牧以分治之。复乞城隍以默佑之，乃尤未尽爱民之意。更命朝臣以监抚之，总期于惠养元元，告登乐利也。本院自康熙十年九月，奉天子命来抚江南，惟日孜孜，思所以宣布朝廷之德意。近闻该府境内蝗蝻复生，将来恐滋害于稼穑，是岂官吏之不职以致兹咎欤。本院夙夜忧劳，省躬补过，敬率僚属斋戒、禁刑、止宴，各精白一心，冀弭厥愆用。告尔城隍之神，凡欲养民，须先去其害民者。牒到三日之内，务期尽除蝗蝻。倘本院及官属有失，尔神察之降罚本身，无移祸于百姓。若神弗效灵，其何以膺朝廷之命，而居歆岁祀乎。惟神其鉴诸须至牒者。

《疫疠告城隍文》　陈庆门

维吏奉天子命，理民于明。维神承上帝命，理民于幽。是以贿赂苞苴，吏有愆神，固得以殛吏。若其夭札疵疠，神有过吏，亦可以纠神。今庐民方庆盈宁，旋遭疾疫，虽吏实不职，诚知感召有由。顾神独何心，岂曰保厘乏术。夫神者，民之司命也。苟无神，何有民。而民者，亦神所凭依也。苟无民，又何有神。尚其广帝德之好生，体天心而率育。御灾捍患以沛鸿庥，维民幸甚，维吏幸甚。

上述四篇官方祈文分别是针对安徽境内发生的旱、水、畜、疫等四类灾患所作。其目的是借此向神祇表达自身的诉求，以期神佑度过危机。在四篇祈文的开头，四位地方官员都不约而同地强调了地方神祇与官员、民众三者之间的关系。在他们看来，神祇与官员二者一阴一阳，互为表里，共同肩负着管理和守护地方的职责。与之相比，神祇与民众之间的关系则更为紧密。二者相互依存，民众需要神祇的庇佑以应对随时可能发生的不测，而神祇则需要民众的供奉以维持其存在的基础。因而，每逢灾患之时，神祇显灵以佑百姓既是其职责所在，也是其存在的根本意义。在此基础上，地方官员们开始向神祇祷告，希望他们能够体恤百姓生活的艰苦和不易，尽快解决当下所面临的灾患。为此，官员们也是威逼与利诱同时进行。如有的官员为了使神祇尽快显灵，于是便许以神祇事后为其重修庙宇或重塑神像的条件。当然，如果神祇不灵，官员们也会对神祇做出相应的惩罚。如有的地方在干旱的时候甚至会将神祇从庙宇中抬出，予以暴晒或鞭打，以使其快快显灵。总之，无论何种形式，官员们的目的都是希望尽快摆脱危机，以使民众免遭旱涝、饥馑、疾疫之苦。

地方官员在灾患时刻的祭祀行为既为他们赢得了好的名声，同时也使官、民二者之间的关系变得更为融洽与和谐。在这样环境氛围之下，因为共同的经历和利益所在，地方社会中不同的阶层和群体暂时被有机地整合在了一起，相互间的凝聚力也在此时得到了增强。并且，与游神赛会相比，这种危急时刻举行的集体祭祀活动更能激起民众心中对于家乡的记忆和情感。

近世以来安徽境内宗教文化的发展呈现出一种“百花齐放，百家争鸣”的繁荣局面。举凡儒、释、道三教信仰以及民间信仰，都在这一独特的时空背景下得到了系统整理和发展，并逐渐形成了一个内涵丰富、类型多样且带有浓厚地域色彩的信仰空间。在此之外，安徽民间信仰的发展则呈现出了多样性和松散性的特点。并且，与三教信仰相比，其更加关注现实，与当地民众之间的联系也更为紧密。最终，三教信仰与民间信仰相互交织在一起，形成了一张巨大而严密的精神网络，将每一个安徽民众和家庭都笼罩在宗教信仰的影响之下。

在此环境下，一大批带有安徽地域特色并与当地民众日常生活密切相关的“乡神”信仰应时而生。其中，既有诸如观音、地藏等佛教神祇，亦有诸如真武、文昌等道教神祇，但更多的还是如蟂矶夫人等民间神祇。这类“乡神”从其产生的背景和性质来看，更容易为安徽民众所接受和认同，并在当地的信仰世界当中占据着重要的地位。需要指出的是，近世以来安徽境内“乡神”信仰的建构实际上是多方势力共同作用的结果。首先，国家的认可和推崇为当地“乡神”信仰的发展提供了合法保障和制度性基础，并赋予了其官方的力量和权威，使其在地方的发展更为便利。其次，地方社会中的士绅阶层为本地“乡神”信仰的发展提供了经济和文化上的捐赠，从而使其在当地社会中的发展更为稳固和长久。再次，广大的普通安徽民众是当地“乡神”信仰的主体。他们的参与和支持不仅为“乡神”信仰提供了深厚的信众基础，而且还使其成为当地的一种风俗习惯，并与他们的日常生活有机地融为一体。最终，在三者的共同作用下，一个稳固而多样的“乡神”信仰空间在近世以来的安徽大地上被建构了起来。

从信仰与认同的角度来看，这个信仰空间不仅是安徽社会历史长期发展与变迁的产物，同时也凝聚着集体安徽人共同的历史记忆与情感，在构建安徽地方认同方面发挥着重要的作用。近世以来，以民众为主体的宗教集体活动在安徽地域认同的建构方面扮演着重要的角色。共同的宗教体验和情感经历也有助于增强民众间的凝聚力和认同感。集体性质的祭祀活动恰好为其提供了一个很好的途径。无论是岁时节庆之时游神赛会，还是灾患时期的祈神活动，其在某种程度上都是一种大众聚会。身处其中，不同阶级、不同身份、不同性别的群体或个人之间的界限都在一定程度上有所松动，进而彼此间情感的交流和沟通进一步增强，对个人、对他人乃至对地域的认同也随之强化。并且，因为共同的宗教体验和情感经历，集体间的凝聚力也得到了提高。沉浸于这样的环境和情感当中，民众的地域归属感和认同感也变得更加具体和真实。

参考文献

一、古籍

（战国）吕不韦：《吕氏春秋》，四部丛刊景明刊本。

（战国）韩非：《韩非子》，中华书局 2016 年版。

（汉）司马迁：《史记》，中华书局 1959 年版。

（汉）班固：《汉书》，中华书局 1962 年版。

（汉）蔡邕：《蔡中郎文集》，上海书店出版社 1989 年版。

（三国）嵇康著，戴明扬校注：《嵇康集校注》，中华书局 2014 年版。

（三国）曹植著，赵幼文校注：《曹植集校注》，中华书局 2016 年版。

（晋）陈寿：《三国志》，百衲本景宋绍熙刊本。

（南北朝）魏收：《魏书》，中华书局 1974 年版。

（南朝宋）刘义庆著，刘孝标注，曲建文、陈桦译注：《世说新语译注》，北京燕山出版社 1996 年版。

（后秦）鸠摩罗什：《妙法莲华经》，大正新修大藏经本。

（北魏）郦道元：《水经注校证》，中华书局 2007 年版。

（梁）陶弘景纂，（唐）闾丘方远校订，王家葵校理：《真灵位业图校理》，中华书局 2013 年版。

（唐）般利密帝译：《楞严经》，日本大正新修大藏经本。

（唐）欧阳询：《艺文类聚》，清文渊阁四库全书本。

（唐）姚思廉：《陈书》，中华书局 1972 年版。

（唐）李延寿：《北史》，中华书局 1974 年版。

（唐）房玄龄：《晋书》，中华书局 1996 年版。

（唐）柳宗元：《柳宗元集》，中华书局 1979 年版。

（后晋）刘昫：《旧唐书》，清乾隆武英殿刻本。

（宋）陈应行辑：《吟窗杂录》，明嘉靖二十七年崇文书堂刻本。

（宋）司马光：《资治通鉴》，中华书局 1976 年版。

（宋）王安石：《临川先生文集》，中华书局 1959 年版。

（宋）张载：《张载集》，中华书局 1978 年版。

（宋）李昉：《太平广记》，中华书局 1980 年版。

（宋）程颢、程颐：《二程集》，王孝鱼点校，中华书局 1981 年版。

（宋）赞宁撰，范祥雍点校：《宋高僧传》，中华书局 1987 年版。

（宋）欧阳修：《欧阳文忠公全集》，中华书局 1989 年版。

（宋）程颢、程颐：《河南程氏遗书》，王孝鱼点校，中华书局2012年版。

（宋）欧阳修：《新五代史》，中华书局 2015 年版。

（宋）王象之：《舆地纪胜》，文选楼影宋钞本。

（宋）程士培：《新安程氏统宗补正图纂》，清康熙二十四年刻本。

（宋）朱熹：《五朝名臣言行录》，商务印书馆 1936 年版。

（宋）李心传：《建炎以来系年要录》，中华书局 1956 年版。

（宋）范成大撰，孔凡礼辑：《范成大佚著辑存》，中华书局 1983 年版。

（宋）洪兴祖：《楚辞补注》，中华书局 1983 年点校本。

（宋）李焘：《续资治通鉴长编》，中华书局 1995 年版。

（宋）赵彦卫撰：《云麓漫钞》，傅根清点校，中华书局 1996 年版。

（宋）祝穆撰，（宋）祝洙增订：《方舆胜览》，中华书局 2003 年版。

（宋）洪迈撰：《夷坚志》，何卓点校，中华书局 2006 年版。

（宋）朱熹：《朱子全书》，上海古籍出版社 2010 年版。

（宋）朱熹：《论语集注》，商务印书馆 2015 年版。

（元）脱脱等：《宋史》，中华书局 1985 年版。

（元）马端临：《文献通考》，中华书局 2011 年版。

（明）潘之恒：《黄海》，明刻本。

（明）程敏政：《祈神奏格》，上海图书馆藏，明刻本。

（明）胡缵宗撰：《鸟鼠山人小集》，明嘉靖刻本。

（明）程曈：《闲辟录》，明嘉靖四十三年刻本。

（明）胡尚仁、胡天民等纂修：《清华胡氏族谱》，明天顺二年刻本。

（明）汪尚和：《休宁西门汪氏本宗谱》，嘉靖六年刊本。

（明）杨纯：《漕运通志》，明嘉靖七年杨宏刻本。

（明）徐一夔纂、李时增修：《大明集礼》，明嘉靖九年刻本。

（明）徐宏祖：《徐霞客游记》，清嘉庆十三年增校本。

（明）汪湘纂修：《汪氏统宗谱》，明隆庆三年木刻本。

（明）陈昭祥：《文堂陈氏乡约家法》，明隆庆六年刻本。

（明）葛寅亮：《金陵梵刹志》，明万历天启刻本。

（明）郑之珍：《祁口清溪郑氏家乘》，明万历十一年刻本。

（明）程一枝：《程典》，明万历二十七年家刻本。

（明）黄汝亨：《寓林集》，天启四年刻本。

（明）田艺蘅：《香宇集》，崇祯间绛趺堂刊本。

（明）夏言：《夏桂洲文集》，明崇祯十一年吴一璘刻本。

（明）王士性著：《广志绎》，吕景琳点校，中华书局 1981 年版。

（明）黄宗羲著，（清）全祖望补修：《宋元学案》，陈金生、梁运华点校，中华书局 1982 年版。

（明）江天一：《江止庵遗集》，北京出版社 2000 年版。

（明）汪道昆：《太函集》，上海古籍出版社 2002 年版。

（明）程敏政：《新安文献志》，黄山书社 2004 年版。

（明）汪道昆：《太函集》，胡益民、余国庆点校，黄山书社 2004 年版。

（明）黄宗羲：《黄宗羲全集》，沈善洪、吴光编校，浙江古籍出版社 2005 年版。

（明）程曈：《新安学系录》，王国良、张健点校，黄山书社 2006 年版。

（明）张岱：《陶庵梦忆》，中华书局 2007 年版。

（明）黄训编，于景祥、郭醒点校：《皇明名臣经济录》，辽海出版社 2009 年版。

（明）韩邦奇：《韩邦奇集》，西北大学出版社 2015 年版。

（明）张岱：《古今义烈传》，浙江古籍出版社 2018 年版。

（清）赵弘恩等修，黄之隽等纂：《江南通志》，清文渊阁四库全书本。

（清）穆彰阿撰：《大清一统志》，四部丛刊续编景旧钞本。

（清）黄文明修：《古林黄氏重修族谱》，安徽省图书馆藏崇祯十六年刊本。

（清）彭泽修，汪舜民纂撰：《徽州府志》，嘉靖四十五年刻本。

（清）许大定：《安徽许氏族谱》，清康熙木活字本。

（清）沈寿民：《姑山遗集》，清康熙有本堂刻本。

（清）释弘眉：《黄山志》，清康熙六年刻本。

（清）徐釚：《南州草堂集》，清康熙三十四年刻本。

（清）汪志琦：《新安歙邑西沙溪汪氏族谱》，麟书堂藏版，清康熙四十七年修，清道光二十九年补刊，黄山学院图书馆藏。

（清）汪立正：《休宁西门汪氏大公房挥佥公支谱》，乾隆四年刊本。

（清）许登瀛：《重修古歙东门许氏宗谱》《许氏家规》，清乾隆十年刻本。

（清）黄世恕：《新安黄氏大宗谱》，清乾隆十七年刻本。

（清）闵麟嗣撰：《黄山志定本》，乾隆三十二年刻本。

（清）施璜编：《紫阳书院志》，清雍正三年刻本。

（清）黄臣槐：《潭渡孝里黄氏族谱》，雍正九年刻本。

（清）徐璈：《黄山纪胜》，清道光刻本。

（清）陶澍：《陶云汀先生奏疏》，清道光八年刻本。

（清）朱学勤：《剿平捻匪方略》，清同治十一年铅印本。

（清）张曜：《山东军兴纪略》，清光绪刻本。

（清）翁同爵：《清兵制考略》，清光绪刻朱墨套印本。

（清）鲍存良：《款新馆鲍氏著存堂宗谱》，清光绪元年木活字本。

（清）周鼎：《歙新馆鲍氏著存堂宗谱》，光绪元年刊本。

（清）吴坤修等修，（清）何绍基等纂：《重修安徽通志》，清光绪四年刻本。

（清）李嘉宾等纂修：《馆田李氏宗谱》，清光绪三十一年本。

（清）王定安：《两淮盐法志》，光绪三十一年刻本。

（清）汪菊如：《义成朱氏宗谱》，清宣统二年存仁堂木刻活字印本。

（清）周善鼎等：《仙石周氏宗谱》，清宣统三年善述堂木活字印本。

（清）汪士铎：《汪悔翁乙丙日记》，民国二十五年江宁邓氏铅印本。

（清）汪士鋐撰：《黄山志续集》，安徽丛书编印处 1935 年版。

（清）赵翼撰：《陔余丛考》，中华书局 1963 年版。

（清）永瑢等：《四库全书总目》，中华书局 1965 年版。

（清）吴闿生：《桐城吴先生尺牍》，文海出版社 1969 年版。

（清）张廷玉等：《明史》，中华书局 1974 年版。

（清）赵尔巽：《清史稿》，中华书局 1977 年版。

（清）梁章巨撰：《浪迹续谈》，陈铁民点校，中华书局 1981 年版。

（清）平步青：《霞外攟屑》，上海古籍出版社 1982 年版。

（清）董诰等编：《全唐文》，中华书局 1983 年版。

（清）王定安：《湘军记》，朱纯点校，岳麓书社 1983 年版。

（清）沈家本撰：《历代刑法考》，邓经元、骈宇骞点校，中华书局 1985 年版。

（清）纪昀等：《文渊阁四库全书》第 1168 册，台北商务印书馆 1986 年版。

（清）戴名世：《戴名世集》，中华书局 1986 年版。

（清）钱仲联：《清诗纪事》，江苏古籍出版社 1987 年版。

（清）姚莹：《康辅纪行》，施培毅、徐寿凯点校，黄山书社 1990 年版。

（清）李光地著，陈祖武点校：《榕村语录》，中华书局 1995 年版。

（清）超纲辑：《黄山翠微寺志》，江苏广陵古籍刻印社 1996 年版。

（清）刘汝骥：《官箴书集成·陶甓公牍》，黄山书社 1997 年版。

（清）王懋竑：《朱熹年谱》，中华书局 1998 年版。

（清）凌廷堪：《校礼堂文集》，中华书局 1998 年版。

（清）黄钺：《壹斋集》，黄山书社 1999 年版。

（清）乾隆官修：《清朝文献通考》，浙江古籍出版社 2000 年版。
（清）吴汝纶：《吴汝纶全集》，黄山书社 2002 年版。
（清）魏源：《皇朝经世文编》，岳麓书社 2004 年版。
（清）冯煦主：《皖政辑要》，黄山书社 2004 年版。
（清）吴翟辑撰：《茗州吴氏家典》，刘梦芙点校，黄山书社 2006 年版。
（清）黄以周：《礼书通故》，中华书局 2007 年版。
（清）顾禄撰：《清嘉录》，来新夏点校，中华书局 2008 年版。
（清）程瑶田：《通艺录》，黄山书社 2008 年版。
（清）赵吉士：《寄园寄所寄》，黄山书社 2008 年版。
（清）黄生：《一木堂诗稿》，安徽大学出版社 2009 年版。
（清）阮元校刻：《十三经注疏》，中华书局 2009 年版。
（清）方苞：《方望溪先生全集》，上海古籍出版社 2009 年版。
（清）戴震：《戴震集》，上海古籍出版社 2009 年版。
（清）黄宗羲著，陈乃干编：《黄梨洲文集》，中华书局 2009 年版。
（清）姚永概：《慎宜轩日记》，黄山书社 2010 年版。
（清）曾国藩：《曾国藩家书》，中国华侨出版社 2011 年版。
（清）罗汝楠辑：《历代地理志汇编》，国家图书馆出版社 2011 年版。
（清）周馥：《负暄闲语》，中国书店出版社 2013 年版。
（清）周学熙：《周学熙自述》，安徽文艺出版社 2013 年版。
（清）悟明：《敕建报恩寺梵刹志》，凤凰出版社 2014 年版。
（清）刘汝骥：《陶甓公牍》，安徽师范大学出版社 2018 年版。
陈澹然：《皖志议略》，民国铅印本。
胡宣铎：《明经胡氏龙井派宗谱》，民国十年版本。
许承尧：《新安月潭朱氏族谱》，民国二十年木活字本。
安徽省通志馆：《安徽通志稿》，民国二十三年铅印本。
苏宗仁编：《黄山丛刊》，民国二十六年铅印暨影印本。
汪大铭：《坦川越国汪氏族谱》，1925 年木活字本。
金天翮：《皖志列传稿》，成文出版社 1974 年版。

吴吉祜纂:《丰南志》，江苏古籍出版社 1992 年版。

柴小梵:《梵天庐丛录》，山西古籍出版社 1999 年版。

许承尧:《歙事闲谭》，黄山书社 2001 年版。

许承尧:《疑庵诗》，黄山书社 2014 年版。

《中国地方志集成·安徽府县志辑》，江苏古籍出版社 1998 年版。

《天一阁藏明代方志选刊》，上海古籍书店 1964 年版。

《中国方志丛书》，成文出版社 1985 年版。

二、著作

郭汉鸣、洪瑞坚:《安徽省之土地分配与租佃制度》，正中书局 1937 年版。

江地:《初期捻军史论丛》，生活·读书·新知三联书店 1959 年版。

顾颉刚:《史林杂识初编》，中华书局 1963 年版。

何炳棣:《中国会馆史论》，台湾学生书局 1966 年版。

沈云龙主编:《近代中国史料丛刊》，文海出版社 1969 年版。

朱东润编:《陆游选集》，上海古籍出版社 1979 年版。

叶显恩:《明清徽州农村社会与佃仆制》，安徽人民出版社 1983 年版。

孔繁敏:《包拯年谱》，黄山书社 1986 年版。

胡朴安:《中华全国风俗志》，河北人民出版社 1986 年版。

宗力、刘群:《中国民间诸神》，河北人民出版社 1986 年版。

丁世良:《中国地方志民俗资料汇编·华北卷》，书目文献出版社 1989 年版。

陶希圣:《婚姻与家族》，上海书店出版社 1992 年版。

宗受于:《淮河流域治理与导淮问题》，钟山书局 1933 年版。

吴超:《中国民歌》，浙江教育出版社 1995 年版。

张伟然:《湖南历史文化地理研究》，复旦大学出版社 1995 年版。

阎步克:《士大夫政治演生史稿》，北京大学出版社 1996 年版。

周振鹤:《中国历代行政区划变迁》，商务印书馆 1998 年版。

常建华:《中华文化通志——制度文化典 · 宗族志》,上海人民出版社 1998 年版。

常建华:《宗族志 · 宋元庙制不立与祠堂的设置》,上海人民出版社 1998 年版。

费孝通:《费孝通文集》,群言出版社 1999 年版。

柯文:《历史三调作为事件、经历和神话的义和团》,杜继东译,江苏人民出版社 2000 年版。

张寿安:《以礼代理——凌廷堪与清中叶儒学思想之转变》,河北教育出版社 2001 年版。

《续修四库全书》编委会:《续修四库全书》,上海古籍出版社 2002 年版。

瞿同祖:《清代地方政府》,法律出版社 2002 年版。

田浩:《朱熹的思维世界》,陕西师范大学出版社 2002 年版。

赵世瑜:《狂欢与日常明清以来的庙会与民间社会》,生活 · 读书 · 新知三联书店 2002 年版。

[美] 芮玛丽:《同治中兴:中国保守主义的最后抵抗》,房德邻译,中国社会科学出版社 2002 年版。

赵华富:《徽州宗族研究》,安徽大学出版社 2004 年版。

张晓虹:《文化区域的分异与整合:陕西历史地理文化研究》,上海书店出版社 2004 年版。

卞利:《明清徽州社会研究》,安徽大学出版社 2004 年版。

杨天宇:《礼记译注》,上海古籍出版社 2004 年版。

冯骥才:《思想者独行 · 地名的意义》,花山文艺出版社 2005 年版。

[美] 梅尔清:《清初扬州文化》,朱修春译,复旦大学出版社 2005 年版。

卞利:《徽州民俗》,安徽人民出版社 2005 年版。

唐力行:《徽州宗族社会》,安徽人民出版社 2005 年版。

[加] 卜正民:《为权利祈祷佛教与晚明中国士绅社会的形成》,张华译,江苏人民出版社 2005 年版。

程美宝:《地域文化与国家认同:晚清以来"广东文化"观的形成》,生活·读书·新知三联书店2006年版。

[美] 韦思谛编:《中国大众宗教》,陈仲丹译,江苏人民出版社2006年版。

[美] 裴宜理:《华北的革命者与叛乱者:1845—1945》,刘平译,商务印书馆2007年版。

杨妍:《地域主义与国家认同——民国初期省籍意识的政治文化分析》,天津出版社2007年版。

庞进:《中国龙文化》,重庆出版社2007年版。

上海图书馆编,王鹤鸣主编:《中国家谱总目》,上海古籍出版社2008年版。

[美] 杜赞奇:《文化、权力与国家:1900—1942年的华北农村》,王福明译,江苏人民出版社2008年版。

[日] 井上徹:《中国的宗族与国家礼制》,钱杭译,上海书店出版社2008年版。

[美] 田浩:《朱熹的思维世界》,江苏人民出版社2009年版。

[美] 科大卫:《皇帝与祖宗:华南的国家与宗族》,江苏人民出版社2009年版。

[美] 科大卫:《皇帝与祖先:华南国家与世系》,卜永坚译,江苏人民出版社2009年版。

周振鹤:《体国经野之道:中国行政区划沿革》,上海书店出版社2009年版。

马俊亚:《被牺牲的"局部"淮北社会生态变迁研究(1680—1949)》,台湾大学出版中心2010年版。

王见川、皮庆生:《中国近世民间信仰宋元明清》,上海人民出版社2010年版。

[美] 裴士锋:《湖南人与现代中国》,黄中宪译,社会科学文献出版社2011年版。

晁福林:《春秋战国的社会变迁·下》,商务印书馆2011年版。

葛兆光：《中国思想史》，复旦大学出版社 2011 年版。

张玉法：《清季的革命团体》，北京大学出版社 2011 年版。

丁希勤：《古代徽州宗教信仰研究》，安徽师范大学出版社 2013 年版。

邱才桢：《黄山图 17 世纪下半叶山水画中的黄山形象与观念》，文化艺术出版社 2013 年版。

卞利编纂：《明清徽州族规家法选编》，黄山书社 2014 年版。

汪承兴、汪如红、汪根发：《大唐越国公汪华文献》，新华出版社 2014 年版。

罗志田：《权势转移：近代中国的思想和社会》（修订版），北京师范大学出版社 2014 年版。

胡冬发主编：《神山灵语》，合肥工业大学出版社 2014 年版。

［美］韩书瑞：《北京：寺庙与城市生活 1400—1900》，朱修春译，稻乡出版社 2014 年版。

王汎森：《权力的毛细管作用：清代的思想、学术与心态》，北京大学出版社 2015 年版。

陈利权、伍玲玲释译：《中国佛学经典宝藏》，东方出版社 2015 年版。

王东杰：《国中的“异乡”：近代四川的文化、社会与地方认同》，北京师范大学出版社 2016 年版。

赵华富：《徽州宗族研究》，安徽大学出版社 2016 年版。

樊嘉禄等：《徽州民间信仰》，安徽大学出版社 2016 年版。

［美］科大卫：《明清社会和礼仪》，曾宪冠译，北京师范大学出版社 2016 年版。

陈蒲清主编：《陶澍全集》，岳麓书社 2017 年版。

［美］包弼德：《斯文：唐宋思想的转型》，刘宁译，江苏人民出版社 2017 年版。

［美］芮乐伟·韩森：《变迁之神：南宋时期的民间信仰》，包伟民译，中西书局 2018 年版。

魏斌：《“山中”的六朝史》，生活·读书·新知三联书店 2019 年版。

张健编：《明清徽州妇女贞洁资料选编》，安徽师范大学出版社 2019 年版。

孙竞昊：《经营地方：明清时期济宁的士绅与社会》，广西师范大学出版社 2023 年版。

马俊亚：《被牺牲的“局部”——淮北社会生态变迁研究（1680—1949）》（修订本），四川人民出版社 2023 年版。

三、论文

傅斯年：《中国学校制度之批评》，《傅斯年全集》第 6 册，联经出版事业股份有限公司 1980 年版。

刘忠汉、刘叔民、池子华：《张乐行满门英烈》，《淮北煤师院学报》（社会科学版）1986 年第 2 期。

傅衣凌：《中国传统社会：多元的结构》，《中国社会经济史研究》1988 年第 3 期。

季士家：《安徽建省考》，《安徽史学》1989 年第 3 期。

季士家：《江南分省考实》，《中国历史地理论丛》1990 年第 2 期。

［日］滨岛敦俊：《明清江南城隍考》，《中国社会经济史研究》1991 年第 1 期。

李修松：《淮夷探论》，《东南文化》1991 年第 2 期。

陈宁：《游侠及其产生的背景》，《思想战线》1993 年第 1 期。

丁常云：《道教的城隍信仰及其社会思想内容》，《中国道教》1997 年第 3 期。

王汎森：《明末清初儒学的宗教化：以许三礼的告天之学为例》，《新史学》1998 年第 2 期。

李猛：《舒茨和他的现象学社会学》，杨善华主编：《当代西方社会学理论》上卷，北京大学出版社 1999 年版。

刘伟：《晚清“省”意识的变化与社会变迁》，《史学月刊》1999 年第 5 期。

［美］科大卫、刘志伟：《宗族与地方社会的国家认同——明清华南地区

宗族发展的意识形态基础》，《历史研究》2000 年第 3 期。

王振忠：《一个徽州山村社会的生活世界——新近发现的“歙县里东山罗氏文书”研究》，《中国社会历史评论》，天津古籍出版社 2000 年版。

周祝伟：《略论明代浙江的城隍神信仰》，《明史研究》2001 年第 1 期。

牛贯杰：《十九世纪中期皖北的圩寨》，《清史研究》2001 年第 4 期。

毛立平：《十九世纪中期安徽基层社会的宗族势力——以捻军、淮军为中心》，《清史研究》2001 年第 4 期。

公一兵：《江南分省考议》，《中国历史地理论丛》2002 年第 1 期。

夏维中、王裕明：《也论明末清初徽州地区土地丈量与里甲制的关系》，《南京大学学报》2002 年第 4 期。

张廷国：《胡塞尔的“生活世界”理论及其意义》，《华中科技大学学报》（人文社会科学版）2002 年第 5 期。

常建华：《明代徽州的宗族乡约化》，《中国史研究》2003 年第 3 期。

洪兴鸠：《明代中期徽州的乡约与宗族的关系——以祁门县文堂陈氏乡约为例》，《上海师范大学学报》（哲学社会科学版）2005 年第 3 期。

王振忠：《明清以来汉口的徽商与徽州人社区》，载李孝悌主编：《中国的城市生活》，新星出版社 2006 年版。

张宪华：《唐末五代徽州的北方移民与经济开发》，《安徽师范大学学报》2006 年第 6 期。

［美］詹姆斯·沃森：《神的标准化：在中国南方沿海地区对崇拜天后的鼓励（960—1960 年）》，［美］韦思谛编：《中国大众宗教》，陈仲丹译，江苏人民出版社 2006 年版。

贾立国：《论游侠传统与曹植游侠精神气质的形成》，《扬州大学学报》（人文社会科学版）2007 年第 2 期。

郑镛：《戚继光闽南“化神”考》，《泉州师范学院学报》（社会科学版）2007 年第 3 期。

孟永林：《论嵇康“尚奇任侠”之表现及其渊源》，《天水师范学院学报》2007 年第 3 期。

彭慕兰：《身份的反观：中华帝国晚期的泰山朝圣》，刘晓译，《民俗研究》2007 年第 3 期。

张晶萍：《省籍意识与文化认同：叶德辉重建湘学知识谱系的努力》，《湖南师范大学学报》（社会科学版）2008 年第 2 期。

郑利华：《汪道昆与嘉、万时期文坛的复古活动——以其与七子派关系考察为中心》，《求是学刊》2008 年第 2 期。

章毅：《宋明时代徽州的程灵洗崇拜》，《安徽史学》2009 年第 4 期。

马俊亚：《从武松到盗跖：近代淮北地区的暴力崇拜》，《清华大学学报》（哲学社会科学版）2009 年第 4 期。

赵明：《论曹植诗中的“侠”》，《世界文学评论》2010 年第 1 期。

马俊亚：《近代淮北地主的势力与影响——以徐淮海圩寨为中心的考察》，《历史研究》2010 年第 1 期。

高万桑、曹新宇、古胜红：《清代江南地区的城隍庙、张天师及道教官僚体系》，《清史研究》2010 年第 1 期。

陈宝良：《明代知识人群体与侠盗关系考论——兼论儒、侠、盗之辨及其互动》，《西南大学学报》（社会科学版）2011 年第 2 期。

崔岷：《“靖乱适所以致乱”：咸同之际山东的团练之乱》，《近代史研究》2011 年第 3 期。

段伟：《俗称与重构：论安徽、江苏两省的逐渐形成》，《白沙历史地理学报》2011 年第 11 期。

魏斌：《六朝名山的生活世界——以〈东阳金华山栖志〉为线索》，《中古时代的礼仪、宗教与制度》，上海古籍出版社 2012 年版。

陆发春：《从直隶南京到安徽建省》，《学术月刊》2012 年第 10 期。

王振忠：《华云进香：民间信仰、朝山习俗与明清以来徽州的日常生活》，《地方文化研究》2013 年第 2 期。

赵娟妮、里赞：《城隍崇拜在清代知县司法中的影响》，《四川大学学报》（哲学社会科学版）2013 年第 6 期。

丁蕊：《宗教信仰对城市经济发展的影响——以城隍信仰为例》，《中国集体经济》2013 年第 7 期。

罗志田：《地方的近世史："郡县空虚"时代的礼下庶人与乡里社会》，《近代史研究》2015 年第 2 期。

赵士瑜、李松、刘铁梁：《"礼俗互动与近现代中国社会变迁"三人谈》，《民俗研究》2016 年第 6 期。

陈时龙：《晚明劝善思潮的宗教性与世俗性》，《中国史研究动态》2017 年第 3 期。

张莉：《旧志所见中国古代地方传说的流变——以安徽芜湖灵泽夫人庙为例》，《上海地方志》2018 年第 2 期。

宋雷鸣：《兄弟：汉人社会组织的伦理维度——基于捻军组织个案的讨论》，《社会史研究》2018 年第 2 期。

程源源：《徽州地区汪华人物形象的构建》，《合肥师范学院学报》2018 年第 4 期。

鲁西奇：《汉唐时期滨海地域的社会与文化》，《历史研究》2019 年第 3 期。

傅林祥：《从分藩到分省——清初省制的形成和规范》，《历史研究》2019 年第 5 期。

王开队、柳雪：《四众共筑：明清黄山佛教区域系统的构建》，《世界宗教研究》2020 年第 6 期。

陈郑云、巴兆祥：《合修到分修：清代两江、湖广省志编修中的制度博弈与省籍意识》，《史林》2021 年第 5 期。

吕君丽、陈凯：《皖籍文化世家及其家学传统的历史变迁》，《安庆师范大学学报》（社会科学版）2022 年第 4 期。

Romeyn Taylor，"Ming T'ai-Tsu and the Gods of the Walls and Moats"，*Ming Studies*，1977，24（3）.

David Johnson，"The City-God Cults ofT'ang and Sung China"，*Harvard Journal of Asiatic Studies*，1985，45（2）.

后　记

时光过得飞快，人生如白驹过隙。从 2017 年申请国家社科课题到项目结题和书稿出版，前后已经过了 7 年时间。尽管我们对被誉为“四千年文化产生之中原”的安徽省域历史与文化的探讨远未能达到某种学术上的尽如人意，但我们能协力出版这样的一部书，并能借此书的出版机会表达几句我个人的情愫我是很知足的。

首先，感谢我们的几位共同作者，没有他们的费心费力，这部著作的出版是难以想象的。颇感庆幸的是，通过项目和著作的承担和探索，几位作者都得到了令我艳羡不已的成长，尤其羡慕何建华、崔馨文两位通过随后的读博士能很好地融进主流学脉。武钰杰暂时在重点高中教历史和当班主任，亦有融入学术共同体的基础。

我们项目和本书的分工承担情况：项目申请书何建华协助我完成，项目中期检查武钰杰协助我完成，项目结题及本书整理编校出版崔馨文协助我完成。

本人负责项目研究的整体规划和指导，各部分研究的开展和本书撰写本人均有不同程度的深度参与，本人撰写绪论、协助李宁馨完成第一章；第二、三章何建华完成（第三章第一节内容原文发表于《史林》2022 年第 5 期，第二节内容原文发表于《历史地理研究》2023 年第 1 期）；第四、五章和参考文献崔馨文完成；第六章（其实也是两章内容）武钰杰完成。

何建华、武钰杰、崔馨文为项目研究期间本人指导的研究生，他们完成的部分为他们在读期间的部分习作和硕士研究生阶段的毕业论文组成。李宁馨为我开设的近代区域与地方史高年级专业选修课上的本科生，现已经以优异成绩进入北京师范大学历史学院读研究生。项目的另一参与者牛菲也是我名下的研究生，现也已进入准博士生待录取阶段。限于书稿的结构、字数容量和论文发表等考虑，何建华撰写的层累的皖学、龙眠山景观、皖北淮军及我和他合撰的桐城派部分文字，崔馨文撰写的旅外皖人、紫阳书院部分文字，牛菲撰写的新安理学、语言中的地方认同、胡适与忠孝节烈部分文字，王玺杰撰写的桐城派游幕学人没有纳入书稿。另外还有一篇在我名下修习两年余由我名下后来转入其他老师名下的研究生完成的皖南地域社会秩序的论文亦未纳入。

其次，感谢扶持我的众位师长和给予我帮助的学生朋友。

在项目申请书撰写过程中，罗志田老师给予了我宝贵意见，这里感谢罗老师给了我进入他门下做访问学者和我可以自诩是他学生声誉的机会，也感谢罗老师给予我若干学术方面“同情性”帮助。本来我因为感觉对以往的学术史研究方向兴趣缺乏，前期积累的教育、思想文化史和海外中国学方面成果与我愿意探索的城市、城乡关系、地域历史文化题目可能难以桥接，难以申请有研究兴趣和看好的国家社科项目，从国际社会学协会主席芝加哥大学社会学系新芝加哥学派领军人物特里·尼科尔斯·克拉克教授和西密歇根大学历史系熊存瑞教授门下访问一番回来后，就打算改弦更张更好发挥英语较好的特长，与两位国外老师联手主攻国外城市研究理论著作译介方向，将周宝珠《宋代东京研究》翻译介绍到国外去，读到罗老师的《地方的近世史：“郡县空虚”时代的礼下庶人与乡里社会》和王汎森老师《“儒家文化的不安定层”——对“地方的近代史”的若干思考》，加上有王东杰老师出了一本《国中的“异乡”》，就想到自己以往翻译的《清初扬州文化》和《北京：寺庙与城市生活 1400—1900》都是兼跨地方史、城市史、宗教史、社会史和文化史诸领域的典范性著作，自己前期探索的学派史、思想文化史、教育中的城乡关系和国家建构也可以是优势，我完全可以再报报项目试试，这一点是此项目的重要因缘。

在找工作和多年的学习生活和工作过程中，我得到了张海鹏老师、马敏老师、姜义华老师、章清老师、罗志田老师、王育济老师、罗家祥老师、包伟民老师、姜锡东老师、李华瑞老师、张全明老师、黄爱平老师、罗传芳老师、刘筱红老师、余燕凌师母、黄晏妤师母、何玉红师母、李晓青师母、美国的熊存瑞教授与特里·尼科尔斯·克拉克教授，还有龚延明老师、何俊老师、汪林茂老师、刘增合老师、陈琳老师、王征老师、苏宜梅老师、中国人民大学清史研究所的众位师长师友的帮助，在此一并表示感谢。张海鹏老师、王育济老师、马敏老师在工作方面帮助我解决了最棘手的问题并给予了我诸多帮助，那时候姜锡东老师也给予过我工作机会和重大帮助。我的家人伊丕淦先生一直和我说，他们都是我们家的恩人，我们是应该铭记和感谢的。其实像我家人伊丕淦先生并不了解的：导师姜义华老师在我并不知晓的情形下第一时间就给我配套博士后经费，听我在电梯里说博士后考核会给我们发津贴随即便乘电梯返回考核现场参与我的考核评等，在北京开清史纂修会议就和黄爱平老师商量帮我争取到《清初扬州文化》一书的国家清史编译项目；我最先师从的导师罗家祥老师一直就是我最敬重的老师，虽说在他看来我的若干不成体统的言行曾惹得他很是光火，但罗老师给我的帮助确实还是很多和很重要的。我是罗老师的第一个研究生，从小个性不拘的我，一直不习惯罗老师对学生带点师道尊严传统风习的管教，其实我知道罗老师是真心希望他的学生都好的，时间过去了近 30 年，虽然我对社会和学术有了些自己的认知，可我还是一直想，作为普罗大众的我就是师从再多的名师，我都不会就以罗老师说过我的高级知识分子去思想和去苛求自己学术和言行的，但这些并不改变我对罗老师的感恩和对罗老师学术和为人处世的高度认同。还有，我只稍微问一个小问题就愿意倾囊相授和将多年的书稿教案都一并给我任由我参阅的特里·尼科尔斯·克拉克教授，他们也都是应该铭记和感谢的。诚如学者所言，老师和学生之间的关系，实在有如“月印万川”，对于“月”而言，任何一条河川，只是千千万万条河川之一，但对于万川而言，“月”就只有一个。我只是师长们所教过的众学生中的一个，我不可能对他们有过任何影响，但他们却在我身上烙下了若干印痕，长长久久。

武汉大学工作的同学王怀民与赵士发、同学的家人姜文忠、华中科技大学工作的学长师兄夏增民、同学文芳、华中师范大学工作的宋秀琚、武汉中国地质大学工作的郭关玉夫妇，还有同学李秀琴、王乃华、陈安玉、李松平、林凤珍、谢芳芳、邵秀芳、王兴甫、师妹黄荣华、夏艳，还有张华英、杨家军、陈琪、杜华清、胡祥兵，我中学教书时的学生刘正华、李兵、曾爱华，硕士时期的室友江满情，博士时期的室友刘子刚等师友同学不同的时期都给过我帮助，还有本书编辑詹夺老师不厌麻烦和耐心的帮助，书法家杨加深教授欣然题写了书名，胡秋银师姐帮助拍摄封面徽州照片、张硕帮助绘画，乔兆红帮我和崔馨文推出了紫阳书院一文的发表，这里亦一并感谢。在现代各个人群都在忙于奔竞和自顾不暇中，师友们的帮助很珍贵。

要感谢的朋友和学生不少，这里主要感谢我女儿的游泳教练温骥文夫妇、我女儿的家庭老师常晓涵，还有研究生张铖、周晓杰、刘秋雅、闫珂、何建华、武钰杰、孙昊阳、崔馨文、牛菲、曹莹、姜山、李倪倪、张培、薛晓萍、刘茗、李宁馨。近年，他们在我养育孩子和履行工作职责的日常中，从不同的方面给予了我诸多支持。

当然还有几位在平行时空中一直持续回应我们需求的朋友们，他们从不同维度给予我们不可或缺的支持，增添了我的智慧和生存本事，提升了我的知识和社会认知，也丰富了我们生活的面相和阅历，他们构成了我们生活中的智囊团，构成了我们师友亲人以外的另一层后盾，这里一并表示感谢。

最后，感谢我的父母、爱人、孩子和我们的亲人。父母和所有的亲人都很平凡，谨期盼所有的亲人工作顺利生活平安喜乐。我们家的儿子伊天宇已经娶妻生子和完成博士学业，年幼聪慧靓丽的女儿菁菁也已经上小学三年级并已经显露卓越的学习潜质，外出也时常就能帮我背驼所有的随行物什，虽然我还是担心和忧伤，但这些是令我最感安心和行稳致远的动力。还有我的侄子朱会、小强和侄女寒勉他们则为我们生命又一层的安全垫。于我而言，是我的爱人中国远洋的电机专家和轮机长海员伊丕淦先生给了我最饱满的爱和生命意义，还有富足惬意和知足常乐的生活，那时候他总是和我说我有个孩子，无论遇到什么，生活我总是能过。如果说我们的女儿菁菁是他交托我的我余生最重要的事业，那么我的爱人伊丕淦先生任何时候都是我的精神故乡和坚定的生命信念，他和我们的女儿构成了我生命最终极的意义。即便天荒地老，我也会永葆对他们的至爱和信念。

作为芸芸众生，完结项目交付出版，毕竟可以缓一口长气。为了生活和命定的肩负和归宿，为了所爱和年幼的女儿伊天骊，往后再努力工作和勉力前行。

朱修春

2024 年 1 月 11 日于山东济南山东大学教工二宿舍